The Evil Spirit

Alexander Shirvanzade

ՉԱՐ ՈԳԻՆ

ԱԼԵՔՍԱՆԴՐ ՇԻՐՎԱՆԶԱԴԵ

The Evil Spirit

Copyright © 2015, Indo-European Publishing

Contact:
IndoEuropeanPublishing@gmail.com

ISNB: 978-1-60444-830-6

ՉԱՐ ՈԳԻՆ

I

Այն քաղաքը, ուր կատարվել է այս անցքը, այժմ էլ այնպես աննշան է և աշխարհից մոռացված, որպես շատ տարիներ առաջ: Նրա բնակիչները աղքատ են, տները մեծ մասամբ ավերակ, փողոցները քարերի ու հողի կույտերով լի, տխուր, ամայի:

Գեղեցիկ է միայն այդ քաղաքի բնությունը: Օդը քնքուշ է, երկինքը կապույտ ու պայծառ, շրջակա դաշտերը ծաղկազարդ, ձորերը հովասուն: Այնտեղ գարնանը գիշերը մինչև լույս երգում են սոխակները գավիթների բարձրագագաթ բարդիների վրա, իրանց գեղգեղանքը խառնելով տերևների մեղմիկ սոսափյունի հետ:

Մի խումբ երեխաներ, մի կիսավեր տան փլատակների վրա ցրված, վազվզում էին այս ու այն կողմ, ծիծաղում, աղաղակում, կենդանություն տալով կիսավեր քաղաքի ամայի փողոցին: Նրանց մեջ կար և մի յոթ տարեկան աղջիկ, որին ընկերուհիները կոչում էին «Սիրուն Սոնա»: Ոտաբաց, գլխաբաց, մի ձեռին բռնած մի կտոր հաց, մյուս ձեռով ճակատի վրա սփռված ոսկեգույն մազերը ուղղելով, կանգնած էր մի հողաբլրի վրա և աղաղակում էր.

— Եկե՛ք, եկե՛ք, եթե կարող եք, ինձ բռնեցեք:

Նրա սևորակ աչքերը վառվել էին սև ադամանդների պես: Նա ուրախ էր, որովհետև ոչ ոք նրա պես վազել չգիտեր, Արդեն երեք-չորս անգամ պտտել էր բլրակի շուրջը, և խաղընկերները չէին կարողացել նրան բռնել: Արդարև, նա սիրուն էր: Արեգակը այրել և սևացրել էր այտերն ու քիթը, քարերը քերել էին ոտները և կոպտացրել, բայց, այնուամենայնիվ, սիրուն էր: Սիրուն նույնիսկ այն երկու կտոր ցնցոտիների մեջ, որ հազիվ հազ ծածկում էին նրա մարմնիկը և որ չքավորների լեզվով կոչվում են «հագուստ»:

— Եկե՛ք, եկե՛ք, թե կարող եք, ինձ բռնեցեք...

Դարձյալ խաղընկերները հարձակվեցին նրան բռնելու: Նորից կամեցավ փախչել, բայց այս անգամ պատահեց մի բան: Մի քանի քայլ չարած, հանկարծ մի վայրենի ճիչ արձակեց և երեսնիվեր ընկավ հողաբլրի վրա: Ոչ այնպես, ինչպես սովորաբար ընկնում են նրա հասակակիցները և իսկույն ոտքի կանգնում: Նա ուղղակի թավալվեց ինչպես գնդակահար եղած մի փոքրիկ գազան, մռնչալով ստացած վերքից:

Խաղընկերները մի ակնթարթում մոտեցան նրան բարձրացնելու: Նա մի տարօրինակ շարժում գործեց: Ամենը սարսափած դես ու դեն ցրվեցին: Նրա ամբողջ մարմինն ու երեսի մկանունքները ընդարմացել էին: Աչքերը կիսաբաց էին, բիբերը խոշորացած և անշարժ: Բերանից հոսում էր փրփրալի թուքը թանձր շարավի պես: Նրա ձեռների բութ մատները, ինչպես ոլորուն պարան, ծռվել էին դեպի ափերը և սեղմվել մյուս մատների տակ, իսկ ոտների ոլոքները ցցվել էին չորացած ընկույզների նման: Դեմքը առաջին վայրկյան դեղնեց, հետո սկսեց կապտել, մթագնել, վերջապես, բոլորովին կարմրեց: Շնչառությունը մի քանի վայրկյան ընդհատվեց, ապա վերադարձավ: Այս դրության մեջ մնաց մի րոպեի չափ: Հետո նրա ձախ երեսի մկանունքները սկսեցին ցնցվել, ապա ցնցվեց աջ երեսը, պարանոցը և այնուհետև — ամբողջ մարմինը: Այժմ նա շնչում էր արագ-արագ, ուժգին և, կարծես, հառաչելով:

Այս անսպասելի դեպքը ապշեցրել էր նրա խաղընկերներին: Տասը քայլ հեռու հավաքված, նրանք նայում էին իրանց ընկերուհուն: Բոլորի դեմքերի վրա նկարված էր և՛ երկյուղ, և՛ հետաքրքրություն: Ի՞նչ պատահեց սիրուն Սոնային: Մի րոպե առաջ վազվզում էր ամենից արագ, ինչու այժմ, գետնին թավալված, երկյուղալի շարժումներ է անում: Ո՞վ գիտե, քարով խփեցին նրան: Բայց ոչ ոք Սոնային ձեռ չէր տվել: Նա ինքն ընկավ, այս տեսան բոլորը:

«Սնիկ» Մարգարիտը վազեց Սոնայի ծնողներին լուր տալու: Տանը ոչ ոք չկար: Սոնայի հայրը շուկայումն էր, իսկ մայրը գնացել էր ուրիշների համար հաց թխելու: Նա շրջիկ հացթուխ էր: Ա՜խ, եթե իմանար, ինչպես նրա միակ զավակը, անտեր, անօգնական, ընկած է փողոցում, արեգակի տակ, ի՜նչպես նրա մազերը գզգզվել են, փոշով ծածկվել և ինչպես նա խրխռում էր վիզը կտրած գառնուկի պես:

— Գիժ-Դանելը, գիժ-Դանելը, — գոչեցին մանուկները միաբերան և մի վայրկյանում ցրվեցին այս ու այն կողմ:

Փողոցի ծայրից գալիս է մի մարդ, հաստ ու երկայն գավազանը կրծքի վրա սազի պես բռնած, բարձր ձայնով թուրքերեն երգելով: Նա ոտաբոբիկ էր և գլխաբաց: Նրա սնացած և բրդբրդոտ կուրծքը բոլորովին մերկ էր, ալեխառն միրուքն ու մազերը կեղտոտ և փշերի պես ցցված: Նրա հագուստը բաղկացած էր հաստ կտավից կարած մի շապկից և կարճ անդրավարտիքից, որ ծածկված էին թանձր կեղտով: Ո՞վ չէր ճանաչում գիժ-Դանելին և չէր տեսել նրան: Օրը մինչև երեկո նա պտտում էր կիսավեր քաղաքի փողոցներում, մերթ ողբալով փլատակները, մերթ վազվզելով և երբեմն չորքոտանի ման գալով, որ ավելի վախեցնի վախկոտ մանուկներին և ծիծաղեցնի անվեհերներին:

Նա մոտեցավ Սոնային, բղավեց նրա վրա: Աղջիկը չվերկացավ, չշարժվեց: Դանելը զարմացավ, այն ո՞ր հանդուգն երեխան է, որ գիժ-Դանելից չի սարսափում: Եվ նայեց աղջկա երեսին: Այժմ Սոնայի ձեռներն ու ոտները չէին կծկվում, միայն նա շատ գունատ էր և զարմացած աչքերով մտիկ էր անում Դանելի երեսին: Նրա բերնի փրփուրը, խառնվելով գետնի փոշիի հետ, ցեխոտել էր երեսն ու մազերի մի մասը: Նա հանդարտիկ բարձրացրեց ծանրացած գլուխը և նստեց:

— Քեզ խփե՞լ են, — հարցրեց գիժ-Դանելը:

Սոնան լուռ նայում էր նրա երեսին: Նա իր մարմնի մեջ զգում էր սաստիկ թուլություն: Ոչինչ չգիտեր այն հանկարծահաս հարվածի մասին, որ նրան թավալեց գետնին:

— Գլուխս ցավում է, — արտասանեց նա նվաղած ձայնով:

Գիժ-Դանելը խեթ-խեթ նայեց նրա երեսին, և հանկարծ սովորական բարկությունը փոխվեց մի անսովոր մեղմության:

— Մանիշա՛կս, Մանիշա՛կս, — գոչեց նա, — լավ միտս է, նա էլ չէր խոսում, չվերկացավ: Դու վերկաց, ես քեզ կօգնեմ:

Նա բռնեց Սոնայի բազուկներից և ոտքի կանգնեցրեց, հետաքրքրությամբ նայելով նրա աչքերին, հասակին, մազերին: Հետո նայելով իր չորս կողմը, այնպես որ, կարծես, վախենում էր տեսնեն, համբուրեց Սոնայի ճակատը, գրկեց նրան և բարձրացրեց:

— Է՛յ, լակոտներ, եկե՛ք, ցույց տվեք Մանիշակիս տունը, ես ալան Դանելն եմ, պատառ-պատառ կանեմ, հում-հում կուտեմ:

Ուրիշ ժամանակ Դանելի այս սովորական սպառնալիքը կստիպեր փոքրիկներին անհետանալ: Այս անգամ, տեսնելով, որ նա հայրական խնամքով գրկեց ընկերուհուն, սիրտ առան, և առաջ գալով, ցույց տվին Սոնայի բնակարանը:

Փողոցի միջին մասում, երկու փոքրիկ տների մեջտեղ, երևում էր տասը քայլ երկայնությամբ մի պատ, որ կազմված էր միմյանց վրա առանց շաղախի դարսած քարերից: Երկու հնամաշ տախտակներ, իրարու հետ բևեռված, ծառայում էին դռան փոխարեն:

Գիժ-Դանելը, Սոնային գրկած, մտավ մի կեղտոտ բակ, որի խորքում գտնվում էր Սոնայի բնակարանը, գյուղական խրճիթի պես մի բան: Նա զգուշաբար բեռը դրեց խրճիթի դռների առջև և, դառնալով մանուկներին, հարցրեց.

— Այս երեխան մայր ունի՞:

— Մայր էլ ունի, հայր էլ:

— Հա՞: Մանիշակս մայր չուներ, մազերը այսպես էին, ճակատն էլ աչքերն էլ: Է՛յ, լակոտներ, այստեղից չհեռանաք մինչև նրա մոր գալը, իմացա՞ք, պատառ-պատառ կանեմ, հում-հում կուտեմ:

Նա չոքած էր Սոնայի առջև. հենվեց գավազանի վրա, որ բարձրանա: Այդ միջոցին խրճիթին մոտեցավ մի կին տեղական հագուստով, կռնատակին բռնած երկու թաժա հաց: Հակառակ քաղաքի սովորության, այդ կնոջ երեսը բաց էր, չնայելով երիտասարդ հասակին: Տեսնելով խրճիթի առջև խմբված մանուկներին, նա թույլ ձայնով արտասանեց.

— Էլի քամբախտը...

Բայց երբ նկատեց Սոնային, ձեռքերը թուլացան, հացերը կոնատակից վայր ընկան: Նա հարձակվեց իր աղջկա վրա, գոչելով.

— Երեխա՛ս, Երեխա՛ս...

Քրտինքը անձրևի պես թափվում էր երեսից: Այտերը այնչափ կարմրած էին, որ այրված աղյուսի էին նմանվում: Աչքերը լի էին արյունով, պարանոցը փքված, կոկորդի երակներն ուռած և կապտած: Այդ օրը հացթուխ Շուշանը մի քանի հարյուր անգամ գլխիվայր թեքվել էր վառ թոնրի մեջ: Կրակը կիզել էր նրա այտերը և արյունը խփել գլխին:

— Դրսումը ընկած էր, ասլան Դանելը բերեր այստեղ, — ասաց խենթը:

— Դրսո՞ւմ, ընկա՞ծ, — կրկնեց հացթուխը, — ինչո՞՞ւ էր ընկել:

— Բերանից փրփուր էր գալիս, կարմրել էր քեզ պես, ոտները տափին էր խփում...

Հացթուխը ընդհատեց խենթի խոսքը մի ճիչով: Նայեց Սոնայի ապուշ աչքերին և, կարծես, մի մոռացված բան մտաբերեց: Ձեռները բարձրացնելով՝ խփեց իր գլխին և բացականչեց.

— Վա՛յ նրա մորը...

Մի քանիսը Սոնայի խաղընկերներից, միմյանց խոսքը կտրելով, պատմեցին պատահած անցքի մանրամասները: Քանի նրանք պատմում էին, այնքան հացթուխի դեմքը փոխվում էր: Նա շարունակ գլխով հավանական շարժումներ էր անում ամեն մի խոսք լսելիս: Երբ բոլորը ուշադրությամբ լսեց, դարձյալ խորը-խորը նայեց Սոնայի երեսին և այժմ նրա կասկածը բոլորովին փարատվեց: Վերջին տարվա ընթացքում այդ երրորդ դեպքն էր, որ պատահում էր Սոնային: Առաջին և երկրորդ անգամ Սոնան տանն էր: Բացի ծնողներից ոչ ոք չտեսավ նրա դժբախտությունը: Իսկ այժմ փողոցո՞ւմ, խաղընկերների մո՞տ...

— Գնացեք, — գոչեց Հացթուխը, դառն սրտմտությամբ դառնալով մանուկներին ու աղջիկներին, — ի՞նչ բան ունեք մեզ հետ, մենք անբախտ ենք: Դանել ապեր, գնա՛, ոչ ոքի չասես, եթե հոգի ունիս: Երեխա է, ընկավ, ի՞նչ անենք, ուրիշներն էլ ընկնում են... Ի՛նչ փրփուր, ի՛նչ կապտել, կարմրել, սուտ է...

Վշտացած կնոջ դառը խոսքերը Դանելին խորհրդավոր թվացին: Նրան խնդրում էին լռել, և նա զգաց, որ այս խնդիրը մի լուրջ իմաստ ունի: Նա ձեռով ծածկեց բերանը, մեջքից թեքվեց և, դառնալով երեխաներին, շշնջեց.

— Սուււս, ոչ ոքի... պատառ-պատառ կանեմ, հում-հում կուտեմ:

Հետո, գավազանը շարժելով, փախցրեց բոլորին և ինքն էլ նրանց հետևից դուրս գնաց, թուրքերեն երգելով,

«Չար որսորդի նետը մտավ Իմ ձագուկի սրտի մեջ...»

Հացթուխը գրկեց Սոնային, տարավ խրճիթի ներսը, հանեց սենյակի

միջին պատի մեծ խորշից անկողին և սփռեց հատակի վրա: Պառկեցրեց այնտեղ հիվանդին և ինքն էլ նստեց նրա մոտ, իր խանդակաթ հայացքը հառելով նրա երեսին: Սոնան լուռ էր և տակավին ապշած նայում էր այս ու այն կողմ: Մոր հարցերին անորոշ պատասխաններ էր տալիս: Գանգատվում էր միայն, թե գլուխը ցավում է, հոգնած է, մարմնի վրա զգում է ինչ-որ ծանրություն:

Մի քանի րոպե անցած ներս. մտավ հացթուխի ամուսինը — պայտառ Ոսկանը և, կանգնելով աղջկա գլխի կողմում, հարցրեց.

— Ի՞նչ է պատահել:

Մոտ քառասուն տարեկան մի մարդ էր Ոսկանը, միջահասակ և տգեղ: Նրա ձեռները, երեսը, պարանոցը ածուխի մրով սևացած էին: Սրա սրածայր քիթը ծածկված էր փոքրիկ արյունագույն բշտիկներով: Իսկ ականջների տակ, ծնոտի վրա երևում էին երկու կապտագույն բծեր, որ փոքրիկ աչքերի ու թավ ունքերի հետ միասին հրող ազդեցություն էր անում մարդու վրա:

Հացթուխը չնայեց նրա կողմը: Միայն աչքերը բարձրացրեց դեպի վեր և ձեռները տարածեց օդի մեջ: Նա երկնքից համբերություն էր աղերսում: Ոսկանը իր թերմաշ չուխայի տակից ձգեց հատակի վրա գույնզգույն թաշկինակի մեջ փաթաթած մի կտոր միս, ասելով.

— Վեր կաց, խորովիր, քաղցած եմ...

Տասնումեկ տարի էր հլու կինը չարչարվում էր այդ մարդու ձեռքին, ինչպես վաճառված ստրուկ: Միայն Ոսկանի գռեհիկ բնավորությունը չէր հացթուխին տանջողը: Հաճախ նա տուն էր գալիս հարբած: Այդ ժամանակ կնիկը նայում էր նրա փոքրիկ և դեղնագույն աչքերին: Վա՜յ նրան, եթե սխալ էր հասկացել այդ աչքերի իմաստը: Առանց այլևայլի իր մեջքի վրա պիտի ընդուներ կոպիտ պայտառի բռունցքի հարվածները:

Ծույլ ու տղերգ մարդը, կարծես, կնոջ վիշտը ավելի կատարյալ անելու համար մի սովորություն ևս ուներ: Օրվա մեծ մասը հորանջելով պտտում էր ուրիշների խանութները, պատահած տեղը ընդունելով սրանից նրանից մի բաժակ օղի: Այդ էլ բավական չէր: Նա բոլոր մեռելներին ուղեկցում էր մինչև գերեզմանատուն, երբ «մեռելահաց» ուտելու հույս ուներ: Ամենից ավելի հացթուխին վիրավորում էր այս ձրիակերությունը: Չքավորի վիճակը այդ կնոջ սրտում չէր ոչնչացրել, ընդհակառակը, հիվանդության աստիճանին էր հասցրել պատվի զգացումը: Օրը մինչև երեկո քրտինքը երեսին կրում էր տաժանակիր աշխատանք իր ընտանիքի օրվա պարենը վաստակելու համար:

— Տեսնում ես ինչ օրի ընկավ երեխաս, — գոչեց հացթուխը, առաջին անգամ համարձակվելով իր կսկիծը բարկացկոտ ձայնով արտահայտել: — Կատարվեց չար երազս: Հայրդ նստած էր մի սև ձիու վրա, երեխայիս էլ դրել էր քամակին... գնում էին, գնում, չգիտեմ որտեղ... Ինչո՞ւ, նրա գերեզմանը տակն ու վրա լինի, ինչո՛ւ երեխայիս հետը տարավ.. Ընկնավո՞ր, տեր-աստված, ո՞ր մեղքիս համար...

Այս զանգատը արտասանեց մի այնպիսի ազդու կսկծալի եղանակով, որ Սոնան դարձրեց դեպի նա թախծալի աչքերը և սկսեց հանդարտիկ լաց լինել: Արտասուքի խոշոր կաթիլները գլորվում էին նրա գունատ այտերի վրայով և թրջում մոր կուրծքը: Կարծես, հացթուխի հուսակտուր խոսքերի մեջ զգաց և հասկացավ, թե ինչ պատուհաս էր եկել իր գլխին:

Ոսկանը սնացած մատներով երկաթյա ունելիքի պես ճանկեց՝ կոշտ ավելի նման միրուքը: Կնոջ խոսքերն ու աղջկա արցունքները ազդեցին նրա վրա: Նա արդեն հասկացել էր, ինչ չարաբաստիկ դեպք է տեղի ունեցել: Նա միայն հարցրեց.

— Էլի ո՞րտեղ ընկավ…

— Փողոցում, ընկերների առաջ…

Տիրեց մի ճնշող լռություն: Մայրը գրկել էր աղջկա գլուխը, աչքերը հառել առաստաղին և մտքում աղոթում էր: Սոնան դեռ լալիս էր, ձեռները փաթաթած մոր պարանոցին: Ոսկանը անցուդարձ էր անում յոթ-ութ քայլ երկայնություն ունեցող սենյակում: Նա կանգ առավ, մատները հանեց միրուքի միջից, թեքվեց, գրկեց Սոնային և համբուրեց նրա ճակատը:

Դա առաջին հայրական համբույրն էր այն օրից, երբ Սոնան կարող էր զգալ ծնողների համբույրը: Նա բռնեց հոր կոշտ ձեռը և սեղմեց շրթունքներին…

II

Այդ օրից «Միրուն Սոնային» ընկերուհիները այլևս չէին տեսնում փողոցում: Մայրը փակեց նրան տանը այն հասակում, երբ դեռ մի-երկու տարի մնում էր ազատ վազվզել դրացի աղջիկների հետ:

Կարող էր Սոնայի թշվառության լուրը տարածվել քաղաքում, այն ժամանակ նրա ապագան փչացած էր: Ո՛վ կհամաձայնվեր նրան կին առնել: Այսպես էր մտածում հացթուխը: Նա չէր հոգում, թե դիցուք Սոնայի ցավը հաջողվեց թաքցնելու մինչև նրա ամուսնանալը, հետո մի՞թե մի օր իրականությունը չպիտի հայտնվեր: Նա հույս ուներ աստծու գթության վրա և չէր ուզում հավատալ, որ իր զավակը բռնված է անբուժելի ախտով:

Դեռ մի տարի չէր անցել չարաբախտ օրից, Սոնան արդեն երկու անգամ ուշաթափվել էր: Վերջին անգամ ընկավ ուղղակի հոր գիրկը: Այդ միջոցին Ոսկանը ծալապատիկ նստած էր հատակի վրա: Նա նոր էր վերադարձել մի հարուստ մեռելահացից: Համբարձում աղային էին թաղում, մի՞թե կարելի էր քաղաքի առաջին մարդու հոգու համար «արքայություն» չմաղթել, նրա ազգականներին էլ «աստծով մխիթարվեք» չասել:

Նա կարծեց, թե Սոնան անզգուշաբար սայթաքեց և ընկավ: Ձեռի մի շարժումով բարկացած շպրտեց նրան մի կողմ:

Հիվանդը ընկավ սենյակի մեջտեղն ու սկսեց խռխռալ: Այն ժամանակ միայն հարբած պայտառը զգաց նրա ցավը: Նա վերկացավ, դրեց աղջկան իր ծնկների վրա, նայեց նրա ամուր փակված աչքերին, որ ծռվել էին դեպի վեր և մտել ունքերի տակ: Նորից հիվանդին բաց թողեց դեպի հատակը և ինքը, երեսին խաչակնքելով, ետ ու ետ քաշվեց:

Օրը գարնանային էր: Բնությունը նոր նոր սկսել էր ծաղկել: Սենյակի օճորքի տակ բուն դրած ծիծեռնակները ճախր էին գործում սիրուն Սոնայի գլխի վրա, ծլվլալով և իրանց ձագուկների համար կերակուր որսալով: Արևի պայծառ ու դուրեկան լույսը տարածվել էր դեպի խրճիթի ներսը: Նրա մի շողը խաղում էր հատակի վրա թավալված Սոնայի բաց ճակատին, որի շուրջը գանգուր ոսկեգույն մազերը կազմել էին մի սքանչելի պսակ: Դրսից լսվում էին վազվզող աղջիկների և մանուկների ուրախ ձայները: Պատի տակ նստած էր հարբած պայտառը և, նայելով իր աղջկան, քթի տակ ինչ-որ մրթմրթում էր:

Երբ հացթուխը ներս մտավ, Սոնան արդեն սթափվել էր: Սենյակը աղմկվեց Շուշանի կսկծալի աղաղակով: Նա վազեց և հարձակվեց աղջկա վրա, կամեցավ գրկել և համբույրներով հեկեկար: Բայց Սոնան այնքան թույլ էր, որ մոր գրկում չկարողացավ շունչ քաշել: Գլուխը դրեց հատակին, կամացուկ արտասանելով:

— Ոտքերս ու մեջքս ցավում են:

Դարձյալ լսվում էին դրսում խաղացող երեխաների ձայները: Հացթուխը, ատամները կրճտելով, կուրծքը եղունգներով ճանկռտելով, վեր կացավ և խրճիթի դռները ծածկեց: Օ՜, որքան ծանր ազդեցություն էին գործում նրա վրա այդ առույգ ձայները, ինչպես նախանձի և ատելության զգացումը կրծում էր նրա սիրտը:

— Այս էր իմ օրն, էլի, — կրկնեց նա երրորդ անգամ և, դառնալով ամուսնուն, շարունակեց, — գնա՛, չոքի՛ր եկեղեցու դռների առջև, ճակատդ քիր քարերին, աղաչիր աստծուն, ասա. «Տեր, դու չարը հանես երեխայիս միջից. տեր, դու նրան ազատես...»:

Բայց բեռնագործը վաղուց էր մոռացել եկեղեցու ճանապարհը և վաղուց էր սառել դեպի աստված, ոչ այն պատճառով, որ հավատ չուներ: Ո՛չ, նա չգիտեր ինչ ասել է աղոթք, սրբություն, աստված: Մի անտարբերություն տիրել էր նրա հոգուն և այնտեղ մեռցրել ամեն մի զգացում:Քանի՛ տարի էր նա հարբում էր: նրա ուղեղը օրից-օր բթանում էր, միտքը կաշկանդվում: Ահա ինչու չէր զգում հոգեկան մխիթարության կարիք: Նա դարձել էր մի անբան կենդանի և վարում էր լոկ բուսական կյանք:

Այնինչ հացթուխը ամեն առավոտ և ամեն երեկո այցելում էր քաղաքի կիսախարխուլ եկեղեցին, կանգնում էր մոմերի ծխից սևացած սյուներից մեկի տակ և աղոթում: Երբեմն ամբողջ ժամերգության միջոցին մնում էր մերկ քարահատակի վրա չոքած: Նրա աղոթքը ո՛չ երկար էր, ո՛չ բարդ: Հասարակ «հայր մերն» անգամ ուղիղ չգիտեր: Նա միայն աղերսում էր.

« Տե՛ր, դու իմ երեխային փրկիր չարից, տե՛ր, ինձ տուր նրա ցավը...»:

Քանի՜-քանի՜ անգամ էր օրվա ընթացքում կրկնում այս դարձվածը: Ոչ միայն տանը ու եկեղեցում, այլև ուրիշների տներում, ժամանակ-անժամանակ: Հաճախ նա, գլուխը դուրս բերելով վառ թոնրի միջից, երեսի քրտինքը սրբելով իր կոշտ գոգնոցով, աչքերը դարձնում էր դեպի վեր: Ներկա եղողները լսում էին նրա շշնջյունը, բայց չգիտեին ինչ է մրմնջում:

Զուր էին անցնում նրա ջերմ արցունքները, հավատով լի աղերսանքները: Սոնան ոչ միայն չէր փրկվում, այլև օրից-օր ավելի ու ավելի էր ենթարկվում «չարին»: Հուսահատությունը երբեմն հավատացյալ կնոջ սիրտը ձգում էր մի տեսակ կասկած աստվածային արդարամտության մասին: Մի՞թե աստված փակել էր իր լսելիքը նրա աղոթքների համար: Շատ անգամ իր ամբողջ շաբաթվա վաստակի կես մասը բաժանում էր մուրացկաններին, մյուս կեսով մոմ ու զնում և վառում եկեղեցում այս կամ այն սրբի պատկերի առջև: Բայց սրբերն էլ չէին օգնում, և նրա հառաչանքները ցնդվում էին դատարկ օդի մեջ: Իսկ Սոնան ամեն օր մորմոքում էր նրա սիրտը:

— Մայրիկ, ինձ ե՞րբ կթողնես փողոց գնամ:

— Այժմ դու մեծ աղջիկ ես, փողոց դուրս գալը ամոթ է:

Ուրիշ պատասխան չէր կարողանում գտնել մայրը: Այնինչ՝ Սոնայի ութ տարին դեռ նոր էր լրացել: Նա շատ լավ գիտեր, որ իր հասակակիցները տակավին վազվզում են դրսում: Մատաղահաս աղջկա սիրտը ուժգին բաբախում էր, երբ դրսից լսում էր իր ընկերուհիների զվարթ քրքիջները կամ լացն ու աղաղակները: Թևերը կտրած թռչունի պես, ամբողջ օրը պտտում էր փոքրիկ գավթու, չէր համարձակվում դեպի փողոց նայել անգամ, երբ ծնողները տանն էին: Իսկ երբ հայրը շուկայում էր լինում, մայրը աշխատանքի գնալիս, զցում էր նրան խրճիթ և դռները դրսից կողպում: Թող այնտեղ ընկնի, եթե մեռնի էլ, գոնե ուրիշները չեն տեսնիլ:

Այդ ժամանակ Սոնան ավելի էր զգում իր թշվառությունը: Խրճիթը լուսամուտ չուներ: լույսը գալիս էր միայն դռների վերին կողմի մի փոքրիկ մասից, որ ծածկված էր յուղած թղթով: Ստեպ-ստեպ նա մոտենում էր դռներին և նրանց արանքով նայում դեպի դուրս: Այնտեղ աքաղաղները կռվում էին, հավերը կչկչում, ծտերը ծլվլում: Նա երանի էր տալիս այդ թռչունների ազատությանը: Հետո լալիս էր, հոգնում էր, պառկում հատակի վրա և նիրհում: Գալիս էր մայրը, բաց էր անում դռներ, գրկում էր նրան և, կատաղի համբույրներով երեսը ծածկելով, թևից բռնած դուրս էր տանում ու ասում.

— Տե՛ս աստծու լույսը:

Երբեմն նա Սոնային թույլ էր տալիս բարձրանալ խրճիթի տափակ հողային կտուրի վրա, իսկ ինքը հսկում էր նրան արթուն աչքերով: Ամեն վայրկյան սպասում էր սարսափելի երևույթի կրկնվելուն: Սոնայի մի թեթև ճիչը, մի արագ շարժումը ցնցումն էր պատճառում նրան: Նայում էր հիվանդ աղջիկը այս կողմ այն կողմ, տեսնում էր միայն հարևան գավիթների թթենիները կամ կիսավեր տների պատերը: Շուտով ձանձրանում էր և խնդրում մորը ցած բերել իրան կտուրից:

Բայց ժամանակը հետզհետե ստիպեց Սոնային ընտելանալ իր վիճակին: Մոր համառ մերժումները բոլորովին կտրեցին նրա հույսերը երբևէ տեսնել իր ընկերուհիներին: Նա սկսեց ինքն իր համար զվարճալիքներ որոնել տանը: Մայրը բերում էր նրա համար զանազան լաթերի կտորներ: Սոնան կավից խաղատիկիններ էր շինում, հագցնում էր նրանց այդ կտորներից կարած գույնզգույն շապիկներ, դնում էր նույնպես կավից շինած մի տեսակ պատվանդանի վրա և խաղում նրանց հետ: Յուրաքանչյուր խաղատիկին ուներ հատուկ անուն, որ Սոնան ընտրել էր իր ընկերուհիների անունների մեջ: Նա խոսում էր ամեն մեկի հետ համաձայն այս կամ այն ընկերուհու բնավորության:

— Մարգարիտ, թևս մի՛ կծիր. Մանան, շապիկդ կեղտոտեցիր. Իֆ, տափը մտնես, Ջավահիր, տես Ջառվարդը ինչ խելոք է…

Օրեցօր նա հասունանում էր: Ինչպես ջերմոցի քնքուշ ծաղիկ, չնայելով բնական շրջանից անջատված լինելուն, փակ մթնոլորտի մեջ աճում էր և հետզհետե ստանում բնությունից սահմանված բոլոր ձևերն ու գեղեցկությունը: Մայրական փաղաքշանքները և զգվանքներն էին կազմում նրա կյանքի ամենակենսատու հյութը: Ծծում էր այդ հյութը ամբողջ հոգով և նրա մանկական սիրտը լեցվում էր որդիական սիրո ու երախտագիտության զգացումներով: Այլևս չէր տխրում, այլևս չէր ձգտում դեպի փողոց: Ջանձրալի էին նրա համար այն ժամերը, երբ մայրը տանը չէր, որ խաղատիկինները բազմեցներ նրա առջև, ցույց տար յուրաքանչյուրի զգեստը, ուրախանար նրա հետ:

Կար և մի ուրիշ անձ, որ ուրախակից էր Սոնայի ուրախությանը և վշտակից նրա վշտին, ո՛վ գիտե, գուցե ոչ պակաս քան նրա մայրը:

Այն օրից, երբ տեղի ունեցավ տխուր անցքը, գիժ-Դանելը շաբաթը մի երկու անգամ մտնում էր հացթուխի գավիթը և հարցնում Սոնայի մասին: Մի զարմանալի հոգատարություն էր ցույց տալիս այդ փողոցային խենթը փոքրիկ աղջկա վերաբերմամբ: Կարծես, այն օրվա դեպքը պարտականություն էր դրել նրա վրա՝ հետաքրքրվել Սոնայի ճակատագրով, ինչպես մի փափկասիրտ արյունակից:

Սկզբում հացթուխը փորձեց թաքցնել նրանից իր աղջկա ցավը, մանավանդ, որ խենթը երբեք չէր հիշեցնում այդ մասին: Նա հավատացած էր, որ վաղուց Սոնայի ուշաթափվելը մոռացել են թե գիժ-Դանելը և թե աղջիկներն ու մանուկները: Բայց մի օր Սոնան ընկավ ցավի մեջ խենթի ներկայությամբ, և այդ օրից անկարելի էր գաղտնիքը նրանից թաքցնել:

Գիժ-Դանելը ծանոթ էր այդ տեսակ ցավերին, կյանքում ընկնավորներ տեսել էր:

— Սուրբ է, — ասաց, երեսին խաչակնքելով, — տեսնենք ինչ Մարգարեություն է անում:

Նա չոքեց Սոնայի առջև, պատկառանքով ականջ դրեց, բայց հիվանդի խրխռոցից ոչինչ չհասկացավ:

— Դանել-ապեր, հիմա ամեն բան իմացար, — ասաց հացթուխը աղերսական ձայնով, — թող երկնքում աստված, երկրում միայն մենք իմանանք:

— Սո՛ւսս, Մանիշակս քնած է, — շշնջաց խենթը ձեռով ծածկելով իր բերանը:

Այդ վայրկյանին նրա դեմքն այնքան խորհրդավոր էր, որ հացթուխը կարիք չզգաց իր խնդիրը կրկնելու:

Այնուհետև խենթն ավելի հաճախ էր այցելում հացթուխի խրճիթը: Երբեմն գալիս էր պայտագործի հետ միասին: Թվում էր, Ոսկանը մի տեսակ համակրանք էր տածում դեպի այդ անկոչ բարեկամը: Գուցե պատճառն այն էր, որ երբ պայտագործը հարբած էր լինում, խենթն էր նրա թևի տակ մտնում ու տուն բերում: Կամ գուցե այն, որ նա էլ Ոսկանի պես սիրում էր մեռելներին ուղեկցել մինչև գերեզմանատուն: Բայց ուղեկցում էր ոչ թե քելեխ սիրելուց, այլ ուներ մի գաղտնիք, որ տակավին հայտնի չէր պայտագործին: Այսպես թե այնպես, նա Ոսկանի համար մի սքանչելի ընկեր էր: Նրանք միշտ միասին էին գնում գերեզմանատուն, միասին ծալապատիկ նստում բաց օդի տակ, կանաչազարդ գետնի վրա սփռած սեղանի շուրջը, միասին «արքայություն» մաղթում հանգուցյալին և շատ անգամ միևնույն ամանից ուտում: Խենթն ինքը շատ քիչ էր խմում, բայց եռանդով կատարում էր իր բարեկամի խնդիրը — միմյանց հետևից լցնում էր նրա բաժակը, կրկնելով.

— Որսկան աղբեր, ներսդ տաքացրու:

Երբեմն հանկարծ թողնում էր սեղանը և, գերեզմանաքարերի միջով ստոստալով, հեռանում էր: Թե ու՛ր էր գնում — հայտնի չէր: Կես ժամ անցած՝ վերադառնում էր, գլուխը կրծքին թեքած, քթի տակ երգելով ինչ-որ տխուր երգ:

Ամեն անգամ նա մեռելահացից բաժին էր բերում Սոնայի համար — մի քանի խաշած ձու կամ մի կտոր միս, իսկ մեծ մասամբ բարակ լավաշի մեջ փաթաթած «հալվա», որ ալյուրից, յուղից և մեղրից պատրաստած մի տեսակ տեղական քաղցրավենի էր: Հացթուխը հոգով դեմ էր այդ բաժիններին, բայց ներում էր խենթին: Նա երախտապարտ էր համարում իրան այդ մարդու առջև և չէր ուզում ոչ մի բանով նրա սրտին դիպչել: Շատ անգամ հրավիրում էր խենթին ճաշի, նստեցնում էր իր ամուսնու մոտ և երկուսին էլ հավասար խոնարհությամբ ծառայում:

Իսկ Սոնան օրիցօր ընտելանում էր գիժ-Դանելին: Չկար այլևս առաջվա երկյուղը այդ մարդուց: Այժմ ծիծաղում էր իր նախկին ընկերուհիների վրա, որ այնպես փախչում էին Դանելից: Օօ, նա բոլորովին գիժ չէ, բարի է, խաղաղ, անվնաս: Բայց ինչո՞ւ համար է այնքան ցավակցում Սոնային: Այս հարցը երբեմն Սոնային ձգում էր մտատանջության մեջ: Առհասարակ նա հետզհետե դառնում էր մտախոհ, մելամաղձոտ: Թվում էր, որ նրա փոքրիկ գլուխը անգործ չէ, և շատ մտքեր են նրան զբաղեցնում: Ամենից պարզ զգում էր մի բան, այն՝ թե կա մի ցավ, որ թունավորում է իր մոր կյանքը: Ի՞նչ է այդ ցավը: Հոր արբեցությունը, կոպիտ վարմունքը: Եթե այդ է, ինչու առաջ նրա մայրը այնպես տխուր չէր, ինչպես այժմ: Նա չէր զգում միայն իր սեփական ցավը, չգիտեր, որ ինքն է մոր թշվառության առաջին պատճառը: Այդ նրան ոչ ոք չէր ասում: Մի անգամ, անգութ հարվածից հետո ուշքի գալով, տեսավ իր մորը հեկեկալիս ու հարցրեց,

— Մա՛յրիկ ես հիվա՞նդ եմ:

— Չէ՛, որդի…

— Գլուխս էլի ցավում է, քնա՞ծ էի:

— Հա՛, որդի...

— Բաս ինչո՞ւ ես լաց լինում:

Հացթուխի լեզուն պապանձվեց, չկարողացավ պատասխանել: Նա միայն գրկեց Սոնայի գլուխը և համբուրեց նրա շքեղ մազերը, սպիտակ ճակատը, գունատ այտերը: Ժամանակը թշվառ մորը հաշտեցնում էր իր վշտի հետ: Նա տանջվում էր, բայց ոչ առաջվա չափ: Նա բողոքում էր իր ճակատագրի դեմ, բայց և՛ օրհնում էր նախախնամության կամքը:

«Ասում են, երբ աստված մեկին շատ է սիրում, նրան շատ է տանջում, — մխիթարում էր ինքն իրան հուսահատ րոպեներին, — ո՛վ գիտի, կարելի է աստված ինձ շատ է սիրում»:

Նա ձգտում էր իր թշվառության համար արդարացուցիչ պատճառներ գտնել: Շատ խիստ էր ճակատագրի վճիռը, և չէր ուզում հաշտվել այն մտքի հետ, թե այդ վճիռը կայացնողը կարող է, առանց մի մեծ պատճառի, լինել այդքան անիրավ, այդքան անողոք: «Աստված արդար է և ողորմած», հնչում էին նրա ականջին այս խոսքերը, որ ամեն օր լսում էր եկեղեցում: Մի՞ թե քահանան կարող է սուտ ասել, մի՞ թե եկեղեցին կարող է խաբել:

— Մեղա քեզ, մեղա քեզ, — կրկնում էր հացթուխը ամեն անգամ, երբ սրտում զգում էր կասկածի նշույլ, և այդ նշույլը նույն վայրկյանին անհետանում էր, տեղի տալով խորին հավատի զգացման:

III

Ամեն օր հացթուխ Շուշանը աշխատանքի գնալիս տեսնում էր խումբ-խումբ տղաներ և աղջիկներ, որոնք գրքերը կռնատակերին, աշխույժ-աշխույժ խոսակցելով, ուսումնարան էին գնում: Աղջիկների ուսումնարանը նոր էր բացվել: Հացթուխը լսել էր, որ այնտեղ բացի գրել-կարդալուց, սովորեցնում են սիրուն շալեր ու սփռոցներ հյուսել: Ախ, ի՜նչ լավ կլինի, որ Սոնան էլ այդ ուսումնարանը գնա: Թող նա էլ ուրիշների շարքն ընկնի, թող ոչ ոքից ետ չմնա, իր ծնողների մի հատիկ զավակն է:

«Ի՞նչ անենք, որ հայրը հարբեցող է, ես հացթուխ: Չեմ ուտի, չեմ խմի, բերանիցս կկտրեմ, երեխայիս համար գիրք կառնեմ, հագուստ կառնեմ»:

Այսպես էր մտածում Շուշանը, երբ Սոնայի հիվանդությունը դեռ չէր հայտնվել: Այժմ երևակայել անգամ չէր ուզում այդ երջանկության մասին: Ի՞նչ, որ ամբողջ ուսումնարանը իմանա՞ Սոնայի ընկնավոր լինելը: Չէ, ավելի լավ է նա ետ մնա իր ընկերուհիներից, քան թե նրանց ծաղրի առարկան դառնա: Թող բախտավոր մայրերի բախտավոր զավակները գրել-կարդալ սովորեն:

«Ինձ նման մի անբախտի աղջկան այնքանն էլ հերիք է, ինչքան մայրը գիտի...»

Եվ հացթուխը սկսեց Սոնային սովորեցնել այն, ինչ որ ինքը գիտեր, հոր հագուստը կարկատել, գուլպաներ հյուսել, սենյակի պատերը և հատակը շաբաթը մի անգամ շիրայել, այսինքն ներկել տեղական կապտագույն թրջած կավով: Նա սովորեցնում էր Սոնային և՛ աղոթել: Ամեն առավոտ և ամեն երեկո արտասանել էր տալիս, «աստված, դու ինձ փորձանքից ազատես...»:

Շատ անգամ երեկոները Սոնան, ճրագի առջև նստած, գուլպա էր հյուսում մինչև ուշ գիշեր: Մայրը թախանձում էր նրան չհոգնեցնել իր աչքերը: Իսկ հայրը պատվիրում էր հյուսել ու հյուսել, որ շուտով զույգը վերջանա: Եվ այս դեպքում աղջիկը հոր պատվերն էր կատարում: Վաղն ուրախ — ուրախ կհանձնի նրան մի զույգ նոր գուլպա, որ տանի շուկայում ծախի: Ինչ անենք, որ գուլպաների գինը սովորաբար օղեվաճառին էր տրվում: Այդ Սոնայի գործը չէր:

Եվ այսպես, արբշիռ պայտագործը հարստահարում էր հիվանդոտ աղջկա աշխատանքը դեռ այն ժամանակ, երբ նրա մատները հազիվ հազ սովորել էին կտրել ու հյուսել: Քանի-քանի՜ անգամ այս պատճառով ընդհարումներ էին ունեցել մարդ ու կին:

— Չէ, դու խղճմտանք չունիս: Երեխաս մի շալ չունի ուսերին գցելու, ցրտից սրսռում է, դու ամեն օր խմում ես նրա աշխատած փողով...

— Քո բանը չի, Սոնան իմս է, — պատասխանում էր պայտագործը:

— Այնպես չէ՞, Սոնա, դու հորդ սիրում ես, չես թողնի, որ մի բանի կարոտություն քաշի:

Մանկահասակ աղջիկը, հավասար սիրով և զգվանքով համբուրելով թե՛ մեկին և թե՛ մյուսին, վերջ էր տալիս իր ծնողների վեճին: Այնինչ այն օրից, երբ պայտագործի համար բացվեց եկամտի մի նոր աղբյուր — իր աղջկա ձեռքի վաստակը — նա ավելի ու ավելի ծուլանում էր: Միևնույն ժամանակ, ավելի ու ավելի պահանջող, քմահաճ և կոպիտ էի դառնում: Շատ անգամ տուն էր վերադառնում դատարկ ձեռներով և հրամայում իսկույն ուտելիք պատրաստել: Կինը երբեմն պատասխանում էր, թե տանը ոչինչ չկա, թե ինքն այսօր ոչինչ չի վաստակել:

— Պատճա՞ռը, — գոռում էր պայտագործը:

— Այսօր ինձ ոչ ոք հաց թխելու չի կանչել:

— Հոգիդ դուրս գա, գնա, ողորմություն հավաքիր, խոմ քաղցած ապրել չի կարելի: Հը՛մ, դու ասա, Սոնա ջան, մարդ քաղցած փորով կարո՞ղ է ապրել: Տեսնում ես, մայրդ ինչ աներես ու քարասիրտ է: Համ ասում է տանն ուտելու բան չկա, համ էլ ինձ չի թողնում գերեզմանատուն գնամ մեռելահաց ուտելու...

— Օրիցս դեն ուր ուզում ես գնա, կեր, խմիր, քո բանը պրծած է:

— Որ մեռել չկա, ո՞ւր գնամ:

Այս խոսքերը պայտագործը արտասանում էր այնպիսի եղանակով, որ կարծես, մարդիկ չէին մեռնում հենց նրան քաղցած թողնելու համար:

Մի անձրևային օր նա ճաշի միջոցին ներս մտավ աչքունքը կիտած: Երեք օր էր չէր խմել, ուստի սաստիկ վատ տրամադրության մեջ էր: Իսկ քրիստոնյաները երդվել էին չմեռնել, և Ոսկանը անիծում էր բոլոր կենդանի հարուստներին: Սոնան խրճիթի առջև ծալապատիկ նստած, կարկատում էր հոր հնամաշ արխալուղը: Ուրախացավ հորն արթուն տեսնելով:

— Մայրդ տա՞նը չի:

— Չէ՛:

— Վե՛րկաց տեսնեմ, ի՞նչ ես տալիս ուտելու:

Սոնան մտավ խրճիթ և այնտեղից բերեց, հաց, պանիր և մի քիչ կարագ:

— Դա ի՞նչ է, — ասաց պայտագործը, ծուռ-ծուռ նայելով Սոնայի բռնած սկուտեղին, — շատ հարկավորս է քո կարագը: Փահ, երեք օր է չեմ խմել, սիրտս էլ չոր-չոր բան է ուզում, մի կտոր ձուկ կամ միս, իսկ դա ինձ կարագ է տալիս, այն էլ ծտի աչքի չափ: Դե՛նը տար...

Սոնան վշտացավ: Կարագը իր բաժինն էր, պահել էր հատկապես հոր համար: Սկուտեղը ձեռին՝ նայում էր պայտագործին այնպիսի դեմքով, որ, կարծես, ոտից գլուխ մեղավոր էր նրա առջև:

— Դու ինձ ա՛յն ասա, Սոնա ջան, մայրդ փող ունի: Հարցը Սոնային նեղը գցեց: Գիտեր, որ մայրը պատի մեծ խորշի մեջ թաքցրած ունի մի քանի արծաթի ու պղնձի դրամներ: Դա հացթուխի սեփական վաստակն էր: Կոպեկ-կոպեկ հավաքել էր, և Սոնան չգիտեր՝ ինչու համար:

— Հը՛մ, ինչո՞ւ չես պատասխանում, ասա , մայրդ փողից-բանից ունի՞...

— Չեմ իմանում:

— Դրուստն ասա:

— Չեմ իմանում, — կրկնեց Սոնան, աչքերը անգիտակցաբար դարձնելով դեպի այն խորշը, ուր թաքնված էին մոր կոպեկները:

— Ի՞նչ ես դես ու դեն մտիկ անում, դրուստն ասա , սուտ ասելը մեղք է:

Այո, տասներկու տարեկան աղջիկը շատ անգամ էր մորից լսել, թե սուտ ասելը մեղք է, թե սուտ ասողին աստված պատժում է: Եվ նա երբեք սուտ չէր ասել: Բայց գիտեր և այն, որ գողությունն էլ մեղք է և ավելի մեծ մեղք:

— Չեմ իմանում, կա թե չկա, չեմ իմանում, — կրկնեց նա:

Ձայնը և դեմքի այլափոխվելը մատնեցին նրան:

— Սոնա, — գոռաց պայտագործը, — դու հորդ խաբում ես, այս տանից փողի հոտ է գալիս, ես քաղցած ու ծարավ եմ:

Սոնան տատանվեց: Նրա սիրտը տանջվում էր խղճի խայթից: Նա ինքն իր հետ կռվում էր. մի կողմից ստախոսություն մյուս կողմից գողություն: Մի կողմից հոր աղաչանքը, մյուս կողմից մոր դառն աշխատանքը, որի գնով ձեռք էին բերված այնտեղ թաքնված կոպեկները:

— Որ՞ը ընտրել:

— Ինչպես տեսնում եմ, մորդ հետ խոսք ես կապել ինձ քաղցած ու ծարավ թողնել: Դուք ինձ խաբում եք, տանջում եք: Որ այդպես է, էլ իմ երեսը չեք տեսնի: Գնա՛, Սոնա ջան, գնա քեզ համար ինձանից լավ հայր ճարիր:

Նա քայլերը բարկացած ուղղեց դեպի դուռը: Դա մի խորամանկություն էր, որ իսկույն ունեցավ ցանկալի հետևանք: Ոչ. Սոնան ուրիշ հայր չի ուզում: Աշխարհի երեսին պայտագործից ավելի լավ հայր չկա: Նա մոտեցավ Ոսկանին, իր փոքրիկ ձեռներով բռնեց նրա կոշտ, սևացած ձեռը, համբուրեց և արտասվեց: Հետո մոտեցավ պատի խորշին, կանգնեց մի քանի վայրկյան անշարժ և նայեց հորը: Ա՜խ, վատ բան էր ուզում անել, այդ ինքն էլ գիտեր և երկյուղից դողում էր: Բայց այնտեղ, սենյակի մեջտեղում, կանգնած էր հայրը, աչքերը ագահաբար հառած նրա երեսին: Եվ ինչպես փայլում էին այդ աչքերը: Երևի պայտագործը արդեն զգում էր օղիի սքանչելի հոտը և վաղորոք ճաշակում քաղցրություն:

— Մի՛ վախենար, Սոնա ջան, մի՛ վախենար, ես մտիկ եմ տալիս, հենց որ եկավ — կասեմ:

Սոնան սկսեց խորշի մեջ որոնել այն ցնցոտին, որ մայրը խնամքով թաքցրել էր անկողինների տակ:

— Ի՛նքդ վերցրու, — ասաց դողդոջուն ձայնով և գունատվեց, — ես վախենում եմ: Այ, այն կապույտ կապոցի մեջ է:

Պայտագործը շտապեց վերցնել կապոցը, ծանր ու թեթև արեց ձեռի ափի մեջ և դրեց արխալուղի գրպանը:

— Քեզ համար ծամոն կբերեմ, — ասաց համբուրելով աղջկան, և շտապեց դուրս:

Երբ նա անհետացավ, Սոնան վազեց սենյակի անկյունը, ընկավ երեսի վրա և սկսեց հեկեկալ: Նրա գեղեցիկ թիկունքները չթյա արխալուղի տակ ուժգին բարձրանում էին և ցած իջնում ալիքների պես: Նրա սպիտակ պարանոցը ուռել ու դողդողում էր: Նա կողոպտեց իր սիրելի և խեղճ մորը, որ օրը մինչև երեկո արյուն-քրտինք է թափում մի քանի հատ հաց կամ մի քանի պղնձի դրամներ վաստակելու: Նա գողություն արեց, ինչո՞ւ, ո՞ւմ համար: Ախ, մի՞թե բոլոր աղջիկների հայրերն այդպես են...

Արտասուքը սպառվեց, բայց վիշտն ավելի համակեց Սոնայի սիրտը: Նա խորհում էր իր անելիքի մասին:

Գիշերը ցերեկ կանի, չի ուտիլ, չի քնիլ, գուլպա կհյուսի, հորը կտա ծախելու, փողերը կդնի այնտեղ: Չէ՛, չէ՛, մայրիկին չի ասիլ, նա լաց կլինի. Սոնան թակվելուց չի վախենում, մայրը լաց կլինի: Ինչ վատ բան է, տեր աստված, ինչ վատ բան է գողությունը...

— Այս դռներն ո՞վ բաց արավ, — լսեց Սոնան իր մոր ձայնը և սոսկալով ոտքի թռավ:

Հացթուխը կռնատակին դրած էր սովորական երկու թաժա հացերը և ափի մեջ ամուր սեղմած մի քանի պղնձի դրամներ: Նա ներս մտավ թե չէ՝ պառկեց հատակի վրա, ծանր հառաչելով և արտասանելով.

— Փառք քեզ, աստված, որ ինձ նման խեղճերն էլ կարող են պառկել, հոգիս դուրս եկավ...

Ահա՛ նա, այդ խեղճ կինը, ի՛նչպես երեսն ու ձեռները այրվել են թոնրի կրակից, ահա՛, ում կողոպտեց Սոնան:

— Ինչո՛ւ ես տխուր նստել, մո՛տ եկ, Սոնա, եկ մի քիչ ուսերս տրորիր...

Սոնան լուռ մոտեցավ մորը:

— Հայրդ եկե՛լ էր, էլի գնա՞ց, բան կերա՛վ: Սոնան հառաչեց:

— Ինչո՞ւ ես հառաչում: Երևի, հորդ քեֆը լավ էր:

— Չէ, խմած չէր, քաղցած էր...

— Բաս ո՞րտեղ գնաց քաղցած փորով:

— Չեմ իմանում:

— Աղջի, դու լա՞ց ես եղել:

— Չէ, չէ, — կրկնեց Սոնան շտապով, երեսը մի կողմ դարձնելով:

Մայրը զգաց, որ անշուշտ մի բան է պատահել, և, իհարկե, կասկածեց, — թե ինչ կարող է պատահած լինել: Բայց նա մի խորը հայացք ձգեց Սոնայի աչքերի մեջ և այնտեղ չնկատեց այն տարօրինակ բթությունը, որ երևում էր ամեն անգամ «հարվածը» ստանալուց հետո:

— Սոնա, հայրդ քեզ վրա գոռացե՞լ է, թթու խո՞սք է ասել, ով գիտե, ծեծել է...

Այլևս Սոնան չկարողացավ իրան զսպել: Գլուխը թաքցնելով մոր գրկում, երկրորդ անգամ հեկեկաց, և այս անգամ ավելի ուժգին: Քանի մի րոպե անցած, նա անկեղծորեն խոստովանեց իր հանցանքը: Մի վայրկյան հացթուխը մոռացավ հարազատ զավակի թշվառությունը, հրեց նրան ուժով, կատաղեց և գոռաց: Նա մինչև անգամ ձեռը բարձրացրեց Սոնային խփելու: Բայց իսկույն ուշքի եկավ և, երկու ձեռները ծնկներին զարկելով, գոչեց.

— Քանդվի հորդ տունը:

Նա հայտնեց գողացված փողերի զաղտնիքը: Նա մտադիր էր զատկին մի զառ գնել, եկեղեցու դռների առջև մորթել և աղքատներին բաժանել Սոնայի համար: Ուրեմն Սոնան իր «մատաղի» փողե՞րը գողացավ: Այս միտքը մասամբ թեթևացրեց աղջկա վիշտը:

— Ես մատաղ չեմ ուզում, — ասաց նա, կարծելով, թե դրանով կարող էր հանգստացնել մորը:

— Բաս որ գողություն ես արել, գող ես, — գոչեց հացթուխը, մի քանի անգամ կրկնելով «գող» բառը:

Ավելի մեծ պատիժ չէր կարող լինել Սոնայի համար, քան այս հանդիմանությունը: Նրա մանկական անմեղ աչքերի մեջ փայլեց ահ ու սարսափ: Ինչպես երկչոտ նապաստակ թփի տակ, սեղմվեց սենյակի անկյունում, աջ ու ձախ նայելով: Կարծես, սպասում էր իր հանցանքի արժանի պատժին: Մայրը մոտեցավ, ձեռից բռնեց, չոքեցրեց երեսը դեպի արևելք և ասաց.

— Խաչակնքի՛ր երեսդ, ասա «մեղա աստծու», երեք անգամ. հա, այդպես, ասա. «աստված, այս անգամ բաշխիր, էլ չեմ անիր»: Դե լավ, վերկաց, էլ չանես:

— Չեմ անիլ, — կրկնեց Սոնան, վւաթաթվելով մոր պարանոցին:

Իրիկնադեմին պայտագործը տուն վերադարձավ ոտից մինչև գլուխ ցեխոտված: Ներս մտավ թե չէ, թավալվեց հատակի վրա: Հացթուխն այդ օրն առաջին անգամ հայհոյեց նրան լսելի ձայնով: Պայտագործը աշխատեց տեղից վերկենալ, նորից ընկավ, կրկին հենվեց ձեռների վրա, ոտքի կանգնեց և, բռունցքը բարձրացնելով, մոտեցավ հացթուխին: Կինը խույս տվեց, և մարդը իր հարվածի ուժգնությունից նորից ընկավ հատակի վրա:

Այս այլանդակ տեսարանի միակ վկան, սենյակի մի անկյունում կուչ եկած, լուռ դիտում էր: Հանկարծ մի սուր ձայն արձակեց: Այդ վայրկյանին մատաղահաս աղջկա աչքին հարազատ հայրը թվաց իսկական գազան: Եվ ինչ տարօրինակ գազան, ահագին, երկար ժանիքներով, աhռելի բերանով և սարսափելի աչքերով: Կարծես, այդ բերանը ահա ահա պետք է բացվեր և կլաներ թե Սոնային և թե նրա մորը:

— Վախենում եմ, վախենում եմ, — արտասանեց Սոնան, հեռու ու հեռու խույս տալով իր հորից:

Նա վազեց, մտավ պատի մեծ խորշը և գլուխը թաքցրեց անկողինների մեջ: Հացթուխը շվարել էր: Մոտեցավ աղջկան, բռնեց նրա գլուխը, նայեց երեսին: Հետո վազեց դուրս, սառը ջուր բերեց, սրսկեց երեսին:

Սոնան մի փոքր սթափվեց: Բայց ի՜նչպես գունատ էր, և ի՜նչպես դողում էր: Նա ընկավ մոր գիրկը, երկու ձեռներով ամուր սեղմեց նրա պարանոցը, կրկնելով.

— Մի՛ հե ռանար, մի՛ հեռանար ինձանից...

— Անեծք քեզ, չար սատանա, անե ծք քեզ, չար սատանա, — կրկնում էր հացթուխը, խաչակնքելով մերթ իր, մերթ աղջկա երեսը: — Կորի՛ր, — դարձավ ամուսնուն — կորի՛ր այս տնից, անաստված, անսիրտ, անհոգի, դու սպանեցիր երեխայիս...

«Ոտաբոբիկ թափառում եմ սար ու ձոր,
Ես Քյարամն եմ, ինձ ղրկեցին Ասլիից:
Խաբար տարեք խեղճ աշուղիս հոր ու մոր,
Սազս ղըրկեն, ես փախչում եմ դունյայից...»

Այս ձայնը սթափեցրեց Սոնային: Նա մի վայրկյան գլուխը բարձրացրեց մոր կրծքից, ականջ դրեց ինչպես մի սոխակ, երբ քաղցր սուլոցի ձայն է լսում, հետո վազեց դուրս: Կարծես այնտեղից գալիս էր նրա համար մի երկնային օգնություն:

— Սոնա խաթուն, ե՛կ, ե՛կ, քեզ համար նշխարք եմ բերել:

Գիժ-Դանելը մի կտոր թղթի միջից հանեց նշխարքի մի փշրանք, դրեց իր շրթունքներին, հետո ճակատին և ապա տվեց Սոնային, ասելով.

— Հիսուս Քրիստոսի զորությունը քեզ պահի, պահպանի...Բա՛հ, աղջի, ինչո՞ւ ես դողում, սպրդնել ես… Շուշան բաջի, Սոնա բալիս ի՞նչ է պատահել:

Հացթուխը, արտասուքը աչքերին, կանգնած էր խրճիթի շեմքի վրա և նայում էր Սոնային ու խենթին:

— Գնա՛նք ներս, — ասաց խենթը, բռնելով Սոնայի ձեռից:

Աղջիկը խլեց նրանից իր ձեռը և հեռացավ խրճիթից:

— Բա՛հ, ումի՞ց ես վախենում, ասա, ես ցույց կտամ քեզ վախեցնողին, պատառ-պատառ կանեմ, հում-հում կուտեմ:

Հացթուխը բռնեց խենթի թևից և ներս տանելով ասաց.

— Նրանից է վախենում:

Մենյակի իրիկնային կիսախավարի մեջ զիժ-Դանելը ճանաչեց իր քելեխասեր բարեկամին:

— Կոնծել է ու ընկել, էհե, համը տանում է, էլ ես նրան քելեխի չեմ տանիլ: Շուշան բաջի, երազ եմ տեսել: Տասնութ աժդահա դուրս եկան առաջս: Քյոռօղլին կանգնեց բուրջի գլխին: Ղռաթի բերանից կրակ էր դուրս գալիս: Այ այսպիսի մազեր ուներ, անունը Սոնա չէր, Մանիշակ... մեծ-մեծ քարեր էին ընկել, մեկը ճակատին, մյուսը — կրծքին: Մայրը հորումն էր: Գլխից արյուն էր գալիս: Ասլան Դանելը խեղճ մարդ էր, գլուխը քաշ դարզություն էր անում: Ասեղս առան, աչքս կոխեցին. մկրատս վերցրին, սիրտս կտոր-կտոր արին մահուդի պես: Սոնա խաթուն, Մանիշակ ջան, ինչու փախար ձեռքիցս... էգուց կգնամ գերեզմանը տեսնելու, սիրտ չունիմ, սիրտս մեռավ.... Շուշան բաջի, Սոնան լավ ազջիկ է, յա ալլահ գալիս եմ... Ֆարհադ, Ֆարհադ, տունդ տակնուվրա լինի...

Արտասանելով այս անկապ և օտարոտի խոսքերը՝ խենթը գավազանը օդի մեջ շարժեց և ոստոստալով դուրս վազեց,

Այդ գիշեր Սոնան զառանցում էր, ստեպ-ստեպ քնից զարթնելով: Մայրը «աղոթում էր» նրա վրա, սեղմելով նրա ուսերին և գլխին իր աջ բռունցքը, որի մեջ սեղմված էր մի բուռն աղ:

Արեգակը նոր նոր բարձրանում էր քաղաքի շրջակա լեռան հետևից, երբ Սոնան աչքերը բաց արավ: Որքան նման էր նրա դեմքի գույնը այն վաղ առավոտյան թույլ-դեղնագույն ճառագայթին, որ խրճիթի դռներով ընկավ հատակի վրա: Նրա մռայլ և անշարժ աչքերը նայում էին դեպի մի անորոշ տարածություն: Կարծես, մտքերը սավառնում էին հեռու: Նրա գլխի կողմը նստած էր մայրը և թախծալի հայացքով նայում էր նրա շրթունքներին, որ տակավին սեղմված էին:

— Քեզ համար թուզ եմ գնել, — ասաց հացթուխը, կամենալով խոսեցնել աղջկան:

Սոնան մռայլ աչքերը դարձրեց դեպի մայրը: Մտաբերում էր երեկվա տեսարանը, հիշում էր իր սարսափելը հոր կերպարանքից: Նա ակամա նայեց հոր կողմը: Պայտագործը դեռ քնած էր ծանր և անհանգիստ քնով: Սոնան հագնվեց, մոտեցավ հորը, նայեց նրա երեսին: Այժմ զազանային ոչինչ չկար այդ դեմքի վրա: Ինչ վախկոտ աղջիկ է Սոնան, ինչո՞ւ այնպես գոռաց: Ահա՛ շուտով կզարթնի պայտագործը: Սոնան նրա ձեռներին ջուր կածի, որ երեսը լվանա, կխոսի հետը:

Եթե չբարկանա, կաղաչի, կպաղատի, որ էլ մորը չծեծի, չկռվի նրա հետ: Կասի. «Քեզ համար երկու օրը մի գուլպա կգործեմ, մի՛ ծեծիր, մի գոռար, մի կռվիր...»

Պայտագործը զարթնեց սաստիկ գլխացավով:

Նախընթաց օրվա քեֆից հետո զգում էր անտանելի տխրություն: Մտաբերեց երեկվա իր վարմունքը և զգաց խղճի մի թեթև խայթոց:

Կամեցավ Սոնային մի քիչ փաղաքշել և սրա համար դիմեց մի տարօրինակ կատակի: Ոլորեց իր միրուքը խողովակի ձևով, թելով կապեց, ծայրից քաշ արավ մի մեծ ավել, ուսերին տակնուվեր ձգեց ձմեռային մուշտակը, դուրս եկավ և կանգնեց խրճիթի դռների առջև:

Այդ միջոցին Սոնան, մեջքից թեքված, ավելում էր բակը: Դեռ նրա աչքի առջև էր երեկվա տեսարանը: Նա գլուխը բարձրացրեց երեսին սփռված մազերն ուղղելու, տեսավ հորը և սարսափեց: Ավելն ընկավ նրա ձեռքից, դարձյալ լսվեց մի սուր ձայն: Սոնան ցնցվեց և կողքի վրա տարածվեց գետնին:

Հոր կոպիտ կատակի հետևանքն եղավ աղջկա մարմնի փետանալը, ապա կծկվելը, ցնցվելը և անզոր կերպով թավալվելը:

Արևն իր շողը ձգեց ընկնավոր աղջկա գունատ ճակատի վրա, որի շուրջը մազերը դարձյալ մի գեղեցիկ պսակ էին կազմել: Սոնան ընկած էր երեսն արևելք, դեպի ուր աղոթում էր նրա մայրը...

IV

Տասնուվեց տարեկան հասակում Սոնան արդեն զգում էր բնական ցավի բոլոր ծանրությունը: Եվ այն միտքը, թե թշվառ է, նրա մատաղ հոգու վրա գործում էր ճնշող տպավորություն: Ժամերով առանձնացած, անձնատուր էր լինում իր մելամաղձիկ մտածումներին:

Նրա նորահաս խելքը ձգտում էր գտնել թշվառության հիմնական պատճառը և ոչինչ չէր կարողանում որոշել կյանքի մթության մեջ: Լալիս էր, լալիս, և միայն արցունքներն էին րոպեապես թեթևացնում նրա սիրտը:

Նա անում էր այն բոլորը, ինչ որ հարկավոր էր աստծու գութը շարժելու համար և ինչ որ սովորել էր իր մորից: Պահում էր տարվա բոլոր պասերը, իսկ մեծ պասը — կրկնակի: Տարենը մի անգամ ամբողջ յոթնյակ ծոմ էր պահում: Իր մոր հետ այցելում էր քաղաքի շրջակայքում գտնվող սրբավայրերը: Բայց բոլորը զուր:

— Ինչո՞ւ, — ահա հարց, որ զբաղեցնում էր Սոնայի միտքը: Ինչո՞ւ աստված չի լսում նրա ձայնը, չի խղճում, ո՞ր մեղքերի համար: Կյանքում մի անգամ մի հանցանք գործեց — ցույց տալով հորն իր մոր խնայած կոպեկների տեղը: Հայրը գողացավ և վատնեց այդ ողորմելի կոպեկները: Բայց ո՛րքան զղջաց, ո՛րքան աղոթեց և որքան արտասվեց այդ հանցանքի համար: Ո՛չ, այդ չէ պատճառը:

«Մայրս ասում է, որ վեց տարեկան էի, երբ առաջին անգամ ուշաթափվեցի...»

Ուրեմն, ինչո՞ւ, ինչո՞ւ: Եվ որքան հասարակ հարցը գրգռում էր

Մոնային, այնքան նրա մտքերը շփոթվում էին: Նույն հարցը նա տալիս էր մորը, և միշտ ստանում միևնույն պատասխանը.

— Դա աստծու կամքն է:

— Այո՛, դա աստծու կամքն է: Բայց մի թե աստված առանց պատճառի մի բան կատարում է:

— Մայրիկ, ինչո՞ւ մեկը ստեղծվում է առողջ և բախտավոր, մյուսը՝ հիվանդ և թշվառ:

Երկյուղած և աստվածապաշտ հացթուխը սարսափում էր աղջկա հոգու մեջ ծագող կասկածներից: Կար ժամանակ, որ նրա մեջ էլ ծագում էին այդպիսի կասկածներ: Բայց շուտով խեղդեց նրանց իր սրտում և դարձյալ հաշտվեց այն մտքի հետ, թե աստված արդարամիտ է,անաչառ և գթառատ:

— Մի՛ ասա, որդի, մի ասա. աստծու դեմ տրտնջողի գլխին երկնքից կրակ կթափվի:

Մոնան զսպում էր իր լեզուն: Սակայն անխուսափելի հարցը հետևում էր նրան ստվերի պես: Ի՞նչ անի, ի՞նչպես չբողոքի: Ինը տարի է փակված է իր հայրական խրճիթի չորս պատի մեջ, և մի՞թե պետք է հավիտյան անջատված մնա աշխարհից: Մի՞թե գոնե իր ընկերուհիներին այլևս չպիտի տեսնի մի հարսանիքում, մի մեռելատանում, կամ եկեղեցում զատկի և ջրօրհնեքի երեկո:

Նրա ընկերուհիներից մի քանիսն ամուսնացել էին, ոմանք մայրեր էին արդեն: Նա հեռվից լսում էր յուրաքանչյուր պսակվողի հարսանիքին ածվող զուռնայի ձայնը: Այսօր այն սևիկ և ծիծաղկոտ Մարգարիտն է պսակվում: Երանի թույլ տային Մոնային մի անգամ տեսնել նրան: Արդյոք, ի՞նչքան է մեծացել նա, ի՞նչպես է հասակը, գեղեցկացե՞լ է, թե էլի նիհար է ու չոր շագանակի կեղևի պես:

Մոնան հիշում էր, որ իր ընկերուհիներն իրան կոչում էին «Սիրուն Մոնա»: Առաջ նրա համար դա ոչինչ նշանակություն չուներ, այժմ էր հետաքրքրում նրան: Ճշմարի՞տ է, որ ինքը սիրուն է, թե ընկերուհիները ծաղրում էին: Նա կանգնում էր ամեն օր պատից քաշ արած այն հասարակ հայելիի առջև, որ մայրը, իբրև օժիտ, ստացել էր մի ազգականից իր հարսանիքի օրը:

Նրա խիտ և գանգուր մազերը շքեղ հյուսվածներով սփռված էին մեջքին: Տնային ծանր աշխատանքը, կարծես, մազու չափ չէր ազդել նրա կազմվածքի վրա: Նա միջին հասակից քիչ բարձր էր, կանոնավոր իրանով: Այո, այժմ ավելի էր սիրուն, քան մանուկ հասակում: Միայն նրա երեսը չուներ իր տարիքին հատուկ կայտառությունը: Նրա գույնը նվազ էր, հիվանդոտ. մի նուրբ դեղնություն պատել էր ամբողջ դեմքը, նույնիսկ ականջները: Սևորակ և խոշոր աչքերի բիբերն ավելի խոշորացել էին: Այնտեղ երևում էր հոգու ծանր թախիծը: Րոպե առ րոպե, երբ բարձրանում էին համրաշարժ կոպերը, այդ աչքերի մեջ նշմարվում էր մի տեսակ ապշություն:

Նա նայում էր հայելուն, բայց չգիտեր սիրո՞ւն է ինքը, թե՞ տգեղ: Չկար մեկը, որի հետ համեմատեր իրան կամ նրա կարծիքը հարցներ: Մայրը ասում էր, թե Սոնան իրան է նմանվում: Արդարև, կար նմանություն մոր և աղջկա մեջ, թեև տարիքը և ծանր ու տաժանակիր աշխատությունը վաղուց հացթուխի դեմքից ջնջել էին բնական գեղեցկությունը:

— Մայրի՛կ, երևի դու շատ սիրուն ես եղել...

Դա մի անմեղ խորամանկություն էր, որի միջոցով Սոնան ուզում էր խոսք քաշել իր մորից: Մայրը այդ չհասկացավ և պատասխանեց.

— Մարդ պետք է բախտ ունենա, գեղեցկությունն ինչի՛ն է պետք:

Մի օր հացթուխը ասաց Սոնային, որ այդ երեկո վաղ պառկի քնելու:

— Ինչո՞ւ:

— Էգուց պետք է շուտ զարթնես, ուտով գնալու ենք սուրբ Կարապետի մասունքը համբուրելու:

— Էգո՞ւց է ուխտի օրը...

— Մյուս օրն է: Մենք էգուց կգնանք, գիշերը սրբի ոտքին կմնանք, մյուս օրն ուխտներս կկատարենք, հետ կգանք:

Վերջապես, դարձյալ մի երջանիկ օր, երբ Սոնան կարող է մարդու երես տեսնել: Երկար ժամանակ այդ գիշերը չէր կարողանում քնել: Իսկ երբ նիրհեց, երազները պաշարեցին նրան: Նա շտապում էր դեպի սրբավայրը, բայց գնում էր, գնում, չէր հասնում: Ամեն քայլափոխում արգելքների էր հանդիպում: Մի տեղ նրա առջև բարձրանում էր մի պատ և կտրում ճանապարհը, մյուս տեղ բացվում էր ճահիճ, որի միջով պիտի անցներ: Այստեղ կորցնում էր գլխի շալը, այնտեղ կոշիկները և այլն, և այլն…

— Վե՛ր կաց, օրը լուսացել է, — լսեց նա մոր ձայնը և աչքերը բաց արեց:

Հացթուխն արդեն վաղուց պատրաստվել էր ճանապարհ ընկնելու: Սոնան շտապով ոտքի թռավ և հագնվեց: Մայրը տվեց նրան մի թեթև կապոց, որ պարունակում էր երկու օրվա ուտելիք, իսկ ինքը բռնեց գավթում թռչկոտող մեծ աքաղաղին, ոտները կապեց, դրեց կռնատակին: Նրանք ճանապարհ ընկան:

Արևն արդեն բավական բարձրացել էր, երբ քաղաքից դուրս եկան: Հացթուխը հրամայեց Սոնային կոշիկները հանել և ոտաբաց քայլել: Նույնն արեց և ինքը: Նախընթաց օրը իմացել էր, որ քաղաքից մի քանի ընտանիքներ էլ պիտի գնան ուխտ: Ահա ինչու կանուխ ճանապարհ ընկավ, որպեսզի աղջկա հետ մենակ չգնա ամբողջ յոթ վերստ ճանապարհը: Հարյուր տեսակի մարդիկ են անցնում, ո՛վ գիտե, ի՛նչ կարող է պատահել:

Հեռվում երևացին մի քանի սայլեր: Հացթուխը ասաց Սոնային, որ քայլերը արագացնի: Նրանք շուտով հասան սայլերին: Ջահիլ աղջիկների մի խումբ գնում էր ոտով, իսկ պառավ և հասակավոր կանայք նստած էին սայլերի վրա: Զահիլները դիող էին զարկում, հարմոնիա էին ածում. երգում էին, ծիծաղում, հռհռում, թռչկոտում, ազատ, համարձակ, երեսները բաց:

Սոնան իր մոր հետ և նրա ցանկությամբ գնում էր սայլերից հեռու, ճանապարհից դուրս, կանաչ խոտի միջով: Ուղին հարթ չէր: Երեք օր առաջ անձրև էր եկել, և անցուդարձ անող սայլերի անիվները թանձր ցեխի մեջ խոր ակոսներ էին գոյացրել: Ցեխը չորացել էր և ճանապարհը ծածկել դերբուկներով: Անկարելի էր այնտեղ ոտաբոբիկ քայլել: Բացի դրանից, հացթուխը խույս էր տալիս ոտով գնացող աղջիկների խմբից: Ո՛վ գիտե, միգուցե հանկարծ Սոնան ուշաթափվի, ինչո՛ւ ուրիշները տեսնեն: Այնինչ, Սոնայի սիրտը մղվում էր դեպի աղջիկների խումբը: Ա՜խ, որքան նա փափագում էր միանալ այդ խմբին, նույնպես երգել, զվարճանալ: Բայց հեռո՛ւ, հեռո՛ւ այն ճանապարհից, որով գնում են ուրիշները: Նա միայն առողջների և բախտավորների համար է բաց...

Սայլերին առաջնորդում էր մի ձիավոր, գդակը ծուռը դրած, մտրակը ծնկան վրա հենած, հանդարտ երգելով: Երբեմն նա ձիու գլուխը դարձնում էր ետ և սպասում սայլերին: Մի անգամ ետ մնաց և, ձիու սանձը քաշելով, կանգ առավ, նայեց երկու ուխտավոր կանանց.

— Սոնա, շալդ քաշիր երեսիդ, — ասաց հացթուխը:

Սոնան ծածկեց երեսը, հետո շուտով բաց արավ: Մի՞թե այդ արձակ դաշտումն էլ իրավունք չունի մի քիչ ազատություն վայելելու: Նա ուզում էր լսել իր հասակակիցների երգը, ծիծաղը, ուզում էր մի քիչ մոտենալ նրանց: Եվ մոտենում է:

— Ա՛յս կողմով, Սոնա, ա՛յս կողմով, — կրկնեց հացթուխը, ցույց տալով դաշտի խորքը:

Այդ միջոցին ձիավորը մոտեցավ հացթուխին:

— Ո՞ւխտ ես գնում, — հարցրեց նա:

— Հա՛, որդի:

— Ընդունելի լինի:

— Ամեն, քոնն էլ:

Ձիավորը չհեռացավ: Նա ընթանում էր հացթուխի և նրա աղջկա հետ հավասար քայլով, մինչդեռ սայլերն արդեն բավական հեռացել էին:

— Հոգնած կլինեք, համեցեք, սայլերի վրա տեղ կա, նստեցեք, — առաջարկեց նա հացթուխին:

— Շնորհակալ եմ, աստված քեզ պահի, որդի՛, ուխտ ենք արել ոտով գնալ, գնում ենք:

Ձիավորը մի խոր հայացք ձգեց Սոնայի վրա: Աղջիկը շտապեց երեսը շալով ծածկել: Հացթուխը այլևս չէր խոսում: Ձիավորը մտրակեց ձիուն և հասավ սայլերին:

Այդ միջոցին Սոնան լսեց մի ծանոթ ձայն.

« Պսպղում էր սև օձի պես մերկ թուրը,
Սլանում էր բազեի պես քյոհլան ձին,
Քամուն տալով բերնից վազող փրփուրը,
Կատաղել էր, կոտորում էր Քյոռօղլին»:

Սոնան հետ նայեց և տեսավ գիժ-Դանելին, որ, գավազանը պարանոցին հորիզոնաձև դրած, ձեռները հովվի պես հենած ծայրերին, քայլում էր առաջ, ոտաբոբիկ, գլխաբաց:

— Սուրբ Կարապետը մուրազիդ հասցնի, Շուշան բաջի, — ասաց նա, շուտով հավասարվելով հացթուխին: — Խաթուն Սոնա, բարով տեսանք:

Սոնան ուրախացավ խենթի անսպասելի կերպով երևալուն: Նրա հետ արգելված չէ խոսել, այժմ գոնե կարող է հարցուփորձ անել սայլերի հետ գնացող աղջիկների մասին:

— Մերոնք են, — պատասխանեց գիժ-Դանելը, — ուխտ ենք գնում: Երկու ոչխար, մեկ դոչ ենք տանում: Սոնա խանում, տեսնո՞ւմ ես, քո լվացած հալավն եմ հագել, — դարձավ նա Սոնային, ցույց տալով իր շապիկը, որ, սովորականին հակառակ, մաքուր էր:

— Ամեն շաբաթ բեր լվանամ, — ասաց Սոնան:

— Չէ, նորը պիտի կարես: Ես կտոր կառնեմ, դու կկարես: Նա չէր կարում, պստիկ էր, մատներ ուներ շիմշաղի պես...

— Էլի կոշիկներ չե՞ս հագել: Ի՛նչ արիր քեզ համար հյուսած գուլպաները:

— Պահում եմ, Սոնա խանում, հարսանիքիդ պիտի հագնեմ: Հարսանիք, հարսանիք, չմեռնեմ, Մանիշակիս տեսնեմ սուրբ սեղանի առաջ: Տվեք քարը — կրծքիս խփեմ, վայ կանչեմ, տվեք հողը — գլխիս ածեմ, լաց լինեմ: Շուշան բաջի, լավ մտիկ արա այն ձիավորին: Հետը խոսում էիք: Տեսա, է՛, է՛, ասլան Դանելը մի բան է իմանում, շատ լավ բան, շատ լավ բան...

Արտասանելով վերջին բառերը, ոստոստաց առաջ, գավազանով ջարդելով ճանապարհի եզրին բուսած մորենի թփերը և երգելով. «Քյոհլան ձիու վրա նստած է Քյոռօղլին, է՛յ ջամահաթ ճամբա տվեք Ղռաթին»: Հետո նա, գավազանը բարձրացնելով, գոռաց. «Մուրա՛դ, հե՛յ, հե՛յ, Մուրա՛դ, քշի՛ր, քշի՛ր, ասլանը եկավ»:

Նա վազեց դեպի ձիավորը, հետո հանկարծ կանգ առավ և սպասեց հացթուխին: Նրա հատուկտոր խոսքերից հասկացվում էր, որ սայլերից երկուսի վրա գնում են նրա ազգականները: Ձիավորը խենթի եղբոր որդին էր, անունը Մուրադ:

— Էգուց էլ մեծ եղբայրը կգա: Նրանց մոտ չեմ մնալ, կգամ ձեզ մոտ: Բազարով անցնելիս, Ոսկանին պատահեցի: Չէ, Շուշան բաջի նա կոնծած չէր: Ասաց. «Դանել աղբեր, աղջկաս լա՛վ մտիկ արա»: Մի՛

վախենալ, Սոնա խաթուն, աչքիս լույս, քեֆիդ դիպչողին պատառ-պատառ կանեմ, հում-հում կուտեմ...

Նա անցավ հացթուխի կողմը և սկսեց շշնջալ: Սոնան ոչինչ չէր լսում, բայց գուշակում էր, որ խոսակցությունը լուրջ բանի մասին է: Խենթը շուտ-շուտ երեսին խաչակնքում էր և սուրբ Կարապետի անունով երդվում:

— Բա՛ն եմ ասում, աչքովս եմ տեսել, ականջովս լսել, — լսվում էին միայն այս խոսքերը:

Նրանք հասան սրբավայր: Դա մի ամայի վանք էր բավական ընդարձակ գյուղի ծայրում: Պահապան տիրացուն այնքան բարի գտնվեց, որ հացթուխին հատկացրեց մի առանձին խուց շրջակա կիսախարխուլ շենքի մեջ: Մայր ու աղջիկ տեղավորվեցին այնտեղ: Գիժ-Դանելը, հակառակ հացթուխի ցանկության, վազեց ու իր ազգականներից բերեց մի փոքրիկ կարպետ, մի բարձ և մի դոշակ:

— Սոնա խաթունիս համար է, հոգնած է, թող հանգստանա, — ասաց նա, հայրական խնամքով կապերտը սփռելով խցի մերկ հողահատակի վրա:

Մյուս օրը, առավոտյան կանուխ զարթնելով, խենթը մորթեց հացթուխի աքաղաղը և բաժանեց գյուղի մերկանդամ մանուկներին: Սոնան հեռվից նայում էր այդ ոտաբոբիկ էակներին և հիշում էր իր կյանքի այն միջոցը, երբ ազատ վազվզում էր փողոցներում: Անցավ այդ երջանիկ պահը, որ այնքան կարճ տևեց նրա կյանքում: Այժմ նա սրտից արձակում է կսկծալի հառաչանքներ, աղոթում է սրբերին, լիզում է նրանց գերեզմանների հողը, իր ցավի համար ճար աղերսելով: Նա լսում էր գիժ-Դանելի առասպելական անկապ, անսկիզբ և անվերջ պատմությունները սրբերի հրաշքների մասին: Քանի՛-քանի՛ կաղեր, կույրեր և համրեր են բժշկվել հենց այս խարխուլ վանքում:

— Աչքովս եմ տեսել, մեկ-մեկ կարող եմ ցույց տալ, — հավատացնում էր խենթը: — Նասր-Էդդին շահի գալու տարին էր, երկինք, երկիր չորացել էր: Ռաշպարը կուրծք էր թակում, աստված կանչում: Եկան մասունքը առոք-փառոք տարան քաղաք, թափոր էր: Արևը մարդ էր խաշում, եղունգիս չափ թուխպ չկար երկնքում: Մեկ էլ տեսնենք աղոթարանի կողմից մթնեց անձրև բռնեց, ի՛նչ անձրև, ճիպոտ - ճիպոտ: Այն սարի ցորենի խալվարը ծախվեց հինգ մանեթով:

Մինչ խենթը պատմում էր, այնտեղ, վանքի գավթում ուխտավոր աղջիկները նվագում էին, պարում և երգում: Կարծես, նրանք ոչ մի ցավ չունեին, եկել էին այդ սրբավայրը հատկապես զվարճանալու և Սոնայի նախանձը շարժելու համար: Բա՛հ, միթե մեղք չի՞ սրբի մասունքի մոտ ծիծաղել ու հրհռալը: Բայց ի՛նչ լավ սազ է գալիս այդ զվարճությունը ջահիլ աղջիկներին վանքի կանաչ գավթում», այդ մամռապատ քարերի շուրջը, այդ վայրենի թփերի մոտ: Մռայլ երկյուղածության զգացումը

Սոնայի սրտում տեղի էր տալիս նախանձի զգացմանը: Հասակակիցների անզուսպ զվարճությունը նրան թվում էր իբրև մի տեսակ նախատինք, որ նա ցավագար է, աստծուց պատժված, մարդկանց երեսից զրկված:

Ճաշից հետո, ուխտավորները, իրանց իրեղենները թողնելով վանքում, ցրվել էին գյուղից դուրս զբոսնելու: Գիժ-Դանելը գնացել էր վանքից ոչ հեռու գտնվող մի ձորակի աղբյուրից ջուր բերելու: Սոնան իր մոր հետ բարձրացավ մի փոքրիկ դալարազարդ բլրակի վրա և այնտեղից նայում էր հեռավոր ձյունազագաթ լեռներին: Վանքի պատի առջև նկարվեց մի տղամարդի կերպարանք: Սոնան իսկույն շալը քաշեց երեսին: Մի քանի վայրկյան անցած, կրկին երեսը բաց արավ: Այս անգամ ճանաչեց այն բարեսիրտ ձիավորին, որ նախընթաց օրը առաջարկում էր նրանց սայլը նստել: Գդակը դարձյալ ծուռ դրած, մի ձեռը հենած դաշույնի դաստապանին, մյուսը ՝ դրած դեղնագույն չուխայի տակ, համարձակ աչքերով նայում էր Սոնային: Երբեմն շփում էր իր բարակ ընչացքը և նայում կրծքին, կարծես, ինքն իրանով հիանալով: Եվ իրավունք ուներ հիանալու: Նրա բարձր հասակը, առույգ դեմքը և առողջ կուրծքը միասին գումարած տեղական չափահաս աղջիկների համար ներկայացնում էին մի գրավիչ փեսացու քանանուվեց տարեկանից ոչ ավելի: Սոնան դարձյալ երեսը ծածկեց: Երիտասարդը տեսնելով, որ աղջիկն ամաչում է, համեստությամբ հեռացավ և թաքնվեց պատի ետևում:

Այդ միջոցին գիժ-Դանելը սառը ջրով լի կուժը իր կիսամերկ ուսի վրա դրած, մոտենում էր վանքին: Սոնան նրա դեմքի վրա նկատեց մի խորամանկ ժպիտ, որի նմանը առաջին անգամն էր արտահայտում այդ դժբախտ դեմքը: Երբ մայր ու աղջիկ վերադարձան վանքի գավիթը, գիժ-Դանելը գավազանը սազի պես կրծքին բռնած, երգում էր: Տեսնելով հացթուխին, վազեց առաջ և սկսեց նրա հետ շշնջալ: Նա խոսում էր դեղնագույն չուխավոր երիտասարդի մասին: Պնդում էր, թե այդ երիտասարդը շատ է հավանել Սոնային և մտքում դրել է նրան ուզել: Առաջին անգամ Սոնային տեսել է փողոցով անցնելու ժամանակ, դռների միջով, երբ Սոնան իրանց տան գավիթը ավլելիս է եղել: Նա հարցրել է անծանոթ աղջկա մասին իր տնեցիներին: Ոչ ոք չի ճանաչել: Մի անգամ էլ երիտասարդը նույն փողոցով անցնելիս, տեսել է, որ Դանելը դուրս է գալիս այդ տնից: Նա հարցրել է Դանելին, և «ասլանը» այնքան գովել է Սոնային, որ Մուրադի «աչքերը պպզել են»:

— Ես քեզ ասում եմ գժվել է, գժվել, — ավարտեց խենթը խոսքը, ձեռը բարեկամաբար խփելով հացթուխի ուսին: — Այսօր էգուց մարդ կուղարկի, էլ չի համբերիլ...

Մի ժամ հետո խցի առջևով անցան երկու կին — մեկը պառավ, մյուսը դեռ երիտասարդ — և հետաքրքրությամբ նայեցին Սոնային: Խենթը ասաց հացթուխին, որ պառավը Մուրադի մայրն է, իսկ երիտասարդը — եղբոր կինը:

Հացթուխը վերջին անգամ աղոթեց վանքում և Սոնայի հետ ճանապարհ ընկավ դեպի քաղաք: Խենթը նրանց ուղեկցում էր: Նա շարունակ խոսում էր Մուրադի մասին, գովում էր նրա խելքը, գեղեցկությունը, տունուտեղը: Մինչև այդ ժամանակ խոսում էր բոլորովին առողջ մարդու պես: Հենց որ բարձրացավ ճանապարհի վրա գտնվող մի մեծ բլուրի գագաթը, որտեղից երևում էր քաղաքի շրջակայքը, գիժը հանկարծ փոխվեց: Նա ընդհատեց իր խոսքը, ձեռով ցույց տվեց քաղաքից երկու վերստաչափ հեռու գտնվող գերեզմանատունը և աղաղակեց,

— Այնտեղ է, ա՜յ այնտեղ…

Վազեց առաջ, գավազանը բարձր բռնած, գազանի պես մռնչյուններ արձակելով: Առաջին անգամն էր Սոնան խենթին տեսնում այնպես կատաղած: Նա չվախեցավ: Հարյուր քայլաչափ վազելուց հետո գիժ-Դանելը կանգնեց և, գավազանը գլխի վրա հորիզոնաձև բռնած, խոշոր քայլերով մոտեցավ իր ուղեկիցներին, արտասանելով.

— Յա՜, սուրբ Կարապետ, յա՜, սուրբ Կարապետ...

Նա իրանից ձևացնում էր մի լարախաղ, աչքերը հառած դեպի մի որոշ կետ և ուսերը շարժելով: Սոնան նայում էր նրան, արտաքուստ ժպտում, ներքուստ ցավում: Ինչո՞ւ այդ մարդը պատժվել է աստծուց, մի՞թե նա էլ մեղք է ունեցել: Զգում էր, որ խենթի հոգեկան հիվանդությունը ունի պատճառ: Բայց թե ինչ էր — չգիտեր և չէր համարձակվում ակնարկել անգամ: Միայն, երբ խենթը մոտեցավ, Սոնան հարցրեց.

— Դանել ապեր, հիմա գիշերները ո՞րտեղ ես քնում:

— Ժամհարի մոտ:

— Ինչո՞ւ եղբորդ որդիների տանը չես քնում: Խենթը, պատասխանի փոխարեն, սկսեց երգել մի պարսկերեն երգ, ամեն տնից հետո կրկնելով.

«Սիրտդ քար է որսորդ,
Ինչո՞ւ բալիս խփեցիր,
Ինչո՞ւ բալիս խփեցիր... »

V

Այժմ գիժ-Դանելը ամեն օր էր այցելում իր բարեկամներին: Նա բերում էր իր ազգականների մասին ամեն անգամ նոր տեղեկություն և միշտ կրկնում, թե ահա, ահա այսօր-վաղը նրանց կողմից միջնորդ կգա «Սոնային ուզելու Մուրադի համար»:

Հացթուխը նրա ասածը հաղորդեց ամուսնուն: Պայտագործն ուրախացավ և սկսեց ավելի բարեկամաբար վերաբերվել խենթին:

— Ինչո՞ւ չէ, — ասաց նա մի օր, ձեռը խփելով Դանելի ուսին, — Սոնայիս պես աղջիկ ո՛վ ունի... դե, ինձ էլ ճանաչում ես, Դանել ջան, բանը փողը չէ, մենք էլ մարդ ենք, քաղաքում անուն ունինք: Թող մեկը դուրս գա ու ասի — Ոսկանն այսպես է, այնպես է: Պատվավոր մարդու տղա, պատվավոր մարդ ենք: Եղբորդ որդին թող ուրախությունից գլխի վրա քյալլա-մալլաղ կանգնի, որ իմ փեսան է դառնում: Ինձի Ոսկան կասեն, հանաք-մասխարա չիմանաս…

Խենթը համաձայնվեց նրա ասածներին, բայց միևնույն ժամանակ նրան թվաց, որ իր բարեկամը շատ էլ պարծենալու իրավունք չունի: Ասենք, Ոսկանը նամուսով է, գլխին տղամարդի գդակ ունի, միայն ժամանակ-ժամանակ իրան կորցնում է:

— Խոսքս այն զահրումարի մասին է, քի՛չ ածա փորդ, տնաքանդ, խում ներսդ չէ՞ս այրելու:

— Ասում ես, օրինակ, էլ չկոնծե՞նք, է՛լի: — հարցրեց պայտագործը :

— Կոնծի՛ր, ո՞վ է ասում, քիչ-քիչ, մեկ-մեկ, երկու — երկու, ավելի չէ...

Խենթի խրատը ըստ երևույթին, շատ ծիծաղելի թվաց արբշիռ պայտագործին: Մի աչքը փակելով, նա գլուխը ծռեց դեպի ուսը և հեգնաբար ասաց.

— Արի, Դանել ախպեր, եպիսկոպոս ձեռնադրվիր, խիստ լավ ես քարոզում:

Հետո, ձեռը խփելով բարեկամի ուսին, ավելացրեց.

— Դու ինձ ասա, տեսնեմ, աղջիկս բախտավոր կլինի է՞լի:

— Ասում եմ, էլի կասեմ, ինքդ էլ կտեսնես:

— Բաս, ապրե՛ս, Դանել ջան, լավ մարդ ես: Խելքդ ինչ է կտրում, օրինավոր ազգականներ ունենալ լավ բան է, չէ՞: Դու այն ասա, որ փո՛ղ շատ ունենա, փո՛ղ, թե չէ ես նրանց աղջիկ չեմ տալ, ձեռնատու չէ: Մենք էլ պատվավոր մարդ ենք, գրպանի ծախք է հարկավոր... Իսկի չլինի, մի բաժակ հացի յա ջաջի արաղ կտան, որ կենացները անուշ անենք, հը՞մ...

Խենթը զգաց, որ բարեկամը լավ բան չի ասում: Առանց այդ էլ նրա գլուխը ձանձրացել էր լուրջ խոսակցությունից: Նրա աչքերը հանկարծ պսպղացին, գավազանը ձեռին դողաց:

— Ոսկան աղբեր, ճանաչո՞ւմ ես ասլան Դանելին, — գոչեց նա կատաղած:

Պայտագործը վախեցավ: Խենթի կերպարանքը շատ մոլեգին արտահայտություն էր ստացել:

— Լավ, մի՛ չարանար, Դանել ջան, — ասաց նա, բռնելով իր բարեկամի ձեռը:

— Կնիկդ, աղջիկդ լաց են լինում գիշեր-ցերեկ, ճանաչո՞ւմ ես ասլան Դանելին, քի՛չ խմիր:

— Է՛հ, չեմ խմիլ, վաս սալամ, արաղ քաշողի էլ հերը գյոռբեգյոռ լինի...

Այս խոսքերը մի փոքր հանգստացրին խենթին: Նա գավազանը դրեց կռնատակին:

Այդ օրից նա պայտագործին այլևս չէր առաջնորդում դեպի գերեզմանատուն քելեխ ուտելու: Եվ միշտ հացթուխին հարցնում էր. ի՞նչպես է Ոսկանը վարվում նրա հետ, խոմ չի ծեծում նրան կամ Սոնային: Կարծես, մեկը նրա վրա պարտականություն էր դրել ամեն բանում հովանավորել աղքատիկ ընտանիքին: Նրա սպառնալիքը Ոսկանի վրա չազդեց: Շաբաթը երեք-չորս անգամ պայտագործը տուն էր վերադառնում օրորվելով և հայհոյանքը բերանին:

Մի օր խենթը, վազելով, մտավ հացթուխի խրճիթը և շնչասպառ ասաց,

— Հիմա կգա, աչքովս տեսա, ականջովս լսեցի, բանդ տես...

Ասաց ու ինքն իսկույն անհետացավ: Հացթուխը հասկացավ ում մասին է խենթի խոսքը. շտապով կարգի բերեց խրճիթը և սկսեց ականջ դնել դեպի դուրս: Արդարև, մի քանի րոպե անցած, լսեց քայլերի ձայն և Սոնային հրամայեց թաքնվել պատի մեծ խորշում, վարագույրի հետևում: Ներս մտավ մի փոքրահասակ կաղ կին, համարձակ դեմքով և շարժվածքով: Քաղաքի հայտնի միջնորդն էր դա, որին կոչում էին «Չոլախ Սահարնազ»:

Սա առանց պատասխանի և հրավերի սպասելու, նստեց հատակի վրա, սենյակի վերին կողմում:

— Ինչպես տեսնում եմ, մարդդ տանը չէ, — ասաց աջ ու ձախ նայելուց հետո: — Շատ լավ է, կնկա բանը կնիկը շուտ կդրստի: Մոտդ խեր խաբարով եմ եկել:

— Խերում մնաս, ասա, տեսնենք...

Առանց երկար հառաջաբանի, Չոլախ Սահարնազը անմիջապես հայտնեց իր այցելության նպատակը: Ինչ խոսք, որ Շուշան բաջին «չորաթան» Ջառնիշանի տղա Մուրադի մասին լսած կլինի: Ամբողջ քաղաքի աչքն է, նմանը չկա, ջահիլ, գեղեցիկ, շիր ու շնորհքով: Չի հարբում, չի ծխում, դումարբազ (խաղամոլ) չէ, գլուխը քաշ իր բանին է:

— Քաղաքում աղջիկ շատ կա, — շարունակեց Սահարնազը, — ով ասես, որ չորաթան-Ջառնիշանի ոտները չպաչի: Բախտը քեզ է ընկել: Մուրադը տեսել է աղջկադ, հավանել է: Հիմա դու էլ կնիկ ես, գլխիդ խելք ունիս, մտածիր, ինձ էլ մի խոսք ասա, գնամ...

— Ի՞նչ ասեմ, — պատասխանեց հացթուխը, մի քիչ մտածելուց հետո, — փառք աստծո, որ տղան ինքն է հավանել: Էհ, աղջիկ է էլի, լավ-վատ գիտի կարել, կարկատել, եփել: Ծնողների պատիվը ճանաչող, խոնարհ, աստծո գառն է. մարդ տեսնելիս շալը հինգ ծալ է անում երեսին: Մի խոսքով, աղջիկ է, էլի, եթե ուրիշներից լավ չէ, վատ էլ չէ:

Մինչ երկու կանանց բանակցությունը շարունակվում էր, Սոնան հետաքրքրությամբ ականջ էր դնում, աշխատելով ոչ մի բառ բաց չթողնել: Նրա սիրտը բաբախում էր հուզմունքից: Չգիտեր, ինչ մտածեր իր ապագայի մասին, բոլորը թողել էր մոր կամքին: Ծնողն իր հարազատ աղջկա վատը չի կամենալ, թող ինչպես խելքը կտրում է, այնպես անի, միայն թե այդ խեղճ կնիկը մի քիչ բախտավորվի:

Հացթուխը վարագույրը ետ քաշեց և Սոնային հրամայեց դուրս գալ խորշից: Ամոթից կարմրած ու քրտնած կանգնեց տասնվեց տարեկան աղջիկը միջնորդի առջև, աչքերը խոնարհեցնելով հատակին և շրթունքները հուզմունքից կրծոտելով:

Չոլախ Սահարնազը դիտեց նրան ոտից գլուխ իր փորձառու աչքերով, խոսեցրեց, որ իմանա՝ համր չէ՞ արդյոք, հարց ու փորձ արավ «խելքը չափելու» համար և ուղարկեց մի բաժակ ջուր բերի խմելու, որ քայլվածքը տեսնի և իմանա, կաղ չէ՞, արդյոք:

Երեք օր անցած, հացթուխի տունը ներկայացնում էր մի տեսարան, որի նմանը այնտեղ դեռ չէր կատարվել և չպիտի կատարվեր հավիտյան: Պայտագործը մաքուր լվացվել էր, զգզված միրուքը սանրել և հագել քսան տարի առաջ պսակադրության համար կարած արխալուղը: Հացթուխը գլխին գցել էր մի նոր շալ և մեջքին կապել մետաքսյա կարմիր գոտին — ուրախության նշանը: Հատակի վրա վառվում էին հարևաններից ժամանակավոր բերված մի զույգ կանթեղներ, լուսավորելով աղքատիկ խրճիթի ողորմելի կահ-կարասին: Սենյակի մի անկյունում դրված էր մատուցարանը մի շիշ օղիով և երկու տեսակ մուրաբայով, որ, աստված գիտե, ո՞ր ժամանակից էր պահել հացթուխը: Պայտագործը հուզված անցուդարձ էր անում անկյունից անկյուն, ստեպ-ստեպ նենգամիտ հայացքներ ձգելով օղիի շիշի վրա և ծոծրակը անհամբերությամբ քորելով:

Սոնան կանգնած էր սենյակի վարի անկյունում, ձեռները կրծքին դրած, դողալով, ամաչելով: Երկու դրացի կանայք նստած էին հացթուխի աջուձախ կողմերում և խոսում էին օրվա հանդեսի մասին:

— Գալիս են, առա՛ջ գնա, — ասաց հացթուխը ամուսնուն և ինքն էլ իսկույն ոտքի կանգնեց:

Պայտագործը շտապեց դուրս՝ հյուրերին ընդունելու:

Նախ ներս մտավ տեր Մարկոսի գավազանը, ապա՝ երևացին նրա գորգագույն ֆարաջայի փեշերը, հետո ինքն ամբողջովին, իր երկայն ու տափակ գդակով, որ թիակի էր նման:

Նրա հետևից երևաց փեսացվի մայրը — «չորաթան» Զառնիշանը, առանց չարսավի, մի կինամոնագույն շալ ուսերին գցած: Իսկ-որ այդ կինը «չորաթան» էր, այնքան ցամաքած էր: Նրա ոսկրոտ դեմքին, լայն կզակին, մեծ բերանին մի առանձին խստություն էին տալիս այն մի զույգ սուր աչքերը, որ պսպղում էին ինչպես վառված ածուխի կտորներ: Սոնայի մարմնով անցավ մի ցնցում, երբ նրա հայացքն ընկավ այդ կնոջ վրա. մի ցնցում, որ մարդ կարող է զգալ, երբ հանդիպի շարժուն կմախքի, որի աչքերի խորշերի մեջ տեղավորված են երկու փայլուն որդեր: Բայց պառավի քայլվածքն այնքան կենդանի է, որ ըստ երևույթին, նա բնավ ցանկություն չուներ երբևէ կմախք դառնալու:

Դռների մոտ, օդի մեջ ցցվեց Բուխարի մորթուց կարված մի սրածայր գդակ, որի տիրոջ մարմինը, հայտնի չէր ինչու, տատանվում էր ներս մտնել:

— Համեցե ք, խնամի, համեցեք, — կրկնում էր պայտագործը դրսից:

Վերջապես խրճիթի շեմքի վրա երևաց մի մարդկային ոտ՝ սպիտակ գուլպայով ծածկված, ապա երկրորդը, ապա մի երկայն չուխա: Հայտնվեց, որ նրանց տերն է — փեսացվի ավագ եղբայրը: «Չոփուռ» Կարապետը — այսպես էին կոչում ներս մտնողին — մոտ քառասուն տարեկան տղամարդ էր ամուր կազմվածքով, փոքրիկ աչքերով և դուրս ցցված այտերով, որոնց վրա ծաղիկը խոր փոսեր էր թողել:

Սոնայի մարմնով դարձյալ մի սարսուռ անցավ, երբ նա շալի տակից նայեց այդ մարդու կերպարանքին:

Վերջապես, ներս մտավ չորրորդ և վերջին հյուրը — Կարապետի կինը՝ Գյուլնազը, ոտից գլուխ չարսավի մեջ փաթաթված:

Բավական երկար ժամանակ տևեց, մինչև որ հյուրերը համաձայնվեցին նստել այն կարգով, որ ցանկանում էին տանտերերը: «Չոփուռ» Կարապետը անպատճառ ուզում էր դռների մոտ նստել, հարկավ, համեստություն ցույց տալու համար: Պառավ Ջառնիշանը համառությամբ իր մեջքից վերցնում էր և մի կողմը ձգում, իսկ հացթուխը նույն համառությամբ սեղմում էր նրա մեջքին մի փափուկ բարձ: Այնինչ, պառավի հարսը — Գյուլնազը, կարծես, վճռել էր պայտագործին համբերությունից հանել, այնքան ծանրուբարակ էր շարժվում: Երբ երևան եկավ նրա դեմքը, Սոնան դարձյալ մի սարսուռ զգաց:

Այդպիսով, նա երեք անգամ ցնցվեց, և երրորդ ցնցումն ամենից զորեղն էր:

Նրա հայացքը մի անբացատրելի զորությամբ հառվեց իր ապագա տեքրկնոջ երեսին: Ինքնըստինքյան այդ կնոջ դեմքը առանձին ուշադրության արժանի բան չէր ներկայացնում: Նա տակավին երիտասարդ էր, ոչ նիհար, ոչ գեր, ոչ այնքան բարձր և ոչ էլ ցածր հասակով: Նայելով նրա շիկագույն ունքերին, պետք էր ենթադրել, որ գլխի մազերի բնական գույնն էլ շեկ է, բայց նրանք հինայած էին, ուստի և մուգ-կարմրագույն: Տարօրինակ էին միայն այդ կնոջ աչքերը: Իսկապես դրանք աչքեր չէին, այլ մի զույգ փայլուն ապակիներ, սառած և անշարժ իրանց շրջանակների մեջ: Երբ նա իր հայացքը ձգեց Սոնայի վրա, խեղճ աղջկա ոտները դողացին: Չգիտեր հորի՞ց, թե՞ մորից լսել էր օձի հայացքի ձգողական ուժի մասին: Պատմել էին նրան, որ երբ գորտը նայում էր օձի սուր աչքերին, մի անհաղթելի զորությամբ մղվում է, ընկնում նրա բերանը: Սոնան չէր մղվում դեպի այդ կինը, ընդհակառակը, մի բան հրում էր նրան, բայց չէր էլ կարողանում իր հայացքը դարձնել նրանից:

Նորից սկսվեց սովորական բանակցությունը, թեև ամեն բան վճռված էր արդեն: Նորից լսվեցին փեսայի մասին գովասանքներ, խոստումներ, հարց ու փորձ, և նորից Սոնային զանազան պատրվակներով ստիպեցին խոսել, քայլել, ատամները ցույց տալ: Վերջապես, պառավ Զառնիշանը դարձավ հացթուխին.

— Աղջիկդ դրսից դուր է գալիս ինձ. եթե ուրիշ պակասություն չունի — մեր ապրանքն է:

— Լավ-վատ, տեսնում ես, հավանում ես — հալալ լինի, — արտասանեց հացթուխը, սարսափելով պառավի վերջին խոսքերից:

— Ինչքան դրսումն ես տեսնում, խնամի ջան, — մեջ մտավ պայտագործը, որ արդեն սկսել էր ձանձրանալ այդ ձևականությունից, — երկու այնքան էլ ներսումն է:

— Տա աստված, — ասաց «չփուռ» Կարապետը:

— Ներսինը իմանալ դժվար է, — ավելացրեց նրա կինը, ապակյա աչքերը հառելով Սոնայի երեսին:

— Ես ձեզ աղջիկ չեմ տալիս, այլ հալած ոսկի, — շարունակեց պայտագործը սեփական տրամադրությունից ոգևորված, — խելք ասես — ծով, շնորհք ասես — էլ ավելի: Այս տունը նրա վզին է: Կերակուրներ է եփում, որ ուտելիս մատերդ էլ հետը ես ուտում, էլ չեմ ասում կարելն ու լվանալը: Մեկ էլ որ մեր պապերի խոսքն է, լավ որդին օջախից կճանաչվի: Ախար, մենք էլ այս քաղաքում մի օջախ ենք, անուն ունինք: Տեր հայր, ի՞նչ կասես:

— Իսկությունն ես հրամայում:

Հացթուխը տեսնելով, որ իր ամուսինն արդեն պատրաստ է ստեր փչել, շտապեց ընդհատել նրա ոգևորությունը.

— Մախլաս, աղջիկ է, է՛լի շատ էլ գովենք, ի նչ դուրս կգա, դուք պետք է հավանեք:

Հոգու խորքում զգում էր, որ առանց այդ էլ խաբում է իր հյուրերին, թաքցնելով նրանցից Սոնայի ցավը: Նա մտածում էր, որ իր արածը վատ է, աններելի, աստծու կամքի և մարդկանց օրենքների հակառակ: Բայց ուժ չուներ միակ դստեր բախտի դեմ կանգնելու, ինքն իր բերանով նրան խայտառակելու:

Մի վայրկյան միայն չկարողացավ իրան զսպել: Դուրս եկավ խրճիթից և իր անհանգստությունը հայտնեց Դանելին: Խենթը կանգնած էր դռների մոտ և դրսից դիտում էր ներսում կատարվող տեսարանը: Ազգականները նրան պատվիրել էին այդ երեկո չերևալ հացթուխի տանը: Բայց նա չդիմացավ, կամեցավ բարեկամների ուրախության հանդեսը կամ, ինչպես ինքն էր ասում, «Մանիշակի նշանդրեքը» իր աչքերով տեսնել:

— Բանիդ կաց, ասում եմ քեզ, — խրախուսեց նա հացթուխին, —

ասլան Դանելը ոչ ոքի չի ասիլ, սո՛ւսս ... Հետո, մի հատ կարմիր նուռ հանելով ծոցից, տվեց հացթուխին:

— Ա՛ռ, Շուշան բաջի, աստված շնորհավոր անի, իսկի մի վախենալ: Ասա Մանիշակիս, որ նրա բաշխած գուլպաները հագել եմ. այ, քոշեր էլ ունիմ...

Տեր Մարկոսը շտապեց «պահպանիչն» ասել, մատանին օրհնեց և դրեց Սոնայի մատին, կանխապես մի սուր հայացք ձգելով խնամիների բերած մի գլուխ շաքարի վրա:

Անշուք հանդեսը վերջացավ, հյուրերը գնացին: Պայտագործը հարձակվեց մնացած օղիի վրա և սկսեց բաժակ բաժակի հետևից դատարկել: Սոնան, խրճիթի մի անկյունում կուչ եկած, հեկեկում էր: Նրա ձայնը դուր չեկավ պայտագործին: Առանց այդ էլ նա արդեն ձանձրացել էր հյուրերի շատախոսությունից:

— Ինչ ես քեֆս փչացնում, — գոռաց նա, — այ կնիկ, աղջկադ տզտզոցը կտրիր:

Հացթուխի համար սրբապղծություն էր այդ հանդիսավոր երեկո վիրավորել հիվանդոտ աղջկա սիրտը: Ահա ինչու չկարողացավ իրան զսպել և բարկացած արտասանեց.

— Լակում ես — լակիր, ձեռդ բռնող չկա:

— Ինչ ասացի՞ր, լակե՞մ, փահ, բաս ես շուն եմ, է՛լի, — կատաղեց պայտագործը, ոտքի կանգնելով:

— Շուն չես, շան պես ես վարվում աղջկադ հետ:

Պայտագործի աչքերը մթնեցին: Բռունցքն ամուր սեղմելով առաջ քայլեց: Արդեն պատրաստ էր խփելու հացթուխին, երբ Սոնան վազեց, բռնեց նրա արխալուղի փեշերից երկու ձեռներով և ուժով ետ քաշեց նրան, աղաղակելով.

— Չե՛մ թողնիլ, չե՛մ թողնիլ...

Բայց բռնակալն այնքան կուրացել էր, որ երեսը ետ դարձրեց և ձեռը բարձրացրեց իր աղջկան խփելու, գոռալով.

— Խոսք խոսքի եք տվել, հա ...

Այդ վայրկյանին մեկն ամուր բռնեց նրա ձեռն օդի մեջ:

— Չե՛մ թողնիլ, ասլան կասեն ինձ, չե՛մ թողնիլ...

Պայտագործի աչքերը հանդիպեցին գիժ-Դանելի կատաղի աչքերին, որոնցից կայծեր էին ցայտում: Նա ձեռը ուժով խլեց նրանից, գոչելով.

— Դո՛ւրս կորիր, դու ի՞նչ գործ ունիս իմ տանը, գիժ... Բայց գիժ-Դանելի կերպարանքն այնքան սարսափելի էր, որ մի վայրկյանում պայտագործը այլափոխվեց, ձեռները թուլացան: Նա վախեցավ խենթից:

— Դանել աղբեր, դո՞ւ ես, համեցեք, նստիր, համեցեք, Սոնայիս նշանդրեքն է...

Խենթի աչքերը մթնել էին: Նա ոչինչ չէր տեսնում և միայն գոռում էր,

— Մանիշակիս քարի տակը դրեցին, ասլան Դանելը քարը կտա գլխովդ...

Այս ասելով, բռնեց պայտագործի կոկորդը երկու ձեռներով և սկսեց մոլեգնաբար խեղդել նրան: Հացթուխը, աղաղակելով, մեջ ընկավ իր մարդուն ազատելու: Գիժ-Դանելը նրա վրա ուշք չդարձրեց և բոլոր ուժով թափահարում էր պայտագործին: Նույն միջոցին, երբ Ոսկանի լայն բացված բիբերը պտտում էին իրանց շրջանակների մեջ, Սոնան քաշ ընկավ խենթի ձեռներից, կրկնելով.

— Դանել ապեր, Դանել ապեր, Մանիշակն եմ: Պատահեց մի տարօրինակ բան: Անկարելի էր երևակայել, որ խենթը ձեռքից բաց կթողնի պայտագործին: Բայց լսելով Սոնայի ձայնը և Մանիշակ անունը, տեսնելով նրա սարսափած երեսը, հանկարծ սթափվեց: Նա բաց թողեց պայտագործին և չոքեց Սոնայի առջև:

— Մեղա աստծու, մեղա աստծու, — կրկնեց նա երեսը խաչակնքելով և Սոնայի արխալուղի փեշերը համբուրելով: — Մանիշակ ջան, ես քո դուլն եմ, վիզս կտրի՛ր...

VI

Երբեք հացթուխի տառապանքն այնքան ծանր չէր եղել, որքան Սոնայի նշանդրության օրից մինչև հարսանիքը, այդ չորս ամսվա ընթացքում: Նա գիտեր, որ իր աղջկա բախտը խախուտ հիմքի վրա է դնում: Նախազգում էր, որ Սոնան օտար շրջանում, թեկուզ ամուսնու հարկի տակ, երջանիկ լինել չի կարող, քանի որ մի չար ոգի հետամուտ է նրա կյանքին: Դեռ մի ամիս չէր անցել նշանդրեքից, երբ Սոնան ընկավ զավթում, և նրա ծնոտը քարին դիպչելով վիրավորվեց: Սակայն մեծ էր այդ կնոջ հավատը դեպի նախախնամության գութը, և նրա սիրտը լիքն էր ունայն հույսերով: Նա հավատում էր, որ Սոնան անպաշտպան չի մնալ ամուսնական կյանքում: Նա Դանելի բարեկամական զգացումները վերագրում էր նախախնամության կամքին: Եթե մի մարդ, որին ամբողջ քաղաքը խելագար է համարում, այնքան համակրանք է ցույց տալիս նրա թշվառ աղջկան, անշուշտ այստեղ կատարվում է ճակատագրի վճիռը: Ինչո՞ւ, ուրեմն, կարծել, թե առողջ խելքի տեր մարդիկ քարասիրտ կլինին և չեն խղճալ մի երիտասարդ կնոջ, որի ցավը աստծուց է ուղարկված: Թող Սոնայի ապագա ամուսինը գիժ-Դանելի ասածի կիսի չափ բարեսիրտ, ազնիվ և նամուսով լինի — դա էլ հերիք է: Նա չի թողնիլ իր հարազատ մորն էլ մի թթու խոսք ասել Սոնային միայն այն պատճառով, որ ընկնավոր է: Բայց, ով գիտե, կարելի է Դանելը բան չի հասկանում, խաբվում է, լավ չի ճանաչում իր եղբոր որդուն:

— Դանել ապեր, ասա, ի՞նչպիսի տղա է Մուրադը, — հարցնում էր հացթուխն ամեն օր:

Եվ գիժ-Դանելը ամեն օր տալիս էր միևնույն պատասխանը.

— Ոսկի տղա է:

Դա էր խեղճ կնոջ միակ մխիթարությունը, և խենթը նրան թվում էր մի տեսակ սփոփիչ հրեշտակ: Մի անգամ նա հարցրեց.

— Դանել ապեր, հարսանիքից հետո Սոնայիս ցավը կբացվի խնամիների համար, ի՞նչ կանեն նրանք երեխայիս...

Ինչպես երևում էր, խենթը բնավ այդ մասին չէր մտածել: Նա գիտեր մի բան — որ ոչ ոքի չպիտի հայտնել Սոնայի ընկնավոր լինելը: Կարծում էր, թե այսքանը բավական է գաղտնիքը թաքցնելու համար: Մի վայրկյան ընկավ մտատանջության մեջ, ապա, գավազանը օդի մեջ պտտեցնելով ասաց.

— Մանիշակիս քեֆին դիպչողի գլուխը փշուր-փշուր կանեմ...

Ո՞վ էր Մանիշակը, ինչո՞ւ էր խենթը Սոնային այդպես անվանում — հայտնի չէր: Նկատելի էր միայն, որ միշտ այդ անունը արտասանելիս նրա աչքերն առանձին արտահայտություն էին ստանում, և նա առանձին զգվանքով էր նայում Սոնայի երեսին: Իսկ Սոնան խենթի հայացքի մեջ զգում էր մի խոշոր հեռավոր վիշտ, ամրացած նրա սրտի անթափանցելի խորության մեջ: Շատ անգամ ձգտում էր գուշակել այդ վիշտը: Եվ ոչինչ չէր կարողանում պարզել: Զգում էր սակայն, որ օրեցօր իր համակրանքը դեպի այդ մարդն ավելանում է: Նա ուրախանում էր, երբ խենթին տեսնում էր ուրախ և անհոգ, տխրում էր, երբ խենթը երևում էր տխուր:

Մի օր գիժ-Դանելը ներս մտավ կռնատակին դրած մի կտոր հասարակ կապտագույն կտավ և, ձգելով Սոնայի գիրկը, ասաց.

— Սոնա խանում, արխալուղ կարիր ասլան Դանելի համար, հարսանիքդ մոտենում է:

Խենթը պիտի արխալուղ հագներ: Դա Սոնայի համար չտեսնված բան էր:

Արդեն երեք շաբաթ էր մնում մինչև հարսանիքի օրը: Այժմ Սոնայի միտքը զբաղված էր մի խնդրով, արդյոք ի՞նչ է սպասում նրան ամուսնական կյանքում: Իբրև իր շրջանի հարազատ զավակ, ամուսնության մասին ուներ մի շատ պարզ և անբարդ գաղափար: Աղջկա վիճակը համարում էր ծնողների կամքին ենթարկված: Նրանք են պահում, մեծացնում իրանց զավակին, նրանք էլ պետք է նրա կյանքի ընկերն ընտրեն: Տանը մնացած աղջիկն իր ծնողների համար մի ծանր բեռն է: Կնիկարմատը պետք է իր մարդու աշխատանքով ապրի, ծնողները պարտավոր չեն նրան մինչև մահ կերակրել: Այս պատճառով ամեն աղջիկ, եթե նա երկու աչքերով կույր չէ, պետք է ամուսնանա թեկուզ մի մուրացկանի հետ:

Բայց այս պարզ գաղափարը բարդանում էր և անլուծելի խնդիր դառնում, երբ կապվում էր այն մտքի հետ, որ ինքը Սոնան, ընկնավոր է: Աստված նրան ստեղծել է թշվառ, իսկ մայրն ուզում է անպատճառ բախտավորեցնել նրան: Այսօր-վաղը կբռնեն նրա թևից և մի օտար տուն կտանեն: Գիտե՞ փեսացուն, նրա գլխի ապագա տերը, որ իր հարսնացուն ցավագար է: Եթե գիտե, ինչո՞ւ է ամուսնանում մի անբախտ աղջկա հետ և իրան էլ անբախտացնում: Եթե չգիտե, մի՞ թե չպիտի հայտնել:

Եվ անթիվ կասկածներ, միմյանց հաջորդելով, պաշարում էին Սոնայի թույլ ուղեղը և կաշկանդում: Ի՞նչ կլինի, տեր աստված, եթե նա հենց պսակադրության օրը, եկեղեցում չարից բռնվի և ընկնի: Օ՛ օ, ի՛նչ անպատվություն, ի՛նչ ամոթ: Նրա ամուսինը կթողնի նրան ու կհեռանա զզվանքով. մարդիկ երես կդարձնեն և Սոնան կմնա իր մոր գրկում: Երկա՞ր ժամանակ կմնա ընկած, թե՞ շուտով ուշքի կգա: Վերջապես, ի՞նչպես է ուշաթափվում, ի՞նչ է անում, ի՞նչ է խոսում:

— Աստ՛, մայրիկ, խոսո՞ւմ եմ, դելի՞ն եմ տալիս, ի՞նչ եմ անում, — հարցնում էր երբեմն իր մորից:

— Ի՞նչ ես հարցնում, բալաս, ինչ որ լինում է, աստծու կամքով է լինում:

Ավելի լավ չէ՞, որ Սոնան մեռնի և իր մորն ազատի խայտառակությունից. մեռնի հենց այժմ, այս րոպեին: Բայց ո՞րտեղ է մահը, որ գար, ազատեր նրան այս ցավերից:

— Մեղա՛ քեզ, մեղա քեզ, — շշնջում էին Սոնայի շրթունքները, երբ նա մահ էր աղերսում, — ասում են, մահ ուզելը մեղք է:

Կիրակի և հինգշաբթի օրերը արբշիռ պայտագործը ճշտությամբ այցելում էր խնամիներին և, եթե ամոթը մի քիչ չզսպեր նրան, պատրաստ էր ամեն օր այցելել, այն էլ ճիշտ այն միջոցին, երբ կարող էր ճաշի հրավիրվել: Նա ասում էր կնոջը, թե փեսացվին հավանում է, իսկ խնամիներին — ոչ: Բռի գյուղացիներ են, մարդավարի վարվելու շնորհք չունեն:

Իսկությունը այն էր, որ ինքը, Ոսկանը, շատ անախորժ տպավորություն էր գործում խնամիների վրա: Նրա մրոտ ձեռները և կեղտոտ դեմքը դուր չէին գալիս մանավանդ փեսացվի մորը և եղբոր կնոջը: Առանց այն էլ այդ կանայք հոգով-սրտով հակառակ էին հացթուխի աղջկան ուզելուն և միայն փեսացվի կամքին էին հպատակվում: Իսկ այժմ մրոտ ու կեղտոտ պայտագործն արդեն սկսել է գլուխ ցավեցնել:

Մի օր նրանց կողմից «չոլախ» Սահարնազն եկավ հացթուխի մոտ և խոսակցության միջոցին ակնարկեց պայտագործի հաճախ այցելությունների մասին: Սոնան ներկա էր և լսում էր: Միջնորդ կնոջ արտասանած յուրաքանչյուր բառը նա ընդունում էր իբր կծու և ամոթալի նախատինք իր հասցեին: Հոր փոխարեն նա ինքն էր տանջվում ամոթից, որովհետև իրան էր համարում այդ նախատինքի պատճառը: Եթե խնամիները չեն ներում իրանց հարսնացվի հոր հարբեցողությունը, ի՞նչպես կներեն, եթե իմանան, որ հարսնացուն ընկնավոր է: Մի վայրկյան Սոնայի մեջ միտք ծագեց պարզապես հայտնել ամեն ինչ

Սահարնազին: Թող գնա պատմի նրա ապագա սկեսրին, որ ցավագար է, աստծուց պատժված: Թող միանգամից բանը պարզվի «նշանը» ետ վերցնեն, Սոնան խայտառակվի: Նա պատրաստ էր մինչև անգամ բերանը բանալ և այս բոլորն ասել Սահարնազին, երբ մոր աղերսական հայացքն ընկավ նրա աչքին: Արդյոք, գուշակեց հացթուխը, ինչ է կատարվում իր աղջկա սրտում, թե դա միայն աննպատակ հայացք էր, բայց Սոնայի լեզուն կաշկանդվեց:

Նույն միջոցին պառավ Ջառնիշանն ու Գյուլնազն աշխատում էին Մուրադին համոզել, որ քանի ուշ չէ, ձեռք քաշի իր հարսնացվից:

— Մայրը հացթուխ, հայրը հարբեցող, աղքատ, տկլոր, կեղտոտ, ի՞նչ ես կպել այդ աղջկանը, — ասում էր «չորաթան» Ջառնիշանը:

— Լավ պտուղ չի լինիլ այնպիսի ծնողների զավակը, — կրկնում էր Գյուլնազը:

— Լավ է, թե վատ, կաղ է, կույր, թե թևը կտրած՝ իմ հարսնացուն է, պիտի պսակվեմ, ես ուրիշ աղջիկ չեմ ուզում, — պատասխանում էր Մուրադը դրական եղանակով:

Կանայք ստիպվեցին լռել, գիտեին, որ ապարդյուն է դիմադրել Մուրադի կամքին: Նա իր ասածի մարդ է, մի անգամ վճռել է, պետք է կատարի, թեկուզ ամբողջ ընտանիքը նրա դեմ ոտքի կանգնի և թշնամանա: Իսկ երկար հակառակվել Մուրադին՝ նրանք վտանգավոր էին համարում: Նա տան «սյունն» էր, եթե բարկացնեին, կբաժանվեր եղբորից և առանձին կապրեր:

Հասավ, վերջապես, հարսանիքի օրը: Հացթուխը հրավիրեց միայն ամենամոտիկ ազգականներին, որոնցից ոչ մեկի հետ նա մինչև այժմ հարաբերություն չէր ունեցել: Նա ուզում էր, որ հարսանիքը որքան կարելի է անշուք անցնի, ոչ ոքի ուշադրությունը չգրավի: Ընդհակառակը, պայտագործը պնդում էր, թե պետք է հրավիրել քաղաքի «պատվավոր» ընտանիքներին, թեև ինքն էլ չգիտեր, որտեղ պետք է նստեցնի, եթե հրավիրի: Հաղթությունն այս անգամ հացթուխի կողմը մնաց, երբ պայտագործը համոզվեց, որ շատ հյուրեր կանչելը մեծ ծախս է պահանջում, իսկ ծախսերի համար փող չկա: Բայց նախքան հարցի վճռելը, ամուսինների մեջ դարձյալ տեղի ունեցավ մի անախորժ վեճ, դարձյալ պայտագործն ուզեց կնոջը հարվածել և դարձյալ Սոնան արտասուքն աչքերին մեջ ընկավ ու նրանց բաժանեց:

Արդյոք, ճշմարի՞տ է, որ հարսանիքի օրն ուրախություն է բերում: Ոչ, երևի, այդպես չի, սուտ են ասում: Ինչո՞ւ Սոնայի համար այդ օրը դարձավ սուր տանջանքների, գաղտնի հառաչանքների, հարյուրավոր չար կասկածների և սարսափների շղթա:

Ահա նա: Կանգնած է մի անկյունում, որ բաժանված է վարագուրով խրճիթի մյուս մասից: Երկու երիտասարդ հարսներ հագցնում են նրան պսակի զգեստ: Նա չգիտե ինչ է կատարվում իր շուրջը, միայն լսում է, որ այսօր հարսանիք է: Նա դողում է, կարմրում, գունատվում, նրա ամբողջ մարմինը մերթ զգում է սառույցի պաղություն, մերթ կրակի տաքություն:

Նա ինքն իրան լիովին հանձնել է ուրիշների կամքին և անշունչ մեքենայի պես կատարում է այն բոլորը, ինչ որ ուրիշներն են կամենում: Կյանքում նա հինա չէր գործածել, երկու շաբաթ էր արդեն նրա գլուխը ստեպ-ստեպ ներկում էին: Նրա գանգուր և շքեղ մազերի գեղեցիկ մուգ ոսկեգույնը, քաղաքի սովորության համեմատ, տգեղ են համարել և աշխատել են սևացնել: Եվ այժմ նրա դեմքի դեղնությունն ավելի է աչքի ընկնում մազերի սևությունից: Հայելի են տալիս նայելու, և նա ինքն իրան չի ճանաչում:

— Ի՜ֆ, թուրքի աղջկա եմ նման, — ասում է նա ժպտալով:

Բայց ո՛րքան թույլ է այդ ժպիտը և ի նչպես սազ չի գալիս նրա դեմքի մռայլությանը: Նրան հրամայում են թույլ տալ մի ինչ-որ պառավ թրքուհու, որ նրա դեմքը «գեղեցկացնի»: Մի փոքրիկ մկրատի ծայրով թրքուհին մեկ-մեկ պոկում է նրա գեղեցիկ ունքերի ավելորդ համարած մազերը, սուրմայում է արտևանունքը, ոլորում է վարսերը: Հետո նրան հրամայում են կանգնել, երեսը ծածկում են քողով, գլխին չարսավ են ձգում: Ապա նրան նստեցնում են, նորից հրամայում են կանգնել, նորից նստել: Այնուհետև նորահարսերը բռնում են նրա թևերից և առաջ են տանում: Նրա աչքերը ծածկված են, ոչինչ չի տեսնում: Նա լսում է միայն նորահարսերի շշնջյունները և կատարում նրանց պատվերները:

Հանկարծ լսվում է քահանայի ձայնը, որին հետևում տիրացվի ձայնը: Սկսում են երգել: «Պահպանիչը» վերջանում է, լսվում է ամեն կողմից «շնորհավոր լինի, շնորհավոր լինի»: Ապա նա զգում է մի թարմություն: Բաց օդը, թափանցելով քողը, զովացնում է նրա երեսը: Նրան տանում են առաջ: Ո՞ւր: Այժմ մեկը քայլում է նրա հետ կից առ կից: Ո՞վ է: Սառն օդը մի փոքր սթափեցնում է նրան: Զգում է, որ կից առ կից գնացողը շուտով իր գլխի տերն է դառնալու:

Լսվում է զուռնայի սուր ձայնը: Աա, այդ է, ուրեմն այն ձայնը, որ նա քանի-քանի անգամ լսել է հայրական խրճիթի գավթում, հեռվից: Ինչո՞ւ այսօր այնպես ուրախ չի հնչում, ինչպես նրա ընկերուհիների հարսանիքին: Ինչու Սոնային թվում է, որ իրան թաղելու են տանում: Ո՞րտեղ է նրա խեղճ մայրը, ինչու իր աղջկանը թողել է մեն-մենակ, օտարների ձեռքում...

Ահա, վերջապես, եկեղեցումն է: Նախ լսվում են ինչ-որ խուլ շշնջյուններ, որ նրա մարմինը ծակծկում են սուր ասեղների պես: Քահանայի և տիրացուների ձայները, կարծես, գալիս են գետնի տակից, մի մթին անդունդի հատակից: Նրա աչքի առջևով անցնում են սոսկալի տեսարաններ, գերեզմաններ, ուր տարածված են շղթայակապ դիակներ, դագաղներ, որոնք լցված են խոշոր որդերով, օձեր, որ ահագին բազմությամբ խլրտում են օդի մեջ: Այդ ինչ սարսափելի ձայներ են, ինչո՞ւ Սոնային բերեցին այստեղ, ի՞նչ են անում, այդ ո՞վ է նրա կողքին կանգնած, ինչո՞ւ են նրան անդադար բոթում: Այդ ի՞նչ սառը ձեռ էր, որ բռնեց իր ձեռից և դրեց մի ուրիշ ձեռի մեջ: Ինչո՞ւ են սեղմում նրա ձեռը: Դարձյալ սոսկալի տեսարաններ, որդներով լի զանգեր, արյունով լի դույլեր, քայլող կմախքներ, ծիծաղող դիակներ...

— Որդի, հնազա՞նդ ես:

Մեկը ձեռը դնում է նրա պարանոցին, երեք անգամ սեղմում և երեք անգամ գլուխը թեքում դեպի կուրծքը: Հետո նրան առաջ են տանում և վզին մի ինչ-որ թել ձգում, նորից հանում: Ապա նրա երեսը դարձնում են մյուս կողմ: Ժամերգությունը ընդհատվում է, նորից սկսվում են խուլ շշնջյուններ: Այս անգամ շշնջյունները չեն ծակծկում Սոնայի մարմինը: Դարձյալ սկսվում է մի երկար, անվերջ ճանապարհորդություն, որին ուղեկցում է զուռնայի զիլ ձայնը և մարդկանց գոռում ու գոչյունները:

Հետզհետե նա ուշքի է գալիս: Այժմ հասկանում է, որ ամեն ինչ վերջացավ, այլևս չպիտի վերադառնա իր ծնողների խրճիթը: Ա՜խ, այն ողորմելի խրճիթը, ուր այնքան տառապել է: Այժմ նա չի հիշում այդ տառապանքները և սրտի կսկիծով է բաժանվում իր ծննդավայրից:

Ահա այն տունը, ուր նա պիտի ապրի մինչև մահ: Նմա՞ն է արդյոք իր հայրենի խրճիթին: Նա ոչինչ չի տեսնում, երեսի քողը խանգարում է: Բայց ո՞ւր է մայրը: Կանչեցե՛ք նրան, Սոնայի սիրտը մորմոքվում է այս անծանոթ շրջանում: Քողը հանդարտիկ շարժվում է, նրա տակից լսվում է նորահարսի հեկեկանքը:

Ոչինչ, դա մի նորություն չի: Բոլոր նորապսակները լալիս են, ա՛յո, իհարկե, ուրախությունից: Եվ ինչո՞ւ չպիտի ուրախանա Սոնան: Մի խեղճ հացթուխի ու մի արբշիռ, կեղտոտ պայտագործի աղջիկ, և հանկարծ այդպիսի ամուսին: Հարուստ տուն ու տեղ, աչքող առուտուր, տղան երիտասարդ, խելոք, գեղեցիկ: Իսկ ինքը, նորահարսը, ի՞նչ է բերում հետը: — Մի ձեռք հագուստ: Ճշմարիտ, այդ բախտ ասված բանը իսկի աչքեր չունի, պտույտ է գալիս, պտույտ և հանկարծ փաթաթվում մի հացթուխի աղջկա վզին:

Այսպես էին մտածում և այս մասին էին քչփչում կանայք, մանավանդ Սոնայի մանկության ընկերուհիները: Օ՜ օ՜, հիշում են նրանք այդ նորահարսին: Նա մի լալկան և վախկոտ աղջիկ էր, միայն լավ վազել գիտեր: Ոտաբաց, գլխաբաց կվազվզեր փողոցներում:

— Միտս է, միտս է, ջհուդի մազերով աղջիկ էր, — գոչեց Բարդամանց Մարջանը:

— Ամեն օր փափուկ հաց էր ուտում, — ավելացրեց Միսկարանց Զառվարդը:

— Մայրը սրա ու նրա համար հաց էր թխում, կուտեր, բաս ինչ, — մեջ մտավ Շավլյանց խորամանկ Հռուսիկը:

Մի րոպե խոսակցությունը ընդհատվեց: Խոսակիցները մեկ-մեկ

մոտեցան նորահարսին շնորհավորելու և հերթով, քողը բարձրացնելով, նայեցին նրա երեսին: Սնիկ Մարգարիտը, հանկարծ մի բան մտաբերելով, դարձավ իր ընկերուհիներին.

— Աղջի, միտներդ է այն օրը:

— Ի՞նչ օր, ի՞նչ օր, — կրկնեցին ամենը հետաքրքրված:

— Այն օրն է, որ Սոնան, մեզ հետ խաղ անելիս լափաշվեց հողի վրա ու կապտեց:

— Հա՛ա, գիժ-Դանելն էլ եկավ վերցրեց, տուն տարավ:

— Իսկի չիմացանք, ի՞նչ պատահեց այդ աղջկան:

— Էլ այն օրից երեսը չտեսանք:

Դարձյալ խոսակցությունը ընդհատվեց: Խոսողները սկսեցին ծափահարել նորափեսայի մեծ քրոջը, որ, մեջտեղ ընկած պարում էր, «մինթանայի» փեշերն օդի մեջ ֆոֆռացնելով:

— Ասում են, որ, է՛հ... սկսեց դարձյալ Սնիկ Մարգարիտը և խոսքն իսկույն կուլ տվեց…

— Ի՞նչ են ասում, ի՞նչ են ասում:

— Ես ինչ գիտեմ, մեղքը ասողի վզին, ասում են, որ Սոնայի այս տեղը դրուստ չէ…

Նա մատով խփեց ճակատին:

— Ախար, ես էլ ասում եմ, մի բան պետք է լինի, մի բան պետք է լինի...

— Իսկի խելք չկա, է՛, իսկի:

Մի քանի վայրկյան ամենը հեզնաբար և ցավակցությամբ նայեցին նորահարսի կողմը:

— Բաս ասա «չորաթան» Զառնիշանի աչքը լույս էլի խոմ աշխարհը տակնուվրա կանի, եթե հարսի խելքը տեղը չի, — ասաց Բարղամանց Մարջանը:

— Աստված ազատի նրա ձեռից, սաթայել է, — ավելացրեց խորամանկ Հռուսիկը:

— Պակասը նրա մեծ հարսն է՞, Գյուլնազը, — մեջ մտավ Միսկարանց Զառվարդը — կուտեն խեղճին, կուտեն:

— Է՛ հ ինչ եք խոսում, չեմ իմանում, գիժը գժին կգտնի էլի, — խոսեց դարձյալ սնիկ Մարգարիտը, — իրանց Դանելը խոմ նրանից լավ չի:

— Հա, լավ ասացիր, Դանելը այսօր խնամի է: Տեսա՞ր, ինչպես ժամից գալիս մաշալա էր պահել հարսի առաջ, ուրախ-ուրախ թռչկոտում էր ու «հուռա՛, հուռա՛» կանչում:

— Ընկեր է գտել...

Արդարև, եթե կար այդ երեկո պայտագործից հետո մի մարդ, որ ամբողջ հոգով ուրախ էր — դա խենթն էր: Հակառակ իր ազգականների ցանկության, նա ոչ միայն հարսանիքի հանդեսին մասնակցեց, այլև ինքն իրանից կարգադրություններ էր անում: Նա ընթանում էր ամենից առաջ, ճանապարհ բանալով նորապսակների համար, երգելով, պարելով և զուռնաչիներին զանազան եղանակներ պատվիրելով: Այժմ ոտաբաց, գլխաբաց չէր և ոչ էլ կեղտոտ ու կիսամերկ: Նա հագել էր Սոնայի կարած նոր արխալուղը, Հյուսած գուլպաները, գլխին գրել էր մի սև մորթյա և կիսով չափ ցեցից մաշված գդակ: Պարծանքով ամենին ցույց էր տալիս արխալուղը և գուլպաները, ասելով, թե նորահարսն է կարել և հյուսել իր համար: Այդ երեկո նա, իր ասելով, երկու հարսանիք ուներ, մեկ որ նրա եղբորորդի Մուրադն է պսակվում, մեկ էլ «խաթուն Սոնան» է մարդու գնում:

— Ուխտ եմ արել նրանց հարսանիքի մաշալան տանելու, տվեք ինձ, — ասաց նա, նավթային ջահը խլելով մի մշակի ձեռից:

Եվ եկեղեցուց մինչև նորափեսայի տունը խենթը ձեռից բաց չթողեց այդ ջահը...

VII

Կիսավեր քաղաքի հասարակության մեջ հացթուխի խնամիները համարվում էին ունևոր: Քսանուհինգ տարի առաջ այդ ընտանիքը մի մոտակա գյուղից գաղթեց և մշտապես հաստատվեց այդ քաղաքում:

Այն ժամանակ ընտանիքի գլուխը Սոնայի ամուսնու հայրն էր — հանգուցյալ Սարգիսը: Նրա ավագ որդին «չոփուռ» կոչված Կարապետը դեռ ամուսնացած չէր, իսկ Մուրադը տակավին երկու տարեկան երեխա էր: Սարգսից հետո ընտանիքի մեջ երկրորդ տեղն էր բռնում նրա փոքր եղբայր Դանելը: Այժմյան խենթը մի համեստ ու աշխատասեր դերձակ էր և վայելում էր իր արհեստակիցների շրջանում պատիվ ու հարգանք: Տասը տարեկան հասակում նա, առաջինը քաղաք գալով, մտել էր աշակերտ մի դերձակի մոտ և այժմ արդեն վարպետ էր: Միևնույն ժամանակ, իր եղբոր հետ միասին պարապում էր առևտուրով: Նրանք գյուղերում գնում էին գինի, ընկույզ և ուրիշ մթերքներ, վաճառում էին քաղաքացիներին: Չնայելով առևտրի հաջողության, Դանելը չէր ուզում իր արհեստից ձեռք վերցնել և միշտ ասում էր.

— Իմ ասեղը միլիոնով չեմ ծախիլ:

Նա ամուսնացած էր իր նախկին վարպետի դստեր հետ, ուներ երեք տարեկան մի աղջիկ: Վերին աստիճանի ընտանեսեր մարդ էր, փայփայում էր կնոջն ու աղջկան այնպես, ինչպես կարող էր փայփայել մի խաղաղասեր արհեստավոր, որի գոյության նեցուկը ընտանիքն է: Այդ տգետ շինականի մեջ բռնակալական ոգու նշույլ անգամ չէր երևում: Նրա սրտի մեղմությունն երբեմն հասնում էր թողության, մանավանդ իր զավակի վերաբերմամբ: Հաճախ, համբուրելով իր աղջկան, ասում էր.

— Տեր աստված, կա աշխարհիս երեսին երեխայից քաղցր բան...

Աստված ասաց — չկա, և մի օր Դանելի աղջկան զոհ դարձրեց ծաղիկ հիվանդության: Կորուստը հոր վրա սաստիկ ազդեց: Ամբողջ մի տարի Դանելի դեմքի վրա ժպիտ չէր երևում: Երկրորդ տարին աստված նրան կրկին մի սիրուն աղջիկ պարգևեց: Բայց նրա առաջին վերքը դեռ չէր բժշկվել, երբ ստացավ երկրորդ և ավելի խոր մի վերք: Մի օր նրա կինը, ջուրը քաշելիս, հանկարծ սայթաքեց և գլխիվայր ընկավ ջրհորի մեջ: Նրա գլուխը դիպել էր քարե պատերին և ջախջախել:

Երկու օր տանջվելուց հետո նա հոգին ավանդեց:

Այս անգամ կորուստը Դանելի հոգու մեջ առաջացրեց հեղաշրջում: Մի քանի ամիս շարունակ գաղտնի լալիս էր և ամեն օր այցելում իր կնոջ գերեզմանը: Հետո նրան տիրեց ծանր թախիծ: Ուրվականի պես շրջում էր տան գավթում օր ու գիշեր, ուտում էր շատ քիչ, աշխատում էր մեքենաբար, խոսում էր, երբ միայն խոսեցնում էին: Միակ բանը, որ նրան հետաքրքրում էր, աղջիկն էր, որ, օր-օրի վրա մեծանալով, նմանվում էր իր մորը: Նա դնում էր փոքրիկին իր ծնկների վրա, շոյշոյում էր թաթիկները և երկար-երկար ժամանակ նայում պայծառ աչիկներին, որ մի զույգ մայիսյան ցողեր էին հիշեցնում: Հակառակ իր շրջանի մարդկանց, Դանելը երբեք չէր ափսոսում, որ աստված նրան աղջիկ է պարգևել և ոչ տղա: Նա ավելի ուրախ էր այդ բանին և կարծում էր, որ աղջիկն ավելի է սփոփում իր սիրտը, քան կարող էր սփոփել արու զավակը:

Հետզհետե նրա վիշտը սկսեց ամոքվել: Նրա դեմքի վրա երևաց ժպիտ: Բայց ճակատագիրը ներհակ էր այդ մարդու բախտին: Արդեն նրա աղջիկը յոթ տարեկան էր, երբ մի օր տեղի ունեցավ մի ողբալի անցք:

Մայիսի սկիզբն էր, մի պայծառ և սիրուն օր: Որքան գեղեցիկ էր բնությունը, այնքան անողոք դարձավ աղքատիկ քաղաքի բնակիչների համար: Մարդիկ, առանց գուշակելու իրանց գլխին գալիքը, զբաղված էին առօրյա մանր-մունր հոգսերով, երբ լսվեց մի ստորերկրյա որոտ: Կենդանիները սկսեցին մռնչել, երկիրը ուժգնաբար երերվեց, քաղաքը կորավ թանձր փոշիի մեջ: Քար քարի վրա չէր մնում: Ամեն ինչ ճարճատվում էր, խորտակվում, դղրդում և թափվում: Քանի մի վայրկյան առաջ շեն քաղաքը սոսկալի երկրաշարժից դարձավ ավերակների մի կույտ, և բնակիչները թափվեցին փողոցները:

Այդ միջոցին դերձակ Դանելը իր դազգահի մոտ նստած կար էր անում: Ամենից առաջ, հարկավ, նա հիշեց իր աղջկան, թողեց խանութը բաց և ոտաբոբիկ, գլխաբաց վազեց տուն: Երբ բակը մտավ, ականջին հասան լացի ձայներ: Մի խումբ կանայք շրջապատել էին, մի հողային բլուր: Ճանապարհ տվեցին Դանելին: Նա առաջ վազեց, և այն, ինչ որ տեսավ, առ միշտ խորտակեց նրա կյանքը...

Հողային բլրակի վրա երեսնիվեր ընկած էր նրա յոթ տարեկան զավակը: Հինգ րոպե չկար դուրս էին բերել նրան քարերի և հողի տակից:

Մի կոճղ ընկել էր նրա կրծքի վրա և ջախջախել: Դեմքն անվնաս էր: Արևը լուսավորում էր նրա գունատ ճակատը: Շքեղ և գանգուր մազերը, սփռվելով այդ ճակատի շուրջը, կազմել էին մի շրջանակ: Դա նրա մահվան պսակն էր...

Մի շաբաթվա նորահարս էր Սոնան, երբ իր ամուսնու սենյակի լուսամուտի առջև նստած, լսում էր այս բոլորը: Պատմողը նրա ամուսնու մեծ քույրն էր, Նարգիզը, որ զինագործի կին էր: Այդ կինը, որ դեմքով և բնավորությամբ նման էր Մուրադին, բոլոր ազգականների մեջ ամենից շուտ և ամենից ավելի մտերմացավ նորահարսին:

— Աստված է իմանում ինչ պատահեց այդ մարդուն, — շարունակեց Նարգիզը, — հենց որ տեսավ իր աղջկան: Նա ոչինչ չխոսեց ձայն ու ծպտուն չհանեց, չհառաչեց մինչև անգամ: Նա մտիկ արավ մեր երեսին, աչքերը չռած, հետո մտիկ արավ աղջկա երեսին: Միտս չի ինչքան ժամանակ նա մնաց սառած, քարացած: Մեկ էլ լսեցինք մի ձայն, մի ձայն, որ կասեիր գայլ է մռնչում: Դանելը ընկավ աղջկա պաղած մարմնի վրա և մինչև երեկո մնաց այնպես: Ոչ ոք չուզեց նրան բաժանել դիակից: Չէր էլ կարելի բաժանել, այնքան խեղճը պինդ էր կպել աղջկա մարմնին...

Ուշքի գալով, Դանելը սկսում է բարձրաձայն ծիծաղել, երկու ձեռները զարկելով կրծքին:

Մյուս օրը տանում են նրա աղջկանը թաղելու Դանելը գնում է դագաղի հետևից ոտաբաց, գլխաբաց:

Այն օրից հետո մենք նրա գլխին գդակ, ոտներին կոշիկ չենք տեսնում, — ավելացրեց Նարգիզը, հառաչելով: — Սպասիր, սպասիր, ի՞նչ պատահեց...

Խոսքն ընդհատելով, Նարգիզը զարմացած նայեց Սոնայի երեսին և հանկարծ գոչեց.

— Միտս է, միտս է, հարսանիքիդ երեկո նա գդակ ու կոշիկներ էր հագել, զարմանալի է, զարմանալի...

Արդարև, շատերը զարմացան այդ երեկո, երբ տեսան Դանելի գլխին գդակ, ոտներին կոշիկներ: Աղջկա մահից հետո առաջին անգամն էր, որ նա հագնվեց մարդավարի:

Նա մոռացավ իր խանութը: Տնից տուն թափառելով, երբեմն կանգնում էր այս կամ այն փլատակների վրա և, մերկ ոտները քարերին զարկելով, կրկնում էր.

— Մանիշա՛կս, Մանիշա՛կս...

Գործ դրվեցին տեղական բոլոր հաքիմների դեղերը, բոլոր հմայիչների անեծքները, բոլոր կախարդական բույսերը — ոչինչ չօգնեց: Եղբայրը ծախեց Դանելի խանութի ապրանքը և նրա կնոջ ու զավակների գերեզմանների վրա քարեր զգել տվեց: Ամեն օր Դանելն այցելում էր այդ շիրիմները, և երբ նա քաղաքի շուկայով դիմում էր դեպի գերեզմանատուն, ամենքն ասում էին.

— Գիժ-Դանելը գնում է...

Նարգիզի պատմությունը կսկծեցրեց Սոնայի սիրտը: Նա չկարողացավ իրան զսպել և արտասվեց: Այսպես, ուրեմն, ահա թե ինչ է նշանակում Դանելի համար Մանիշակ անունը, որ այնպես շուտ-շուտ արտասանում է:

— Խե՛ղճ Դանել ապեր, խե՛ղճ Դանել ապեր, — կրկնեց նորահարսը, աչքերի արտասուքը սրբելով:

— Սոնա ջան, ինչպես տեսնում եմ, լավ սիրտ ունիս, լաց ես լինում, — ասաց Նարգիզը, համբուրելով եղբոր հարսին:

Նա չգիտեր, ինչ էր անցնում այդ միջոցին նորահարսի սրտով: Սոնան հիշում էր իր մոր պատմությունն այն օրվա մասին, երբ Դանելը նրան փողոցից վերցրել էր և տուն բերել: Այն ժամանակ նա յոթը տարեկան է եղել — ճիշտ այն հասակում, երբ Մանիշակը մնացել է քարերի ու հողի տակ: Նա ընկած է եղել հողային բլրակի վրա այնպես, ինչպես Մանիշակն արնի տակ — երեսնիվեր, մազերը գլխի շուրջը թափված: Անբախտ հայրը, տեսնելով նրան, հիշել է իր հարազատ աղջկանը, գրկել է ընկնավորին, տուն բերել: Այստեղից է սկսվել նրա համակրանքը դեպի մի անծանոթ աղջիկ և նրա թշվառ մայրը: Ուրեմն խենթը Սոնային տեսնելով, մտաբերում է իր Մանիշակին և, ով գիտե, մխիթարվում էլ է:

— Ես նրան սիրում եմ, օրիցս դենը տասնապատիկ կսիրեմ, Նարգիզ բաջի: Ասա նրան, որ ամեն օր գա, ես ուզում եմ նրան շուտ-շուտ տեսնել:

— Նա այս տնից փախչում է, — պատասխանեց Նարգիզը: — Ա՛յ, տեսնո՞ւմ ես այն ծառը, նրանից մի քիչ հեռու էր ընկած Մանիշակը, այնտեղ էր մեր հին տունը: Տարին մի քանի անգամ կանգնում է այն ծառի տակ, փայտը կրծքին բռնում, գլուխը բարձրացնում ու երգում: Առաջ շատ քիչ-քիչ էր գալիս, հիմա էլի շաբաթը մի անգամ երևում է...էլի լա՛ց ես լինում, Սոնա, չէ, լավ սիրտ ունիս, շատ լավ սիրտ ունիս...

— Ես կուզենայի նրան մի բանով մխիթարել, անբախտը անբախտի ցավը կհասկանա...

Սոնան ընդհատեց խոսքը: Նա զգաց, որ շատ հեռու է գնում: Նարգիզը կարող է նրա խոսքերից մի բան հասկանալ: Իսկ Սոնան սոսկում էր այդ բանից, որ տակավին գաղտնիք էր նրա ամուսնու և ազգականների համար: Այնինչ օր-օրի վրա լարված ջղերով սպասում էր սարսափելի ճգնաժամին, ինչպես կախաղանին դատապարտվածը իր կյանքի վերջին րոպեին:

Հարսանիքի առաջին երեք օրերը անցան Սոնայի համար մի տեսակ մառախուղի մեջ: Տպավորությունները անծանոթ էին և բազմակողմանի: Նա չէր կարողանում կարգի բերել նրանց և հասկանալ, ինչ է զգում կյանքի անծանոթ շրջանում: Նա դեռ երազի մեջ էր, և այդ երազն արճիճի պես ճնշում էր նրա սիրտը:

Անցան այդ երեք օրերը, վերջացավ հարսանիքի հանդեսը, դադարեցին հյուրերի այցելությունները: Այն ժամանակ միայն Սոնայի մտքերը սկսեցին պարզվել: Չորրորդ օրը հարսանիքի քողը հանեցին նրա երեսից: Այդ քողի հետ ընկավ և նրա հոգու վարագույրը… Ամուսնական կյանքի և կնոջ կոչման ամենատարրական, բայց և ամենանուրբ գաղտնիքը լուծվեց նրա համար: Նույն օրն առավոտ, առանձնացած իր ննջարանում, երկար և երկար ժամանակ հեկեկաց: Նա ոչ ոքի չէր ուզում տեսնել: Սկեսրի համբույրն այրում էր նրա շրթունքները: Իսկ ամուսնու երեսին նայել չէր ուզում, զզվում էր անգամ նրանից: Մարդիկ նրան թվում էին անբան անասուններ, որոնց համար չկար ամոթի զգացում: Բայց որքա՛ն խոր էր այդ զգացումը նրա սրտում և ի՛նչպես տառապում էր, հիշելով իր մոտիկ անցյալը և համեմատելով ներկայի հետ: Գնաց, անհետացավ այդ անցյալը, և այժմ, կարծես, ննջարանի պատերն անգամ ծաղրում են իրան:

Երբ նա տեսավ իր մորը — իսկ այդ օրը տեսավ սովորականից ավելի վաղ — փաթաթվեց պարանոցին, գլուխը սեղմեց կրծքին և նորից սկսեց հեկեկալ: Նա ամոթից չէր համարձակվում նայել հարազատ ծնողի երեսին և, միևնույն ժամանակ, զգում էր դեպի նա մի անբացատրելի ատելություն: Ինչո՞ւ այդպես վատ վարվեցին նրա հետ: Ինչո՞ւ, ինչո՞ւ: Ախ, Սոնան ավելի բախտավոր էր իր ծնողների խրճիթում, անհամեմատ բախտավոր: Զգո՞ւմ է արդյոք նրա մայրը իր արած սխալը: Սոնան գլուխը բարձրացրեց և մի վայրկյան նայեց մոր երեսին, սպասելով այնտեղ կարդալ ցավակցություն: Բայց, զարմանալի բան, հացթուխը ոչ միայն չէր զգում, այլև այդ օրը ուրախ էր ավելի, քան երբևէ: Ի՞նչ, մի՞թե հարազատ աղջկա ամոթը երջանկացնում է նրան:

— Թող այսօրվա բախտավոր օրով, — ասաց հացթուխը, համբուրելով Սոնայի երեսը, աչքերը, շրթունքները, — աստված վերջ տա մեր ցավերին: Թող օրհնվի ճակատիդ չարը կալին-կապին ընկնի, բարին պահպանի քեզ էլ, մարդուդ էլ: Տարիներով տանջվեցի, հիմա բախտավոր եմ: Տեր աստված, տեր աստված, թող լույս աչքով տեսնեմ այն օրը, որ աղջիկս կարողանա իր մարդու ու ազգականների երեսին մտիկ անել պարզերես, ինչպես նա այսօրվա օրն է պարզերես...

Սոնան զարմացած նայում էր մոր երեսին: Ինչո՞ւ է այդ կինը ուրախ:

— Հա, որդի, — շարունակեց հացթուխը, պատասխանելով նրա անլուր հարցին, — աստծու տվածի չափ ուրախ եմ այսօր. հույս ամենակարողին, որ էլ ավելի ուրախանամ: Երկու երազ եմ տեսել, մեկը կատարվեց, մյուսն էլ կկատարվի... Դու լաց ես լինում, է , ես էլ շատ եմ լաց եղել երեսիս քողը հանելիս... Կսովորես, որդի, կտեսնես, որ աշխարհում ապրելը լավ բան է... քո մարդը իմ մարդու նման սևերես չէ: Ես անբախտ էի, դու բախտավոր կլինես, եթե աստված ուզենա...

Իսկապես Սոնան հասկանում էր իր մոր խոսքերի քողարկված

իմաստը: Չէր հասկանում միայն, ի՞նչպես կարող է ինքը բախտավոր լինել, քանի որ չի ուզում իր ամուսնու երեսին անգամ նայել:

Սակայն անցավ ժամանակ, և այդ խնդիրն էլ սկսեց նրա համար պարզվել: Նա հետզհետե ընտելանում էր իր վիճակին: Կյանքը գնալով քաղցրանում էր: Անցնում էր նրա անբացատրելի երկյուղն ամուսնուց, ծագում էր նրա սրտում մի անսովոր ախորժելի զգացում: Վերջապես, տեսավ, որ ամուսինը կոպիտ անասուն չէ: Ոչ, ընդհակառակը, բարեսիրտ և քաղցրաբարո մի բարեկամ է, որ ուզում է նրան երջանկացնել: Նա Սոնայի հետ վարվում էր ինչպես մի նոր բուսած նուրբ ու անգին ծաղկի հետ, վախենալով շոշափել նրան, մի գուցե քնքուշ տերևները թափվեն: Նայում էր նրան ոտից գլուխ, լուռ ժպտալով և սքանչանում այնպես, ինչպես կարող էր սքանչանալ մի մանուկ, որի ձեռն են տվել, վերջապես, նրա սիրած խաղալիքը: Նա չգիտեր խոսքերով արտահայտել իր սերը: Բայց ակնածությամբ և գուրգուրանքով լի հայացքները զգալ էին տալիս Սոնային, որ այդ մարդն իրան երջանիկ է համարում:

Սոնայի սիրտը բաբախում էր այդ հայացքներից: Դա ամուսնական սիրո անդրանիկ սերմն էր, որ արդեն սկսել էր արագ-արագ աճել, զարգանալ, որովհետև ընկել էր պարարտ և կարոտ հողի վրա: Այժմ ամուսնու փաղաքշանքները ոչ միայն չէին վախեցնում նրան, այլև հաճելի էին թվում: Շատ անգամ նա ինքն էր զգում փաղաքշելու պահանջ: Բայց ամոթխածությունը կաշկանդում էր նրան: Նա չէր համարձակվում իր սրտի զգացումն արտահայտել ոչ մի արտաքին ձևով:

Երբեմն հիշում էր այն մոտիկ անցյալը, երբ մահ էր աղերսում աստծուց և սարսափում էր: Ինչո՞ւ այս ծաղիկ հասակում աշխարհից բաժանվել, քանի որ կյանքն այսքան քաղցր է: Ախ, նրա մայրը զուր չէ ասում, թե կարող է երջանիկ լինել: Սոնան հիմա է հասկանում նրա խոսքերի միտքը: Այժմ այն չէ, ինչ որ հարսանիքի առաջին օրերն էր:

Բայց կա էլի մի չար կասկած, որ Սոնային անհանգստացնում է: Ասենք, նա սիրում է իր ամուսնուն, իսկ ինքը իրավունք ունի՞ սիրվելու:

«Չէ, չէ, — պատասխանում էր նա ինքն իրան, — ես անարժան եմ, ես ընկնավոր եմ, նա չի իմանում, շուտով կիմանա»...

Ով գիտե, կարելի է Մուրադին հենց այժմ էլ հայտնի է նրա ցավը, կարելի է Սոնան արդեն ընկել է նրա աչքից: Չէ՞ որ նա երբեք չի զգում իր ընկնելը: Եվ ստեպ-ստեպ երկյուղածությամբ նայում էր իր ամուսնու աչքերին, հուսալով այնտեղ կարդալ նրա միտքը: Մի օր, երբ Մուրադը քնքշաբար կատակով իր մատի ծայրով շոշափեց Սոնայի ծնոտը, նորահարսը բռնեց նրա ձեռը երկու ձեռներով, ամուր սեղմեց իր ափերի մեջ և, խոր-խոր նայելով նրա աչքերին, ժպտաց: Նա պատրաստ էր բերանը բանալ և հարցնել. «Գիտե՞ս, որ ես ցավագար եմ», բայց նույն վայրկյանին ցնցվեց, և հարցը խեղդվեց կոկորդում: Մինչդեռ նորափեսայի դեմքը սքողված էր հոգեկան երջանկության ստվերով: Նրա աչքերի մեջ փայլում էր սիրո և միայն սիրո կրակը: Այդ մարդը, որ ծնված էր ընտանեկան կյանքի համար, բնավորությամբ հիշեցնում էր իր հորեղբորը, Դանելին: Ոչ այժմյան խենթին, այլ նախկին Դանելին, որի ստվերն էր այժմ շրջում աշխարհի վրա: Նա պարծենում էր իր կնոջով և շատ անգամ մոր և եղբոր կնոջ մոտ գովում էր նրա հեզությունն ու գեղեցկությունը: Նա պնդում էր, թե հազիվ ամբողջ քաղաքում Սոնայի պես մի ուրիշ կին ճարեր, եթե բախտի բերմամբ չհանդիպեր նրան:

— Ի՛նչ անենք, որ ծնողները աղքատ են, — ասում էր, — դա ամոթ բան չէ: Թող ինքն ինձ դուր գա, ուրիշ բան չեմ ուզում: Գոհություն աստծո, շատ ու շատ շնորհակալ եմ իմ բախտից:

— Տա աստված, որդի, մենք խոմ քո թշնամիները չենք, որ վատդ ուզենք, — պատասխանում էր պառավ Զառնիշանը, որ տակավին չէր հաշտվում այն մտքի հետ, թե մի հացթուխի, մի պայտագործի աղջիկ կարող է իր որդուն բախտավորացնել:

Այնինչ Գյուլնազը ոչինչ չէր ասում, միայն գլուխը երկդիմի շարժում էր: Այդ նշանակում էր. «Դեռ սպասենք և տեսնենք»:

Այդ կինը հոգով-սրտով ցանկանում էր Սոնայի մեջ մի որևէ արատ գտնել, ոչ միայն իր բնազդական կասկածն արդարացնելու համար, այլև այն պատճառով, որ նախանձում էր նորահարսի երիտասարդությանը և գեղեցկությանը: Իբրև ավագ հարս, ընտանիքի մեջ ավելի մեծ իրավունք ուներ, բայց գիտեր, եթե Սոնան գրավի իր սկեսրի հավատարմությունը, կարող է իշխող դիրք ստանալ: Առայժմ նա սկսեց ցույց տալ իր իրավունքները և իշխել Սոնայի գլխին: Նորահարսը խոնարհությամբ լսում էր նրա խրատները, թեև ոչ մի խրատի կարիք չուներ, քանի որ գիտեր իր բոլոր պարտականությունները: Նա չէր ուզում ընդդիմանալ այդ կնոջը, դեպի որը զգում էր մի անբացատրելի երկյուղ, մանավանդ երբ նայում էր նրա ապակյա աչքերին: Նույն երկյուղը Սոնան զգում էր դեպի սկեսուրը, որի ոսկրոտ ճակատի տակ նստած փոքրիկ ու պսպղուն աչքերի մեջ փայլում էր մի առանձին չարախնդություն, երբ պառավը կարող էր նորահարսին նախատել թեկուզ մի աննշան սխալի համար:

Բայց, չնայելով այդ երկու զույգ երկյուղալի աչքերին, որ գիշեր-ցերեկ հալածում էին Սոնային, նա տակավին երջանիկ էր, որովհետև սիրում էր յուր ամուսնուն և սիրվում նրանից: Երբեմն այդ փոխադարձ սիրո գիտակցությունն այնքան տիրում էր նրա հոգուն, որ մոռանում էր անցյալի բոլոր թշվառությունները և անձնատուր լինում երջանիկ հոգեզմայլության: Այդ միջոցներին նրա ճակատը պայծառանում էր, դեմքի գույնը թարմանում, կիսով չափ անրջոտ աչքերի մեջ վառվում էր կենսասիրության հուրը: Նա գեղեցկանում էր, ուրախ, աշխույժ դառնում և այսպիսով ավելի գրգռում Գյուլնազի նախանձն ու ատելությունը:

Մի անգամ Սոնան, լուսամուտի մոտ նստած, սպասում էր

ամուսնուն, որ պետք է շուտով վերադառնար շուկայից: Բակից լսվեց գիժ-Դանելի ձայնը: Սոնան գլուխը բարձրացրեց ուրախացած: Վաղուց փափագում էր տեսնել իր բարեկամին:

Խենթը, գավազանն ուսին գրած, մոտենում էր լուսամուտին, ցածր ձայնով երգելով: Դարձյալ նա ոտաբոբիկ էր և գլխաբաց: Գավազանի ծայրը զարդարված էր վայրի ծաղիկների մի մեծ փնջով: Մոտենալով լուսամուտին, խենթն այդ փունջը զգուշաբար բաց արավ գավազանի ծայրից և առաջարկեց Սոնային ասելով.

— Խանում-խաթունիս հազար բարով: Ղըզ-Ղալասիի սարից եմ գալիս, քեզ համար քաղեցի այս ծաղիկները:

Սոնան սիրալիր ժպտալով, ընդունեց փունջը, հոտ քաշեց և ասաց զգացված,

— Ի՞նչ բարի սիրտ ունիս Դանել ապեր: Ես կդնեմ այս ծաղիկները ջրի մեջ, կպահեմ...

— Մինչև որ կպչկեն, նորերը կբերեմ, — լրացրեց խենթը: — Ամեն կիրակի կգնամ Ղըզ-Ղալասի: Քոլերի մեջ եմ քաղել, սիրուն ծաղիկներ են, հոտ արա, տես...

— Շատ լավ են, շատ լավ են, — ասաց Սոնան, շարունակ հոտոտելով փունջը և մատներով ուղղելով նրա տերևիկները: — Ո՞րտեղ ես մնացել, Դանել ապեր, ինչո՞ւ շուտ-շուտ չես գալիս մեզ մոտ:

Այս հարցը, կարծես, ազդեց խենթի տրամադրության վրա: Նա հայացքը ձգեց բակի խորքը և խորհրդավոր եղանակով արտասանեց.

— Չկա՛...

Հետո, արագությամբ երեսը դարձնելով Սոնային, ասաց.

— Իգիթ տեսա, ձի էր նստած, սիրեցի, կյանքս կտամ թողեք գնամ իմ յարին... Լա՞վ ես, Սոնա խանում, ուրա՞խ ես: Մուրադին հավանում ես...

Սոնան ամոթխածությամբ գլուխը թեքեց կրծքին: Խենթը նայեց աջ ու ձախ, թեքվեց դեպի Սոնան ու ցածր ձայնով շարունակեց.

— Սկեսուրդ քեզ հետ լա՞վ է վարվում, Կարապետի հարսը խոմ չի՞ նեղացնում...

— Չէ, Դանել ապեր, սկեսուրս էլ լավ կնիկ է, Գյուլնազ-բաջին էլ, ամենքն էլ լավ են: Շնորհակալ եմ քո ազգականներից, շատ, շատ շնորհակալ եմ:

— Չխաբես...

— Ի՞նչ ես ասում, Դանել ապեր, ես քեզ ե՞րբ եմ խաբել:

Քեֆիդ դիպչողին պատառ-պատառ կանեմ...

Սոնան ժպտաց, հիշելով այն ժամանակները, երբ խենթի այս սպառնալիքներից վախենում էր:

— Դանել ապեր, ինչո՞ւ էլի գլխաբաց ու ոտաբաց ես, — հարցրեց նա հանկարծ:

— Հարսանիքդ տեսա, հերիք է... Եթե քեֆիդ դիպչեն, ինձ ասա, ի՛նձ ասա: Մնաս բարով, գնամ ժամհարիս մոտ...

Նա շտապով դիմեց դեպի դուրս ահագին քայլերով:

Հեռվից լսվում էր նրա խռպոտ ձայնը, որ տարածվելով ամայի փողոցում, մի առանձին մռայլություն էր տալիս արևի վերջին ծիրանագույն շողերով օծված ավերակներին:

Նրա տխուր երգի հնչյունները արձագանք էին գտնում այդ ավերակների մեջ և երիտասարդ նորահարսի սրտում...

VIII

Հացթուխը Սոնային այցելում էր շաբաթը մի կամ երկու անգամ: Պայտագործը գալիս էր գրեթե ամեն օր: Հացթուխը երբեք չէր ընդունում իր խնամիների հրավերը — ճաշի մնալու կամ գոնե մի բաժակ թեյ խմելու: Պայտագործը հենց մի այդպիսի հրավերի էր սպասում: Բավական էր մի երկդիմի ակնարկ — իսկույն ծալապատիկ նստում էր, ահագին գդակը գլխից հանելով և կողքին դնելով: Ահա ինչու նրա այցերը ավելի անախորժ էին խնամիների համար:

Երբեմն Սոնան լսում էր պառավ Զառնիշանի և Գյուլնազի ակնարկներն իր հոր «աներեսության» մասին: Ոչ կարողանում էր պաշտպանել հորը և ոչ էլ ուզում էր հայտնել նրան, որ իր այցելությունները կրճատի:

— Մարդ պետք է իրան ծանր պահի, որ ուրիշներն էլ պատվեն, — ասաց մի օր Զառնիշանը, քթախոտն ուժգնությամբ ներշնչելով քթի պնչերով ներս — թե չէ, նրա գինը — մի գրոշ: Ասենք, ես խոսողը չեմ, բաս, մարդ աստծու, դու ինքդ ֆիքր չե՞ս անում, որ ցեխոտ ոտներդ կեղտոտում են իմ տուն ու տեղը. փիյե՜...

Նա նստած էր ծալապատիկ սենյակի վերին կողմում, Սոնան կանգնած էր նրա առջև, ձեռները կրծքին, գլուխը ցած թեքած:

— Ես մի կտոր հաց ոչ ոքի չեմ խնայում, — շարունակեց պառավը, ավելի ու ավելի տաքանալով, — ուզում է, ամեն օր նրա համար կուղարկեմ կերակուրներ էլ, արաղ էլ, գինի էլ: Թող իր տանը ինչքան ուզում է խմի, քեֆ անի, իսկ մեր տունն օղետուն չէ...

Հետևյալ օրը Սոնան, արտասուքն աչքերին, սկեսուրի նախատինքը հաղորդեց մորը և խնդրեց համոզել Ոսկանին, որ նա խնայի իր պատիվը:

— Մենակ սկեսո՞ւրդ է նախատում, թե մարդդ էլ — հարցրեց հացթուխը:

— Չէ՛, — պատասխանեց Սոնան, — մարդս ոչինչ չի էլ իմանում: Եթե իմանա, մոր հետ կկռվի: Ես էլ չեմ ուզում ասել, ինչո՞ւ մեր խաթրու մայր ու որդի թշնամանան:

Նույն օրը երեկոյան հացթուխի և պայտագործի մեջ տեղի ունեցավ մի խոշոր վեճ: Կինն ասում էր, թե ամոթ է ամեն օր խնամիներին ձանձրացնելը, թե նրա պատճառով Սոնան է նախատինք ստանում: Մարդը չէր հավատում, որ խնամիները ընդդեմ են նրա այցելություններին: Նրա կարծիքով, ընդհակառակը, այդ «բռի շինականները» շատ ուրախ են, որ Ոսկանի պես մի պատվավոր քաղաքացի արժանի է համարում նրանց տունը ոտ դնել:

— Սոնայի ընտրածն է, ես գիտեմ, այ ես նրա... — գոչեց պայտագործը, մի քանի կոպիտ հիշոցներ ուղղելով աղջկա հասցեին: — Ախր հիմա ուննոր մարդու կնիկ է, ամաչում է մրոտ ձեռներիցս: Լավ, ինչ ուզում է, թող անի, մենք էլ մեր խելքի կտրածը կանենք: Հենց էգուց կբռնեմ բազարում նրա մարդուն ու հարցուփորձ կանեմ: Ինձ Պուլուզանց Ոսկան կասեն: Եթե Մուրադն ասի, որ չի ուզում ինձ իր տանը տեսնել, լախտակ կթքեմ նրա երեսին: Աստված, երկինք վկա, պատվավոր մարդկանց մոտ կթքեմ ու հավիտյանս հավիտենից ամեն, է՛լ ոտ չեմ դնիլ նրա շեմքը...

Ջուր հացթուխն ասաց, թե Սոնան մեղավոր չէ, թե Մուրադին ոչինչ հայտնի չէ և չպիտի հայտնել: Պայտագործը կատաղած կրկնում էր,

— Չէ՛, չէ՛, ու չէ՛, հենց Մուրադի բկից պետք է կպչեմ, ես Չորթանի կամ Չոփուռի կնկանը չեմ տվել աղջկաս...

Նա իր ասածը կատարեց: Մյուս օրն ևեթ շուկայում հանդիպեց Մուրադին ու սկսեց պարզապես նախատել նրան: Փիյե՛ , այդ ի՞նչ նոր կարգ ու կանոն են բերել քաղաք «շինականները»: Տեսնված բա՞ն է, որ փեսան աներոջն իր տնից փախցնի, այն էլ մեղրամիսը չլրացած:

— Թքել եմ ձեր մի բաժակ օղիի վրա, կարո՞տ եմ, ինչ է:

Մուրադը, որին իրավ ոչինչ հայտնի չէր, զարմացած նայեց պայտագործի երեսին և մեղմ ձայնով ասաց.

— Չեմ հասկանում էշիդ ո՞վ է կաղ ասել, որ փրփրամ ես: եմ տանը դռները առավոտ-երեկո քեզ համար կրունկների վրա բաց են: Երբ ուղում ես, եկ, գնա, կեր, խմիր, ինչպես քո տանը:

Պայտագործը մեղմացավ:

— Հա՞, — ասաց նա, խոսելու եղանակը փոխելով, — որ այդպես է, բաս քիչ թե շատ օրինավոր մարդ ես: Ջահիլները մեծի-պստիկի պատիվը պետք է ճանաչեն: Բաս լավ կլինի, որ քո տանեցիներին էլ մի քիչ քաղաքավարություն սովորեցնես:

— Իմ տանեցիներն իրավունք չունին քեզ ասելու, «Այ մարդ, ոտդ էրվում է, դենը դիր»: Դու իմ աներն ես, կթողնեմ քեզ իմ տունը, չեմ թողնիլ — իմ գործն է...

— Ա՛ֆերիմ տղա, — գոչեց Ոսկանը, միանգամայն հափշտակվելով — ա յ, տղամարդի խոսք, ա ֆերիմ, արի բերանդ պաչեմ...

Բայց հանկարծ նրա ամբիցիան գրգռվեց, և նա չկամեցավ միանգամից հաշտվել փեսայի հետ:

— Փահ, — ավելացրեց նա, ուսերը քաշելով և ձեռները Կաշվի

գոտիի մեջ խրելով, — դու կարծում ես, շատ կարոտ եմ քո տանը: Ինձ Պուլուզանց Ոսկան կասեն, հազար չխնդրեն, մեկ չեմ գնալ: Թքել եմ հարուստների վրա, դու պատիվ ու քաղաքավարություն ասա , թե չէ — փողն ինչ է, ձեռի կեղտ, այսօր կա, վաղը չկա: Ես քեզ համար եմ մտածում, թե չէ — ինձ ի՞նչ: Որ դու ինձ պատիվ չանես, օրինավոր մարդիկ մատներով աչքերդ կհանեն:

— Իհարկե, իհարկե, — համաձայնվեց Մուրադը պայտագործին հանգստացնելու համար:

Նույն օրը Մուրադը Սոնային թախանձեց բացատրել գործի էությունը: Նորահարսը երկար ժամանակ, աշխատում էր խույս տալ ուղիղ պատասխանից, բայց վերջը ստիպվեց եղելությունը պատմել: Երբ Մուրադն իմացավ, որ իր մայրը նախատել է Սոնային, անմիջապես գնաց պառավի մոտ և սկսեց վրդովված հանդիմանել նրան:

— Առաջին և վերջին անգամն եմ ասում, — ավարտեց նա խոսքը դրական եղանակով, — եթե մեկ էլ իմ կնոջ երեսին խոսել եք, կվերցնեմ նրան, դուրս կգամ այս տնից ու ջոկ կապրեմ:

Խնդիրը քանի գնում՝ բարդանում էր: Պառավ Ջառնիշանը վախեցավ որդու սպառնալիքից և ավելի սուր ատելություն զգաց դեպի Սոնան: Տեսեք, տեսեք այդ հացթուխի աղջկան, մի ամիս չկա ոտք է դրել այս տունը և արդեն ուզում է որդուն բաժանել մորից, եղբորը — եղբորից: Չէ, պետք է այդ անկապի կապը քաշել, որ շատ էլ ձին չափ չտա:

— Համբերիր, համբերիր, — ասում էր Գյուլնազը պառավին գրգռելու համար, դա կծիկի ծոնդն է, տես վերջն ինչ կլինի: Աչքերս կհանեմ շներին կգցեմ, եթե այդ խլեզն ինձ էլ չբաժանի իմ մարդուց:

Հարս ու սկեսուր սկսեցին խորհրդակցել իրանց անելիքի մասին: Խնդիրր շատ կարևոր էր: Եթե Մուրադր շարունակեր կնոջ կողմը բռնել, հետևանքը կարող էր վատ լինել: Բանն այն է, որ առևտրական գործերը գլխավորապես Մուրադի ձեռքումն էին կենտրոնացած: Նա գիտեր գրել-կարդալ, հաշիվներ պահել, իսկ Կարապետը մի անգրագետ մարդ էր, շատ անգամ չէր իմանում, ումից ինչքան ստանալիք ունի, կամ ում ինչքան է պարտք: Ինքը Կարապետը շատ լավ էր զգում եղբոր արժեքը և շատ անգամ խոստովանում էր, որ առանց նրա ինքը «կոպեկ չարժե»: Նա վշտացավ, երբ կնոջից լսեց, թե Մուրադը սպառնում է բաժանվել և առանձին ապրել, եթե նրա կնոջ ու աներոջ հետ լավ չեն վարվիլ: Իսկապես Կարապետը շատ էլ դեմ չէր պայտագործին և ոչ էլ որևէ ատելություն էր զգում դեպի նրա աղջիկը: Բայց Գյուլնազը համոզել էր նրան, որ Սոնան ընտանիքի մեջ խլրտումներ է զցում, ուստի նա էլ լարվել էր նորահարսի դեմ:

Այդպիսով Սոնայի դեմ կազմվեց մի եռանձնյա դաշնակցություն: Շուտով նա զգաց իր վիճակի փափկությունը: Չնայելով նրա բարեկամական զգացումներին և հեզ վարմունքին, հակառակորդները ճգնում էին նրա վարկը զցել ամուսնու մոտ:

Սկզբում Մուրադը բարկանում էր, երբ կողմնակի ակնարկներ էր լսում Սոնայի ծուլության կամ անհնազանդության մասին: Ապա ուշադիր եղավ այդ համառ ակնարկներին և կամեցավ վերստուգել իր մոր գանգատները: Փորձը համոզեց նրան, որ Սոնան ոչ միայն ծույլ չէ, մեծերի պատիվը ճանաչում է, այլև ամբողջ տան գործերը նրա վզին են, և հարգում ու մեծարում է ընտանիքի ավագներին գուցե ավելի, քան պահանջվում է: Այս պատճառով Մուրադը մի օր ընդհարում ունեցավ տնեցիների հետ: Գրգռված րոպեին այս անգամ բացարձակ կասկած հայտնեց իր եղբոր կնոջ բարեխղճության մասին: Գյուլնազը, հարկավ, վիրավորվեց, լաց եղավ իր ամուսնու մոտ: Հերթը հասավ «չոփուռ» Կարապետին: Նա հանդիմանեց Մուրադին իր կնոջ վերաբերմամբ, և առաջին անգամ երկու եղբոր մեջ տեղի ունեցավ մի անախորժ վեճ:

Արդեն պառավ Ջառնիշանը և Գյուլնազը համոզվել էին, որ անկարելի է Մուրադին լարել իր կնոջ դեմ, երբ... ճակատագիրը դավաճանեց Սոնային:

Կիրակի առավոտ էր: Ամբողջ ընտանիքը խմբված էր միջին, ընդհանուր սենյակում: Սոնան թեյ էր պատրաստում, բերանը երեսքողով ծածկած, անբաժան շալը գլխին: Այն վայրկյանին, երբ, բաժակներով լի մատուցարանը ձեռքին, մոտենում էր Ջառնիշանին, մարմնի վրա զգաց մի անսովոր ցուրտ: Նրան թվաց իբր մի քանի խոնավ և պաղ որդեր մեջքի վրայով սողում են դեպի վեր: Նա սարսռեց ոտից մինչև գլուխ, մի սուր ճիչ արձակեց, դողաց և, մատուցարանը ձեռից բաց թողնելով, ընկավ հատակի վրա:

Գյուլնազը երկյուղից գոռաց: Ջառնիշանը ձեռները զարկեց ծնկներին: Կարապետը չիբուխը բերանից հանեց և ապշած նայեց հատակի վրա թափված թեյին ու փշրտված բաժակներին: Իսկ Մուրադը մի ակնթարթում ոտքի թռչելով, մոտեցավ Սոնային բարձրացնելու: Բայց նայեց նրա դեմքին, սարսափեց և ապշած մնաց տեղն ու տեղն արձանացած: Կարապետի երեխաները բարձրացրին անասելի աղմուկ: Մեծերը սկզբում կարծեցին, որ Սոնան պատահաբար ընկավ: Բայց երբ տեսան նրա կարմրած երեսը, փրփրոտ բերանը, ատամների մեջ սեղմված լեզուն, լսեցին չարագուշակ խրխռոցը, քողը սկսեց ընկնել նրանց աչքերից:

Ամենից առաջ Գյուլնազն արտասանեց.

— Ընկնավոր է:

Նա իր գլխի շալը ձգեց Սոնայի երեսին և երեխաներին դուրս տարավ: Պառավը դարձյալ ձեռները զարկեց ծնկներին և ճչաց: Կարապետը ցավակցաբար նայեց եղբոր երեսին: Մուրադը դեռ արձանացած էր միևնույն տեղում, աչքերը հառած կնոջ անզոր թավալվող մարմնին:

Տեսարանը տևեց ընդամենը երկու րոպե: Սոնայի երեսը բաց արին: Նա արդեն ուշքի էր գալիս:

Անմիջապես մարդ ուղարկեցին հացթուխի ետևից: Դեռ կասկածում էին, որ Սոնան ընկնավոր է: Միայն Գյուլնազն էր պնդում, թե կյանքում ընկնավորներ շատ է տեսել, բոլորն էլ Սոնայի պես են ուշաթափվում:

Երբ հացթուխը ներս մտավ, պառավ Ջառնիշանը գոռաց.

— Աղջիկդ ցավագար է...

Խե՛ղճ մայր. այս մի հատիկ բառը բավական էր նրան: Նա գունատվեց, ոչինչ չասաց, և ինչ ասեր: Կասկածը փարատվեց: Հացթուխն անցավ իր աղջկա սենյակը: Սոնան այնտեղ հագուստով պառկած էր անկողնում: Սենյակի մի անկյունում, սնդուկի վրա, նստած էր նրա ամուսինը, ձեռները կոնատակին դրած, աչքերն ուղղած հատակի մի կետին: Նա գլուխը բարձրացրեց և նայեց իր զոքանչի երեսին: Նա աղերսանքով և տանջանքով խառն մի հարցական հայացք էր, միևնույն ժամանակ, տակավին հույսով լի: Նա ուզում էր հացթուխից լսել, թե ո՛չ, Սոնան ընկնավոր չէ, թե նրա ուշաթափվելը պատահական էր: Բայց հացթուխի լեզուն պապանձվել էր, և այս խորտակեց Մուրադի հույսը:

— Աղջիկդ ընկնավո՞ր է, — արտասանեց նա և լռեց:

Սոնան պառկած էր երեսը դեպի պատը: Նա զգաց, որ մայրը ներս մտավ, չոքեց իր մոտ, բայց երեսը չդարձրեց նրա կողմը: Նա վախենում էր հանդիպել ամուսնու աչքերին, որովհետև հազիվ ուշքի էր եկել, երբ Գյուլնազը ուղղակի և անխնա նրա երեսին ասաց, թե նա ընկնավոր է և հենց այս րոպեին ուշաթափվեց:

— Աղջիկդ ընկնավո՞ր է, — կրկին անգամ արտասանեց Մուրադը:

— Երկինքը կրակ դառնար, թափվեր նրա մոր գլխին, — գոչեց հացթուխը:

Այլևս Մուրադը ոչինչ չասաց և շարունակեց իր հայացքը հառել հատակի մի կետին: Այս լռությունը հացթուխի համար ավելի անտանելի էր, քան եթե նախատեին, հայհոյեին, թուք ու մուր ածեին նրա երեսին: Նա բախտավոր կհամարեր իրան, եթե այդ բարեսիրտ մարդը, որ այնքան սիրում էր Սոնային, վերկենար հանկարծ և դաշույնի մի հարվածով վերջ տար նրա կյանքին: Բայց Մուրադը լուռ և անշարժ էր:

— Մի քիչ ջո՞ւր, — շշնջաց Սոնան, կարծես, վախենալով, որ մի գուցե ամուսինը լսի:

Հացթուխը նայեց այս ու այն կողմ: Հարկավոր էր ջուրը մյուս սենյակից բերել: Այնտեղ թշվառ կնոջը սպասում էր եռանձնյա դաշնակցության դատաստանը: Խորին ատելությամբ և զզվանքով լի երեք զույգ աչքեր միաժամանակ բևեռվեցին նրա վրա, երբ ներս մտավ: Նա զգաց իր սրտում այդ սուր ասեղների ծակոցները: Հասկացավ, որ այդ դատավորներն իրանից բացատրություն են պահանջելու, որ պետք է, վերջապես, դեմ առ դեմ կանգնել նրանց առջև: Ահա ինչու, երբ Սոնային ջուր տվեց և ջրաշիշը տարավ մյուս սենյակ կրկին իր տեղը դնելու, կանգ առավ այնտեղ: Առաջինը խոսեց պառավ Ջառնիշանը, որի հողագույն դեմքը թույն էր արտահայտում:

— Բախտավոր աղջկա բախտավոր ծնողին շատ, շատ բարով: Մոտեցիր, փեշերդ պաչենք, գլխիդ վարդաջուր ածենք, ոտներիդ հինա դնենք, ա՛յ մեր աչքի լույս խնամի: Աղջիկդ անգին Մարգարիտ է, շահնշահի մատին դնելու,

խանըմ-խաթուն, հյուլ ու մյալաք: Գնա՛, նրա ոտները ջուր արա, խմիր, հա՛ հա՛ հա՛: Փա՜հ, երես ունիս աստծու լույսին մտիկ անելու, փահ, տափը պատառ-պատառ չի լինում, որ քեզ կուլ տա. փա՜հ, ոտդ դրած տեղն օձ չի բուսնում, որ ջիգյարդ դաղի, կերակուրդ աղու-լեղի չի դառնում, որ սիրտդ ու փորդ կտրտի: Խայտառակ լինիս աշխարհումս, ինչպես մեր անունը խայտառակեցիր...

Հացթուխը լսում էր այս կծու և դառն նախատինքը, չհամարձակվելով նայել խնամիների երեսին:

— Մենք էլ ուրախ էինք, որ ջահիլ, սիրուն հարս ենք բերել մեր տուն, — շարունակեց սկեսրի փոխարեն Գյուլնազը, աչքերը դարձնելով դատապարտյալի վրա, — լավ ուրախացանք: Հերիք չէր թոնիր լպստողի ու աներես, անպատկառ հարբեցողի խնամի դարձանք, հիմա էլ մենք մեր տան մեջ պետք է ուրիշների ցավագար աղջկանը ծառայենք:

Հացթուխը գոգնոցի փեշը բարձրացրեց աչքերի արտասուքը սրբելու: Հերթը հասավ երրորդ դատավորին:

— Ես կարճ կկապեմ, — ասաց չոփուռ Կարապետը, ծխախոտի կրակն ուղղելով, — հենց այսօր, հենց հիմա, առ աղջկադ, տար տունդ: Մենք ընկնավորներ պահելու գլուխ չունինք:

Դռների մեջ, շեմքի վրա երևաց Մուրադի կերպարանքը: Նրա դեմքը գունատ էր, շրթունքները դողում էին, երեսի մկանունքները ցնցվում: Կարապետը չնկատեց նրան: .

— Առ, աղջկադ, ասում եմ կրկնեց նա, — տար տունդ, քոնը լինի ծախած ապրանքդ:

— Ո՞վ է քեզ դատավոր կարգել, — գոչեց Մուրադը հուզված ձայնով, — ով է քեզ դատավոր կարգել, որ ուզում ես իմ կնկան իմ տնից դուրս անել:

Ոչ մեկը չէր սպասում, որ նա կպաշտպանի իր կնոջն այն պահին, երբ այդ կինը խորտակել էր նրա բախտը: Կարապետը զարմացած նայեց նրա երեսին: Զառնիշանը չկարողացավ զսպել իր կատաղությունը:

— Մեր ամենի դատավորը աստված է, — դարձավ նա Մուրադին, — Բայց ես մայր եմ, չեմ թողնիլ իմ որդուն, որ ցավագարի հետ ապրի:

Մուրադը մոտեցավ, պատկառանքով խոնարհվեց և համբուրեց պառավի ձեռը:

— Որդին պարտավոր է, — ասաց նա, — իր ծնողների առաջ խոնարհվել: Մինչև օրս ես քո կամքին չեմ հակառակվել, ամեն բանում քո ուզածն եմ արել: Կյանքումս մի անգամ խոսքդ չկատարեցի, աստված ինձ պատժեց: Հիմա ուզում եմ պատիժս տանեմ, թո՛ղ տանեմ, ես արժանի եմ:

— Ուրեմն չե՞ս ուզում ընկնավորից բաժանվել, — գոչեց պառավը, շեշտելով «ընկնավոր» բառը, որպեսզի որդու սիրտը սարսափ ձգի:

— Չեմ ուզում:

— Չե՞ս ուզում չարով բռնվածից, դիվահարից երես դարձնել, ինչպես աստված է նրանից երես դարձրել:

— Չեմ ուզում:

— Կփոշմանես:

— Ինչ որ ճակատիս գրված է, պիտի կատարվի:

Այդ րոպեին Մուրադը բնազդումով երեսը դարձրեց ետ: Սոնան գլուխը բարձրացրել էր անկողնուց և ականջ էր դնում խոսակցության: Նրա ճակատը սպիտակ էր, ինչպես թուղթ, աչքերի բիբերն անշարժ մի փոքր դեպի վեր բարձրացած:

Մուրադը խղճաց նրան իր հոգու խորքում: Այդ վայրկյանին մոռացել էր իր վիշտը և միայն համակվել թշվառ կնոջ ցավով: Նա զգում էր, որքան տանջվում է այդ երիտասարդ էակը: Բայց միայն սեր և ցավակցության զգացումը չէին, որ ստիպում էին նրան պաշտպանել Սոնային: Ավելի մեծ դեր էր խաղում ինքնասիրությունը: Նա ինքն էր ընտրել այդ աղջկանը, պետք է պաշտպանի նրան:

— Ես նրանից չեմ բաժանվիլ, — ասաց նա վճռական եղանակով, — եթե ամենքդ էլ ինձանից բաժանվեք:

Նա անցավ շուտով մյուս սենյակը, դռները հետևից ծածկելով: Այնտեղ հանդիպեց նրան Սոնայի շնորհակալությամբ, երկյուղով և հույսերով լի հայացքը:

— Կախարդել են որդուս, — աղաղակեց պառավ Զառնիշանը, — կախարդել են ու սատանաների ճանկը գցել...

IX

Հարվածը նորափեսայի համար անսպասելի էր և անողոք: Հազիվ սկսել էր ճաշակել ամուսնական փոխադարձ, խաղաղ և օրինական սիրո հրապույրը, ճակատագիրը քայքայում էր նրա կյանքը: Նա մտիկ էր անում նորատի կնոջ դեմքին, սեղմված շրթունքներին և կրծքից արձակում ծանր ու երկարատև հառաչանքներ:

Երբեմն նրա սիրտը լցվում էր ատելությամբ դեպի այն էակը, որին ոչ միայն սիրում էր, այլև սկսել էր պաշտել, և որի կենակցությամբ երազում էր ստեղծել ընտանեկան անդորր երջանկություն: Ինչո՞ւ նրան խաբեց այդ կինը անգութաբար, ինչո՞ւ հավիտյան սևացրեց նրա օրը:

Բայց երկար չէր տևում այդ ատելությունը, անցնում էր Մուրադի սրտի բոպեական գրգիռը և տեղի տալիս անհուն վշտերի ու վշտակցության զգացմանը:

Նա բացարձակ չէր բողոքում ճակատագրի դեմ, որովհետև ամենից առաջ իրան էր համարում մեղավոր: Նա այն տկարոգի անհատներից չէր, որոնք կյանքի տագնապալի միջոցներին իրանց թշվառության պատճառները միայն և միայն ուրիշներին են վերագրում: Այնքան քաջություն ուներ, որ կարող էր բաց ճակատով կանգնել սեփական խղճի կշտամբանքների դեմ: Եվ եթե նա ոչ ոքի չէր մեղադրում, միևնույն ժամանակ, ոչ ոքի էլ իրավունք չէր տալիս իր գլխին դատավոր կանգնելու: Բայց ո՞վ կարող էր նրան այնպես խիստ պատժել, որքան նա ինքը: Նա խորասուզվել էր ցավերի մեջ և գիշեր-ցերեկ կրծում էր իր սիրտը: Մի շաբաթ էր անցել այն դժբախտ օրից, և նա դեռ տնից չէր դուրս գալիս: Թվում էր նրան, որ եթե շուկայում երևա, ամենքը պետք է մատնացույց անեն նրան, ծաղրեն կամ խղճան: Երբ ավագ եղբայրը խնդրում էր նրան ուշքի գալ և գործերով զբաղվել, նա մի հուսահատ շարժում էր անում ձեռով և ասում.

— Ես գործեր չունիմ. արա , ինչ որ ուզում ես: Այժմ նա, կարծես մոռացել էր ամեն ինչ: Նա ոչ կանոնավոր ուտում էր, ոչ հանգստանում, գիշերը մեծ մասամբ անց էր կացնում անքուն, շարունակ անց ու դարձ անելով գավթում: Նայում էր աստղերին, ականջ էր դնում շների հաչոցին, փողոցային պահապանների գոռոցներին գիշերային լռության մեջ և հառաչում, շարունակ հառաչում:

Շուտով նրա դեմքի վրա երևան եկավ մի դեղնություն, իսկ աչքերի մեջ հոգու դառնություն: Ամենից առաջ Սոնան նկատեց այդ բանը, որովհետև ամենից զգաստ աչքերով նա էր հետամուտ Մուրադի ամեն մի քայլին: Նա զգում էր, որքան խորն է այդ մարդու տանջանքը, քանի որ արտասուքը սրտի մեջ է թափում: Նա փափագում էր և չգիտեր ինչպես ամոքեր ամուսնու վիշտը: Չոքե՞լ նրա առջև, ներո՞ւմն խնդրել: Մի՞թե այդ բավական է: Գոնե Մուրադը լիներ ոչ այնպես բարեսիրտ, այլ քինախնդիր և կատաղի, գոնե նա չպաշտպաներ իր ողորմելի կնոջը տնեցիների մոտ: Այն ժամանակ Սոնան ավելի քիչ կտանջվեր խղճի խայթոցից, զգալով, որ մասամբ պատժված էր իր մեղքի համար: Չէ, այսպես շարունակել անհնարին է. Սոնան անկարող է տանել այդ մարդու լռությունը:

— Ականջ դիր ինձ, — արտասանեց նա մի օր, այլևս չկարողանալով համբերել:

Նա նստած էր իր սենյակում, լուսամուտի առջև: Մուրադը անցուդարձ էր անում պատշգամբի վրա: Նա կանգ առավ, ծխախոտը հանեց բերանից և երեսը դարձրեց դեպի կինը: Եվ ոչ մի թեթև հանդիմանություն, նախատինքի և ոչ մի թույլ նշան այդ մռայլ դեմքի վրա:

— Ինչու չես խոսում, — շարունակեց Սոնան, մինչև ե րբ պիտի սիրտդ մըղ-մըղ ուտես:

— Մինչև այն ժամանակ, քանի որ սիրտ կա ուտելու, — պատասխանեց Մուրադը:

Նա շարունակեց անց ու դարձ անել:

— Թող մեղավորն ուտի իր սիրտը, դու ինչ մեղք ունիս, — խոսեց դարձյալ Սոնան:

— Ո՞վ է մեղավորը:

— Կնիկդ, դուլդ, ինչո՞ւ նրան չես պատժում:

Մի դառն հեգնական ժպիտ սահեց Մուրադի դեմքով: Նա ուսերը թոթվեց, գլուխը երերեց: Ասելն էր. ի՞նչպես պատժեմ քեզ, խեղճ էակ, քանի որ աստված ինքն է պատժել:

Սոնան գուշակեց այս լուռ պատասխանի իմաստը:

— Ես ինքս էլ չեմ հասկանում, — շարունակեց նա, — ինչ երեսով աստծուց պատժվածը ուզում էր մարդկանց շարքն ընկնել: Մի շաբաթ է գիշեր-ցերեկ մտածում եմ, մտածում ու տեսնում, որ ես իրավունք չունիմ այս տանն ապրելու: Թո՛ղ ինձ գնամ իմ ծնողների մոտ, մենակ նրանց գլխին պատուհաս լինիմ: Թե չես ուզում թողնել, գցիր ինձ ոտներիդ տակ, շանսատակ արա, մի պահիր այս դրության մեջ:

— Հապա ինձ ո՞վ կսպանի, եթե ես քեզ սպանեմ, բաս իմ ցավերը որտեղ ուղարկեմ, եթե քեզ ծնողներիդ մոտ ուղարկեմ: Ուշ է...

— Աստծուն է հայտնի, որ քանի-քանի անգամ հորս տնից ուզեցել եմ քեզ հայտնել, որ ընկնավոր եմ, ի՞նչ անեմ, լեզուս կալին-կապին ընկավ — չկարողացա:

Նա շալի ծայրը բարձրացրեց իր աչքերը սրբելու, ուր երեք օր էր արտասուքը ցամաքել էր:

— Հե՛րիք է, հե՛րիք է, կես բարկացած և կես ընկճված ձայնով արտասանեց Մուրադը. — աստծու դեմ կռվել չենք կարող: Ինչ որ ճակատներիս գրված է, պետք է տանենք: Աչքերս այնքան մթնել էին, որ եթե ամբողջ աշխարհը հակառակվեր, էլի ես քեզ հետ պիտի պսակվեի: Ուրեմն աստծու կամքն էր: Հիմա հերիք է, ասում եմ, վեր կաց, մի բաժակ թեյ ածա , տուր ինձ:

Այն վայրկյանին, երբ Սոնան թեյով լի բաժակը դնում էր լուսամուտի հատակի վրա, նրա գլխի գցած շալի եզրերը միմյանցից բաժանվեցին և կոկորդը բացվեց: Մուրադը նայում էր կնոջ երեսին և այժմ էլ հիանում էր նրա գեղեցկությունով:

— Այդ ի՞նչ է, — գոչեց նա հանկարծ, երբ տեսավ Սոնայի կոկորդը:

Սոնան իսկույն շալը քաշեց կրծքին և երեսը ետ դարձրեց:

— Այդ ի՞նչ է, — կրկնեց Մուրադը:

— Ոչինչ, ոչինչ...

Երբ երրորդ անգամ Մուրադը իր հարցին ուղղակի պատասխան

չստացավ, մտավ սենյակ և ստիպեց Սոնային շալը գլխից վերցնել: Նրա կոկորդի վրա երևացին քանի մի արյունոտ կարմիր-կապտագույն գծեր:

— Ո՞վ է քեզ սովորեցրել կուրծք պատռել, — գոչեց Մուրադը զայրացած:

Հոգեկան կսկիծն էր ստիպել թշվառ ընկնավորին ճանկռտել իր մարմինը: Եթե Մուրադն ավելի խոր նայեր, կտեսներ, որ Սոնայի ամբողջ կուրծքը շերտավորված է արյունոտ գծերով: Այսպես էր պատժում ինքն իրան նորահարսը:

— Եթե մեկ էլ անես, երեսս չես տեսնի այս տանը, — ասաց Մուրադը վճռական եղանակով:

Սոնան հեզ և երախտագիտական հայացքով նայում էր նրա երեսին: Նա Մուրադի աչքերի մեջ նկատում էր վշտակցության հետ նաև նախկին սիրո ցոլքը: Նրա ընկճված սիրտը կրկին բաբախեց փոխադարձ զգացման բուռն հուսանքից:

— Երանի ոտներիդ փոշուն արժանի լինեի, — շշնջաց նա ինքն իրան:

Նույն վայրկյանին ուրախության մի թույլ ժպիտ անցավ նրա դեմքով: Նա տեսավ գիժ-Դանելին, այն մարդուն, որի տեսությունը միշտ մի առանձին ուրախություն էր պատճառում նրան: Խենթը բակ էր մտնում այս անգամ առանց երգելու, լուռ, կամացուկ քայլերով, գլուխը կրծքին թեքած: Նույն տեսակ մի ուրախ ժպիտ սահեց և Մուրադի դեմքով: Ամբողջ ընտանիքի մեջ, Սոնայից հետո, նա էր մենակ, որ ոչ միայն դեմ չէր խենթի այցելություններին և չէր ամաչում նրա ազգակցությունից, այլև միշտ ինքն էր խնդրում նրան ամեն օր այցելել:

Խենթը կանգնեց բակի մեջտեղում, ձեռները հենեց գավազանի ծայրին, մտիկ արավ Սոնային, հետո Մուրադին և, գլուխը երերելով, մռայլ ձայնով արտասանեց.

— Կրծքիս խփեցի, ձայն բարձրացրի, ասացի. «Ֆարհադ, կա՞ աշխարհում բախտավոր մարդ»: Երկինքը որոտաց, երկիրը գոռաց, Ֆարհադը պատասխանեց. «Մա՛րդ, տա՛ր ճակատիդ գրվածը. բախտ ասածդ այն է, ինչ որ ես եմ ճակատիդ գրել...»

Այս ասելով, նա մի զույգ խնձոր առաջարկեց Մուրադին, ավելացնելով.

— Առաջ դու հոտ արա, Մյաջնուն, հետո կտաս Լեյլիին: Ասլան Դանելը երկուսիդ համար է բերել: Սպիտակ խնձորը անմեղություն է, կարմիրը — բախտավորություն: Երազ տեսա, Հովհաննես Մկրտիչը ասաց. «Ով որ անմեղ է, նա բախտավոր է»:

Հետո նա ծոցից հանեց մի մոխրագույն լաթի կտոր և, տալով Սոնային, շարունակեց.

— Ա՛ռ, համբուրիր, ճակատիդ դիր: Մեյսարիի սուրբ Նշանի գերեզմանի հողից է: Գիշերը քնելիս վրեն մոմ վառիր, աղոթք արա, հետո դիր բարձիդ տակ: Թող նրա սուրբ զորությունը քեզ պահի, պահպանի չար աչքից, չար նյաթից:

Հացթուխը արդեն հաղորդել էր խենթին Սոնայի ուշաթափվելու լուրը:

Մինչև Սոնան, ակնածությամբ լի հայացքը իր ամուսնու վրա ձգած, սպասում էր, ինչ պիտի խոսի նա խենթի հետ, Մուրադը ցույց տվեց պատշգամբի վրա ձգած բազմոցը, խնդրեց Դանելին նստել, թեյ խմել:

Խենթը, ձեռը փորի վրա դնելով, գլուխ տվեց եղբորորդուն, բայց չնստեց: Օրը դեռ չէր մթնել: Մայր մտնող արեգակի դեղնագույն շողերը խաղում էին բարձր բարդենու վերին տերևների հետ, փայլեցնելով նրանց ինչպես բազմաթիվ փոքրիկ հայելիներ: Խենթն արևակեզ դեմքը դարձրեց դեպի արևելք, երեսին երեք անգամ խաչակնքեց, հետո դարձավ դեպի արևմուտք: Մուրադը և Սոնան լուռ նայում էին նրան: Խենթի աչքերի մեջ փայլում էր մի օտարոտի ոգևորություն: Կարծես նրա քայքայված ուղեղը իր վերջին ուժերով կենտրոնացել էր մի ինչ-որ խորհրդավոր մտքի վրա, իսկ սիրտը լցվել բուռն զգացումներով: Լուռ նայում էր երկնքի հեռավոր հորիզոնին, ուր վերջնամառային ամպերը ներկայացնում էին նուրբ գույներով օծված անվերջ լեռների մի հսկայական շղթա: Նրա շրթունքները մեղմիկ շարժվում էին: Թվում էր, որ մտքում աղոթում է կամ լուռ խոսակցում ամպերի հետ: Նրա զգզված միրուքը, որ այժմ բոլորովին ճերմակել էր, պղնձագույն դեմքին տալիս էր մի առանձին խորհրդավորություն: Նա հիշեցնում էր այն ծերունի արևապաշտին, որ խորին հոգեզմայլության մեջ ձգտում է ըմբռնել իր աստծու էությունը:

Նա հանդարտ քայլերով մոտեցավ Մուրադին, երեք անգամ խաչակնքեց նրա երեսին: Գավազանը հենեց պատին, մտավ սենյակ, բռնեց Սոնայի ձեռից, դուրս բերավ նրան պատշգամբ և կանգնեցրեց Մուրադի մոտ: Մարդ ու կին տակավին լուռ էին և մի ինչ-որ աներևույթ ուժից դրդված, հետևում էին խենթի լուռ պատվերներին: Նա մի ձեռով բռնեց Մուրադի ձեռը, մյուսով Սոնայինը և ինքը կանգնեց մեջտեղ:

— Մտիկ արեք երկնքին, — արտասանեց նա հանդիսավոր եղանակով, — մտիկ արեք այն երկու կտորներին, մեկը սպիտակ, մյուսը վարդի գույնով: Տե՛սեք, տեսեք, մոտենում են միմյանց: Ասլան Դանելը բարձրացել էր սարի գլուխը, այնտեղից աչքերով փնտրում էր ձեր տունը: Տեսավ այս ծառի գագաթը, ասաց. «Ա՛յ, Մանիշակը այնտեղ ընկավ հողի տակ»: Սիրուն ճակատ ուներ, մոտեցա պաչեցի... Տեսեք Դանել ապորը, ոտները բաց, գլուխը բաց, աշխարհից ոչինչ չի ուզում: Տեսե՛ք, ամպերը միացան, հիմա մի կտոր է: Տո՛ւր ինձ ձեռդ, Մուրադ, տո՛ւր ինձ ձեռդ, Սոնա: Ասլան Դանելը ասում է. «Սաթայելի բաժին կդառնա ձեզ միմյանցից բաժանողի հոգին...»: Գիշերները չար երազներ եմ տեսնում: Ինձ տանում են թուրքերի թաղը, որ շան պես խեղդեն: Գավազանս խլում են: Մանիշակս լաց է լինում, հաց է ուզում, խաղող է ուղում: Տեսնում եմ

Մանիշակիս հողի վրա ընկած, արևի տակ: Վեր է թռչում, ասլան Դանելին ազատում է դաhիճների ձեռից: Մուրադ, Մուրադ, նրան սիրում էի աչքիս լույսի պես, սիրիր Սոնային, ասլան Դանելը խեղճ է, բալա չունի: Տեր, մեղա՛ քեզ, մեղա՛ քեզ... Սոնա խաթուն, մի լաց լինիր, ասլան Դանելը դուլդ է: Մուրադը քեզ անտեր չի թողնիր: Նա ընկած էր արևի տակ, երկու մեծ քարեր էին ընկել, մեկը կրծքին, մյուսը ճակատին: Նրան խլեցին ինձանից...

Արտասուքի երկու խոշոր կաթիլներ, նրա վառ աչքերից գլորվելով ցած, կանգ առան արևակեզ այտերի վրա: Առաջին անգամն էր Սոնան արտասուք տեսնում այդ թշվառի աչքերում: Եվ ով գիտե, ո՛ր ժամանակից այդ կաթիլները զորացել էին, քարացել նրա աչքերի մեջ: Այժմ կակղեցին և դուրս գլորվեցին:

Բոլոր իր տասնօրյա դառն կսկիծները Մուրադին այդ վայրկյանին թվացին մի խաղալիք, համեմատելով խենթի հոգու խորքում տարիներով տիրող հսկայական վշտի հետ: Այդ մարդը թշվառացավ նույնպես իր երիտասարդ հասակում, այն ժամանակ, երբ ընտանեկան երջանկություն էր վայելում: Նրանց ճակատագրի մեջ կար մի նմանություն — այս զգում էր Մուրադը: Եվ այս նմանությունը երիտասարդի գլխում ծագեցրեց վայրկյանաբար մի միտք: Արդյոք Մուրադը կունենա՞ր այնքան ուժ, որ Դանելի չափ վիշտ կրեր, Դանելի պես խենթանար և հետո Դանելի պես աշխարհի երեսին սիրեր մի մարդկային էակ:

— Ի՞նչ ես ուզում ինձանից, հորեղբայր, ասա , ես ուզածդ կկատարեմ, — գոչեց Մուրադը ոգևորված:

— Երդվիր մեր հոր գերեզմանով, — ասաց խենթը, ամուր սեղմելով նրա ձեռը, — երդվիր մեր հոր գերեզմանով:

— Երդվում եմ:

— Ասա , Սոնայիս կսիրեմ մինչև մահ, ասա Մանիշակիս խաթրու, ասա՛ խեղճ է Դանելը...

— Երդվում եմ, որ Սոնային սիրում եմ ու կսիրեմ մինչև մահ, — արտասանեց Մուրադը հուզված ձայնով և ավելի ու ավելի ոգևորվելով:

Նույն վայրկյանին նա իր թևի վրա զգաց մի ծանրություն: Այնքան բուռն էր նորահարսի հուզմունքը, որ չկարողացավ դիմանալ խենթի սրտաշարժ համակրանքին, նվազեց և գլուխը հենեց իր ամուսնու թևին: Մուրադը գրկեց նրան, օգնեց վերադառնալու սենյակ և նստեցրեց անկյունում դրած սնդուկի վրա:

Խենթը նայում էր դեպի դուրս: Նա գավազանը վերցրեց պատի տակից և, սպառնական ձևով շարժելով օդի մեջ, քայլերն ուղղեց դեպի փողոց: Բակի մի անկյունում կանգնած էր Մուրադի մայրը, եղբայրն ու եղբոր կինը, զարմացած և ուշադրությամբ նայում էին տարօրինակ տեսարանին: Երբ խենթն արագ քայլերով անցավ նրանց մոտով, պառավ Ջառնիշանը մոտեցավ Մուրադի սենյակին:

— Թողեք տեսնեմ, գիժը գժի հետ խոսք խոսքի տված ուզում են բալիս էլ խելքից հանեն, — ասաց նա, մտնելով որդու սենյակը:

Նրա դեմքն արտահայտում էր վճռողականություն: Պարզ էր, որ այս անգամ նա մտադիր էր իր վերջնական խոսքն ասել որդուն:

— Ի՞նչ գործ ուներ այստեղ գիժը, — գոչեց դառնալով Մուրադին:

— Հորեղբայրս է, հյուր էր եկել:

— Ի՞նչ էր խոսում այնքան երկար:

Օրհնում էր մեզ:

— Հացթուխն էր ուղարկել նրան: Ցույց տուր, տեսնեմ, ի՞նչ կապոց տվեց կնոջդ:

— Սուրբ Նշանի գերեզմանի հողից է:

— Սուտ ես ասում, գայլի բերան է կամ սև կատվի ոտի պճեղ կամ ագռավի աչք, ջադու է:

Որպեսզի պառավը երկար չվիճի, Մուրադը վերցրեց Սոնայից խենթի բերած կապոցը, բաց արեց և ցույց տվեց մորը սև հողը: Պառավը խլեց նրանից կապոցը և դրեց իր ծոցը:

— Եթե սրբերն ուզենային դիվահար կնոջդ օգնել — ասաց նա, — մինչև հիմա օգնած կլինեին: Հերիք է, էլ ես չեմ թողնի, որ դու սատանաների ճանկերում մնաս: Մտիկ, արա հայելուն, ինքդ քեզ չես ճանաչի, լղարել ես, դեղնել, աչքերդ փոսերի մեջ են ընկել: Չես ուտում, չես խմում, գիշերները քուն չունիս, դիվահարի պես երկար ման ես գալիս: Սև լիներ այն օրը, որ այդ չարը իմ տունը ոտ դրեց, սևացրեց մեր օրը: Թոռներս հիվանդացել են, մեծ որդիս ախ ու վախով է օրերն անցկացնում, մեծ հարսս վախից գիշերները տասն անգամ տեղից վեր է թռչում: Իմ գլխին խելք չի մնացել, քունն աչքերիցս փախել է: Երեք օր է, խելք խելքի տված, մտածում ենք, ուրիշ ճար չենք գտնում:

Դու պետք է այդ դիվահարից ձեռ քաշես: Դո՛ւրս հանիր իմ տնից չարին, թող գնա ծնողների մոտ:

— Հենց ա՞յդ էիր ուզում ասել, — հարցրեց Մուրադը, — ուրիշ ասելիք չանի՞ս:

— Ես ունիմ, մեջ մտավ Կարապետը: — Տասն օր է տնից չես դուրս գալիս, գործերդ մնացել են անտեր, ես մենակ ոչինչ չեմ կարողանում անել: Թե չես ուզում, որ կոտր ընկնենք, խայտառակվենք, խելքդ գլխիդ հավաքիր, դուրս եկ տնից: Կարճ-կտրական եմ ասում. եթե այս անգամ էլ խոսքս չես լսիլ, եղբայրդ չեմ, կթքեմ, կհեռանամ: Ես կնիկ ունիմ, երեխաներ ունիմ, եթե քեզ համար չմտածեմ, նրանց համար պարտավոր եմ մտածել:

Մինչ Կարապետը խոսում էր, նրա կինը, — Գյուլնազն աչքերը հառել էր Սոնայի վրա և չարախնդությամբ ժպտում էր: Նրա դեմքն այնքան ատելի թվաց Մուրադին, որ սա չկարողացավ իրան զսպել և գոչեց.

— Երնի կնիկդ է սովորեցրել քեզ կարճ-կտրական խոսել: Որ այդպես է, ես էլ իմ վերջին խոսքն կասեմ, ինչ ուզում ես, կարող ես անել, ես իմ կնոջից բաժանվողը չեմ, թեկուզ կոտր ընկնենք ու խայտառակվենք քաղաքում:

— Դա վերջին խո՞սքդ է, — հարցրեց Կարապետը:

— Վերջին խոսքս է:

— Լավ: Մենք էլ մեր ասածը կանենք:

Ասաց Կարապետն և երեսը խստորեն ետ դարձնելով հեռացավ: Երեք օր անցած՝ իր մոր միջոցով կրկնեց նույն սպառնալիքը և Մուրադից ստացավ միևնույն պատասխանը: Մնում էր, որ նա իր խոսքը կատարի, բայց այդ էլ շատ դյուրին չէր: Նախ, պառավ Ջառնիշանը ավելի կհամաձայնվեր ինքն երկու կտոր լինել, քան թե տեսնել իր երկու որդիներին միմյանցից բաժանված: Երկրորդ, Կարապետը բացի այն, որ առանց Մուրադի անթև էր զգում իրան, սիրում էր և խղճում էր նրան: Նա տեսնում էր, որ օր-օրի վրա Մուրադն ընկճվում է վշտի ծանրության ներքո և անկեղծ սրտով ուզում էր նրան փրկել: Նա համոզված էր, որ եթե այդպես շարունակվի — Մուրադը կխելագարվի: Գիժ-Դանելի օրինակը նրա աչքերից չէր հեռանում: Նա միշտ փիլսոփայորեն կրկնում էր.

— Վա՛յ այն մարդուն, որ իր ցավերը ներսումն է պահում...

X

Դժբախտ օրից հետո հացթուխը մի երկու անգամ փորձեց իր աղջկանը տեսնել, խնամիները դռներից ետ դարձրին նրան: Այնուհետև նա այլևս չէր գնում աղջկա մոտ: Իսկ պայտագործը վաղուց արդեն դադարել էր այցելել Սոնային: Եվ կարիք էլ չէր զգում, քանի որ ամեն օր շուկայում տեսնվում էր իր փեսայի հետ: Մուրադը քաղաքավարի կերպով իր աներոջ ափի մեջ գրեթե ամեն անգամ սեղմում էր մի թղթադրամ, իսկ պայտագործը կրկնում էր.

— Մինչև եղբորիցդ չբաժանվես, երեսս տանդ չես տեսնի:

Այժմ, երբ Մուրադը շուկայում չէր երևում, Ոսկանի տրամադրությունը շատ վատ էր:

— Այնքան աղջկաս չեմ ուզում տեսնել, ինչքան փեսայիս, — ասում էր նա վրդովված:

Եթե համոզված լիներ, որ Մուրադը չի վռնդի, անհապաղ կվազեր նրա մոտ սովորական տուրքը ստանալու հույսով: Բայց չկար մեկը, որ նրան ասեր, թե կարելի է Մուրադի հետ տեսնվել: Նա փորձեց դիմել գիժ-Դանելի միջնորդությանը, բայց խենթը բարկացավ և երեսը դարձրեց նրանից:

Ամեն օր Դանելը շտապով գալիս էր հացթուխի մոտ, շշնջում էր նրա

հետ և շտապով հեռանում: Կարծես, նա այժմ չարաչար զբաղված էր մի շատ կարևոր և անհետաձգելի գործով: Նա գնում էր Սոնայի մոտ ժամանակ-անժամանակ: Շատ անգամ նորահարսի հետ չէր տեսնվում ոչ էլ Մուրադի հետ էր խոսում: Մտնում էր բակը, անցնում էր այս ու այն կողմ, նայում էր այս ու այն անկյունը և իսկույն անհետանում, որպեսզի նորից երևա անսպասելի կերպով: Երբեմն մոտենում էր այս կամ այն լուսամուտին, նայում էր ներս, խույս տալով տնեցիների հայացքից, և գավազանը սպառնական ձևով օդի մեջ պտտեցնելով, հեռանում էր: Պատահում էր, որ պառավ Ջառնիշանը կամ Գյուլնազը նկատում էին պատշգամբի վրա, բակում կամ փողոցի դռների առջև մի կապույտ շապիկ, որ մի վայրկյան փայլում էր և իսկույն չքանում: Նրա հոգին տիրում էր ամբողջ տան վրա: Բոլորն և ամեն րոպե զգում էին նրա ներկայությունը, միևնույն է, այնտեղ էր նա, թե ոչ: Ամենից ավելի զգում էր Սոնան: Նրան թվում էր, որ իր գլխին հավաքվում են սև ամպեր, և խենթի ոգին ճգնում էր մի սոսկալի որոտման առաջն առնել:

Այդ սև ամպերը նա տեսնում էր Գյուլնազի չարախինդ աչքերի մեջ և Ջառնիշանի հողագույն դեմքի վրա: Պառավը տենդային հուզման մեջ էր: Այն օրից, երբ Մուրադը դրականապես մերժեց բաժանվել կնոջից, նա սկսեց ամեն միջոց գործ դնել իր որդուն «չարից» փրկելու: Սոնայի աչքից խույս չէին տալիս այդ միջոցներից և ոչ մինը: Նա տեսնում էր Ջառնիշանին չոքած, կուրծքը ծեծելիս և աղոթելիս, լսում էր նրա անեծքներն իր դեմ և շրթունքները ներքին կսկծից ամուր կրծոտում էր: Նա գիտեր, որ իր սկեսուրը ոչ մի միջոց չպիտի խնայի իր տան մեջ բուն դրած «դևից» ազատվելու համար և երբեմն խղճում էր պառավին:

Բոլոր սրբերին աղոթելուց, բոլոր հմայիչներին դիմելուց հետո, մնում էր մի պառավ պարսկուհի, որ բնակվում էր քաղաքի ետ ընկած թաղերից մեկում: Ջառնիշանն մի օր այցելեց նրան և խնդրեց օգնել իր որդուն: Պարսկուհին մի մեծ գավաթ ջրի վրա հմայեց և ասաց, որ պետք է անձամբ տեսնի Մուրադին:

Մյուս օրը Ջառնիշանն ընդունեց հմայիչին իր տանը: Սոնան տեսավ պարսկուհուն և իսկույն հասկացավ, ինչու համար է կանչված: Հմայիչը դիտեց Մուրադին ոտից մինչև գլուխ, հետո խոսեց Սոնայի հետ: Նրան ուղղակի ոչ ոք չէր ասել, թե նորահարսը ընկնավոր է, ասել էին միայն, թե նա է Մուրադի «հիվանդության» պատճառը:

Մի շարք կողմնակի հարցեր տալուց հետո, պարսկուհին հայտնեց, թե նորապսակները չար աչքի են ենթարկված, թե Սոնայի աչքերում մի ինչ-որ սև բան է տեսնում, Մուրադը նրան թվում է կախարդված: Ջառնիշանը հիացավ պարսկուհու գուշակությունից և ավելի հավատաց նրա գաղտնի զորությանը: Պարսկուհին պատվիրեց մի ագռավ բռնել, գլխիվայր պահած խեղդել և թաղել բակի այն տեղում, ուր Մուրադը սովորաբար անցուդարձ է անում գիշերները: Դա բժշկության նախերգանքն էր. բուն միջոցները պետք է գործադրվեին հետո: Պարսկուհին մի շաբաթ ժամանակ խնդրեց այդ միջոցների մասին մտածելու և, մի կտոր թել կապելով Սոնայի ցուցամատին, հրամայեց չքացանել այդ թելը, մինչև մյուս անգամ գալը:

Մի ծանր բեռն էր թվում այն մի կտոր թելը: Սնահավատությունը նրան թելադրում էր, թե այդ թելի կտորից է կախված նրա վիճակը: Ամեն գիշեր նա տեսնում էր տարօրինակ երազներ, որոնց մեջ նրա ցուցամատը միշտ գլխավոր դեր էր կատարում: Առավոտյան զարթնելիս նա իսկույն նայում էր ցուցամատին, կարծես, սպասելով մի որևէ հրաշքի: Առանց այն էլ, գիշեր-ցերեկ հանգստություն չուներ, այժմ իրան զգում էր երկաթյա շղթայով կապկապված, և այդ շղթան դարձյալ մատի թելն էր: Այժմ մահ էր ցանկանում, ինչպես ցանկանում էր մի ժամանակ իր ծնողների տանը: Տեսնում էր ամուսնու լուռ տանջանքները, լսում էր նրա խուլ հառաչանքները և այն միտքը, որ ինքն է բոլորի պատճառը, մորմոքում էր նրա սիրտը: Հիշում էր մորը և զգում, թե այժմ որքան է նա տանջվում:

— Առ հոգիս, աստված, առ, — շշնջում էին նրա շրթունքները առավոտ-երեկո:

Պատահեց մի անսպասելի փոփոխություն: Մի առավոտ Մուրադը հանկարծ տնից դուրս եկավ և գնաց շուկա: Տնեցիները ուրախացան, ուրեմն պարսկուհու միջոցները ազդում են: Նույն օրը Կարապետը ասաց, որ Մուրադը այժմ սկսել է գործերով հետաքրքրվել:

Իսկությունն այն է, որ Մուրադը, տեսնելով իր մոր տանջանքը և եղբոր անհանգստությունը, փորձեց գործով զբաղվեի նրանց թախանձներից ազատվելու համար: Այնուհետև ամեն օր դուրս էր գալիս: Բայց տանը տակավին շարունակում էր լռել և տխուր անցուդարձ անել գիշեր — ցերեկ:

Ուղիղ յոթ օր անցած կախարդուհին եկավ: նորից հարց ու փորձ արավ, նորից տան բոլոր սենյակներն և անկյունները դիտեց: Նա բաց արավ Սոնայի մատի թելը, բարձրացրեց օդի մեջ, նայեց, նայեց և, կամացուկ քայլերով մոտենալով նորահարսի ննջարանին, հանկարծ մի ճիչ արձակեց, չոքեց շեմքի վրա և սկսեց իր սուր եղունգներով հատակը փորել: Բոլոր տնեցիները երկյուղով և ապշած նայում էին նրան:

— Այս տան մեջ դև կա, — ասաց պարսկուհին և ոտքի կանգնեց:

Աչքերը լայն բաց արած՝ նայում էր չորս կողմը, իր ոսկրոտ ձեռները օդի մեջ շարժելով: Կարծես նա աշխատում էր դևին որսալ, որ խեղդի իր մագիլներով:

— Տվեք ինձ մի կտոր կուպր, սև թել և մի հատ վեգ, — ասաց նա խորհրդավոր:

Սոնային հրամայեցին իսկույն բերել պարսկուհու ուզած բաները: Դողալով և սարսափահար գտավ այդ բաները և բերավ: Պարսկուհին յոթն անգամ թելը չափեց, յոթ թիզաչափ կտրեց, յոթն անգամ փաթաթեց վեզի շուրջը: Յոթն անգամ կշկուռեց և յոթն անգամ զարկեց հատակին: Հետո վեզը փաթաթեց կուպրով, տրորեց ձեռների մեջ, երեսը դարձրեց դեպի արևմուտք, աղոթեց, անեծք կարդաց երկրին, կպրած վեզը կպցրեց Մուրադի ննջարանի դռան շեմքի վրա և թելի ծայրը բևեռեց հատակին:

Այս բոլորը նա կատարում էր դեմքը ծռմռելով և խորամանկ աչքերը պսպղացնելով: Տնեցիները լուռ և զարմացած դիտում էին նրան: Նայում էր և՛ Սոնան: Կախարդուհու ամեն մի շարժումը նրան ցնցում էր պատճառում: Նա և վախենում էր պարսկուհուց, և՛ զզվում: Եվ այս երկու զգացումներն այնքան զորեղ էին, որ նա մերթ զգում էր կրակից տաքություն, մերթ սառույցի պաղություն:

Երևի, պարսկուհին զգում էր, որ ինքը նորահարսի վրա ազդում է, և այդ ազդեցությունը ավելի զորացնելու համար նա շուտ-շուտ կնճռում էր և սուր ու անշարժ հայացքով նայում նրա աչքերի միջին: Այդ հայացքը Սոնային հիշեցրեց դարձյալ օձային աչքերի ձգողական ուժը: Դարձյալ հիվանդ երևակայությունը սկսեց բորբոքվել: Նրա աչքերի առջև պատկերացան միմյանցից այլանդակ, անբնական և սոսկալի տեսարաններ: Հանկարծ նրան թվաց, որ պարսկուհին չքացավ և նրա կանգնած տեղում բացվեց մի մթին անդունդ: Սոնան քաշ էր ընկած այդ անդունդի վրա. օդի մեջ, առանց որևէ նեցուկի: Այդ տևեց ընդամենը մի վայրկյան, ապա ամեն ինչ ստացավ նրա աչքում սովորական տեսք: Բայց նրա հոգին տակավին պատած էր մի տեսակ մառախուղով: Նա անգիտակցաբար անցավ իր ննջարանը, դռները հետևից ծածկեց: Քանի մի րոպե անցած, տնեցիները այնտեղից լսեցին մի ինչ-որ խուլ թրմփոցի ձայն: Իսկույն դիմեցին այն կողմը: Հատակի վրա թավալվել էր Սոնան և ցնցվում էր: Պարսկուհին խոր-խոր նայեց նրան և գոչեց.

— Դնը, դնը...

Նա սկսեց կատաղի պտույտներ գործել ընկնավորի շուրջը: Ապա պահանջեց մի սուր: Պատի վրա քարշ արած էին Մուրադի զենքերը: Գյուլնազը վերցրեց մի դաշույն և տվեց պարսկուհուն: Պարսկուհին մերկացրեց դաշույնը, թքեց երեք անգամ նրա սայրերին և ծայրով հատակի վրա, ընկնավորի շուրջը, գծեց մի շրջան, արտասանելով.

— Յահուդի, ջհուդի, յահուդի, ջհուդի, այրել, խեղդել, հալած կուպրի մեջ գցել, խաշել, խաշել, խաշել...

Եթե Զառնիշանի սրտում կասկածի նշույլ մնացել էր կախարդուհու զորության մասին, չքացավ: Պարսկուհին դաշույնը ցցեց հատակին և հրամայեց դռները փակել ու ընկնավորին թողնել մենակ: Բոլորն անցան մյուս սենյակը: Սոնան մնաց մենակ, հատակի վրա ընկած, երեսը դեպի լուսամուտը:

Մեկը լուսամուտի փեղկերը կամացուկ բաց արավ և մի ոստյունով թռավ ներս: Նա չոքեց հիվանդի մոտ և զգվանքով ու ցավակցությամբ լի հայացքը ձգեց նրա երեսին: Երբ ընկնավորը սթափվեց, նայեց շուրջը, չճանաչեց իր մոտ նստողին:

— Ես եմ, Մանիշակ, ես եմ, — ասաց ոտաբոբիկ, գլխաբաց և կիսամերկ ծերունին, իր կոշտ ձեռով շոյշոյելով նրա մազերը...

Այդ միջոցին մյուս սենյակում Ջառնիշանը աղերսում էր կախարդուհուն փրկել Մուրադին այդ «դևից»: Նա չէր հոգում ընկնավորի մասին, թող Սոնան ոչնչանա, միայն թե պառավի որդին ազատվի:

— Դևը դև է կանչում, սատանան ընկեր է սիրում, — արտասանեց կախարդուհին խորհրդավոր եղանակով:

Երբ նրան հարցրին այս խոսքերի միտքը, նա իր ոսկրոտ ձեռների ցուցամատերը կպցրեց միմյանց և ցցեց օդի մեջ:

— Հասկանում եմ, — ասաց Գյուլնազը:

Կախարդուհին խոստացավ Մուրադի փրկության մասին մտածել և, վարձն առնելով հեռացավ:

Մի ամբողջ շաբաթ չէր երևում: Այնինչ Մուրադի թախիծը ոչ միայն չէր անցնում, այլ օրից օր ծանրանում էր: Ճշմարիտ է, այժմ նա տնից դուրս էր գալիս, բայց, Կարապետի ասելով, ավելի լավ էր տանը նստեր, քան թե դուրս գար և այնպես պահեր իրան:

— Մի բան ես հարցնում, աչքերը չռում է, երեսիդ մտիկ անում: Մարդկանց հետ խոսել չի ուզում: Եթե խոսեցնում են — նեղանում է: Երեկ մի գյուղացու փող տալիս, տասը մանեթ ավել է տվել, մյուսից պակաս է վերցրել: Հաշիվ բան չի պահում, դավթարներն ուզում է պատռել: Իմ տունը քանդում է, աղատեցեք նրան այդ ցավից...

— Կսպանեմ ինձ ու իմ որդուն կազատեմ չարերի ձեռքից, — Գոչեց Ջառնիշանը, իր գլխի մազերը փետտելով:

— Պետք է ազատել, — ավելացրեց Գյուլնազը:

Այժմ նրանց ցանկությունն էր, որ Սոնան մեռնի, այնքան ձանձրացել էին այդ կարճ միջոցում: Քաղաքում արդեն տարածվել էր Սոնայի ցավագար լինելու լուրը: Կանայք զանազան պատրվակներով գալիս էին Ջառնիշանի մոտ, ընկնավորին տեսնելու: Ոմանք ակնարկում էին, թե առաջ էլ գիտեին Սոնայի ցավագար լինելը, միայն չէին ուզում ասել: Իսկ ոմանք, կարծես, մի առանձին հաճույք էին զգում՝ շոշափել Ջառնիշանի սրտի վերքը — մանրամասնաբար հարցնելով Սոնայի մասին: Պառավը զգում էր, որ շատերը թեև արտաքուստ ցավակցություն են ցույց տալիս, ներքուստ ուրախ են նրա դժբախտությանը: Այդ ավելի գրգռում էր նրան և ավելի նրա սիրտը լեցնում ատելությամբ դեպի Սոնան:

Գյուլնազին առանձնապես կատաղեցնում էր Սոնայի դեմքը: Այդ դեմքը տակավին փայլում էր գեղեցկությամբ, թեև օր-օրի վրա նրա կենսականությունը պակասում էր, սքողվելով թմրության թանձր ստվերով:

Այժմ կախարդ-պարսկուհին հաճախ երևում էր Ջառնիշանի տանը:

Հարս ու սկեսուր միշտ խորհրդակցում էին նրա հետ: Պարսկուհու գործ դրած միջոցները չէին օգնում: Մուրադը քանի գնում այնքան լռակյաց, անմատչելի և մռայլ էր դառնում և այնքան նիհարում:

— Որդիս կայծակ խփած ծառի պես ոտի վրա չորանում է, — ասում էր Ջառնիշանը պարսկուհուն, ձեռները կրծքին խփելով, — ազատիր նրան:

Չորս ամսվա ընթացքում Սոնան վեց անգամ ուշաթափվեց: «Հարվածները» քանի գնում այնքան շուտ-շուտ էին կրկնվում, միևնույն ժամանակ այնքան թուլանում էին: Այլևս ընկնավորն առաջվա պես սաստիկ չէր խրխռում, չէր թավալվում և ոչ էլ այնքան երկար միջոց ընկած մնում: Ախար հաճախ կրկնվելով, նվազում էր առանձին հարվածների ուժը: Բայց ընկնավորի մարմնի թուլությունը, դեմքի դեղնությունը, աչքերի ապշությունը քանի գնում՝ այնքան ավելանում էին: Նա օրից օր դառնում էր մտամոլոր, մոռացկոտ, անտարբեր: Շատ անգամ մի սենյակից մյուսը մի բանի համար գնալիս մոռանում էր, թե ինչու համար էր գնում: Կանգ էր առնում և ապշած աջ ու ձախ նայում: Երբեմն ձեռին բռնած իրերը դուրս էին սլկվում և ընկնում: Գրեթե օր չէր անցնում, որ մի աման չկոտրեր: Մի անգամ խոհանոցից դուրս գալիս, ձեռներից բաց թողեց մի ամբողջ տասնյակ ափսեներ և փշրտեց: Մի ուրիշ անգամ բաց թողեց նավթով լի կանթեղը: Ապակին կոտրվեց, նավթը, տարածվելով հատակի վրա, ապականեց թանկագին պարսկական գորգը: Ջառնիշանը այնպես կատաղեց, որ նորահարսի գլխին ձեռով խփեց: Այլևս նա չէր վախենում Մուրադից: Այնուհետև պառավի ձեռը սովորեց հարվածվել: Գյուլնազը շտապեց նրա օրինակին հետևելու: Սոնան ընդունում էր այդ հարվածները լուռ ու մունջ և չէր ուզում առ այժմ այս մասին հայտնել իր ամուսնուն: Բայց նա տանջվում էր, և տանջվում էր ոչ այնքան այդ հարվածներից, որքան կախարդուհու գործ դրած միջոցներից: Իսկապես այդ միջոցները անմիջապես նրան չէին վերաբերվում, բայց այն միտքը, թե պառավ պարսկուհին վարձված է Մուրադին փրկելու ընկնավոր կնոջից, մթին ուրվականի պես գիշեր-ցերեկ հալածում էին Սոնային, պահելով նրան անընդհատ սարսափի մեջ:

— Ինձ տանջում են, չարչարում են, — ասաց նա մի անգամ միայն գիժ — Դանելին:

Խենթի աչքերն արյունով լցվեցին կատաղությունից:

— Ո՞վ է տանջում, ո՞վ, — գոչեց նա, ղավազանը ձեռի մեջ սեղմելով:

Սոնան զղջաց իր գանգատի մասին և ետ վերցրեց իր խոսքը: Գիտեր, որ խենթը պատրաստ է բոլորի գլուխը ջախջախել իր ղավազանով:

— Քավթառ ֆալչին ինչո՞ւ է գալիս այստեղ, — հարցրեց գիժ-Դանելը, — պատառ-պատառ կանեմ նրան...

Մի օր նա, փողոցում բռնելով պարսկուհու կոկորդից, սեղմեց նրան պատին և գոռաց,

— Դու ի՞նչ գործ ունիս այս տանը, հը՛մ, ասա, թե չէ — կխեղդեմ:

Բարեբախտաբար նույն միջոցին Մուրադը տուն էր վերադառնում, կախարդուհուն ազատեց խենթի ձեռից: Պարսկուհին կատաղած մտավ Ջառնիշանի մոտ, գանգատվեց, որ «դևերը» նրան քիչ էր մնում խեղդեին փողոցում և ասաց, թե այլևս չի կարող Մուրադի բժշկությունով զբաղվել: Ջառնիշանը աղերսեց նրան անօգնական չթողնել իր որդուն:

Այն ժամանակ պարսկուհին պահանջեց մի գավաթ ջուր և հմայեց: Ձեռները հենած գավաթի եզրին, աչքերն հառել էր առաստաղին և ինքն իրան շշնջում էր: Նա մտքում խոսում էր դևերի հետ, կամենալով թափանցել նրանց գաղտնիքը: Հանկարծ նրա բիբերը սկսեցին արագ-արագ պտտել շրջանակների մեջ, և մի տեսակ ինքնամոռացության մեջ, մատներով խեղդելով իր կոկորդը, արտասանեց,

— Այսպես, այսպես, պրծա, վյաս սալամ, շյուղ թամամ...

Ջառնիշանը և Գյուլնազը նայեցին միմյանց աչքերին ու գունատվեցին: Կախարդուհու գնալուց հետո նրանք երկար ժամանակ խորհրդակցեցին: Հայտնվեց, որ պարսկոլհու խորհրդավոր ձևերի և խոսքերի իմաստը երկուսն էլ միատեսակ են հասկացել...

Օրերն անցնում էին, ընտանիքի դրությունը ավելի ու ավելի անտանելի էր դառնում: Կարապետը հուսահատված էր, գործերը քայքայվում էին: Ձմեռվա սկզբին բկացավից մեռավ նրա երկու տարեկան աղջիկը, իսկ մեծ որդին ծանր հիվանդությունից հազիվ առողջացավ: Ջառնիշանը և Գյուլնազը այս բոլորի պատճառը Սոնային էին համարում: Նա, միայն նա բերեց նրանց տուն այդ թշվառությունները: Նա պետք է տակն ու վրա անի ամբողջ օջախը, կոտորի ընտանիքի բոլոր անդամներին:

— Երազ տեսա, չար երազ, — աղաղակեց մի առավոտ Ջառնիշանը, անկողնից վեր թռչելով:

— Սայլերով սուրբ էինք գնում: Մուրադը նստած էր դեղին ձի: Նրանց առջև դուրս եկան հազարավոր սև կատուներ: Մուրադը մտրակով կռվում էր նրանց հետ: Հանկարծ կատուներից մեկը մարդու պես բռնեց նրա կոկորդից և սկսեց խեղդել: Մուրադի բերանից փրփուր էր գալիս, երեսը կապտել էր:

— Դեղին ձին նրա կնիկն է, սև կատուները դևերն են, որդուս ազատեցե՛ք, — գոչեց պառավը, ավարտելով իր պատմությունը:

Դեկտեմբերի ցուրտ օրերից մեկն էր: Մոտակա ձյունապատ լեռներից փչում էր շունչ կտրող սուր քամի: Կարապետը և Մուրադը շուկայումն էին: Գյուլնազի զավակները՝ գնացել էին իրանց հորաքրոջ — Նարգիզի տուն նրա երեխաների հետ խաղալու:

Ջառնիշանը և Գյուլնազը նստած էին մեջտեղի ընդհանուր

սենյակում, որ «դահլիճ» էր անվանվում: Պառավը քրսինի վրա քառասուներկու սխեռներով հմայում էր, հարկավ, Մուրադի մասին: Գյուլնազը կար էր անում: Երկուսի էլ դեմքերը մտազբաղ էին, երկուսն էլ միևնույն մտքով էին զբաղված, այն է — ի՞նչպես ընտանիքն ազատել չարից: Ներս մտավ կախարդ պարսկուհին, մի ծուռ փայտի վրա հենվելով և ցրտից դողդողալով: Նա բարևեց և անմիջապես նստեց քրսինի մոտ:

— Սա ինչ պաղ է, — ասաց նա, երբ իր սառած ոտները մտցրեց քրսինի տակ:

— Ասա անունը կտրվածին, կրակ դնի, — դարձավ Ջառնիշանը Գյուլնազին:

«Անունը կտրված» նա կոչում էր Սոնային: Մինչև նորահարսը դրսում քրսինի համար նոր կրակ էր վառում, Ջառնիշանը, Գյուլնազը և պարսկուհին խոսում էին նրա վերաբերմամբ: Այսօր երեքի աչքերն էլ արտահայտում էին մի առանձին չարություն: Թե ինչ խոսեցին — այդ մնաց գաղտնիք: Բայց թե մի բան վճռել էին, այդ գուշակեց նրանց դեմքերից Սոնան, հենց առաջին վայրկյան, երբ ներս մտավ:

Նա ձեռին բռնած էր մի մեծ երկաթիածխակալ, որ լիքն էր վառ ածուխով: Թեժ կրակի կապույտ լեզվակները բարձրանում էին վառ ածուխից, միմյանց շփվելով և միմյանց կլանելով: Խոշոր կայծերը ճարճատելով ցնդվում էին օդի մեջ, հանգչում և սև բծերի պես ընկնում հատակի վրա:

— Կրակը լավ չի վառված, — ասաց Ջառնիշանը Սոնային. գլուխներս կբռնի:

Սոնան երեսը ետ դարձրեց, որ կրակը դուրս տանի նորից փչելու...

— Լա՛վ, չի ուզիլ, ցրտից փետացանք, ածա, ինչ կլինի, թող լինի...

Սոնան վերադարձավ, մեջքից թեքվեց, բարձրացրեց քրսինի վրա ձգած կրպետն ու վերմակը և կրակն ածեց քրսինի տակ, ուղիղ կենտրոնում փորված մի ձմերուկի չափ փոսի մեջ: Ջառնիշանը զգաց թեժ կրակի տաքությունը, ոտները հանեց քրսինի տակից և հրամայեց Սոնային բաց թողնել քրսինի մի կողմը , որպեսզի ածուխի վտանգավոր հոտը դուրս գա:

Պարսկուհին անթարթ աչքերով նայում էր Սոնայի երեսին: Նայում էր և՛ Գյուլնազը իր ապակյա անշարժ աչքերով: Այն վայրկյանին, երբ Սոնան, իր սկեսրի հրամանը կատարած, ձեռը հենեց հատակին ոտքի կանգնելու, նկատեց այդ երկու զույգ չարաշուք աչքերի սուր հայացքները: Նա հիշեց այն երեկոն, երբ առաջին անգամ տեսավ Գյուլնազի ապակյա աչքերը և սարսափեց: Այժմ այդ սարսափը նրան թվաց նախախնամության կողմից տրված նախազգուշության նշան ապագայի մասին... Նույն վայրկյանին նա հիշեց իր մորը, հորը, որոնց վաղուց չէր տեսել: Դեռ առավոտից մի առանձին փափագ էր զգում տեսնել իր մորն և վճռել էր, եթե Դանելը գա, խնդրի նրան մի կերպ հացթուխին գտնի — բերի — իր աղջկա հետ տեսնվելու: Ամբողջ օրը նրա աչքերի առջև էր այն աղքատիկ խրճիթը, ուր անց էր կացրել իր մանկության տարիները, — այն կավյա խաղատիկինները, որոնց հետ ուրախացել էր և վշտացել: Այժմ, այն վայրկյանին, երբ պարսկուհու և Գյուլնազի չարագուշակ հայացքները բևեռված էին նրա վրա, հիշեց և Մուրադին, որ ծխախոտը ձեռին, աչքերն անորոշ տարածության մեջ հառած, անցնում էր նրա առջևով, գունատ, մտամոլոր, դժբախտ: Նրա հետևից անցնում էր գիժ-Դանելը , գավազանը կրծքին բռնած, գլուխը վեր բարձրացրած, երգելով իր մելամաղձիկ և վշտահնչյուն երգերից մինը: Ախ, որքան պարզ և կենդանի էին այդ բոլոր պատկերները: Նա զգում էր նրանց մերձավորությունը, լսում էր նրանց շնչառությունն անգամ... Բայց բոլորը հեռու էին նրանից: Մի ինչ-որ աներևույթ ձեռ ձգեց մի սև վարագույր նրա աչքերին... Եվ ամեն ինչ մթնեց Սոնայի համար...

Պարսկուհու և Գյուլնազի հայացքները շարունակ հառած էին նորահարսի վրա: Իսկ պառավ Ջառնիշանը նայում էր նրան: Գյուլնազը սփրթնած էր: Կախարդուհու սեղմված, հողագույն և բարակ շրթունքները ցնցվում էին, բայց ոչ ցրտից, ինչպես առաջ, այլ գուցե աներևույթ դևերի սարսափից:

Այն վայրկյանին, երբ Սոնան ընկավ հատակի վրա, Գյուլնազը բնազդմամբ ոտքի թռավ, կախարդուհին նույնպես: Երկուսն էլ նայեցին Ջառնիշանին:

— Ազատեցե՛ք որդուս, — շշնջաց պառավը մի տեսակ ինքնամոռացության մեջ, ձեռներով աչքերը ծածկելով:

Այդ շշնջման և այդ շարժման մեջ կար սոսկալի բան:

Առաջինը Գյուլնազը բռնեց Սոնայի ցնցվող բազկից, բայց իսկույն ետ քաշվեց: Նրա ձեռները կաշկանդվեցին: Կախարդուհին իր ջղոտ, պղնձագույն ձեռներով բռնեց ընկնավորի թևերից և քաշեց նրան դեպի քրսին: Գյուլնազը փակեց դռները և լուսամուտները: Ջառնիշանը շարունակ ծածկում էր աչքերը ձեռներով: Չար փուկը նստել էր քրսինի վերմակի վրա, աշխատելով, որ չբարձրանա և դրսից օդ չմտնի քրսինի տակ:

Լսվում էին խուլ խրխռոցներ, ապա մի երկարատև ճչոց և հետո ծանր, սարսռեցուցիչ հառաչանքներ, որ, կարծես, երկրի ստորոտից էին գալիս: Ընդամենը այդ տևեց հազիվ մի քանի րոպե:

Այնուհետև ամեն ինչ լռեց...

Դռները դղրդացին և սենյակի մեջտեղում արձանացավ մի ոտաբոբիկ և գլխաբաց ծերունի, որի կապտագույն շապիկը հազիվ հազ ծածկում էր նրա մարմինը: Նրա կարմրած աչքերը պտտում էին շրջանակների մեջ, աջ ու ձախ փնտրելով մեկին, իսկ գլխի զզզված մազերը ցցվել էին վեր, ինչպես ամեհի առյուծի բաշը:

Գյուլնազը կանգնեց պարսկուհու առջև, որպեսզի անտեսանելի կացուցանի նրան խենթի աչքերից: Պարսկուհին բարձրացրեց քրսինի վերմակն ու կարպետը և, բռնելով ընկնավորի ոտներից, դուրս քաշեց նրան:

— Տվե՛ք ինձ, տվե՛ք ինձ, — աղաղակեց գիժ-Դանելը և, ուժգնաբար հրելով պարսկուհուն և Գյուլնազին, հարձակվեց Սոնայի վրա:

Ընկնավորը անշնչացած էր: Ո՛չ ցնցվում էր, ո՛չ խրխռում և ոչ նրա բերանում փրփուր կար: Միայն նրա դեմքը սաստիկ կապտած էր և ուռած, աչքերի բիբերը դուրս ցցված, մազերը խանձված և ճակատը տեղ-տեղ սևացած...

— Պատառ-պատառ կանեմ, գոռաց խենթը և, մի ձեռով թավալելով կախարդուհուն հատակի վրա, սկսեց խեղդել նրան:

Ջառնիշանն անշարժ, սարսափած և ապշած նայում էր եղերական տեսարանին, Գյուլնազը փորձեց ազատել պարսկուհուն կատաղած Դանելի ձեռքից: Բայց արդեն ուշ էր...

ԱՐՏԻՍՏԸ

Հինգ ամիս էր ընդամենը Օդեսայումն էի, չորրորդ անգամ փոխեցի սենյակս: Փոքրիշատե մեծ քաղաքում բնակվող մենակեցի համար մի առանձին հաճույք էր ստեպ-ստեպ կացարան փոխելը: Անցնելով մի թաղից մյուսը, կարծում ես մի երկրից մյուսն անցար: Նոր հարևանություն, նոր միջավայր, երբեմն այլ կենցաղով ու ոգով:

Այս անգամ պիտի բնակվեի քաղաքի աղմկալի փողոցներից մինում, հինգ հարկանի մի տան երրորդ հարկում: Տանտիրուհիս իտալուհի էր, գեր, առողջ, ամրակազմ մի այրի՝ մոտ հիսուն տարեկան: Նրա ամուսինը եղել էր իտալական օպերայի հուշարար, շատ վաղուց հայրենիքից տեղափոխված Ռուսաստան: Մեռնելով՝ կնոջ ու միակ դստեր համար թողել էր իբրև ժառանգություն հին նոտաների մի մեծ կապոց և իտալացի արտիստների ծանոթությունը: Այրին, ապրելու ուրիշ միջոց չունենալով, պարապում էր սենյակներ վարձու տալով:

Հենց առաջին օրն ես ծանոթացա հարևաններիս հետ: Այդ ինձ համար նոր և բավական հետաքրքրական շրջան էր, նա բաղկացած էր մեծ մասամբ իտալացիներից: Կար և մի ռուս ուսանող ու մի հրեուհի ատամնաբույժ, բավական գեղեցիկ, թեև ոչ էլ այնքան թարմ:

Կենտրոնը կազմում էր տանտիրուհու դուստրը շիկահեր, փղոսկրի պես փայլուն, մաքուր ատամներով և գեղեցիկ աչքերով քսան տարեկան Լուիզան: Նա երգում էր, ուներ զորեղ ու անուշ ձայն, պատրաստվում էր բեմին նվիրվելու: Գիտեր նվագել դաշնամուր, երաժշտության դասեր էր տալիս, փող ժողովում, որ գնա Իտալիա ձայնը մշակելու:

Առաջին օրն անծանոթ շրջանում զգացի սովորական անհարմարություն, երկրորդ օրն ընտելացա, իսկ մի շաբաթ անցած՝ բավական բարեկամացա բոլորի հետ: Մենք ճաշում էինք միևնույն սենյակում, միաժամանակ, միևնույն սեղանի քով: Երկու ժամից սկսած մինչև երեկոյան չորս-հինգ ժամը, ծիծաղ, երգ, նվագում, պար ու սրախոսություններ խառնվում էին միմյանց և ջերմացնում տարբեր ազգերի ու դավանությունների պատկանող մարդկանց բարեկամական մթնոլորտը:

Մի օր ճաշից հետո Լուիզան նստեց դաշնամուրի քով և սկսեց նվագել ինչ-որ վալս: Բասոկոնտատո Չեչլինին գրկեց կոնարալար Լուկրեցիա Կաֆարելչիին ու սկսեց պարել, բարձրացավ ընդհանուր ծիծաղ, որովհետև իրավ որ այդ մի զվարճալի զույգ էր: Տելլինին խիստ նիհար էր և շատ բարձրահասակ, Լուկրեցիա Կաֆարելլին, ընդհակառակը, խիստ գեր էր և կարճահասակ, Լուիզան նվագելով հանդերձ գեղեցիկ գլուխը ձգել էր հետ և անզուսպ քրքջում էր, լեցնելով սենյակը յուր անուշ ձայնի հյութալի հնչյուններով:

Զվարճության տաք միջոցին դռների մեջ նկարվեց ինձ համար մի անծանոթ կերպարանք: Ոչ ոք առաջին պահ չնկատեց նրան, բացի ինձանից, որ նստած էի դռների մոտ: Անծանոթը հենց առաջին վայրկյանից գրավեց ուշադրությունս: Ես դիտեցի նրան: Մոտ 16-17 տարեկան մի պատանի էր, նիհար, գունատ դեմքով, կուրծքը փոքր-ինչ ներս ընկած: Հագած էր մուգ-կապտագույն գոտևոր կարճ բաճկոն, որի կուրծքը զարդարված էր ասրյա խաչաձև ծոպերով, և նույն գույնի նեղ վարտիք: Ձեռին բռնած էր մի կակուղ կանաչագույն գլխարկ փետուրով զարդարված, նման այն գլխարկներին, որ գնում են թափառաշրջիկ հույն անդրիավաճառները կամ իտալացի երաժիշտները: Նրա դեմքի գծերը կանոնավոր էին ու նուրբ, աչքերն ունեին ինչ-որ մելամաղձիգ արտահայտություն: Դա այն երջանիկ դեմքերից էր, որոնք հենց առաջին հայացքով մարդու սրտում շարժում են համակրության զգացում:

— Բոնջոլրնո, — ասաց նա, գլուխ տալով:

— Օհո՜, արտի՜ստը, — գոչեց ամենքից առաջ բարիտոն Կավալլարոն, որ մի բարեսիրտ մարդ էր մոտ երեսունուհինգ տարեկան:

— Արտի՜ստը, արտի՜ստը, — կրկնեցին մյուսները: Նույն վայրկյանին պար, նվագում, ծիծաղ ընդհատվեցին, և բոլորի հայացքները դարձան դեպի պատանին:

— Ո՞րտեղ էիր, այսքան ժամանակ չէիր երևում, — հարցրեց Կավալլարոն:

— Սպասեցեք, նա տխուր է, — գոչեց Էոլիդան և մոտեցավ պատանուն — էլի ի՞նչ է պատահել, ինչու ներս չես մտնում:

— Ո՞րտեղ է սինյորա Ստեֆանիան, — հարցրեց պատանին:

Նրա ձայնը հուզված էր, դողում էր: Կար այդ ձայնի մեջ մի սրտաշարժ շեշտ, որ արտահայտում էր հեզության հետ և թախիծ:

— Ա՛ա, հասկացա, — ասաց Լուիզան, — էլի մայրդ երևվի հիվանդ է: Խե՛ղճ պատանի, դու սլանում ես երկինք, նա կպած է երկրին...

— Սինյորինա Լուիզա, ես ձեզ խնդրում եմ ինձ չխղճալ, — գոչեց պատանին վիրավորված, — սինյորա Ստեֆանիան այստե՞ղ է:

— Մայրս խոհանոցումն է:

Պատանին գլուխ տվեց շնորհալի ձևով ու հեռացավ:

— Նա չափազանց տխուր էր, — ասաց Կավալլարոն, — անշուշտ մայրն այս անգամ ծանր հիվանդ է:

— Չեմ կարծում, — նկատեց Լուիզան, — այդ կինը միշտ հիվանդանում է որդուն տանջելու համար: Խե՛ղճ պատանի…

— Խեղճ, — կրկնեց ռուս ուսանողը կռու հեզնությամբ, — բայց նա չի ուզում որ դուք նրան խղճաք, սինյորինա Լուիզա: Տեսա՞ք, ինչպես վիրավորվեց:

— Նա հպարտ է ինչպես սպանական հրանդ, — ասաց Կավալլարոն, յուր բարի աչքերը թանձր ունքերի տակից դարձնելով, դեպի ինձ, — և հպարտությանը սազում է նրա հեզությունը: Սինյոր, նրա կերպարանքն ինձ միշտ հիշեցնում է իմ եղբորը: Տաղանդավոր ջութակահար էր, մեռավ քսան տարեկան հասակում թևերիս վրա:

— Դուք ճանաչո՞ւմ եք Լևոնին, — դիմեց ինձ օրիորդ Ռախսան, հրեուհի ատամնաբույժը:

— Ո՞չ: Երևակայեցեք, հարևաններ, պարոնը մեր արտիստին չի ճանաչում:

— Օ՛օ, այդ աններելի է, — գոչեցին Լոլիզան ու Լուկրեցիա Կաֆարելլին:

— Իմ կարծիքով, — ասաց Կավալլարոն, — ով գեղարվեստասեր է, իրավունք չունի Լևոնին չճանաչելու: Նա իսկական արտիստ է, այո , հոգով, սրտով, արյունով, ամբողջ էությամբ արտիստ:

Իմ հետաքրքրությունը բոլորովին գրգռվեց: Ո՞վ է, վերջապես, այդ մանուկը, որ այդքան գրավել էր հարևաններիս համակրանքը:

— Եթե կամենում եք, իսկույն կծանոթանաք, — ասաց Լուիզան. — արժե այցելել նրան յուր ապարանքում: Գիտե՞ք ինչ, — դարձավ նա ընդհանուրին, — վատ չի լինի, եթե խմբովին գնանք մեր արտիստի հիվանդ մորը տեսնելու: Այո՛, վատ չի լինի... Ես գնում եմ, ով ուզում է, թո՛ղ հետևե ինձ:

Այս ասելով, նա անմիջապես դիմեց դեպի դռները: Բացի ուսանողից և երկրորդական բարիտոն Բորելլիից, բոլորս հետևեցինք նրան, նույնիսկ հաստամարմին Լուկրեցիա Կաֆարելլին:

Արտիստը բնակվում էր նույն տան վերին հարկում: Լուիզան մեզ առաջնորդեց դեպի գլխավոր սանդուղքը, բարձրացանք չորրորդ հարկը: Այնտեղից նեղ, կեղտոտ, փայտյա սանդուղքով հասանք հինգերորդ հարկը, մտանք մի մթին անցք: Անմիջապես խփեց մեր քթին ճարպի մեջ տապակվող մսի անախորժ հոտը:

Լուիզան կանգ առավ մեկթևանի մի ցածր դռան առջև:

— Սինյոր Չելլինի, — ասաց նա, — ձեզ համար պիտի առաստաղը մի փուտ բարձրացնել,

— Իսկ սինյորինա Կաֆարելլիի համար դռները պիտի երկու փուտ լայնացնել, — հեգնեց Չելլինին– կոնտրալտոյի մարմնի հաստությունը, գրկելով յուր երկայն թևով նրա իրանը:

Մենք մտանք մի սենյակ, որ մի փոքր մեծ էր, քան մի մեծ հավաբուն: Այնտեղ, մութ անկյունում, պատի տակ երևում էր ինչ-որ բան, նման անկողնակալի, թե թախտի՝ չգիտեմ, սինյորա Ստեֆանիայի հաղթանդամ մարմինը թաքցնում էր նրան իմ աչքից: Մի քայլ առաջ գնալով, տեսա հնամաշ վերմակի տակ պառկած մի կնոջ դեմք: Նրա ճակատը կապած էր սև թաշկինակով, աչքերը հառած առաստաղին: Նա տնքտնքում էր ու ծանր հառաչում: Նրա ոտների կողմում կանգնած էր «արտիստը»: Ըստ երևույթին, նրա միտքը կլանված էր կամ մոր հիվանդությամբ, կամ մի ուրիշ հոգսով, որովհետև մեր երևալը աննկատելի մնաց նրա համար:

— Դե լա՛վ, քիչ տնքտնքա, — ասում էր սինյորա Ստեֆանիան հիվանդին, — խոմ չես մեռնում: Սովորական հիվանդությունդ է էլի, վաղը կանցնի: Բա-բա-բա, տե՛ս մոտդ ինչ պատվավոր հյուրեր են եկել: Համարյա իմ բոլոր կավալերներն ու դամերը: Տղա, — դարձավ նա Լևոնին, — երևի այդ դու ես անհանգստացրել մարդկանց:

Պատանին նայեց մեզ, չափազանց շփոթվեց և շտապեց սենյակի ընդամենը մի զույգ ջարդված աթոռներն առաջարկել յոթ հյուրերից չգիտեր որ մեկին:

— Պարոնը բժի՞շկ է, — հարցրեց հիվանդը, երբ տեսավ ինձ:

— Բժիշկ չէ, — պատասխանեց սինյորա Ստեֆանիան, — բայց, երևի, ցավդ բժշկից լավ կհասկանա. Քո հայրենակիցներից է…

— Հա՞յ, — գոչեց հիվանդը զարմանալով, թե ուրախանալով չգիտեմ և, գլուխը դանդաղ բարձրացնելով, նա նստեց անկողնում:

— Հա՞յ, — կրկնեցի ես զարմացած, որովհետև ինչ ազգի ասես սպասում էի այդ միջավայրում, բացի հայից:

— Այո՛, — ասաց օրիորդ Ռախիան, — արտիստը ձեր հայրենակիցն է, զարմանալի է, որ չիմացաք հենց առաջին տեսնելուց:

— Ո՞րտեղացի եք, — հարցրեց հիվանդը, — խոմ Բեսարաբիայից չե՞ք: Ո՞չ: Օ՛օ, այդ շատ լավ է, շատ լավ: Օ՛ֆ, օֆ-օֆ, Բեսարաբիայի հայերը աստված չունին, գազաններ են, չեն ուզում ցավս հասկանալ: Տե՛ր աստված, ոչ ոք ցավս չի հասկանում, ոչ ոք:

— Էլի մի սկսիր հին երգդ, — գոչեց սինյորա Ստեֆանիան, — բավակա՛ն է:

— Ո՛չ, Ստեֆանիա, չեմ կարող լռել, սիրտս այրվում է: Դու էլ մայր ես, բայց զավակդ տղա չէ: Օ՜հ, երանի իմն էլ աղջիկ լիներ: Չգիտես, ինչ է անում նա: Հոր նման տանջում է ինձ, Պարոն, — դարձավ ինձ, — այդ փչացածն իմ միակ տղան է, հասկանո՞ւմ եք, միակ, ուրիշ զավակ չունիմ: Աստված սիրեք, խելքի բերեք նրան: Նա հոր ճանապարհով է գնում...

— Սովորական զանգատներ են, — շշնջաց ականջիս Լոլիզան, — ուշադրություն մի դարձնեք:

Ես նայեցի Լնոնին: Ամաչելուց նա երեսը դարձրել էր պատին, մեզ չէր նայում:

Լոլիզան մոտեցավ նրան, բռնեց ձեռներից, երեսը դարձրեց յուր կողմը, ուղիղ նայեց աչքերին բարեկամական — ո՛չ, ավելի — սիրող քրոջ քնքուշ հայացքով: Ինձ թվաց, որ այդ հայացքը թափանցեց մինչև Լեոնի հողախորքը: Եվ ո՞ւմ հոգու խորքը չէր թափանցիլ այն: Լնոնը զվարթացավ և երախտագիտության զգացումով լեցուն աչքերով նայեց իտալուհու երեսին:

— Եթե օրինավոր որդի լիներ, — շարունակեց հիվանդը, — ձեզ նման պատվավոր հյուրերին այսօր այս խոզաբնում կընդունե՞ր: Տեսնո՞ւմ եք, աթոռներ էլ չունինք: Անամո՛թ, ի՞նչ ես ցցվել փայտի պես: Չե՛ս տեսնում հյուրերիս:

Լնոնը կրկին անգամ սենյակի մի զույգ աթոռներն առաջարկեց մեզ: Նստել անկարելի էր, այդ փոքրիկ սենյակում յոթ-ութ հոգի կանգնել միայն կարող էին: Լուկրեցիա Կաֆարելլին երկար չդիմացավ օդի սակավությանը, դուրս գնաց:

Չելլինին հետևեց նրան, ասելով, թե արտիստի մայրը մեռնելու ախորժակ չունի դեռ, կարիք չկար անհանգստանալու:

Նրանց դուրս գնալուց հետո սենյակն այնչափ գոնե ազատվեց, որ ես կարող էի դիտել շուրջս: Այն, ինչ որ տեսա, ինձ հաճելի զարմացում պատճառեց: Մի անկյունում կախված էին աշխարհիս անվանի երաժշտապետների, նվագիչների, երգիչների ու երգչուհիների լուսանկարները հովհարի ձևով միմյանց միացրած: Մյուս անկյունում դրված էր մի փոքրիկ գրասեղան, ծանրաբեռնված զանազան էժանագին գեղարվեստական իրերով: Այնտեղ տեսա Բեթհովենի, Մոցարտի, Շեքսպիրի և Վագների կավյա կիսարձանիկները աղյուսի գույնով, մի հաստ խեցեղեն շվի, մի կոտրված սրինգ և ուրիշ այդպիսի պարագաներ: Սեղանի առաջին պատից կախված էին մի կիթառ, մի մանդոլինա և մի ինչ-որ թատրոնական զգեստ նման Ռիգոլետտոյի հագուստին: Ամենահետաքրքրականը մի նկար էր պոլի արայի վրա, ուր ներկայացնում էր երկու պատանիների մենամարտությունը բռունցքներով մի փողոցային երգչուհու համար: Աղջիկն ընկել էր մեջտեղ զզզված մազերով և աշխատում էր բաժանել ախոյաններին...

— Տեսնո՞ւմ եք, — շշնջաց ականջիս Կավալլարոն, — երաժշտություն, նկարչություն, պոեզիա, ոչինչ չի մոռացված:

Այդ միջոցին հիվանդը շարունակում էր գանգատվել.

— Ահա երեք օր է, առավոտներն էլ երեսը չեմ տեսնում: Նա չի քնում, Ստեֆանիա, չի քնում: Չէ՞ որ կարող է հիվանդանալ, հետո ես ի՞նչ անեմ, ո՞վ կպահի ինձ: Գիշեր-ցերեկ թատրոններումն է: Հոր ցավը որդուն է անցել: Անիծվի նրա գերեզմանը, օրս սևացրեց:

— Էլի՛ միևնույն գանգատները, — արտասանեց Լուիզան, — և ինչպե՞ս չի հոգնում այդ կինը: Եսամոլ...

Արդարև, հիվանդի աչքերի մեջ երևում էր եսամոլի հոգի, թեև գեղեցիկ էին այդ աչքերն և դեռ բավական վառվռուն մոտ հիսուն տարեկան կնոջ թառամած դեմքի վրա:

Հրաժեշտ տալիս նկատեցի մի բան. Կավալլարոն թաքուն Լեոնի ձեռի ափի մեջ սեղմում էր մի ոսկեդրամ, պատանին հրաժարվում էր ընդունել: Այդ ժամանակ բարիտոնը քայլերը դանդաղեցրեց, մնաց սենյակում, թույլ տալով, որ Լևոնը մեզ ուղեկցի:

Մինյորա Ստեֆանիան համառոտ պատմեց ինձ Լևոնի մասին հետևյալը: — Նրա հայրը եղել է թատրոնական վարսավիր և չափազանց գեղարվեստասեր: Համեստ, գլուխը քաշ արհեստավորը հանկարծ անձնատուր է լինում հարբեցողության կործանիչ ախտին և ոչ առանց պատճառի: Պարզվում է, որ անհույս սիրահարված է մի երգչուհու վրա, կուլիսների հետևում շուտով նա դառնում է ընդհանուր կատակների ու ծաղրի առարկա: Արտիստներից սկսած մինչև վերջին թատրոնական ծառան ծիծաղում են նրա հանդուգն զգացման վրա դեպի մի գեղեցկուհի, որի երկրպագուների թվում անվանում են նաև տեղական քաղաքագլուխ, հայտնի միլիոնատեր ու բարեգործ հույն Մարազչիին…

Հալածանքն ու ներքին վիշտը ներգործում են վարսավիրի վրա այնչափ, որ սրտ դառնությունն օղու մեջ անգամ չի կարողանում խեղդել: Մի օր նա ծեծում է ռեժիսորին, որ ծաղրելիս է լինում նրա շինած մի կեղծամը, անվանելով նրան «սրիկա»: Նրան զրկում են թատրոնական վարսավիրի պաշտոնից: Այդ ժամանակից նա դառնում է օղու և փողոցների անդառնալի սեփականություն: Եվ մի երեկո ոստիկանները գտնում են նրան մի ծառի տակ, ձյունի մեջ թավալված, բերում են տուն: Երեք օր չանցած՝ մեռնում է տիֆից, թողնելով կնոջն ու զավակին ճակատագրի հաճույքին:

Այրին, ամուսնու արհեստից զզված ու տանջված, ութ տարեկան Լևոնին հանձնում է մի ատաղձագործի և ինքը սկսում ուրիշների համար ճերմակեղեն կարել: Երկու ամիս չանցած՝ մանուկն արհեստանոցից փախչում է ուսումնարան: Բարի մարդիկ տալիս են նրա ուսումնավարձը: Նա սովորում է գրել-կարդալը: Այրին հանձնում է նրան հագուստեղենի վաճառատուն: Մանուկը չի մնում այնտեղ: Մի աներևույթ ձեռք մղում է նրան դեպի թատրոն: Նա դառնում է աֆիշներ բաժանող օրական հիսուն կոպեկով և թատրոնների վերնահարկը բարձրանալու իրավունքով: Անցնում է կուլիսների հետևը, կամաց-կամաց ծանոթանում է արտիստական աշխարհի հետ: Այժմ բոլոր արտիստները ճանաչում են նրան, բոլորին նա ծառայություններ է անում, և բոլորը սիրում են նրան յուր հեզության և աշխուժության համար: Նա ոչ մի ներկայացում բաց չի թողնում, մանավանդ իտալական խմբի ներկայացումները: Նա ցերեկներն էլ թատրոնումն է կամ նրա շուրջը:

— Սինյոր, կզարմանաք եթե ասեմ, որ այժմ նա երբեմն ստեղծում է նորեկ անծանոթ արտիստի համար փառք մեր քաղաքում, — շարունակեց մոր փոխարեն Լուիզան: — Այո՛, այո՛, սինյոր Չելլինի, մի՛ հակառակեք, այս ճիշտ է: Նա ունի բազմաթիվ հույն և հրեա ընկերներ, որոնք զարմանալի հավատ ունին դեպի նրա ճաշակը և սիրում են նրան: Դրանք կլակյորներ չեն, ո՛չ, այլ թատերասերներ: Չգիտեմ, գուցե նրանք կաշառում են, բայց Լևոնը, ո՛չ, երբեք չի կարելի նրան կաշառել Սինյոր Կավալլարո, ճի՛շտ եմ ասում, թե ոչ:

— Նա ազնիվ է, որպես նորածին և զգայուն, որպես քնարի լար, — արտասանեց բարիտոնը: — Նա իմ հանգուցյալ եղբոր տիպարն է:

— Բայց ինչպե՞ս է ստեղծում անծանոթ արտիստի համար փառք, — հետաքրքրվեցի ես:

— Առաջին ծափահարությամբ, — պատասխանեց Կավալլարոն:

— Չեմ հասկանում, — ասացի ես:

— Սինյոր, երևի չգիտեք ինչ ասել է արտիստի համար առաջին ծափն անծանոթ քաղաքում: Շատ բան, երբեմն ամեն ինչ: Դուք թատերասեր եք, նկատած կլինեք մի երևույթ: Թատրոնական սրահում նստող հասարակությունը հազիվ է վստահանում առաջին ծափը տալ անծանոթ արտիստին: Շատ անգամ, հոգով հիացած երգչի երգով, նա ամաչում է յուր հիացումը արտահայտել, կարող են նրան անճաշակ համարել: Բայց ահա, օգնության է հասնում Լևոնը: Նա ազատ է հասարակական, նախապաշարումներից, չի քաշվում առաջին ծափը տալ: Խումբը հետևում է նրա օրինակին, այն ժամանակ հասարակությունը, նույնպես ծափահարում է: Մյուս օրը լրագրերը գրում են այդ ծափահարությունների մասին, և ահա անծանոթ արտիստի հաջողությունը ապահով է:

— Եթե, իհարկե, արտիստը շնորհք ունի, — ավելացրեց Չելլինին:

— Այո՛, իհարկե:

— Բայց քո Լևոնը կարող է շատ անգամ անշնորհքին էլ տալ առաջին ծափը, — նկատեց Բորելլին:

— Ներողություն, — պատասխանեց Կավալլարոն, հեզնորեն ժպտալով, — մեր խմբի վերաբերմամբ գոնե նա դեռ այդպիսի սխալ չի գործել:

Ես գուշակեցի, որ Բորելլին դեռ չի արժանացել Լևոնի ծափին:

Վիճաբանությունը գուցե շարունակվեր, եթե կրկին ներս չմտներ Լևոնը: Այս անգամ նրա դեմքը բավական հանգիստ էր: Նա հրավիրեց Կավալլարոյին մի անկյուն և, շշնջալով ականջին, բաց թողեց նրա գրպանը մի ոսկեդրամ: Հետո իմացա, որ մեր դուրս գալուց հետո նա իր մոր բարձի տակ գտնում է այդ դրամը: Հասկանում է, որ Կավալլարոն պիտի դրած լինի, վերցնում է, բերում, վերադարձնում տիրոջը:

— Համառ ես, Լևոն, համառ, — գոչեց Կավալլարոն, շփելով պատանու գլուխը հայրական սիրով: — Դե լա՛վ, մի՛ նեղանար, նստի՛ր, մի փոքր խոսենք: Դու, իհարկե, երեկ թատրոնումն էիր:

— Էի:

— Հավանեցի՞ր ինձ...

— Իհարկե:

— Ապա ինչո՞ւ երեսդ դարձնում ես ինձանից...Ա՛ա, կեղծո՞ւմ ես:

— Սինյոր Կավալլարո, երեկ դուք շփոթված էիք:

— Ե՞ս ամենևին: Սխալվում ես:

— Ո՛, սինյոր, չեմ սխալվում: Երբ հանգիստ եք, երբեք չեք շեղվում: Մենք ամենքս իմացանք, որ ձեզ բարկացրել են:

— Քեզ այդպես է թվացել: Ոչ ոք ինձ չէր բարկացրել: Ահա տեսա՛ր, Լևոն, ինձ դեռ չավ չես ճանաչում:

Լևոնը նայեց Կավալլարոյի աչքերին այնպիսի պարզ ու խելոք հայացքով, որ կեղծել նրա մոտ անկարելի էր: Կավալլարոն ձեռը դնելով նրա ուսին, ասաց.

— Չես սխալվում, բարեկամս, երեկ ներկայացումից մի քիչ առաջ ես խոշոր վեճ ունեցա ռեժիսորի հետ:

— Ո՛չ, սինյոր Կավալլարո, ասացեք՝ դիրիժորի հե՛տ,-ուղղեց Լևոնը համարձակ:

— Դու ո՞րտեղից իմացար:

— Օ՛ Կարլոն երգելիս՝ սինյոր Մարտինին կես տոն բարձր վերցրեց ձեզ շեղելու համար: Սինյոր Մարտինին բոլորի վերաբերմամբ անաչառ է, բացի իրանից: Ռեժիսորի պատճառով նա ձեզանից վրեժ չէր առնիր նա քինախնդիր է միայն յուր անձնական հակառակորդների դեմ:

— Լսո՞ւմ եք, սինյոր, — դարձավ ինձ Կավալլարոն ոգևորված, — այս պատանու բերանով խոսում է ինքը երաժշտական բնազդը և դիտողական ձիրքը:

Լևոնը վեր կացավ, գլուխ տվեց, շնորհակալություն հայտնեց մեզ մեր այցելության համար և շտապեց դեպի դռները: Այլևս նա այնքան գրավել էր ինձ, որ կամեցա անպատճառ հետը խոսել:

— Հայերեն գիտե՞ք, — հարցրի ես, երևի հայրենասիրական զգացումից դրդված:

— Գիտեմ,

Նա, ինչպես և յուր մայրը, խոսում էր ռուսերեն լեզվով տաճկական արտասանությամբ: Իտալացիներից միայն տանտիրուհիս և նրա աղջիկը գիտեին ռուսերեն, նաև Կավալլարոն: Մյուսների հետ Լևոնը խոսում էր իտալերեն:

Մի քանի հարցեր տվեցի նրան պարզ հայերեն լեզվով: Նա ապշած նայեց երեսիս և ժպտաց:

— Չե՛ս հասկանում, — դարձա ես ռուսերեն լեզվի օգնությանը:

— Այդ լեզուն եկեղեցական է, — խոսեց նա տաճկերեն լեզվով, — իմ իմացած հայերենն ահա այս լեզուն է:

Ինձ համար նորություն չէր Բեսարաբիայի հայերի մայրենի լեզու չիմանալը: Բայց առաջին անգամն էի պատահում մեկին, որ տաճկերենը հայերեն էր համարում:

Ես խնդրեցի Լևոնին այցելել ինձ շուտ-շուտ և իմ կողմից խոստացա այցելել նրան:

Նա ինձ երկար սպասել չտվեց: Հետևյալ օրն իսկ եկավ սենյակս և ուրախ-ուրախ հայտնեց, թե մայրն արդեն առողջանում է: Ուղիղն ասած, ես չէի հետաքրքրվում մոր վիճակով, ինձ զբաղեցնողը որդու ճակատագիրն էր:

Երբ խոսք բաց արի թատրոնի ու երաժշտության մասին, պատանին կերպարանափոխվեց, ինչպես կրակոտ սիրահար, երբ խոսվում է նրա սրտի ընտրյալի վերաբերմամբ: Ոգևորված նկարագրեց յուր լսած երևելի երգիչների ու նվագիչների տաղանդը: Վերջին յոթ տարվա ընթացքում նա լսել է գրեթե բոլոր նշանավոր երգիչներին ու նվագիչներին, որոնք այցելել էին Ռուսաստան Օդեսայի վրայով:

— Երևի դու էլ նվագում ես կամ երգում, — հարցրի ես:

— Ո՛չ, սինյոր:

— Չեմ հասկանում:

— Երգելու համար ձայն չունիմ:

— Իսկ նվագելու համար գործիքներ շատ ունիս սենյակումդ: Երեկ տեսա:

— Այո, նվագում եմ մանդոլինա և կիթառ:

— Նոտաներ գիտե՞ս:

— Սինյորինա Լուիզան սովորեցրել է: Դուք լսե՞լ եք նրա երգեցողությունը: Հիանալի ձայն ունի: Այնպես չէ՞: Այո՛: Հավանե՞լ եք: Իհարկե, ո՞վ չի հավանիր Օ՜օ, Լուիզայից մեծ ապագա է խոստանում...

Նա լռեց, հառաչեց, հայացքը ձգելով դեպի անորոշ տարածություն: Ես նրա դեմքի վրա նշմարեցի հոգեկան գաղտնի տառապանքի արտահայտություն: Խոստովանում եմ, այն ժամանակ նշանակություն չտվեցի նրա հառաչանքին: Եվ մի՞թե կարող էի երևակայել տասնույոթ տարեկան պատանու հոգին որևէ լուրջ վշտի ընդունակ:

— Այդ բոլորը լավ, — ասացի ես, — բայց դու ինչո՞վ ես կերակրում քեզ ու մորդ: Չէ՞ որ հայրդ ժառանգություն չէ թողել:

— Գործ շատ կա, սինյոր: Պրոգրամներ եմ ծախում, ստատիստի դեր եմ կատարում բեմի վրա, պոչ եմ բռնում: Ա՛խ, սինյոր, եթե միջոց ունենայի, կսովորեի վիոլոնչել նվագել ու կմտնեի երաժշտական խումբը:

— Հիշո՞ւմ ես հորդ, Լնոն:

— Իհարկե, շատ լավ եմ հիշում:

— Ասում են, նա բարի մարդ էր:

— Այո , սինյոր, շատ բարի էր, միայն...

— Հարբում էր, — լրացրի ես պատանու խոսքը:

— Նա երբեք ինձ չէր ծեծում, չէր էլ բարկանում վրաս: Բայց ո՛չ, մի անգամ բարկացավ, հիշում եմ...

— Երևի չարություն էիր արել:

— Այո՛: Այն ժամանակ նրա խանութն ահա այն անկյունի կապույտ տան ներքին հարկումն էր: Ամեն օր գնում էի այնտեղ կեղծամներ սանրում: Մի օր նա տխուր էր շատ: Մի ժեներալ եկավ երեսը սափրել տալու: Նրա մոտ միշտ մեծամեծներ էին գալիս: Ես վերցրի մի սանր, վրեն քաշեցի մի թուղթ ու սկսեցի շրթունքներովս նվագել: Ժեներալը բարկացավ ու հորս հրամայեց ինձ դուրս անել: Հայրս մոտեցավ, ականջս քաշեց ու, վզակոթիս տալով, վռնդեց դուրս: Բայց հետո, երբ ժեներալը գնաց, կանչեց ինձ ներս, աչքերս սրբեց, համբուրեց ու ասաց. «Եթե դու կունենաս երաժշտական ընդունակություն, ինձ գրավ կդնեմ, քեզ չեմ թողնիլ առանց ուսման»: Այո սինյոր, շատ լավ մարդ էր, թեև հարբում էր: Սինյոր, ներեցեք, ո՞ր ժամն է:

— Տասնումեկ:

— Օ՛օ, ես ուշացա: Ներողություն, էլի կգամ: Ձեր սենյակը լավն է: Դուք ինձ գրքեր կտաք կարդալու, այո՞: Շնորհակալ եմ: Ցտեսություն: Այսօր Կալաֆատիի բենեֆիսն է: Թատրոնը լիքն է լինելու: Պետք է գնամ պոչ բռնեմ:

Ես կամեցա հարցնել՝ ինչ ասել է «պոչ բռնել», բայց Լնոնն արդեն չքացել էր:

Կալաֆատին ընտիր երգչուհի էր:

Գնացի թատրոն տոմսակ վերցնելու: Կասի առաջ կանգնած էր գնողների մի երկայն շարք, որ հասնում էր մինչև փողոցի կեսը: Եղանակը սառն էր, խոնավ, անախորժ:

Պիտի բռնեի շարքի վերջին տեղը և ամենաքիչը մի ժամ սպասեի մինչև հերթս հասներ: Ուզում էի վերադառնալ տուն, երբ լսեցի իմ ազգանունը: Դա Լնոնի ձայնն էր, որ կարող էի ճանաչել հարյուրավոր ձայների մեջ. Նա կանգնած էր կասից մի քանի քայլ միայն հեռու, երկու հրեաների միջև սեղմված:

— Տոմսա՛կ եք ուզում գնել, — հարցրեց նա տաճկերեն:

— Այո՛:

— Եկեք, տեղս բռնեցեք, ապա թե ոչ, շուտ չեք հասնիլ կասին:

Ես բռնեցի նրա տեղը: Նա գնաց կանգնեց շարքի վերջում: Այստեղ միայն իմացա՝ ինչ ասել է պոչ բռնել: Լևոնը կանգնում էր շարքի հետևում և, երբ բավական մոտենում էր կասին, յուր հերթը ծախում էր ցանկացողին հինգ-տասը կոպեկով: Հետո դարձյալ գնում էր ու շարքի հետևում կանգնում: Նա ամեն միջոց գործ էր դնում թատրոնից չհեռանալու համար: Նրա օդը, կերակուրը, կյանքը, ամեն ինչ թատրոնն էր:

Իմ հետաքրքրությունը այդ պատանու վերաբերմամբ արդեն այնքան մեծ էր, որ աշխատում էի ամեն օր նրան տեսնել:

Մի առավոտ նրա մոտ հանդիպեցի երկու անծանոթների, որոնց հետ յուր սենյակի դռների առջև կանգնած խոսակցում էր:

Մեկը յուր հասակի պատանի էր հնամաշ հագուստով, բայց գլխին նոր գլխարկ: Դեմքի գծերը բուն հրեական էին, աչքերը դեղնագույն, մազերը գրեթե կարմիր, երեսը ինչ-որ բծերով ծածկված, սակայն համակրելի:

Մյուսին ես շատ անգամ էի տեսել քաղաքի զբոսավայրերում ու թատրոնների առջև: Դա մոտ քսանուհինգ տարեկան երիտասարդ էր, այնքան նիհար, այնքան բարակ ու գունատ, որ կարծես մազաղաթից լիներ շինվածք նրա երեսը երկարավուն էր ու նեղ, աչքերը կլոր ու փոքրիկ, կոկորդի ոսկորը դուրս ցցված: Հարթ ու նոսր մազերը, մինչև ունքերը քաշած կակուղ գլխարկի տակից ցած իջնելով, յախույի պես կպել էին բարակ պարանոցին և ընդգրկել կոկորդի մի մասը: Սև սյուրտուկի վրա հագած էր թիկնոցավոր վերարկու առանց աստառի, լայն թևերով: Մի ձեռին բռնած էր բազկի հաստությամբ մի դեղնագույն փշոտ փայտ, մյուս ձեռին՝ անկազմ գրքույկներ և տեղական լրագրերի համարները:

— Իմ ընկերներն են, — ասաց Լևոնը, անմիջապես ծանոթացնելով ինձ նրանց հետ: — Բանաստեղծ Չաուշենկո, Իցկո Մարդուլիս:

Ես հաճույքով սեղմեցի երկուսի էլ ձեռը:

— Չաուշենկոն սիրում է մարդկանց հետ ծանոթանալ յուր երկերի միջոցով, — ասաց լայն վերարկու հագած երիտասարդը, որ ինքն բանաստեղծն էր:

Եվ անմիջապես, գրքույկներից մեկը պահելով քթիս առջև, հարցրեց.

— Չէիք կամենալ արդյոք մի օրինակ վերցնել:

— Հաճույքով:

Գրքույկի վերնագիրն էր. Часы горя и страданий; стихотворения Леонида Николаевича Чаушенко.

— Դուք գուցե զարմանաք, մոսյո, — ասաց նա, դնելով վարտիքի գրպանը գրքույկի արժեքը, — որ ես, այսպես ասած, հանդգնեցի կապել ձեր վզին իմ երկը: Բայց մի՛ վրդովվեք, մարդիկ իրանց խիղճն են ծախում, Չաուշենկոն՝ յուր երկերը: Նախկին գրաշար եմ: Ինքս գրում եմ, ինքս շարում, ինքս տպում, ինքս վաճառում, ինքս էլ ուտում իմ սրտի արյան վաստակը...

— Իսկ ես նախկին և ներկա ջիուղիկ եմ, — ընդհատեց բանաստեղծի խոսքը Իցկո Մարդուլիս կոչված պատանին, — երբեմն լրագիրներ եմ ծախում, երբեմն էլ թատրոններում ծառայում: Նեղ տեղն ընկնելիս փողոցներում կոշիկներ եմ սրբում:

— Եվ երևակայում է իրան ապագա Ռուբինշտեյն, — հեգնեց Չաուշենկոն:

— Ա՛խ, պարոն, արդյոք դուք երաժշտության ուսուցիչ եք: Ո՛չ: Ափսո՛ս: Ես կկամենայի ձեզանից դաշնամուրի վրա դասեր վերցնել: Ծիծաղի՛ր, Չաուշենկո, բայց էլի ես պիտի քո Часы горя и страданий երաժշտության վերածեմ: Դե լա՛վ, գավազանդ մի՛ ցույց տուր, ես երկչոտ ջիուղներից չեմ, ես հրեա եմ: Արեվիռե՛րչի, սինյոր... Գնա՛նք, բանաստեղծ: Չիմբա, չիմբա-չիլալա՛...

Նա քամու արագությամբ թռավ դուրս: Չաուշենկոն հետևեց նրան, հաստ գավազանի ծայրն աղմուկով զարկելով փայտյա սանդուղքի աստիճաններին:

Փառք, աստծո, այս անգամ Լևոնի մայրը տանը չէր, գնացել էր շուկա պարեն գնելու: Լևոնն ասաց, թե Չաուշենկոն ու Իցկո Մարդուլիսն եկել էին խորհրդակցելու իտալական խմբի առաջին երգչուհի Բարբինիի բենեֆիսի մասին: Պատրաստվում են արտաքո կարգի ցույցեր: Չաուշենկոն մտադիր է բենեֆիսի պատվին նվիրել երգչուհուն մի բանաստեղծություն, որ պետք է թարգմանել իտալերեն:

Ես, Լևոնին փորձելու համար, ասացի.

— Կցանկանայի իմանալ, դուք ի՞նչ գործ ունիք երգչուհիների բենեֆիսների հետ:

— Ինչպե՛ս թե ինչ գործ ունիք, — գոչեց նա զարմացած, — երգչուհիները գեղարվեստին չեն ծառայում:

— Շատ էլ ծառայում են, հետո՞...

— Ամեն մարդ պարտավոր է պատվել գեղարվեստը:

— Գեղարվեստ՛ը շռայլություն է: Նա հարուստների համար է: Իսկ դու և քո ընկերները աղքատ եք:

— Հարուստներն արտիստներին նվերներ են անում, իսկ մենք՝ ցույցեր...

Հազիվ մի քանի րոպե խոսել էինք, երբ ներս մտավ Լևոնի մայրը: Դնելով պարենի զամբյուղը. Շեքսպիրի քթի, առջև, նա իսկույն նեթ հարձակվեց որդու վրա:

— Էլի փողոցային սրիկաները այստեղ էին, հա՞: Երևի, խորհուրդ ունեիք: Մի շաբաթ է՝ գլուխս ցավեցնում եք այդ երգչուհու բենեֆիսով: Պարոն, տեսա՞ք, — խոմ տեսա՞ք այս անզգամի ընկերներն ովքեր են: Ի՞նչ կարող է սովորել այդ պիսիներից: Փո՛ւչ, փո՛ւչ զավակ...

Երբեմն՝ մայրերը կարող են իրենց հարազատ զավակների թշնամին լինել: Անշուշտ Լևոնի մայրը սիրում էր որդուն, — բայց չէր տեսնում յուր և նրա մեջ եղած վիհը, այն ահագին վիհը, որ չէր կարելի լեցնել ու հարթել անվերջ նախատինքներով: Մի անգամ այս մասին խոսում էինք մեր սեղանատանը, սինյորա Ստեֆանիան և Բորելլին պաշտպանելին մորը, իսկ մյուսները՝ որդուն: Ռախսան ասաց.

— Մեզ՝ հրեաներիս, համարում են նյութապաշտ. Ես դեմ չեմ, ճիշտ է. բայց, հավատացեք, ոչ մի հրեա, մանավանդ հրեուհի յուր որդու վերաբերմամբ այդ քրիստոնյա կնոջ չափ նյութամոլ չէր լինի: Հրեան խելոք կերպով է հարստահարում յուր որդուն: Եթե յուր որդու մեջ տեսնում է երաժշտական կամ երգելու ձիրք, աշխատում է հենց այդ ձիրքը շահագործել: Նա չի ստիպում նրան արհեստավոր կամ վաճառական դառնալ:

Երկու անգամ Լևոնն իմ ներկայությամբ լաց եղավ, երբ մայրը հանդիմանում էր նրան իբրև «անպետք» զավակի: Նա փաթաթվեց մոր պարանոցին, գոչելով.

— Մա՛մա, մա՛մա, մի՛ բարկանալ, ես քեզ սիրում եմ:

Օ՛, ոչ, այդ պատանին չէր կեղծում: Նա սիրում էր մորն անչափ, և այս նրա դժբախտության պատճառներից մեկն էր:

— Կարելի՞ է, — լսեցի մի առավոտ դռների հետևից Լևոնի ձայնը, երբ դեռ անկողնից չէի վեր կացել:

Ուրախությամբ հրավիրեցի նրան ներս: Նա գլխաբաց էր, երեսն անլվա, աչքերի սպիտակուցները դեղնած, մազերը գզգզված, դեմքը մագաղաթի պես գունատ: Կռնատակին պահած էր մանդոլինան և այնպես ամուր սեղմած, որ, կարծես, վախենում էր ձեռքից խլեն: Նրա բաճկոնի կոճակները բաց էին, փողկապ չուներ, շապկի եզրերը բաժանվել էին և երևան էին հանում նրա նիհար կուրծքը: Ծնկների վրա կուչկուչված վարտիքի ծայրերը բարձրացել էին, երևում էին կոշիկներիականջները:

— Ներողություն, սինյոր, — ասաց նա, ցրված հայացքը պտտեցնելով չորս կողմը, — կարծում էի՝ վեր եք կացել:

Ես շտապեցի նրան հանգստացնել, թե հենց վեր էի կենում, երբ եկավ: Նա խնդրեց թույլ տալ իրան կես ժամ մնալու իմ սենյակում: Ոչ միայն կես ժամ, այլ միշտ, երբ կամենար և որքան կամենար, կարող էր օգտվել իմ սենյակից: Բայց այս անգամ ինձ շփոթեցրեց նրա այլայլված կերպարանքը:

— Ի՞նչ է պատահել — Հարցրի, կարծելով, որ թաքնվում է ինչ-որ հալածողներից:

Մի քանի վայրկյան չպատասխանեց: Ես հարցս չկրկնեցի, սկսեցի հագնվել: Նա մոտեցավ դռներին, նայեց դեպի դուրս ու հետ եկավ, կանգնեց սենյակի մեջտեղում, ավելի ամուր սեղմելով մանդոլինան կռան տակ:

— Գիտե՞ք, սինյոր, — ասաց, — կարող է մայրս գալ:

— Ի՞նչ անենք, թո՛ղ գա:

— Ես նրանից եմ փախել: Ուզում էր մանդոլինաս կոտրել, վառարան գցել:

— Ինչո՞ւ:

— Մինչև լույս չեմ թողել նրան քնելու, նվագել եմ: Հետո պատմեց, թե երեկ օպերային երաժշտական խմբի բենեֆիսն է եղել: Ներկայացումից հետո բոլոր երաժիշտները գնացել են հյուրանոց ընթրելու: Խմբապետը Լևոնին էլ հրավիրել էր, ընթրիքի միջոցին մեկը վիոլոնչելով նվագել է, ի միջի այլոց, և՛ մի սպանական եղանակ՝ «Մադրիդի շրջմոլիկը»:

— Գլխիցս չէր դուրս գալիս էդ եղանակը: Ուզում էի անպատճառ սովորել այս գիշեր, որ չմոռանամ:

— Եվ սովորեցի՞ր:

— Այո՛:

— Ինձ համար կնվագե՞ս:

Լևոնի բնավորությունը պարզ էր: Նա կոտրատվել չգիտեր, ամեն բանի վերաբերվում էր հասարակ: Ես արդեն մի քանի անգամ լսելի էի նրա նվագումը: Վատ էր նվագում, թե լավ, չգիտեմ, միայն զգացվում էր և զգացնել տալիս լսողին:

Նա նստեց աթոռի վրա, գրկեց մանդոլինան: Առավոտյան արեգակի կիտրոնագույն շողերը սփռվել էին ներս: Լևոնի աչքերն անգիտակցաբար դարձան դեպի այդ շողերը, կարծես ինչ-որ գազանի մագնիսի զորությամբ: Ա՛խ, այդ վեր ուղղված աչքերը, այդ հեզ դեմքը: Անցել է ընդամենը երկու տարի, բայց կանցնեն շատ տարիներ, դարձյալ այդ օրը վառ կմնա հիշողությանս մեջ:

Ի՞նչ էր Լևոնի նվագածը՝ բացատրել չեմ կարող: Հիշում եմ միայն ինձ վրա գործած տպավորությունը: Կիսամերկ բեռնվել էի սենյակիս մեջտեղում և լսում էի բուռն զգացմունքների վիժումը: Վիշտ և բերկրություն, Փոթորիկ ու մեղմ թախիծը խառնվել էին «Մադրիդի շրջմոլիկի» մեջ, գոնե այսպես էր թվում ինձ: Գուցե դա մի կրակոտ, ասպետական ժողովրդի սրտի հրաբուխն էր, փոքր-ինչ կանոնավորված ինձ անհայտ մի հանճարի ստեղծագործ ուժով, բայց հետաքրքրականն ինձ համար նվագողն էր: Կարծես նյութեղեն պատանին չքացել էր, մնացել էր միայն նրա ստվերը: Նա չէր նկատում իմ ներկայությունը, քաղցր հնչյունների հեղեղով կլանված նյարդերը չէին զգում աշխարհի նյութականը: Կարծես հոգին ամբողջովին ձուլվել էր նվաղած եղանակի հետ ու սլացել հեռու մի աշխարհ՝ ընտիր հոգիների կախարդական աշխարհը:

Երբ ավարտեց, մի քանի վայրկյան լուռ էր, անշարժ, աչքերը տակավին հառած արեգակի շողերին, որոնք հետզհետե գունատվում էին:

Ես չկարողացա ինձ զսպել, ոգևորված գոչեցի.

— Կեցցե՛ս, Լևոն, կեցցե՛ս...

Բայց նա չլսեց: Անշարժ էր, նուրբ շրթունքները, որոնք միշտ սեղմված էին, դողում էին նկատելի: Հանկարծ նրա ձեռները թուլացան, գլուխը մի փոքր թեքվեց ուսին, մանգոլինան հանդարտիկ սահեց կրծքից և ընկավ նիհարիկ ծնկների վրա: Եվ նրա դեմքի շողերը հառված աչքերի մեջ նշմարեցի արցունք:

— Մանուկ, ինչո՞ւ ես լալիս, — գոչեցի կարեկցությամբ: Նա ոտքի կանգնեց և, ճակատից հեռացնելով թանձր մազերը, տարօրինակ ձայնով արտասանեց.

— Վիոլոնչելիստն ինձ ասաց՝ Մադրիդի շրջմոլիկը դժբախտ է եղել: Ցուրտ գիշերները երգել է գրանդի աղջկա լուսամուտի տակ և լաց եղել... Նրա հայրը աղքատությունից մի օր կախվել է ծառի վրա, խեղդվել:

Այդ ժամանակ ես չհասկացա նրա խոսքերի խորքերում թաքնված բուն վիշտը և կարծեցի զառանցում էր: Արդարև, զառանցում էր նա, բայց ինչո՞ւ և ի՞նչ...

— Ա՛խ, ներողություն, — գոչեց նա, հանկարծ ուշքի գալով, — ես... անքնությունից...

— Այո՛, Լևոն, անքուն ես: Եթե կամենում ես՝ հանգստացիր սենյակումս:

— Շնորհակալ եմ, սինյոր: Թույլ տվեք միայն մանգոլինաս թողնեմ այստեղ: Մայրս կարող է նրան վառարանը գցել: Երեկ լուսամուտով փողոց շպրտեց կիթառս ու մի քանի լուսանկարներ:

— Լևոն, մայրդ չար կին է, — գոչեցի ես, մինչև հոգուս խորքը վրդովված այրու վայրենի արարմունքից:

Լևոնը չափազանց վշտացավ և սկսեց պաշտպանել մորը: Ո՛չ, ո՛չ, չար կին չէ նրա մայրը, ընդհակառակը, շատ բարի է: Նա սիրում է Լևոնին: Երբեմն քնած ժամանակ Լևոնը զգում էր, որ իրան թաքուն համբուրում. է: Նա սիրում է, բայց սերը ցույց չի տալիս: Վախենում է, որ Լևոնը երես առնի, ավելի փչանա:

— Ավելի փչանա՛ս, — գոչեցի ես, — բայց մի թե դու փչացած ես:

— Ի՞նչ գիտեմ, սինյոր, մայրս ասում է «ով յուր ծնողների կամքը չի կատարում, փուչ որդի է»:

— Է՛հ, ուրեմն, ինչո՞ւ չես կատարում մորդ կամքը, — հարցրի դիտմամբ, կամենալով փորձել նրան:

Նա մի տխուր հայացք ձգեց երեսիս, ոչինչ չասաց: Ես այդ հայացքի մեջ կարդացի նրա անզորությունը՝ դառնալ մոր կամքի հլու զավակ: Անվիճելի էր, որ նա շուտով կհրաժարվեր կյանքի բոլոր բարիքներից, քան թատրոնից:

Ճաշի միջոցին պատմեցի նրա տարօրինակ տրամադրության մասին: Լուիզան լսեց լարված ուշադրությամբ: Նրան նկատելու չափ շփոթեցրեց այն, ինչ որ Լեոնը, ասել էր «Մադրիդի շրջմոլիկի» մասին, Կավալլարոն խորհրդավոր ժպտում էր և գլխով հանդիմանական շարժումներ անում, Լուիզայի աչքերին նայելով, ուսանողը նկատեց, թե Լեոնն աննորմալ էակ է, մի տեսակ հոգեկան հիվանդ: Նրա հասակի ու զգացումների մեջ չկա համերաշխություն: Իսկ ուղեղը զարգանում է անկանոն: Այս նկատողությունը չափազանց վրդովեցրեց Կավալլարոյին: Չխնայելով ռուս լեզվի քերականական կանոնները, նա սկսեց հակաճառել:

— Հոգեկան հիվանդ, հոգեկան հիվանդ, վերջին ժամանակ կարծես գիտությունները հենց նրա համար են սովորում, որ բոլոր տաղանդավոր մարդկանց հիվանդ համարեն: Ո՛չ, պարոններ, իսկական հոգեկան առողջները հենց Լեոններն են: Միայն նրանք դժբախտ են, սինյոր ստուդենտ, հասկանո՞ւմ եք, դժբախտ, որ չեք, ծնված կյանքի բարեհաջող պայմաններում: Փոխանակ գիտնականորեն բացատրելու այդ պատանիների հոգին, օգնեցեք նրանց, ահա՝ ինչ: Մի թողնեք ադամանդը փողոցի ցեխի մեջ: Ափսո՛ս է Լեոնը:

— Նա օրից-օր հալչում է մոմի պես, — շարունակեց Կավալլարոն կարեկցաբար, — նրա կազմը նուրբ է, չի կարող դիմանալ այդ տեսակ ապրուստի: Երբեմն գիշերը, հազիվ անկողին պառկած, վեր է կենում, գնում կանգնում է կասի առջև, առանց վերարկուի, մի քանի կոպեկ վաստակելու համար: Վաստակածի մի մասն էլ թատրոնի վրա է ծախսում: Ահա վաղը սինյորա Բարբինիի բենեֆիսն է: Դա նրա ամենասիրելի երգչուհին է: Համոզված եմ, որ այժմ իրան տանջում է, որպեսզի կարողանա որևէ կերպ վաղվա ցույցերը գեղեցկացնել...

Հետևյալ երեկո ես թատրոնումն էի: Նստած մի բարեկամ ընտանիքի հետ օթյակներից մեկում, նայում էի դեպի վերնահարկ: Բազմաթիվ գլուխների մեջ, վերջապես, տեսա Լեոնին: Արմունկները պատնեշին, հենած, գլուխն ափերի մեջ բռնած, աչքերը հառել էր բեմին, նրա մի կողմում կանգնած էր բանաստեղծ Չաուշենկոն, մյուս կողմում՝, Իցկո Մարդուլիսը: Երբ բեմի վրա երևաց երգչուհի Բարբինին: Լեոնը գլուխը բարձրացրեց և ամենից առաջ ծափահարեց: Նրան հետևեցին Չաուշենկոն և Իցկոն, հետո վերնահարկի մի մասը: Նույն վայրկյանին մի քանի տասնյակ ձեռներ ձգեցին բեմի վրա ինչ-որ սպիտակ ու կարմիր ծաղիկներ, նաև գույնզգույն բարակ թղթի թերթիկներ: Գոյացավ մի ֆանտաստիկ անձրև: Պարտերն ակամա հափշտակվեց, և ամբողջ հինգ րոպե թատրոնը թնդում էր բուռն ծափահարություններից: Վերցնելով յուր գլխին տեղացող անձրևից մի կաթիլ, մի ծաղիկ, երգչուհին սեղմեց սրտին, անդադար գլուխ տալով աջ ու ձախ, հետո աչքերը բարձրացրեց դեպի վերնահարկ և օդային համբույրներ ուղղեց պատանի երկրպագուներին: Այս ավելի ոգևորեց նրանց և ավելի զորացրեց աղաղակներն ու ծափերը:

Լևոնը յուր մարմնի կիսով դուրս էր եկել պատնեշի հետևից: Կարծես ձգտում էր ծաղիկների հետ ընկնել երգչուհու ոտների տակ իբրև կենդանի զոհ գեղարվեստի:

Անցավ առաջին գործողությունը, երկրորդը, երրորդը: Լևոնի ոգևորությունը սաստկանում էր երգչուհու աջողության հետ զուգընթաց: Նա մերթ ծափահարում էր, ձեռները գլխից վեր բարձրացրած, մերթ աղաղակում, «Էվի՛վա, բրա՛վա, բրավի՛ սսիմա»...

Վերջին գործողության կիսում Լևոնը հանկարծ չքացավ Չաուշենկոյի և Իցկոյի հետ, մինչև ներկայացման վերջը չերևաց այլևս:

Դուրս գալով խուռն բազմության հետ փողոց, տեսա հետևյալը: — Թվով երեսուն– քառասուն ոստիկաններ կազմել էին մի ընդարձակ շրջան՝ հեղեղված էլեկտրական ահագին լապտերների առատ լուսով: Թատրոնից դուրս եկողները հավաքվում էին շրջանի հետևում: Մուտքի մոտ մի կողմում խմբված էին հարյուրի չափ համալսարանական ուսանողներ, մյուս կողմում կանգնած էին երկու կանոնավոր շարքերի բաժանված մի խումբ պատանիներ տասնուհինգից մինչև քսան տարեկան: Միակ չափահասը նրանց մեջ Չաուշենկոն էր: Նա ձեռին պահած էր մի թերթ թուղթ:

Ուսանողներից մի տասը հոգի ձեռներում բռնած էին մի-մի փոքրիկ փունջ ծաղիկների, իսկ պատանիները՝ մի-մի վառ կերոն:

Տեսարանը գեղեցիկ էր, հետաքրքրական: Գիտեի, որ Լևոնը հետին դեր չի կատարում նրա մեջ: Քաշվեցի մի կողմ և աչքերով որոնեցի նրան: Դժվար չէր գտնելը: Նա կանգնած էր պատանիների շարքերից մեկի գլխին, ձեռքին մի երկայն ձող, որի ծայրում վառվում էր հաստ մոմի կտորը: Ցուրտ չէր զգում նա առանց վերարկուի, նույնիսկ առանց կրկնակոշիկների, յուր բարակ պիջակում: Երևի չէր զգում, թեև եղանակը բավական ցուրտ էր: Նա հափշտակված էր յուր դերով, աշխատում էր կարգ պահպանել պատանիների շարքում: Կերոնների իրեղեն լեզվակները էլեկտրական ահագին լապտերների լույսի ներքո ներկայացնում էին դեղնագույն աղոտ բծեր՝ տկար, որպես աստղերը լուսնյակ երեկո:

Լևոնի նիհար դեմքը ստացել էր մի տեսակ բաց-մանիշակագույն երանգ: Նա հիշեցնում էր դեկադենտ նկարչի քմահաճ վրձինի տարօրինակ ստեղծագործություն: Սակայն այդ հիվանդոտ դեմքի վրա աչքերը փայլում էին հոկած պողպատի պես: Չորս կողմից էլեկտրականությամբ հեղեղված՝ նրա մարմինը գետնի վրա չէր ձգում ստվեր, նա ինքը, կարծես, ստվեր լիներ, նրա շարժումները արագ էին, ջղաձգական, լի ավյունով: Երբ խոսում էր, նույնիսկ հեռվից ինձ թվում էր, որ խոսում են նրա բոլոր նյարդերը, սրտի բոլոր թելերը: Ահագին բազմության մեջ ձայնն ինձ չէր հասնում, բայց գրազ կգայի, որ այդ ձայնը դողում էր հոգեկան բարձր հաճույքից յուր բոլոր ելևէջներով: Լևոնը երջանիկ էր:

Երբ երգչուհին դուրս եկավ թատրոնից երկրպագուներով շրջապատված, Իցկո Մարդուլիսն ամենից առաջ աղաղակեց, «ուռա՛»: Չաուշենկոն, գավազանով հետ մղելով նրան, մոտեցավ երգչուհուն ու տվեց նրան յուր ձեռքի թուղթը: Անշուշտ, այդ նրա ոտանավորն էր, հատկապես օրվա առիթով գրված:

Լևոնը գդակը վերցրեց և օդը գցեց: Նրա թանձր մազերից երկու շերտ ընկան նուրբ ճակատի վրա: Նրա օրինակին հետևեց պատանիների ամբողջ խումբը. Երևան եկավ Չաուշենկոյի նեղ, երկայնաձև գլուխը, հարթ, նոսր մազերով, եվ կիսամերկ, կիսաքաղցած պատանիների տհաս ձայները՝ «բրա՛վա, բրավի՛ սսիմա», խառնվելով միմյանց, կարծես, սառեցին ձմեռային օդում: Այդ վայրկյանին ես անիծեցի մտքումս երջանիկ երգչուհուն, որ թեկուզ ակամա, խելքից հանել էր այդ մատաղահաս էակներին և վտանգի էր ենթարկում նրանց կյանքը, ո՛վ գիտե, գուցե և հոգին: Մի՞թե, արդարև, գեղարվեստն այնքան անողոք է յուր բարձրության վրա, որ յուր առջև ծունկ է չոքեցնել տալիս նույնիսկ անմեղությանը:

Երբ երգչուհին մոտեցավ թատրոնի առջև սպասող փառահեղ կառքին, մի քանի զույգ ձեռներ սկսեցին արձակել ձիերը: Կարծեցի, թե Լևոնն է սկզբնապատճառը և շտապեցի մտքումս հայհոյել բարեկամիս: Սակայն դեռ լավ չէի ճանաչում նրան: Նայեցի չկար ո՛չ լծվողների և ո՛չ լծողների մեջ: Դրանք բացառապես ուսանողներ էին, որոնց թեթևամտությունը, երևի, անասնության էր հասնում:

Լեռնի խումբն այ ու ահյակ ուղեկցում էր կառքին՝ վառ կերոններով: Երգչուհին մեկ-մեկ ընդունում էր ուսանողներից փնջերը, փետում ու ծաղիկները սփռում պատանիների վրա, իսկ ուսանողներին վարձատրում էր օդային համբույրներով:

Ճեղքելով ամբոխը, ես մոտեցա բարեկամիս:

— Աա՛, դուք է՞լ այստեղ եք, — գոչեց նա, հևալով, — լսեցի՞ք ինչպես երգեց, լսեցի՞ք...

— Այո՛, Լևոն, հիանալի երգեց: Բայց այդ ուսանողները... Ի՞նչ են անում... Մի՞թե դու հավանում ես այդպիսի ցույցեր:

— Աստված մի՛ արասցե:

— Մենք անասուններ չենք, — ասաց Իցկո՝ Մարդուլիսը:

— Այո՛, մենք մարդիկ ենք, — գոչեց Չաուշենկոն, վրդովված, — է՛յ պարոնայք ստուդենտներ, մի ձգեք ձեր մունդիրի վարկը, է՛յ, պարոններ, ամոթ է...

— Մտի՛կ արեք, — գոչեց Լևոնը, — ինքն էլ չի հավանում, ուզում է իջնել կառքի: Բայց ո՛չ, չի իջնում..» Աա... Վի՛տյա, Պետրո, Սերգեյ, Խայս, հանգցրեք կերոնները... Ո՛չ, ո՛չ, ո՛չ, սպասեցե՛ք... նա իջնում է կառքից... Իջավ, իջավ... Ձիերը լծում են... Կարի՛սսիմա, կեցցե՛ Բարբինի. էվի՛վա, բրա՛վա, բրավի՛ սսիմա, առա՛ջ, առա՛ջ...

Եվ, կերոնը բարձրացրած, աղաղակելով, չքացավ ամբոխի մեջ, յուր հրեա և հույն ընկերների հետ... նրանց հետեվեց Չաուշենկոն, լայն վերարկուի փեշերը օդի մեջ ֆրֆռացնելով պատառոտված առագաստների պես....

Ես տուն վերադարձա ծանր տպավորության տակ: Այդ գիշեր երազումս տեսա Լնոնի հորը: Թշվա՛ռ վարսավիր: Նա հարբած, կեղտոտ ու պատառոտված հագուստում շնթռկել էր թատրոնի մուտքի առջև: Անցորդները հեգնում ու ծիծաղում էին նրա անհույս սերը, որ, ո՛վ գիտե, գուցե առաջացել էր գեղարվեստի սիրուց: Այսպես էի ես միշտ պատկերացնում վարսավիրին, այսպես էլ տեսա նրան երազումս...

Զարթնելով, փափագ զգացի Լնոնին տեսնելու: Բարձրացա վերև: Տանը չէր: Մայրն ինձ հանդիպեց արտասուքը աչքերին և գանգատվեց, թե գիշերը տուն է վերադարձել երեք ժամին: Այսօր զարթնել է թե չէ, իսկույն տնից դուրս է եկել:

— Պարոն, — աղերսեց այրին, — դուք կարող եք նրան խելքի բերել: Նա սիրում է ձեզ, կլսե ձեր խոսքերը: Նա գնում է հոր ճանապարհով: Վերջն իրան հարբեցողության կտա և շան պես կթավալվի փողոցներում:

— Նա այդ չի անիլ, խելոք է:

— Ա՛խ, պարոն, կարծում եք հայրը հիմա՛ր էր: Ո՛չ, նա էլ խելոք էր: Բայց խելքից հանեցին, օրս սևացրին: Ամուսնուս ձեռքիցս, խլեցին, չեմ ուզում որդուս էլ խլեն... Պարոն, օգնեցեք, ես մայր եմ, հասկանո՞ւմ եք, մայր...

Այո՛, մայր էր այդ կինը, գիտեի, որ սիրում էր որդուն ու տանջվում նրա պատճառով: Այժմ խղճում ու մինչև անգամ ցավակցում էի նրան... բայց դարձյալ անախորժ էին ինձ համար նրա անվերջ գանգատները, նրա եսամոլ հոգացողությունը որդու համար:

Կեսօրից հետո կրկին բարձրացա վերև: Այս անգամ Լնոնը տանն էր, բայց անկողնում պառկած: Նրա վտիտ այտերի վրա նշմարեցի անսովոր կարմրություն: Բռնեցի բազուկը, երակը զարկում էր ուժգին: Անշուշտ երեկ մրսել էր: Բայց չէր հանձն առնում հիվանդությունը: Նա ուրախ էր և, օգտվելով մոր բացակայությունից, հայտնեց յուր ուրախության պատճառը: Բարձի տակից հանեց մի լուսանկարն, ցույց տալով, հարցրեք,

— Ճանաչո՞ւմ եք:

Այդ երեկվա երջանիկ երգչուհու լուսանկարն էր:

«Իմ սիրելի արտիստին», կարդացի, լուսանկարի ճակատին:

— Ամենքն էլ ինձ արտիստ են կոչում , — ասաց Լնոնը, — չգիտեմ ինչու: Այսօր գնացել էի նրան շնորհավորելու երեկվա աջողության համար... Ծաղիկներ էի տարել: Հրավիրեց ներս, կոֆեով հյուրասիրեց: Բավական խոսեցինք... Հարցնում էր՝ ինչքան եմ վաստակում: Խաբեցի, ասացի՝ հայրս Ժառանգություն է թողել: Վախենում էի, որ փող առաջարկի ինձ, նա նվիրեց ինձ յուր լուսանկարը: Ես համբուրեցի նրա ձեռքը, նա էլ իմ ճակատը: Օ, սինյոր, ես շատ երգչուհիներից ունեմ այդպիսի նվերներ, ահա՛, այն ալբոմը լիքն է...

Եվ այս վարձատրությամբ նա գոհ ու երջանիկ էր:

— Բայց ես մի լուսանկար ունիմ, — շարունակեց նա, — ալբոմում չեմ պահում: Մայրս սպառնում է բոլորն այրել, վախենում եմ այս մեկն էլ այրի... իսկույն ցույց կտամ...

Նա բարձրացավ տեղից, պիջակի գրպանից հանեց մի ծրար, ծրարի միջից թանկագին լուսանկարը: Ես կարդացի հետևյալ մակագիրը. «Իմ ապագա երկրպագուին — Լուիզա»:

— Օ՛հ, ճիշտ է, բոլորովին ճիշտ, սինյոր: Ես նրա ապագա երկրպագուն կլինեմ, Լուիզան փայլուն ապագա ունի, կտեսնեք, սինյոր, կտեսնեք... Բայց այս ի՞նչ է, գլուխս պտտեց, պառկեմ...

Երբ տիկին Ալմաստը՝ Լևոնի մայրը, ներս մտավ, խորհուրդ տվեցի բժիշկ հրավիրել: Լևոնը գլուխը բարձրացրեց, նստեց անկողնում: Ի՞նչ բժիշկ, ո՞վ է հիվանդ, հարկավոր չէ բժիշկ... Ես հասկացա նրա միտքը, վախենում էր, որ բժիշկն արգելի նրան տնից դուրս գալու:

— Երեկոյան յոթ ժամին երրորդ անգամ բարձրացա վերև և նրան չտեսա: Տիկին Ալմաստն ասաց, թե իմ դուրս գալուց հետո թաքուն հագնվել է ու փախել...

Անմի՛տ պատանի, նա վտանգի էր ենթարկում յուր կյանքը: Ես իսկույն դուրս եկա փողոց, գիտեի ուր կարող է լինել: Հանդիպեցի նրան թատրոնի մուտքի առջև:

— Պարոններ, չե՛ք կամենում պրոգրամ գնել, — դիմում էր նա անցորդներին, առաջարկելով նույն օրվա ներկայացման ծրագիրը:

Մարդիկ անցնում էին անտարբեր, անգամ չնայելով նրան, իսկ ոմանք կոպտությամբ գոռում էին. «գնա , կորի՛», բայց եվ Լևոնի հպարտ հոգին կրում էր այդ վիրավորանքները համբերությամբ, իմ սիրտը մորմոքվեց, երբ նայեցի նրա կապտած դեմքին:

— Գնա՛ տուն, գնա՛, — խնդրեցի ես, — դու բոլորովին հիվանդ ես…

— Ո՞վ ասաց հիվանդ եմ: Մա՞յրս: Նա միշտ կամ իրան է հիվանդ երևակայում, կամ ինձ: Այս երեկո նոր օպերա է ներկայացվում, ես տո՞ւն գնամ: Ո՛չ, սինյոր, ահա՛ իմ տունը...

— Նա ցույց տվեց թատրոնը և ժպտալով հեռացավ: Հեռվից լսում էի նրա ձայնը.

— Պարո՛ն, պրոգրամ, պրոգրամ, չե՞ք կամենում, նոր օպերա է, հետաքրքրական, պրոգրամ, հատը տասը կոպեկ…

Մյուս օրն առավոտյան դարձյալ բարձրացա վերև և էլի նրան անկողնում տեսա: Միևնույն տանը բնակվում էր մի հրեա բժիշկ: Շտապեցի նրան հրավիրել: Քննեց հիվանդին, գրեց ինչ-որ դեղ: Երկու օր հազիվ կարողացանք Լևոնին տանը պահել, երկրորդ երեկո լաց եղավ, երբ արգելեցինք թատրոն գնալ: Բարեբախտաբար, երրորդ օրը տաքությունն անցավ:

Ձմեռային սեզոնը վերջացավ: Իմ հարևան արտիստները հենց մեծ պասի առաջին օրն ուղևորվեցին իրենց հայրենիքը: Այդ օրը տխուր էր ոչ միայն Լևոնի, այլև ինձ համար, այնքան արդեն վարժվել էի հարևաններիս շրջանին:

Մենք մինչև կայարան ուղեկցեցինք իտալացիներին: Հրաժեշտ տալիս Կավալլարոն երեք անգամ բարեկամաբար համբուրվեց Լևոնի հետ...

Հենց նույն օրը Լուիզան ինձ ասաց, թե ինքն էլ ամենաուշը մի ամսից ուղևորվելու է Իտալիա: Հարցը վճռված էր. Սինյորա Ստեֆանիան վաղուց էր հաշտվել աղջկանից բաժանվելու մտքի հետ:

Երբ հայտնեցի Լևոնին Լոփզայի ուղևորության մոտալուտ ժամանակը, ինձ այնպես թվաց, որ ջուրը նրա վրա առանձին տպավորություն չգործեց: Գուցե այդ նրանից էր, որ նույն օրերը նա առհասարակ շատ տխուր էր տրամադրված: Մեծ պասի առաջին շաբաթն էր, թատրոնները փակ էին: Լևոնն ամեն օր գնում էր քաղաքային թատրոնի շուրջը գտնվող գեղեցիկ պարտեզը, նստում այնտեղ ու նայում հսկայական շինությանը: Հետո գլուխը կրծքին թեքած, ով գիտե՞ ինչ խորհրդածությունների մեջ, վերադառնում էր տուն: Նա նորոգել էր տվել մոր ձեռքով լուսամատից փողոց շպրտված կիթառը, նվագում էր: Երբեմն գալիս էր ինձ մոտ և իմ առաջարկությամբ մանդոլինա նվագում: Մի անգամ թախանձեցի նրան կրկնել «Մադրիդի շրջմոլիկը», մերժեց:

Օպերային փոխարինեց դրաման: Մեծ պասի առաջին կիրակուց սկսվեցին ներկայացումները: Լևոնը մտավ յուր դերի մեջ, բայց ո՛չ նախկին սիրով, դրաման օպերայի չափ չէր սիրում, մանավանդ որ եկվոր խմբի մեջ չկային գրավիչ ուժեր: Սակայն պատանուն պաշարել էր ուրիշ տեսակ աշխույժ, որ ինձ անհանգստացնում էր: Նա ամեն օր գալիս էր ինձ մոտ, վերցնում մանդոլինան, նստում լուսամուտի մոտ և նվագում «Մադրիդի շրջմոլիկը»: Երբեմն հանկարծ ընդհատում էր նվագումը, մանդոլինան շտապով դնում էր սեղանի վրա ու դուրս վազում: Նա գնում էր Լուիզայի մոտ, նստում և երկար ու երկար հարցուփորձ անում առաջիկա ճամփորդության մասին: Եվ բարեսիրտ Լուիզան երբեք չէր ձանձրանում նրա հարցերից, որովհետև նրա համար հաճելի էր խոսել յուր ապագայի մասին:

— Գիտե՞ք, — դարձավ ինձ մի անգամ Ռախիան, — նա ուղղակի սիրահարված է Լուիզայի վրա: Այո՛, կարող եմ երդվել նա սիրահարված է:

— Զգո՛ւյշ եղեք, օրիորդ — ասացի ես, — Լևոնը կլսի ու կվշտանա:

Ես հիշեցի թշվառ վարսավիրին և վախեցա՝ միգուցե որդին

ենթարկվի հոր վիճակին: Բայց բարեբախտաբար, Լուիզայի շրջապատողներն ավելի, խելացի էին, քան այն երգչուհու շրջանը, որի վրա սիրահարված էր եղել վարսավիրը: Ռաիսան՝ խոսք տվեց ինձ այլևս չխոսել Լևոնի նվիրական զգացումների մասին...

Հասավ, վերջապես, օրհորդի ուղևորության օրը: Մի շաբաթ էր, Լևոնն անճանաչելի էր դարձել, նա ուրախ էր ու զվարթ: Կարծես ինքն էր պատրաստվում ճանապարհորդելու: Գնում էր, գալիս, խոսում, զվարճախոսում: Չգիտեր ինչ աներ Լուիզայի սիրտը շահելու համար: Ուղևորության նախընթաց երեկո Լուիզան, ցույց տալով մի արծաթե գրչակոթ, ասաց.

— Տեսեք ի՞նչ խելագարություն է արել ձեր հայրենակիցը: Չէ՞ որ այս նրա մի շաբաթվա աշխատանքի վարձն է:

— Նա նվիրել է ձեզ այդ գրիչը, որ նամակներ գրեք իրան, — ասացի ես:

— Այո՛, և ես կգրեմ նրան: Խնդրեցի նրան հե՛տ վերցնել նվերը, վիրավորվեց, քիչ մնաց լաց լինի:

Գնացքն ուղևորվում էր առավոտյան տասը ժամին: Մենք, սինյորա Ստեֆանիայի բոլոր կենողներս, գնացինք կայարան Լուիզային ճանապարհ դնելու: Կարծում էի, Լևոնն ամենից առաջ եկած կլինի այնտեղ: Սակայն նա չկար և չերևաց երկար ժամանակ: Այս անսպասելի էր. ի՞նչը կարող էր խանգարել նրան վերջին անգամ տեսնելու Լուիզային:

Սինյորա Ստեֆանիան ինձ հաղորդեց, թե Կավալլարոյից մի շատ սիրալիր նամակ է ստացել: Երգիչն ուրախությամբ հանձն է առնում հոգալ Իտալիայում Լուիզայի մասին, ղեկավարել նրա առաջին քայլերը:

— Նա շատ ազնիվ մարդ է, — ավելացրեց տանտիրուհին ուրախ-ուրախ, — հարազատ եղբոր պես կնայի Լուիզային: Ես աղջկանս բաց չէի թողնիլ, եթե չլիներ Կավալլարոն...

Երբեք Լուիզային այնչափ զվարթ ու զվարճախոս չէի տեսել, որչափ այդ օրը, չնայելով, որ մինչև կայարան գնալն երկու անգամ արտասվել էր մորից բաժանվելու պատճառով: Մի վայրկյան անգամ չէր հանգստանում, թռչկոտում էր ինչպես յոթ տարեկան աղջիկ, քրքջում էր, հրճվում յուր ճամփորդությամբ: Ամենքիս հետ կատակներ էր անում և բոլորին խոստանում առանձին - առանձին նամակ գրել: Նա լի էր ապագայի վերաբերմամբ քաղցր հույսերով և այդ հույսերը չէր թաքցնում մեզանից: Մի երկու տարուց հետո նա կվերադառնա մշակված, կատարելագործված ձայնով, կսկսի երգել օպերայում: Տեսեք, ինչպիսի՞ հաջողություն կունենա, որքան երկրպագուներ:

— «Իսկ նա՞, — անցավ մտքովս ակամա, — նրա մասին չե՞ս մտածում»:

— Բայց ո՞ւր է Լևոնը, — հարցրեց Լուիզան հանկարծ, կարծես

գուշակելով իմ միտքը, — ա՛հ իմացա ինչո՞ւ համար է ուշանում: Ռիշելիեի փողոցով անցնելիս տեսա նրան՝ ծաղկավաճառի խանութում: Այդ պատանու սիրտը օվկիանոս է ընդարձակ... Ահա նա, գալիս է... Տեսեք՝ ինչ է բերում, չէի՞ ասում... Անուղղելի ...

Ճեղքելով կայարանի ամբոխը, Լևոնը մոտեցավ մեզ մի գեղեցիկ փունջ ձեռին: Շատ վազելուց քրտնել էր ու սաստիկ հևում էր: Դիմելով ուղղակի Լուիզային, գդակը վերցրեց և գլուխ տալով, փունջը ներկայացրեց:

Արդեն լավ ճանաչելով նրան, ես վախեցա միայն մի բանից՝ Լուիզայի հանդիմանությունից: Եթե օրիորդն ամենաթեթև ակնարկ անգամ աներ, թե այդպիսի մի նվեր բոլորովին չի համապատասխանում Լևոնի աղքատ գրպանին, գիտեի, պիտի չարաչար վիրավորեր նրան: Բայց նա նրբազգաց գտնվեց, իսկույն ըմբռնեց Լևոնի հոգեբանությունը և այնպես հայտնեց յուր շնորհակալությունը, այնպես ժպտաց, հոտ քաշելով փնջից, այնպես գովեց նվերը, որ պատանու այտերը կարմրեցին ներքին հաճույքից:

Այդչափ սրտագետ չգտնվեց Ռախսան, նա հարցրեց Լուիզային.

— Կավալլարոն քեզ դիմավորելո՞ւ է Միլանում:

— Այո, — պատասխանեց սինյորա Ստեֆանիան:

— Մի՞թե նա այնտեղ է, — հարցրեց Լևոնը հուզված, դողդոջուն ձայնով:

— Նա եկել է Միլան հատկապես Լուիզային դիմավորելու համար, — պատասխանեց սինյորա Ստեֆանիան մի առանձին հաճույքով:

Այն հոգեկան հաճույքը, որ մի ժպիտով Լուիզան պատճառել էր Լևոնին, վայրկենաբար չքացավ, տեղի տալով զաղտնի նախանձի կրծող կրքին: Բայց Լևոնը գիտեր զսպել իրան չափահաս տղամարդի պես: Նա ասաց.

— Այդ լավ է: Սինյոր Կավալլարոն կօգնի սինյորինա Լուիզային:

Երկրորդ զանգակի միջոցին Լուիզան սկսեց վերջին հրաժեշտը տալ: Նա արավ ավելի, քան կարելի էր սպասել նույնիսկ յուր նման մի բարի, հասարակ և պարզասիրտ օրիորդից, որ վարակված չէր նախապաշարումներով: Ազատվելով մոր գրկից, ամենից առաջ Լևոնի ձեռն առավ և... համբուրվեց նրա հետ պարզ ընկերական կերպով: Հետո, շտապ-շտապ սեղմելով մեր ձեռները, փունջը ձեռին բարձրացավ կառախումբ:

Ես դիտում էի Լևոնին: Նա բևեռվել էր նույն տեղում, ուր արժանացավ Լուիզայի հրաժեշտի համբույրին, և նայում էր այն լուսամուտին, ուր պիտի երևար օրիորդը: Բնազդաբար բռնեցի նրա թևից և մի փոքր հեռացրի կառախմբից...

Ահա երևաց Լուիզայի զվարթ դեմքը լուսամուտից: Նա օդային համբույրներ էր ուղարկում մեզ: Մի քանի րոպե ևս, և լսվեց երրորդ զանգը, ու կառախումբը կամացուկ շարժվեց, այնպես անաղմուկ, որ կարծես նավ էր լողում: Այն ժամանակ միայն Լևոնը սթափվեց և գլխարկը բարձրացնելով գոչեց իտալերեն.

— Բարի ճանապա՛րհ... Ցտեսությո՛ւն... Շուտո՛վ...

Տուն վերադարձանք երկուսս միասին ձիաքարշով: Ճանապարհին Լևոնը մի բառ անգամ չարտասանեց: Լուռ էի և ես, չէի կամենում ընդհատել նրա մտքերի թելը: Թե նա տանջվում էր՝ այս պարզ էր ինձ համար, թե նա երջանիկ է Լուիզայի համբույրով՝ այս էլ երևում էր: Բայց թե ինչ էր մտածում այս չիմացա, երևում էր միայն, որ նրան զբաղեցնողը սովորական մի միտք չէ...

Ես հրավիրեցի նրան սենյակս: Ինչ-որ պատճառով հրաժարվեց գալ: Արագ-արագ բարձրանալով վերև, չքացավ հինգերորդ հարկի բարձրության մեջ:

Այդ օրից ավելի քան մի շաբաթ անցավ, ես նրան չտեսա: Ինքը չէր գալիս սենյակս, իսկ ես բարձրանում էի վերև և միայն մորը հանդիպում:

— Ուշ գիշերին տուն է գալիս սենյակս, երբ ես քնած եմ, առավոտը գնում է, երբ քնած եմ: Բայց լավ որդի է, ամեն օր սեղանի վրա թողնում է հիսուն կոպեկ ողորմություն... անիծվի՛ նա...

Տիկին, — գոչեցի ես բարկացած, բոլորովին համբերությունից դուրս գալով այդրու անվերջ անեծքներից, — նա ձեր ծախքը տալիս է, հերիք է, էլ ի՞նչ եք ուզում...

Խեղճ կինն ապշած նայեց երեսիս ու մի քայլ հեռու դրեց: Երևի, շատ էի բարկացած, և նա չէր սպասում իմ կողմից այդչափ կոպտություն: Ես զղջացի. Ինչ էլ լիներ, նա դժբախտ էր, գոնե այդպես էր համարում իրան:

— Հետաքրքրվե՞լ եք, արդյոք, ուր է գնում ամեն օր, — հարցրի ես, ձայնս մեղմացնելով:

— Շատ էլ հետաքրքրվում եմ, որ չի ասո՞ւմ: Կիթառն էլ ամեն օր հետը տանում է: Բայց ես կիմանամ՝ ուր է գնում, կիմանամ, չեմ թողնիլ որ կորչի հոր պես ...

Զարմանալին այն էր, որ թատրոնների շուրջն էլ չէի հանդիպում Լևոնին: Ես կատարելապես տխրում էի առանց նրան, մանավանդ որ սինյորա Ստեֆանիայի սեղանատունը զրկվել էր յուր հրապույրից: Այնտեղ այլևս չէին հնչում Լուիզայի մետաղային ձայնն ու վարակիչ ծիծաղը: Սինյորա Ստեֆանիան նրա ուղևորվելու հենց երկրորդ օրը դաշնամուրը վերադարձրել էր երաժշտական խանութ, ուսկից վերցրած էր ամսավարձով: Չկար ո՛չ նվագող, ո՛չ երգող, ո՛չ ծիծաղող: Ռախսան և ուսանողը մտերմացել էին ու զբաղված էին իրանց մտերմությամբ: Ավարտելով ճաշը, նրանք շտապում էին հեռանալ իրենց սենյակները:

Ես ուրախությամբ կտեղափոխվեի մի ուրիշ բնակարան, եթե չվնասեի Ստեֆանիայի դրությանը: Սրա սենյակների մեծ մասը դատարկ էր, եթե ես էլ դուրս գայի, խեղճ կինը պիտի տուժեր:

Մի անգամ ճաշից հետո բուլվարումն էի: Այստեղից բացվում էր Օդեսայի գեղեցիկ տեսարաններից մեկը: Մոտ երկու հարյուր ոտնաչափ բարձրությունից երևում են ամբողջ նավահանգիստն ու ծովածոցը իրանց հազարավոր նավերով: Ես վաղուց էի կշտացել այդ տեսարանից: Նստած ամբոխից հեռու մի առանձնակի նստարանի վրա երաժշտություն էի լսում: Ակամա հիշում էի Լևոնի մանդոլինան, որ տասն օր էր որբացել էր սեղանիս վրա: «Ո՞ւր է նա այժմ», — հարցնում էի ինքս ինձ, և հարցը մնում էր հարց:

— Բոնժուր, մոսյո, — լսեցի մի թույլ թոքախտավոր ձայն:

Գլուխս բարձրացրի և իմ առջև տեսա Չաուշենկոյին Իցկո Մարդոզիսի հետ: Այս հանդիպումն ինձ ուրախացրեց: Ես սեղմեցի նրանց ձեռը և իսկույն հարցրի Լևոնի մասին:

Չաուշենկոն հաստ գավազանը բարձրացրեց լայն վերարկուի տակից և, ցույց տալով նավահանգիստը, թատրոնական եղանակով ասաց.

— Այնտեղ է:

— Չաուշենկո, ինչու այսօր ձևերդ տրագիկական են, — ասաց Իցկոն:

— Որովհետև, սիրելի ջհուդիկս, այնտեղ է կատարվում կյանքի տրագեդիան: Մարդիկ տանջվում են ու մեռնում խավարի մեջ: Գնա՛նք, տա՛ր ինձ այնտեղ, Իցկո: Չաուշենկոն արիստոկրատ բանաստեղծներից չէ, որոնք խորշում են ամբոխից: Մաքսիմ Գորկիի գրածները չես կարդացել, Չաուշենկոյինը կկարդա՛ս: Ութ տարի ուսումնասիրել եմ արճիճային աշխարհը, այժմ ուզում եմ ուսումնասիրել նավահանգստի ամբոխը: Գնա՛նք, պարոն, — դարձավ նա ինձ, — դուք էլ գրող եք, գնանք, մի՛ ամաչեք:

— Գնանք, ուր ուզում եք, միայն թե Լևոնին ցույց տվեք:

— Իցկոն մեզ կառաջնորդի: Նա խավարի ծնունդ է: Հայրը նավահանգստում հին լաթեր ու երկաթ է ժողովում, պիտի իմանա խավար աշխարհի բոլոր խորշերը յուր ձեռքի ափի պես:

— Իսկ դու պիտի լուսավորես այդ խավար աշխարհը ահա դրանցով, — ասաց Իցկոն, զարկելով բանաստեղծի ձեռքի գրքույկներին: — Քանի՞ օրինակ ես վերցրել: Տա՞սը: Կխուրջենք, միամիտ կաց, նո՛ւ, չիմբա-չիմբա, չիլալա... Չաուշենկո, չիլալա՛:

Նա ձախ ոտը բարձրացրեց և, աջ ոտի վրա ոստոստալով, վազեց առաջ:

Օդեսայի նավահանգիստը քաղաքի հետ միացած է մի հսկայական քարե սանդուղքով, որի բարձրության վրա բուլվարի մեջտեղում կանգնած է քաղաքի հիմնադիր Ռիշիլիեի արձանը, իսկ ստորոտում կառուցված է մի փոքրիկ եկեղեցի նավահանգստի բնակչության համար: Մենք իջանք այդ սանդուղքով, մտանք մի աղեղնաձև լայն փողոց: Այդ վերջին փողոցն է դեպի ծովափը, այնուհետև ամբողջ նավահանգստի երկայնությամբ բարձրանում է «էսթակադան»՝ երկաթուղու բեռնակիր, գնացքների համար կառուցված կամուրջը: Գիշեր-ցերեկ այս հսկայական կամուրջի վրայով սուլելով անցնում են շոգեկառքերը, քարշ տալով վագոնների երկայն շարքերը, իսկ ներքև բազմաթիվ կամարների տակով անցուդարձ են անում բեռնակիր սայլեր, նավաստիներ, բանվորներ: Այդ մի աղմկալի վայր է, մի բարդ հանգույց ծովային և ցամաքային կյանքերի միջև: Շոգենավերի թանձր ծուխը, նավաստիների կոշտ ձայները, էսթակադայի խուլ թնդյունները գնացքների ծանրությունից, կայարաններում կուտակված քարածխի փոշին՝ այս բոլորը ընդհանուր առմամբ անսովոր մարդու վրա ճնշող տպավորություն են գործում:

Իցկո Մարդոլլիսը մեզ առաջնորդեց քարածխի փոշով ծածկված փողոցի խորքը: Երբ եկեղեցուց հեռացանք երկու հարյուր քայլ, դեպի աջ, մեր առջև բացվեց օղետների, ստորին տեսակի թեյատների ու պանդոկների մի ամբողջ ավան: Այստեղ էր վխտում նավահանգստի բնակչության մեծ մասը: Պանդոկներից լսվում կին հարմոնիայի և ռուսական ողորմելի բալալայկայի հնչյուններն ամբոխի աղաղակների, երգերի, գոռում-գոչյունների, հիշոցների ու անեծքների հետ: Նրանք, որոնք ժամանակ ու միջոց ունեին, ուտում, խմում ու հարբում էին պանդոկներում, վայելելով էժանագին հուրիների ընկերության հաճույքը: Եսկ նրանք, որոնք միմիայն խմելու համար փող ունեին, մտնում էին «Մոնոպոլի» կրպակները: Այստեղ վերցնելով կնքված շշերը՝ դուրս էին գալիս փողոց և բովանդակությունը դատարկում իրանց բերանները: Օղին արգելվում է խմել «Մոնոպոլի» կրպակներում, ուստի հարբեցողությունը, որ առաջ քիչ թե շատ ամոթ ուներ և թաքնվում էր օղետների պատերի մեջ, այժմ թագավորում է փողոցում ամենայն համարձակությամբ, Եվ ահա նրա ողորմելի զոհերը թավալված են կրպակների առջև, մայթերի վրա, փողոցի մեջտեղում սայլերի ու կառքերի տակ ջարդվելու վտանգին ենթակա:

Իցկոն կանգ առավ մի մեծ պանդոկի առջև, որի դռների ճակատին գրված էր. «Արքայական յախտա»:

— Ահա այստեղ է Լևոնը, — ասաց նա, — անցյալ շաբաթ «Ոսկե խարիսխումն» էր նվագում:

— Հը՛մ, — արտասանեց Չաուշենկոն, դառնալով ինձ, — տատանվո՞ւմ եք: Վախենո՞ւմ եք մտնել: Քա՛ջ եղեք, ձեզ չեն ուտիլ, մեզ նման մարդիկ են…

Նա գավազանը բարձրացրեց և հաղթական քայլերով մտավ Իցկոյի հետ պանդոկ: Ես մի քիչ նրանցից լավ էի հագնված: «Աղա» չհամարվելու համար վերարկուիս օձիքը բարձրացրի, գլխարկիս եզրը քաշեցի աչքերիս, հուսալով, որ ամենաշատը հույն որմնադիր կհամարեն ինձ:

Պանդոկը լի էր հաճախորդներով: Առաջին պահի ոչինչ չկարողացա

որոշել, այնքան մթնոլորտը տոգորված էր ծխով, փոշով ու կերակուրների շոգիով: Դժվար էր ընդհանուր աղմուկի, գոռում-գոչյունների ու հայհոյանքների մեջ մի բան հասկանալ: Այցելուների մի մասը խմբվել էր բուֆետի առջև, որ գտնվում էր ուղիղ մուտքի դիմաց: Մենք հրիրվում էինք այս ու այն կողմ: Չաուշենկոյի նիհար մարմինը պնդակազմ նավաստիների ուսերի հարվածներից տաշեղի պես թռչկոտում էր: Երբեմն նա իրան դիմող մեջքերին դեմ էր տալիս գավազանի կոթը, ինքը հետ կանգնում: Իցկոն, յուր փոքրության շնորհիվ, կատվի ճարպկությամբ սլկվում էր առաջ մարդկանց արանքով: Ես հազիվ էի կարողանում քիթ ու պռունգս ազատ պահել օդի մեջ անհմաստ շարժվող ձեռների ու արմունկների պատահական հարվածներից:

Մենք անցանք երկու շարք կեղտոտ ու մերկ սենյակների միջով, որոնց շուրջը նստած էին նավաստիներ և երկաթուղու ծառայողներ: Մի, քիթը ուռած, կարմրած, աչքերի տակերը կապտած կին, ինձ տեսնելով, գոչեց,

— Էյ, բասուրման, արի միասին «տրեպակա» պարենք:

Ես հազիվ կարողացա ազատվել նրա սիրալիր թևերից, որ բացվել էին ինձ գրկելու համար: Չաուշենկոն, գլուխը փիլիսոփայորեն շարժելով, արտասանեց.

— Թռչուն, ո՞ւր է քո փետուրը:

— Քեռի Միդորի կատուն պոկոտել է, — ասաց Իցկոն, ծիծաղելով:

Քեռի Միդորը «Արքայական յախտայի» տերն էր, կատուն՝ օղին:

Վերջապես, հասանք ընդարձակ պանդոկի համեմատաբար մի ապահով անկյուն, ուր մեր կողերը ջարդվելու վտանգից ազատվեցին: Այստեղ մի երկար սեղանի քով նստած էին տասնի չափ նավաստիներ: Սեղանը ծածկված էր կեղտոտ ամաններով, հացի կտորներով, ուտելիքների ու ծխախոտի մնացորդներով, գարեջրի և օղու շշերով ու բաժակներով:

— Ահա և ձեր արտիստը, — ասաց Իցկոն, ցույց տալով սեղանի ծայրը:

Այնտեղ նստած էր Լևոնը: Նա կիթառ էր նվագում և զվարճացնում սեղանակիցներին: Չնայելով յուր չքավորությանը, ես մինչև այդ օրը նրան կեղտոտ չէի տեսել: Գոնե շապիկը միշտ անարատ էր, ձեռներն ու երեսը մաքուր, կոշիկները փաքսած, փայլուն: Իսկ այժմ նա նմանվում էր գործարանական բանվորի:

Իմ երևալը նրան զարմացրեց: Նա չընդհատեց նվագումը, բայց չափազանց շփոթվեց, կարմրեց: Նավաստիները նրան լսում էին ուշադիր, թեև արդեն բոլորն հարբած էին: Իրանց հիացմունքն արտահայտում էին գոռում -գոչյուններով: Երբեմն մեկը կամ մյուսը վեր էր կենում, գրկվում ու համբուրվում նրա հետ կամ, մեջքին զարկելով, արտասանում էր.

— Մալադե՜ց, Լյովա, մալադե՜ց...

Չաուշենկոն մեզ հրավիրեց նստել մի դատարկ սեղանի քով, ասելով, թե Լևոնին չի կարելի խանգարել, նավաստիները կկատաղեն: Մի շիշ գարեջրի պատրվակով կարելի էր նստել, և մենք նստեցինք: Լևոնը շարունակ մեզ էր նայում ու ժպտում: Այդ տասն օրվա ընթացքում նա ավելի նիհարել էր ու թորշոմել: Առաջին անգամ այդ օրը նրա բերանի անկյուններում նկատեցի թեթև խորշեր:

Սեղանի մոտից վեր կացավ լայն թիկունքով ու մեծ միրուքով մի նավաստի և օրորվելով մոտեցավ Լևոնին: Ձեռը դնելով պատանու նիհարիկ ուսի վրա, գոչեց.

— Էյ, ճպուռ, նվագելո՞ւ ես ինձ համար «Օ՜հ, իմ վիշտ», թե՞ չէ. ես ուզում եմ «Օ՜հ, իմ վիշտ» լսել:

— Տե՜ղդ նստիր, էյ, Սիբիրի ռեխ, — գոչեցին ընկերները, — մի՜ խանգարիր Լյովային:

— Չեմ նստիլ, մինչև որ չլսեմ՝ «Օ՜հ, իմ վիշտ»: «Օ՜հ, իմ վիշտ»: Լյովա, Լյովա, «Օ՜հ, իմ վիշտ»:

— Հիմար գլուխ, — նկատեց մեկը, — Լյովան հենց «Օ՜հ, իմ վիշտ» է նվագում: Չես լսում, անո՜ւս.,

— Լյովա սուտ չի՞ ասում:

Լյովան գլխով հաստատեց, թե նվագածը հենց «Օ՜հ, իմ վիշտն» է:

— Սատանան տանի, — գոռաց Սիբիրի ռեխը, — ի՜նչ չավ էիր նվագում: Լսեցինք, լսեցինք. հիմա նվագիր «Դունայի գեղեցկուհի»: Լյովա, Լյովա, «Դունայի գեղեցկուհի»,

— Այ քեզ «Դունայի գեղեցկուհի», — ասաց մի հաղթանդամ և, հետևից ձեռները գցելով Սիբիրի ռեխի կողերի միջով, փորը դեմ տվեց մեջքին, բարձրացրեց ու բերեց նստեցրեց յուր տեղը:

— Է՜յ դու Կալուգայի արջ, ինչպե՞ս համարձակվեցիր, — գոռաց Սիբիրի ռեխը, — թաթերդ կփշրեմ...

Եվ բռունցքն այնպիսի ուժով զարկեց սեղանին, որ շշերն ու բաժակները միմյանց դիպչելով փշրտվեցին:

Բարձրացավ աղմուկ, վեճ, իրարանցում: Օդի մեջ երևացին մի քանի սպառնալի բռունցքներ: Գուցե «Սիբիրի ռեխը» և «Կալուգայի արջը» միմյանց քիթ ու պռունգ ջարդեին, եթե չլիներ մի ալևոր նավաստի, որին ընկերները «Դյադուշկա» էին անվանում: Նա մեջ մտավ նրանց բաժանելու: Օգնության հասավ Լևոնը: նա նվագումը ընդհատեց և, տեղից վեր կենալով, ասաց.

— Պարոններ, թո՜ւյլ տվեք ինձ գնալ խերսոնցիների մոտ:

Վեճն իսկույն դադարեց, բոլորը շրջապատեցին երաժշտին:

— Լյովա, աղավնյակ, մի՜ անիր, Լյովա, հոգյակ, նվագիր, ինչպե՞ս կարելի է, — խնդրեցին բոլորը:

— Նվագի՜ր... ինչպե՞ս նվագեմ, պարոններ, քանի որ չեք լսում,

կռվում եք անկիրթ «բոսյակների» պես: Մի՞թե վայել է «Ռուսաց ընկերության» նավաստիներին:

— Վայել չէ, իհարկե վայել չէ, — գոչեց «Դյադուշկան»:

— Դուք ինձ «տիրաասպոլցիների» մոտից բերեցիք այստեղ, որ ձեր կռիվը տեսնեմ: Դուք լավ չեք գնահատում երաժշտությունը:

«Խերսոն», «Տիրաասպոլ» նավեր էին, և նավաստիները կրում էին իրենց նավերի անունները:

— Կգնահատենք, կգնահատենք, Լյովա, հիմարներ չենք...

— Ի՞նչ է, փո՞ղ է ուզում այդ ճպուռը, — գոչեց Սիբիրի ռեխը, և վարտիքի գրպանից հանելով արծաթե գրամներով լի քսակը, զցեց Լևոնի գիրկը, — ահա՛, վերցրու, խեղդվի՛ր...

— Մենք էլ կտանք, մենք էլ կտանք, — աղաղակեցին ամենքը, ձեռները տանելով իրանց գրպանները:

— Տեսե՛ք, տեսե՛ք, Լևոնը հարստանալու է, — գոչեց Իցկոն, հրճվանքից ձեռները միմյանց զարկելով, երբ տեսավ փողի քսակները:

— Հապա, կտեսնենք, թե ինչպես, — արտասանեց Չաուշենկոն, որ, արմունկները սեղանին հենած դիտում էր կատարվող տեսարանը:

Լևոնը հանգիստ վերցրեց յուր գիրկն ընկած քսակները և դնելով սեղանի վրա, ասաց.

— Ես իմ գնից մի կոպեկ էլ ավել չեմ վերցնիր համարը 10 կոպեկ, ո՛չ ավելի ո՛չ պակաս: Դրեք ձեր գրպանները, նստեցե՛ք, նվագում եմ...

— Բրավո՛, Լևոն, բրավո՛, դու մեր երեսը սև չարիր, — գոչեց Չաուշենկոն ոգևորված և նավաստիների ուշադրությունը գրավեց մեր վրա:

— Այդ ի՞նչ կատու է, — գոչեց Սիբիրի ռեխը, — ա՛հ, տիրացո՛ւ: Չէ, ուխտավոր է, աբեղա է... էյ, երևի Իոքազամայի տաճարի համար լումա ժողովելու ես եկել, Արի՛, արի՛, մենք էլ կտանք մեր հոգու փրկության համար:

Չաուշենկոն վերցրեց սեղանի վրայից յուր գրքույկները և հանդիսավոր քայլերով մոտեցավ նավաստիներին:

— Պարոննե՛ր, ես ո՛չ տիրացու եմ, ո՛չ տաճարի համար լումա ժողովող: Ես երգիչ եմ...

— Երգիչ, երգիչ, այդ շատ լավ է, — ասացին ոմանք: — Դեհ երգիր, տեսնենք:

— Երգիր՝ «Օ՛հ, իմ վիշտ», — պահանջեց Սիբիրի ռեխը, — «Օ՛հ, իմ վիշտ»:

— Օ՛հ, խավար, ահա իմ վիշտը, — արտասանեց բանաստեղծը: — Պարոննե՛ր, ես ձայնով չեմ երգում, այլ գրչով: Գնեցե՛ք մի-մի օրինակ ահա այս գրքույկներից: Դուք, պարոններ, ինչպես տեսնում եմ, երաժշտություն սիրում եք, մի՛ մոռանաք, որ բանաստեղծությունն էլ նրա քույրն է:

— Քո՛ւյրն է, — ասաց Միբիրի ռեխը, — ապա տո՛ւր ինձ այդ գեղեցկուհուն...

Նա խլեց գրքույկներից մեկը, դրեց դատարկ ամանի մեջ, վրան օղի թափեց և, լուցկին վառելով, ասաց.

— Ապա, տեսնենք, քույրն ինչպես է երգում: Օղին այնքան թունդ չէր, որ վառվեր:

— Քեռի՛ Միդոր, — գոչեց Միբիրի ռեխը, — կատվից մազիլները հանել ես... խի-խի-խի , ապիրտ բեր...

— Է՛յ, Միբիրի ռեխ, — ասաց «Դյադուշկան», — այսօր դու մեզ ուզում ես խայտառակել: Գրքերը սուրբ են, հանցանք է նրանց այրելը... Գնե՛նք մի-մի օրինակ...

Նավաստիները գնեցին մի-մի օրինակ «Վշտի և տանջանքների ժամերից», իսկ անհանգիստ Միբիրի ռեխը մի մեծ բաժակ օղի ձեռքում մոտեցավ հեղինակին:

— Կոնծի՛ր, դնչիցդ երևում է, որ սիրում ես... Չաուշենկոն խմող չէր: Երկու ձեռները դեմ տվեց բաժակին, գոչելով.

— Հեռո՛ւ ինձանից համառուսական թույն...

— Այն ժամանակ Միբիրի ռեխը կպավ Լևոնին.

— Խմի՛ր, դու մինչև այսօր դեռ չես հաղորդվել... Թե քրիստոնյա ես, պիտի խմես...

— Լյովա, Լյովա, մի բաժակ իմ խաթրու, — խնդրեցին մյուսները:

Լևոնը հրաժարվեց, ասելով, թե խմելուց հետո չի կարող նվագել: Դյադուշկան» նրան պաշտպանեց:

Օրն արդեն մթնել էր: «Դյադուշկան» հայտնեց, թե շոգենավ վերադառնալու ժամանակ է: Խումբը վճարելով կերած, խմածի գինը, նաև Լևոնի վարձը, դուրս եկավ աղմուկով, գոռում — գոչյուններով, միմյանց բոթելով ու հարվածելով:

Փողոցում Չաուշենկոյի գլուխը պտտվեց այնպես, որ անշուշտ կընկներ, եթե չհենվեր պատին: Խմիչքների հոտը և ծխախոտի ծուխը շշմեցրել էին նրան: Բայց նա կրկնում էր.

— Շատ ուրախ եմ այստեղ գալուս, շատ ուրախ եմ, ամեն օր պիտի գամ: Ո՛րքան նյութ, որքա՛ն նյութ գրողի համար:

Իցկոն ոտնոտում էր Լևոնի շուրջը: Վերջապես, ձեռքը գցելով նրա, թևին, հարցրեց.

— Այսօր ինձ համար շոկոլա՞դ ես առնելու, թե՛ ծխախոտ:

— Երկուսն էլ:

— Ֆիա՛մ, ֆիա՛մ, ուրեմն այսօր երկու ռուբլուց ավելի ես հավաքել... Կեցցե՛տրիո: Ես այսօր ոչինչ չեմ վաստակել: Բանաստեղծ, պիտի ինձ համար մի սրինգ գնես: Ես էլ ուզում եմ սրինգ նվագել:

— Կգնեմ, ինչու չեմ գնիլ, — ասաց Չաուշենկոն բարև սրտաբար:

— Չիմրա-չիմրա-չիլալա, Չաուշենկո, չիլալա...

Երբ ընկերները բաժանվեցին, ես հետաքրքրվեցի իմանալ ինչու Լևոնը փոխել է յուր արհեստը: Չէի ուզում հավատալ, որ առանց վերին աստիճանի ստիպողական մի պատճառի կարող է նա ցերեկներն անգամ ապրել թատրոնից հեռու:

— Կարիքն է ստիպում, սինյոր, — պատասխանեց նա հանդարտ:

— Բայց չէ՞ որ դու առաջ էլ կարիք ունեիր:

— Ես ուզում եմ մորս կամքը կատարել:

— Այսի՛նքն:

— Ուզում եմ նրան ապահովել:

Ես նայեցի նրա աչքերի մեջին և հասկացա, որ կեղծում է: Փողոցային լապտերի լույսը մատնեց նրա այլայլվելը:

— Է՛հ շատ գովելի է, — ասացի ես, — որ ուզում ես մորդ ապահովել: Բայց ների՛ր, Լևոն, այս անգամ շատ էլ չեմ հավատում քեզ: Կարծում եմ, ուրիշ նպատակ ունիս:

Նա ոչինչ չասաց, միայն քայլերն արագացրեց:

— Ո՞ւր ես շտապում, հարցրի ես:

— Թատրոն:

— Է՞լի թատրոն:

— Այո՛, սինյոր... այսօր լավ դրամա են ներկայացնում...

Եվ, երևի, իմ հարցուփորձից ազատվելու համար, շտապով հեռացավ: Ես արդեն գուշակել էի նրա միտքը...

Մի քանի անգամ այցելեցի «Արքայական յախտա»-ն: Լևոնին այնտեղ սիրում էին: Նավաստիները խլում էին նրան միմյանց ձեռքից: Նա գիտեր նվագել մալոռուսական եղանակներ ու պարեր: Անցնում էր մի խմբից մյուսը, բոլորին զվարճացնում, հավաքելով յուր տասնական կոպեկները: Զվարճության տաք միջոցներին սեղանակիցները երբեմն խնդրում էին նրան խմել մի-մի բաժակ օղի կամ գարեջուր: Նա չէր ուզում խմել և չէր կարողանում խմել:

Մի անգամ իմ ներկայությամբ, երբ զզվանքով հետ դրեց օղու բաժակը, նրա համար պահանջեցին ինչ-որ քաղցր ըմպելիք: Նա մի բաժակ խմեց, հետո երկրորդն և զվարթացավ.,.

Ցավալի էր ինձ համար, որ նա այցելում է այդ ստորին վայրերը: Բայց իրավունք չէի համարում համոզել նրան թողնելու այդ տեղերը: Ուրիշ ի՞նչ միջոց ուներ նա ապրելու, բացի նախկին ողորմելի պարապմունքից: Մի օր նա ասաց.

— Սինյոր, երկու ամիս չկա, արդեն երեսուն ռուբլի եմ հետաձգել: Բայց մորս չասեք:

— Ինչո՞ւ:

— Որովհետև այդ փողերը ինձ հարկավոր են...

— Իտալիա գնալու համար, — լրացրի ես նրա խոսքը, խնդիրը միանգամից պարզելու համար, — մի՛ զարմանա Լևոն, ես այդ վաղուց գիտեի:

— Օ՛օ, սինյոր, իրավ է, ես ուզում եմ տեսնել Իտալիան...

— Եվ Լուիզային...

Նա ամոթից երեսը դարձրեց ինձանից: Ես հաղորդեցի նրան, թե սինյորա Ստեֆանիան Կավալլարոյից նոր նամակ է ստացել: Բարիտոնը գրում է, թե երգեցողության ուսուցիչները փորձել են օրիորդի ձայնը և հիացել են նրա ուժով ու «տեմբրով»: Մի հայտնի պրոֆեսոր խոստանում է երեք տարվա ընթացքում Լուիզային այնչափ պատրաստել, որ կարողանա օպերաներում առաջին դրամատիկ — սոպրանոյի դերը երգել:

Հաղորդածս նորություն չէր նրա համար: Նա ասաց, թե հենց նույն օրն ինքը նամակ է ստացել Լուիզայից: Բարի օրիորդը յուր խոստումը կատարել էր: Սակայն այդ եղավ առաջին և վերջին նամակը...

Ամբողջ գարունը և ամառը պատանին այցելեց նավահանգստի պանդոկները: Երբեմն գալիս էր սենյակս և ինձ հաշիվ տալիս: Նրան դեռ սիրում են նավաստիները, հաճույքով լսում և միմյանց ձեռքից խլում: Ամսական միջին թվով քսան ռուբլուց ավելի է հետաձգում: Շուտով, շուտով կկատարի յուր փափագը, կուղևորվի Իտալիա...

Այնինչ՝ պանդոկների մթնոլորտն արդեն դրել էր յուր դրոշմը նրա վրա: Ձևերը նկատելու չափ գռեհկացել էին: Ժամանակ առ ժամանակ արտասանում էր տգեղ բառեր, որ առաջ չկային նրա բառարանում: Արտասանում էր և իսկույն զղջում, կարմրում: Մի քանի անգամ զգացի, որ բերանից խմիչքների հոտ է գալիս: Իսկ մի երեկո մեր տան դարբասի առջև տեսա նրան սաստիկ հարբած դրության մեջ: Կիթառը կռնատակին բռնած, օրորվելով տուն էր գնում, մի քայլ առաջ դնելով, մի քայլ կողք, օրորվելով: Օգնեցի նրան սանդուղքով բարձրանալու:

Ալմաստը տեսավ նրան թե չէ՝ ձեռները զարկեց երեսին, գոչելով.

— Սպանեց, մորթեց...

Նախատինքի ժամանակ չէր: Խնդրեցի վշտացած մորը զսպել առայժմ յուր սրտի թույնը:

Լևոնը թավալվեց երեսնիվայր անկողնում, մի ոտը թողնելով հատակի վրա: Տեսարանը եղկելի էր, Լևոնը, այն պատանին, որին երևակայությունս գրեթե հրեշտակացրել էր, ընկնում էր աչքումս: Եվ այս ինձ համար դառն էր, շատ դառն: Նա ոչինչ չէր զգում, ընկած էր կեղտոտ լաթի պես, ոտից մինչև գլուխ ցեխոտ: Միայն երբեմն ձեռը դուրս էր բերում փորի տակից շոշափում ձախ կոշիկը...

Ես թողեցի տխուր տեսարանը և հեռացա: Մի՞թե այս է բարեկամիս վերջը: Մի՞թե Ալմաստի չար գուշակությունը իրագործվում է:

Առավոտը երբ բարձրացա վերև, Ալմաստն արդեն թեթևացրել էր յուր սիրտն և աչք-ունքը կիսած լուռ նստած էր մի անկյունում: Լևոնը փնտրում էր կիթառը, որ գնա յուր գործին, չէր գտնում: Ալմաստը թաքցրել էր, չէր ուզում տալ: Տեսնելով ինձ՝ խեղճ կինը լաց եղավ: Այս անգամ խոսքեր չգտա Լևոնին արդարացնելու:

— Չէի ասում, որ վերջն յուր անիծված հոր օրին է հասնում: Ահա չորրորդ անգամն է տուն է գալիս շան օրում...

Ես բարվոք համարեցի Լևոնի հետ խոսել առանձին, հրավիրելով սենյակս: Հիշում էր երեկվա յուր խայտառակ դրությունը և սաստիկ ամաչում: Լուռ էր, սպասում էր, որ ես խոսեմ: Ի՞նչ պիտի ասեի, նախատելը կլիներ ավելորդ. Լևոնը հիմար գլուխ չէր և ոչ էլ երեխա, շուտով պիտի լրանար տասնութ տարին: Ես ընկերաբար բացատրեցի հարբեցողության կորստաբեր հետևանքները: Նա լսեց մինչև վերջը համբերությամբ և երբ վերջացրի, ասաց.

— Այդ բոլորը գիտեմ, հայրս հենց հարբեցողությունից մեռավ:

— Գիտես և էլի խմո՞ւմ ես:

— Ստիպում են:

— Ովքե՞ր:

— Նավաստիները:

— Տեղափոխվի՛ր ուրիշ պանդոկ:

— Ամեն տեղ ստիպում են:

— Մի՞թե չես կարող մերժել:

— Առաջ մերժում էի, հիմա չեն թողնում:

— Ի՞նչ ասել է չեն թողնում. ամեն մարդ յուր կամքի տերն է:

— Այո՛ սինյոր, բայց երբ կես փթանոց բռունցքը պահում են քթիդ տակ, մոռանում ես կամքդ:

— Նրանք քեզ ծեծո՞ւմ են:

— Կծեծեն, եթե շատ համառություն անեմ:

— Բայց ի՞նչ օգուտ ունին քեզ հարբեցնելուց:

— Հարբածներն ատում են արթուն մարդուն: Երբ չեմ խմում, ասում են՝ «դու մտքումդ ծաղրում ես մեզ: Դու էլ խմիր, հավասարվիր մեզ հետ»:

— Գոնե քի՞չ խմիր:

— Շատ չեմ խմում, բայց քիչն էլ է ինձ հարբեցնում, — Ի՞նչ են խմեցնում:

— Առաջ քաղցր խմիչքներ էին տալիս: Հիմա ասում են՝ «թանկ է նստում» և ստիպում են խմել զարեջուր էլ, օղի էլ...

Ես լռեցի, բայց հարկավոր էր մի հետևանքի հասցնել, մեր խոսակցությունը:

— Լևոն, թո՛ղ այդ պանդոկները, էլի թատրոններով զբաղվիր...

— Իհարկե, թողնելու եմ, սինյոր, շուտով, շուտով կգնամ Իտալիա... Արդեն հարյուր հիսուն ռուբլի ունիմ:

— Իսկ մա՛յրդ:

— Նրան էլ հետս տանելու եմ:

— Հարյուր հիսուն ռուբլո՞վ:

— Ի՞նչ կա, քի՞չ է: Ես շատերից եմ հարցրել: Ասում են ամսական երեսուն ռուբլով կարող ենք ապրել այնպես, ինչպես այստեղ:

— Գուցե կարելի է, բայց մի քանի ամիս, իսկ հետո:

— Հե՞տո ... մի գործ կգտնեմ:

— Լնոն, ճշմարի՛տն ասա, ի՞նչն է քեզ ստիպում Իտալիա գնալ, — հարցրի ես, նայելով ուղիղ նրա աչքերի միջին:

— Ուզում եմ վիոլոնչել նվագել սովորել ու գալ այստեղ օրկեստրը մտնել:

«Կեղծում ես, բարեկամս, — մտածեցի ես, — այդ չի գլխավոր պատճառը»:

Նայեցի նրան ուշադիր, սիրտս մորմոքվեց: Նա ոտքի վրա ցամաքել էր, ինչպես արմատից, պոկված ծաղիկ: Խնդրեց ինձ համոզել մորը, որ կիթառը տա իրան: Միևնույն է, եթե չտա, պիտի նորը գնել, ինչո՞ւ ավելորդ ծախսի մեջ ընկնել:

Հազիվ այդ օրից անցել էր մի շաբաթ, երբ մի երեկո, մոտ տասը ժամին, հանկարծ սենյակս մտավ Ալմաստը շփոթված:

— Պարոն, նեղություն քաշեցեք, վերև բարձրացեք աստծո սիրույն:

Տարօրինակ դրության մեջ տեսա ես Լնոնին այդ երեկո: Հեզ պատանին կատարելապես կատաղել էր: Առանց բաճկոնի ու կոշիկների թավալվել էր դռների առջև և մռնչում էր ինչպես մատաղ գազան, կրծոտելով յուր ձեռների միսը: Նրա նիհար պարանոցի երակներն ուռել, փքվել էին, կարծես ահա, ահա պիտի տրաքվեին ձգված լարերի պես: Նա ոտները զարկում էր հատակին ինչպես դիվահար:

Պատահել էր մի շատ սովորական դեպք, որի նմանները պատահում են Օդեսայի խուլ անկյուններում գրեթե ամեն երեկո: Նավահանգստից վերադառնալիս Լնոնի վրա հարձակվել էին ինչ-որ քաղցած սրիկաներ: Խլել ձեռքից կիթառը, հանել բաճկոնն ու կոշիկները ու բաց թողել:

— Եվ դրա համար քեզ սպանո՞ւմ ես, — գոչեցի ես բռնելով Լնոնի թևը, — ամոթ:

— Ես էլ այդ եմ ասում, որդի, խոմ չեմ նախատում: Տանը մի հատ պիջակ էլ ունիս, կոշիկներ էլ... Վայ, տեր աստված, ինչպես է գլուխը պատին խփում: Այս ի՞նչ պատիժ է, երկնային թագավոր...

Կասկածելի էր, որ Լնոնը կիթառի, մանավանդ ողորմելի պիջակի ու կոշիկների համար այդպիսի հեծ ու կոծ բարձրացներ: Անշուշտ կորուստն ավելի մեծ էր: Խնդրեցի Ալմաստին մի քանի րոպե թողնել մեզ առանձին: Այրին դուրս գնաց, ճանաչելով Լնոնի բնավորությունը, գիտեի՝ ինչպես պիտի խոսել այսպիսի հանգամանքներում նրա հետ: Նա սիրում էր զգալ, որ մարդիկ իրեն չափահաս են համարում: .

— Ամոթ է, Լնոն: Փառք աստուծո, դու երեխա չես, խելքի եկ... Չարժե այդպես գոռալ...

Չարժե՛ , չարժե՛, սինյոր, դուք էլ եք ասում: Բայց չգիտեք ինչ եմ կորցրել, ի՞նչ: Ձախ կոշիկս... այո՛... ձախը.., Գիտե՛ք... Իտալիա, վիոլոնչել, երգ, երաժշտություն, կորավ ամեն ինչ... Բուլվարի ներքևումն էր, այն մեծ սանդուղքի մոտ: Երկու հոգի էին՝ մեկը բարձրահասակ, մյուսը թիկնավետ: Բարձրահասակը բռնեց հետևից ձեռներս, մյուսը խուզարկեց գրպաններս: Երբ մի ռուբլուց ավելի չգտան բարկացան: Կարծում էի կիթառս կխլեն, կիեռանան: Չեղա՛վ: Պիջակս էլ հանեցին... Տերը նրանց հետ, թող շապիկս էլ հանեին՝ չէի խոսիլ... Բայց կոշիկներս, ձախ կոշիկս. «Հանի՛ր, — ասաց ձեռներս բռնողը, — գոնե երկու բաժակ օղի արժեն: Երբ թիկնավետը կռացավ կոշիկներս հանելու, կատաղեցի, սկսեցի կծոտել նրա ուսերը, գլուխը... Նա ինձ ապտակեց: Աչքերս մթնեցին... Սկսեցի աղաչել, պաղատվել... Չլսեցին անաստվածները... Տարան, տարան...

— Ուրեմն կոշիկներիդ համա՞ր ես լալիս, — ասացի ես մոտավորապես հասկանալով բանի էությունը:

— Հարյուր հիսուն ռուբլու սինյոր, հարյուր հիսուն ռուբլի կար կոշիկիս մեջ, ձախ կոշիկս... Այնտեղ էի պահում հավաքած փողերս...

Եվ նա սկսեց դառնագին հեկեկալ...

Այդպես, ուրեմն, տարել էին նրա վեց-յոթ ամսվա աշխատանքի վարձը, նրա Իտալիա գնալու, Լուիզային տեսնելու հույսը... Նա ավելի ապահով տեղ չէր գտել յուր փողերի համար: Տանը պահել վախեցել էր: Մայրը կգտներ, չէր վերադարձնիլ: Այդ կինը ամեն առավոտ որդու գրպանները խուզարկում էր, մոտը փող չէր թողնում:

— Փաթաթել էի թղթում, դրել կրունկիս կողմում, վրեն կաշի խփել, ծայրերը գամել... Շատ գիշերներ կոշիկներով եմ քնել... Տարա՛ն սրիկաները: Ով գիտե հիմա ծախում են մի բաժակ օղիով կամ մի ֆունտ հացով... Տե՛ր աստված, տեր աստված, ի՞նչ պիտի անեմ...

Ես խոսքեր չէի գտնում թշվառին մխիթարելու: Խստություն համարեցի նախատել նրան յուր անզգուշության համար: Հարկավոր էր միայն ցույց տալ կորուստը գտնելու գեթ մի թույլ հույս: Արդեն վիշտը շատ մեծ էր:

— Ա՛ա, — գոչեց նա հանկարծ, ձեռը զարկելով ճակատին, — հույս կա, կա հույս գտնելու:

— Այո , — ուրախացա ես երեխայի պես:

— Այո՛, սինյոր: Դուք ճանաչո՛ւմ եք Իցկոյի հորը: «Մոշկա սելյոդկա» են կոչում նրան: Ճարպիկ մարդ է, ճանաչում է փողոցի սրիկաներին: Հին հագուստեղեն ու կոշիկներ է գնում, վաճառում: Ա՛հ, իսկույն կգնամ նրա մոտ. իսկույն: Մա՛մա, ներս եկ, տար ինձ մյուս կոշիկս, պիջակս, գնում եմ կիթառս փնտրելու...

Հակառակ մոր կամքին նա շուտով հագնվեց ու վազեց դուրս:

Ես, իհարկե, Ալմաստին չհայտնեցի, թե Լևոնն ինչ է կորցրել: Երևակայում էի ինչ ողբ պիտի բարձրացներ և ո՛րքան անիծեր որդուն:

Վերադարձա սենյակս, հոգով նախանձելով հարուստներին: Ինչո՞ւ ես էլ հարուստ չէի...

Լույսը նոր բացված գնացի Լևոնին տեսնելու: Արդեն դուրս էր եկել տնից: Ամբողջ գիշեր, Ալմաստի ասելով, չէր քնել, պտտել էր անկյունից անկյուն: Ուշ երեկո էր, երբ Լևոնը մտավ սենյակս հոգնած, քրտնած, փոշոտ: Նա խոսելու անգամ ուժ չուներ: Մինչև կեսօր թափառել էր Իցկոյի հոր, իսկ կեսօրից հետո՝ Չաուշենկոյի և Իցկոյի հոր հետ: Եղել էին գրեթե բոլոր այն շուկաներում, ուր հին հագուստեղենի առուտուր է կատարվում: Փնտրել էին միայն կոշիկները, առանց ումնէ ասելու՝ ինչ գանձ են փնտրում: Եվ զուր: Իցկոյի հայրը խորհուրդ էր տվել Լևոնին «մոռանալ, թե երբևէ փող է ունեցել»: Չաուշենկոն հայտնել էր ոստիկանությանը: Պրիստավը ծաղրել էր. ո՞ր հիմարն է կոշիկի մեջ փող պահում:

Լևոնն ամբողջ օրը անց էր կացրել անոթի: Առաջարկեցի ընթրել ինձ հետ, մերժեց. դուրս եկավ ուժասպառ, հուսահատված, հարբածի պես օրորվելով:

Մյուս օրն ես նրան հանդիպեցի փողոցում մի փոքրահասակ, նիհար, կեղտոտ հրեայի հետ խոսելիս: Դա ինքը «Մոշկա սեյրոդկան» էր, Իցկոյի հայրը:

— Մոսյո, — դարձավ նա ինձ, երբ իմացավ, որ Լևոնի բարեկամն եմ, — միրուքս վկա, աղքատն երբեք փող չպիտի ունենա: Փողը շատ գոռոզ է, սիրում է թանկագին պալատներ: Հիմար աղքատը կարծում է, թե կարելի է նրան պահել գարշապարի տակ, կոշիկում, խի-խի-խի՛... Մանո՛ւկ, դու պիտի կուրծքդ պատռեիր ու ասեիր այդ հարյուրանոցին, «պատվելի, սիրելի, համեցեք, այ քո բնակարանը»: Երանի եմ տալիս այն հնավաճառին, որ այդ կոշիկը կգնի: Երդվում եմ միրուքովս, Սողոմոն արքան էլ այդպիսի թանկագին կոշիկներ չի հագել:

Մի շաբաթ շարունակ, Լևոնը վաղ առավոտից սկսած մինչև ուշ երեկո փնտրում էր յուր կորուստը: Չաուշենկոն և Իցկոն հուսահատվել էին, այլևս չէին օգնում նրան, իսկ նա դեռ փնտրում էր: Նա զրկվել էր քնից, հանգստությունից, ախորժակից: Տուն էր վերադառնում երեկոները, պառկում հագուստով անկողնում, հեկեկում ու հեկեկում: Ալմաստը հուսահատությունից չգիտեր ինչ աներ, տանջվում էր որդու հետ հավասար: Սա պնդում էր, թե Լևոնը կխելագարվի, եթե այդ դրության մեջ մնա: Ամեն ինչ մոռացել է, ոչնչով չի հետաքրքրվում, նույնիսկ թատրոններով:

Խոստովանում եմ, ես այլևս քաջություն չունեի Լևոնի վիշտը տեսնելու: Նրա ծանր հառաչանքները, ողբը, հեծկլտանքը կտրատում էին սիրտս: Այնինչ՝ այժմ նա ավելի հաճախ էր այցելում ինձ, քան առաջ: Գալիս էր, նստում սեղանի քով և խոսում յուր կորստի մասին: Նա դեռ պահում էր սրտում մի թույլ հույս փողերը գտնելու: Ով գիտե, անկարելի ոչինչ չկա. կարող են այդ կոշիկները պտտել ամբողջ քաղաքը և դարձյալ հետ գալ, իրենց տիրոջ ձեռքն ընկնել... Բայց շուտով այդ թույլ հույսն էլ մեռավ նրա մեջ, և Լևոնի միտքը սկսեց փոքր առ փոքր սթափվել: Ծանոթ նավաստիները խնդրում էին նրան, շարունակել հաճախել պանդոկները, խոստանալով նրա համար նոր կիթառ գնել: Ես խորհուրդ տվեցի նրան ընդունել այդ առաջարկությունը և նորից սկսել փող վաստակել: Մի օր, վերջապես, նա գնաց Արքայական յախտա մի նոր կիթառ ձեռին: Երեկոյան նա պատմեց ինձ, թե նավաստիները ինչպիսի ուրախությամբ են ընդունել նրան, ինչպես գրկվել ու համբուրվել նրա հետ: Նրա. բերանից դարձյալ օղու հոտ էր գալիս: Երևի այս անգամ, խմել էր վիշտը մոռացության տալու համար, ես քաջություն չունեցա հանդիմանելու: Մի չնչին գումար, որ կարողացավ նա խնայել առաջին ամիսը, նորից վերականգնեցրեց նրա հույսերը: Այս անգամ նա անկեղծ խոստովանեց ինձ, որ Իտալիա գնալու գլխավոր նպատակը Լուիզային տեսնելն է: Գրեթե օր չէր անցնում, որ նա չհարցներ.

— Սինյոր, ի՞նչ լուր կա Լուիզայից:

Նա ինքը ամաչում էր անմիջապես սինյորա Ստեֆանիային դիմել այս հարցով: Ես հաղորդում էի նրան բոլորը, ինչ որ լսում էի տանտիրուհուց: Միշտ Լուիզան բարև էր ուղարկում Լևոնին: Եվ Լևոնը երջանիկ էր այդ ուշադրությամբ: Չգիտեմ, կա՞ր արդյոք մի ուրիշը, որ այնքան ուրախանար Լուիզայի ամեն մի նոր հաջողության համար, որքան այդ սիրահարը: Նա ասում էր, թե ամենից ավելի ինքն է սիրում Լուիզային և ամենից առաջ էլ ինքն է ուզում ծափահարել նրան բեմի վրա, ոչ այստեղ՝ Օդեսայում, այլ այնտեղ՝ Իտալիայում:

Մի անգամ նա ասաց.

— Եթե մինչև առաջիկա գարուն չկարողանամ ճանապարհ ընկնել, կխելագարվեմ:

Մի ուրիշ անգամ դիմեց ինձ այս հարցով.

— Ի՞նչ եք կարծում, սինյոր, Լուիզան, նշանավոր երգչուհի դառնալով, կգոռոզանա՞:

Հասկացա, թե իսկապես ինչ է ուզում իմանալ: Հոգու խորքում նա ինքն իրեն արժանի չէր համարում Լուիզային, բայց հպարտությունը չէր թույլ տալիս նրան խոստովանել այդ: Նա ուզում էր իմ միտքը իմանալ՝ արժանի՞ եմ համարում իրան Լուիզային, թե ոչ:

Կամենալով գեթ մի փոքր սթափեցնել այդ օրից-օր ավելի ու ավելի կուրացող հոգին, պատասխանեցի.

— Այո, կգոռոզանա: Նա հենց այժմ էլ, երբ դեռ շատ հեռու է նշանավոր երգչուհի համարվելու պատվից, գոռոզացել է...

— Ո՞վ ասաց, — գոչեց Լևոնը վշտացած:

— Նրա վարմունքը: Նա քեզ մոռացել է:

— Ի՞նչ: Ինչո՞ւ, նա միշտ բարևներ է ուղարկում, խոմ ինքներդ եք ասում:

— Այո՞, բարեկամս, ուղարկում է, բայց, ների՛ր, այդ բարևների նպատակը ես ուրիշ կերպ եմ հասկանում: Լուիզան, դեռ երգչուհի չդարձած, արտիստների խորամանկությունն է յուրացնում: Ես ճանաչում եմ նույնիսկ տաղանդավոր երգչուհիներ և դերասանուհիներ, որոնք շողոքորթում են համալսարանական քաղաքներում ուսանողներին, գավառական քաղաքներում՝ գիմնազիստներին միմիայն նրանց ցույցերին արժանանալու համար: Իսկ դու քո խմբով ավելի գեղեցիկ ցույցեր գիտես անել: Լուիզան այս գիտե և քեզ հետ հեռավոր բարեկամություն է պահպանում յուր ապագայի համար, թեև գիտե, միևնույն ժամանակ, որ դու կաշառվող չես: Ա՜խ, բարեկամս, մի՛ հափշտակվիր այն ուսանողի պես, հիշո՞ւմ ես, որ անցյալ տարի ինքնասպանություն գործեց մի երգչուհու պատճառով: Լուիզան քեզ չի սիրում, եթե սիրեր՝ նամակ կգրեր: Ինչո՞ւ մեկը գրեց ու լռեց:

Գուցե ես զրպարտում էի Լուիզային, բայց սաածիս մեջ զգում էի ճշմարտության մաս: Լևոնին փրկելու համար պատրաստ էի ավելի վատ գույներով պատկերացնել Լուիզային նրա առջև:

— Նա ժամանակ չունի ինձ նամակ գրելու, զբաղված է: — ասաց Լևոնը ոչ այնքան Լուիզային արդարացնելու, որքան յուր անձնասիրությունը պաշտպանելու մտքով:

— Գուցե... թող այդպես լինի... — ասացի ես անորոշ եղանակով Լևոնին ավելի չվշտացնելու համար:

Որքան հիշում եմ, հենց այդ օրն էր, որ սինյորա Ստեֆանիան մտավ սենյակս անսովոր ուրախ տրամադրության մեջ և ասաց.

— Սինյոր, հիմա կարող եք ինձ շնորհավորել:

— Ի՞նչ է պատահել...

— Պատահել է այն, ինչ որ վաղուց սպասում էի անհամբեր: Լուիզան երեկ պսակվել է Կավալլարոյի հետ: Հենց այս րոպեիս հեռագիր ստացա... ահա...

Եվ նա ծոցից հանելով հեռագիրը՝ ցույց ավեց ինձ:

— Այդպես անսպասելի՞, — գոչեցի ես, թեև վաղուց մի ներքին ձայն ինձ ասում էր, թե կա ինչ-որ մտերմություն Լուիզայի և Կավալլարոյի միջև:

— Անսպասելի չէր, սինյոր, ոչ, այդ դո՞ւք չգիտեիք, իսկ ես գիտեի, որ նրանք նշանված են վաղուց: Նշանվելն ինձ համար կարևոր չէր, պսակվելն էր կարևոր: Ես լռում էի, վախենալով, որ գործը չփչանա: Ա՜խ, վերջապես որքան ուրախ, ո՛րքան ուրախ եմ: Կավալլարոն հենց իմ ուզած փեսան է՝ բարի, քաղաքավարի լավ երգիչ, լավ էլ փող է ստանում: Այո՛, Լուիզան ավելի լավ ընտրություն անել չէր կարող: Երեկ պսակվել են, այսօր պիտի ուղևորվեն Պարիզ: Կավալլարոն պիտի մի տարի մնա այնտեղ: Լուիզան, իհարկե, նրա հետ կլինի...

Ես շնորհավորեցի երջանիկ մորը. բայց մի ներքին ձայն շշնջաց, թե շատ էլ անկեղծ չեմ վարվում: Ինչպե՞ս կընդունի այդ լուրը Լևոնը, որին սիրում եմ ավելի, քան Կավալլարոյին ու Լուիզային:

Այդ օրը ես վերադարձա դրսից տուն ուշ գիշերին, որպեսզի չհանդիպեմ Լևոնին: Սակայն հետևյալ օրը նա եկավ սենյակս երեկոյան սովորական ժամից առաջ: Սինյորա Ստեֆանիան ճաշի միջոցին ինձ ցույց էր տվել երկրորդ հեռագիրը, որով հայտնվում էր, թե նորապսակներն արդեն ուղևորվել են Պարիզ:

Տխուր, անմոռանալի երեկո, առաջին անգամ կողոպտվելուց հետո Լևոնի դեմքի վրա տեսա այդ երեկո ուրախ ժպիտ: Նա իսկույն պատմեց յուր ուրախության պատճառը: Երկու օր է՝ նրան կանչում են «Խերսոն» շոգենավը: Այնտեղ նա նվագում է նավապետի և յուր օգնականների համար: Այսօր օգնականներից մեկը, տալով նրան յուր մանդոլինան, առաջարկել էր նվագել: Լևոնը կատարել էր նրա ցանկությունը: Նավապետին առանձնապես դուր էր եկել «Մադրիդի շրջմոլիկը»: Նա մի շատ բարի մարդ է, իմանալով, որ Լևոնը ձգտում է գնալ Իտալիա, այսօր խոստացավ օգնել նրան: երկու օրից հետո «Խերսոնը» գնում էր Կրոնշտադտ: Այնտեղից հետ է գալու և ուղևորվելու է Միջերկրական ծով, հետո Հեռավոր Արևելք: Ահա այդ ժամանակ նա կվերցնի Լևոնին յուր մոր հետ և կտանի մինչև Իտալիայի սահմանները...

— Օ՛, սինյո՛ր, սինյո՛ր, այնքան ուրախ եմ, որ ուզում եմ թռչկոտել: Ես նավապետի պարտքի տակ չեմ մնա, կնվագեմ նրա համար ամբողջ ճանապարհին, գիշեր-ցերեկ կնվագեմ: Իտալիա, Իտալիա անպատճառ պիտի տեսնեմ: Որքան կզարմանա Լուիզան ու ինչպե՛ս կուրախանա:

Ծանր էր ինձ համար այս անկեղծ խոսքերից հետո թաքցնել իրողությունը Լևոնից, որ այդ պահին. մարմնացած ոգևորություն էր:

— Լևոն, — ասացի, — շա՛տ ես փափագում տեսնել Լուիզային:

— Այո՛, իհարկե:

— Եթե չտեսնես, շա՞տ կտխրես:

— Բայց ես կտեսնեմ նրան, սինյոր, կտեսնեմ Միլանում, — գոչեց Լևոնը հավատով լի, միևնույն ժամանակ, մի տեսակ երկյուղով նայելով երեսիս:

— Լոլիզան այժմ Միլանում չէ:

— Ո՞վ ասաց:

— Սինյորա Ստեֆանիայի հեռագիրը:

— Հապա ո՞րտեղ է:

— Պարիզում:

— Ո՞ւմ հետ...

— Կավալլարոյի...

— Կավալլա՞րո, — գոչեց պատանին զրեթե, շնչասպառ:

— Ամուսնացել է Լուիզայի հետ և երեկ ուղևորվել Պարիզ մի տարի ժամանակով, — ասացի ես միանգամից սրտիս ծանրությունից ազատվելու համար:

Լևոնը ցնցվեց, երեսի մկանունքները դողացին: Մի վայրկյանում կարմրեց, կապտեց, հետո սփրթնեց կտավի պես:

— Տեսա՞ր, որ քեզ չի սիրում Լուիզան, որ դու երազի մեջ ես...

Լևոնը ճիգ արավ զսպել հուզմունքը: Այդ տասնութ տարեկան պատանին, որի զգացումներն այնքան անժամանակ հասունացել էին, ուներ նաև կամքի ուժ: Սակայն հարվածն ավելի զորեղ էր: Նա թուլացած ընկղմվեց աթոռի վրա, արտասանելով:

— Ա՛յ նորություն... պետք է շնորհավորել...

— Այո՛, պետք է շնորհավորել, — կրկնեցի ես, ձևանալով իբր թե չեմ նկատում նրա հուզմունքը:

— Կավալլարոն լավ մարդ է, ազնիվ է, — ասաց նա դողդոջուն ձայնով, շրթունքները կրծոտելով:

— Այնքան ազնիվ, որ Լուիզան չարժե նրան:

— Մինյոր...

— Չարժե, չարժե, — կրկնեցի ես, վրդովվելով անմեղ իտալուհու դեմ:

— Լուիզան բարձր է... Լուիզան... հրեշտակ է...

Այլևս նա չկարողացավ իրան պահել, գլուխը դրեց սեղանին ու սկսեց հեկեկալ այնպես ուժգին, որ թվում էր, թե նրա մարմինը կտոր-կտոր է լինում:

Ես զգացի անզուսպ ատելություն դեպի Լուիզան. կարծես նա ինձ հասցրել էր բարոյական ծանր վիրավորանք: Սկսեցի անխնա և միանգամայն անարդար պախարակել մի էակի, որ իսկապես արժանի էր սիրո և հարգանքի: Նկարագրեցի նրա աննշան թերությունները խոշորացույցով մեծացրած, հնարեցի չեղած թերություններ: Լսելով ինձ, կարելի էր կարծել, թե չկա աշխարհի երեսին և չի եղել ավելի անբարտավան, ավելի հիմար և նույնիսկ ավելի տգեղ ու հակակրելի աղջիկ, քան Լուիզան: Եվ այս բոլորը Լևոնին հիասթափեցնելու համար: Ես չախչախում էի նրա կուռքը, ձգում նրա ոտների տակ, որպեսզի ոչնչացնեմ նրա սրտում խորին հավատը: Այնինչ գիտեի, որ այդ կուռքը ոչնչով մեղավոր չէ յուր մոլեռանդ երկրպագուի առջև: Նա գուցե չէր էլ երեվակայել, որ յուր պարզ, ընկերական վարմունքը կարող է մի պատանու սրտում առաջացնել այդքան հասուն, այդքան խոր և ջերմ զգացում...

Սակայն Լևոնն ավելի մեծահոգի և վեհանձն էր, քան կարող էի երևակայել: Նրա կեղեքվող կրծքից դառն հեծկլտանքի հետ դուրս էին գալիս միայն այս բառերը.

«Լուիզան պակասություն չունի... Լուիզան հրեշտակ է...»:

Եղել են մոլեռանդներ, որոնք կրակի միջից իրանց այրվող ձեռները պարզել են դեպի վեր, աղոթել՝ աստծուն, որի անունով նրանք դատապարտվել են այրման: Այսպես էր և Լևոնը: Անհուն տանջանքների բովում նա դեռ պաշտում էր յուր իդեալին, որովհետև դա նրա միակ աստվածուհին էր:

Նա զսպեց հեծկլտանքը, սրբեց արցունքը, ոտքի կանգնեց գդակը վերցնելով:

— Պետք է շնորհավորել սինյորա Ստեֆանիային, — ասաց: — Բայց այժմ ուշ է, — վաղը... ներողություն, սինյոր, Լուիզայի համար չէի լալիս... Հոգնած եմ... Գիտեք... գիտեք... Լուիզան զուր է ամուսնու հետ գնում Պարիզ... Կավալլարոն գնում է յուր ձայնն ավելի մշակելու... Լուիզան յուր ապագան կզոհի նրան... Բայց ի՞նձ ինչ... ի՞նձ ինչ...

Քանի մի րոպե նրան պաշարեց անձնասիրության և ամոթի զգացումը: Նա շփոթվեց յուր թուլությունից, արտասուքից: Շփոթվեց այնպես, որ երեսիս չէր ուզում նայել: Վերցրեց մի քանի անգամ մանդոլինան աննպատակ, հետ դրեց, գլխարկը ձեռքին սկսեց փնտրել նրան, ծիծաղեց կեղծ, անբնական ծիծաղով: Վերջապես, ճանկեց յուր թանձր մազերը, կանգնեց սեղանի մոտ և կարմրած աչքերը հառեց Լամպարի լույսին: Չգիտեմ ինչու միշտ նրա աչքերը ձգտում էին դեպի լույս: Նա սիրում էր նայել արեգակի շողերին, լամպարի լույսին, վառարանի կրակին... Եվ այդ լինում էր մանավանդ այն միջոցներին, երբ նրա մտքերը պղտորված էին, նրա հոգին խռովված էր...

Ես տանջվում էի իմ անզորությունից, որովհետև չգիտեի՝ ինչով մխիթարել մարմնացած տանջանքը:

Լռությունը տևեց երկար: Ես անցուդարձ էի անում, նա շարունակ կանգնած էր: Հանկարծ, շրթունքները կրծոտելով, գլխարկը մի ձեռքով խփեց մյուս ձեռի ափին, շուռ եկավ և, առանց ինձ հրաժեշտ տալու, արագ քայլերով դուրս գնաց...

Մանդոլինան մնաց սեղանիս վրա կարծես վշտացած, որ դարձյալ իրան մոռացան... Չէ՞ որ Լևոնը եկել էր նրան տանելու, որ վաղը նվագի շոգենավի վրա...

Ինձ պաշարեց զղջման զգացումը, ինչո՞ւ այդպես շուտ և անզգույշ հայտնեցի նրան լուրը: Ով գիտե՝ ուր վազեց և ինչ կարող է անել: Երկու անգամ բարձրացա վերև և, դրսից լսելով նրա ձայնը, հանգստացա, հետ եկա: Սկսեցի ինձ մխիթարել այն մտքով, որ կատարել եմ անկեղծ բարեկամի պարտք, բանալով Լևոնի աչքերը: Մտածեցի նաև, որ է՛հ, ինչ և լինի, տասնութ տարեկան պատանի է, հազիվ թե վիշտը նրա սրտում երկար ապրի, լաց կլինի, լաց կլինի Լևոնը՝ կհանգստանա... Մտածում էի այսպես և, միևնույն ժամանակ, զգում, որ սխալված եմ...

Առավոտը զարթնեցի մի անսովոր ծանրություն սրտիս վրա: Շտապով խմելով մի բաժակ թեյ, գնացի վերև: Լևոնը տանը չէր: Ալմաստն ասաց, թե գիշերը, անկողին պառկելուց առաջ, տվել է հիսուն ռուբլի և համբուրվել հետը, թե գրեթե ամբողջ գիշերը նստած է եղել գրասեղանի քով, գրել է, ջնջել, պատռել: Առավոտը կրկին համբուրվել է նրա հետ և դուրս գնացել, տանը թողնելով կիթառը, որ ամեն օր հետը տանում էր:

— Նա տխո՞ւր էր, — հարցրի ես:

— Ոչ տխուր, ոչ ուրախ, այնպես էր, ինչպես միշտ: Կիթառը տանն է, մանդոլինան սենյակումս, պարզ է, որ նա ո՛չ պանդոկ է գնացել, ո՛չ շոգենավ: Ո՞ւր կարող է լինել: Ես փափագեցի տեսնել նրան անպատճառ, հենց նույն ժամին, ես սաստիկ անհանգիստ էի: Դուրս եկա, պտտեցի թատրոնների շուրջը, անցա երկու անգամ Դերի բասջան փողոցը, ուր երբեմն Լևոնը զբոսնում էր: Չկա՛ր: Օրը կիրակի էր.: Մտածեցի, գուցե հայոց եկեղեցումն է, կիրակի օրերը երբեմն գնում էր պատարագ լսելու: Այնտեղ էլ չէր:

Ավելի քան երկու ժամ թափառելուց հետո վերադարձա տուն մտամոլոր: Թվում էր ինձ, որ մի բան եմ կորցնում, մի շատ թանկագին բան:

Դարբասի առջև հանդիպեցի Չաուշենկոյին: Նա Լևոնի սենյակից էր գալիս: Նա էլ էր փնտրում ընկերոջը, չգիտեմ ինչ որ «կարևոր» գործի համար, եղել էր պանդոկներում, «Խերսոն» շոգենավի վրա, հարցրել էր, նավաստիները այսօր նրան չեն տեսել:

Պատմեցի նրան պատահածը:

— Օ՛, ունայնություն, — գոչեց բանաստեղծն յուր սովորական ոգևորությամբ. — ես միշտ ասել եմ, թե սերը դեպի կինը հոգու հիվանդություն է: Լևոնը վաղուց է ինձ խոստովանել, թե սիրահարված է այդ աղջկա վրա, Օ՛հ, ինչքա՞ն էր խոսում նրա մասին, ինչպե՞ս հառաչում: Պետք է գտնել նրան, հենց իսկույն... նա տաքարյուն է...

Խնդրեցի նրան մի քանի րոպե սպասել ինձ դրսում: Գնացի սինյորա Ստեֆանիայի մոտ: Անշուշտ Լևոնը այսօր եղել է նրա մոտ, չէ որ ուզում էր շնորհավորել նրան:

Երջանիկ տրամադրության մեջ գտա Ստեֆանիային: Նա ուրախությունից երգում էր ու պարում Ռախսայի մոտ այն րոպեին, երբ մտա սեղանատուն: Նա ասաց, թե հրավիրել է մի քանի բարեկամներ ու ծանոթներ, թե պետք է մի լավ զվարճանալ:

— Ա՛խ, սինյոր, այնքան ուրախ եմ, որ ուզում եմ բոլորին գրկել ու համբուրել:

«Մի՞ գուցե և ինձ» — ակամա մտածեցի ես, գրեթե երկյուղով նայելով նրա սյուների պես հաստ և ուժեղ կոներին:

Լևոնի մասին ասաց, թե առավոտյան եղել է յուր մոտ, շնորհավորել է, ձեռքը համբուրել:

— Նա քաղաքավարի պատանի է, իսկ և իսկ արտիստ: Կարծես հայրը վարսավիր չի եղել, այլ ջենտլմեն: Բայց ծիծաղելի էր, չէր հավատում Լուիզայի ամուսնությանը: Հեռագրերը տվեցի, ինքը կարդաց, մեկ էլ շնորհավորեց, բայց այնպես մտիկ արավ աչքերիս խեթ-խեթ, ապշած, որ, կարծես, նոր էր տեսնում ինձ: Հետո առանց դես առանց դեն ասաց, «Սինյորս, Ստեֆանիա, մորս սիրեցեք, նա խեղճ կին է»: Առհասարակ շատ օտարոտի էր...

Այսքանը բավական էր, որպեսզի իմ մեջ ծագեր վատ նախազգացում: Դուրս գալով փողոց, Չաուշենկոյին հաղորդեցի իմ երկյուղը: Նա առաջարկեց գնալ քաղաքային թատրոնի կողմերը: Իցկոն այժմ պիտի այնտեղ լինի, նա կարող է գտնել Լևոնին:

Իցկոյին հանդիպեցինք յուր հասակի մի հույնի հետ սաստիկ վեճի բռնված: Հույնը կատաղել էր, հայհոյում էր Իցկոյին, անվանելով նրան «քոստ ջհուդ», «սատկած առնետ» և այլն: Իսկ Իցկոն միայն կրկնում էր. «դու ինքդ, դու ինքդ»:

Չաուշենկոն, սպառնալով հույնին գավազանով ջախջախել նրա գլուխը, ստիպեց նրան լռել: Հայտնվեց, որ վեճը Լևոնի պատճառով էր: Հույնը Լևոնի մրցակիցն էր թատրոնի վերնահարկում և շվացնում էր այն երգիչներին, որոնց նա ծափահարում էր: Նա Իցկոյի մոտ Լևոնին հայհոյել էր, Ից կոն պաշտպանել էր բացակա ընկերոջը և վեճի բռնվել:

Երբ Չաուշենկոն պատմեց ինձանից լսածը, Իցկոն, վերուվար թռչկոտելով, գոչեց.

— Իհե՜, իհե՜ խեղճ Լևոն...

Նա ևս գիտեր, որ Լևոնը միշտ երազում է Լուիզայի մասին, և պատմեց մեզ մի քանի մանրամասներ: Ի միջի այլոց, ասաց, թե շատ տխրելիս Լևոնը գնում էր «Ալեքսանդրյան պարկ» կոչված զբոսավայրն ու այնտեղ ծովափի կողմում, մի հեռավոր նստարանի վրա նստում, կիթառը ծնկների վրա դրած, և մտիկ անում նավահանգստից դուրս եկող շոգենավին: Քանի-քանի անգամ Իցկոն հանդիպել է նրան այդ դրության մեջ, նա ասել է. «Իցկո, երբ մտիկ եմ անում մի հեռացող շոգենավի, ինձ թվում է, որ ես էլ նրա վրա ուրիշների հետ գնում եմ հեռու, հեռու երկրներ...»:

— Գնա՛նք Ալեքսանդրյան պարկ, այնտեղ է, երևի, — առաջարկեցի ես:

Տասը րոպեում հասանք զբոսավայրը, անցանք այդ ընդարձակ այգին երկայնությամբ ու լայնությամբ, նայեցինք բոլոր ծառուղիները, չկար ու չկար Լևոնը...

— Ես վերադարձա տուն հոգնած և՛ ֆիզիկապես, և՛ հոգեպես, թողնելով Չաուշենկոյին և Իցկոյին որոնել իրանց կորած ընկերոջը...

Վատ՝ նախազգացումս ինձ այնքան չարացրել էր, որ ես առանց որևէ պատրվակի հրաժարվեցի մասնակցել սինյորա Ստեֆանիայի այդ օրվա ուրախ խնջույքին: Ես պառկած էի հագուստով անկողնակալիս վրա և մտածում էի Լևոնի և միմիայն Լևոնի մասին: Նրա տխուր, հուսահատությամբ լի աչքերն էի հիշում վերջին րոպեին և նրանց մեջ կարդում էի մի փոքրիկ, բայց սքանչելի հերոսի հոգու անհուն տվայտանքը: Երևակայում էի նրան յուր թշվառ հոր դրության մեջ:

Հարբած, կեղտոտ, վեր ընկած թատրոնի դռների առջև, անցորդների ծաղրին ու սրախոսություններին ենթարկված...

Նայում էի նրա մանդոլինային, սիրտս մորմոքվում էր: Անշունչ գործիքը կարծես լեզու էր ստացել, ողբում էր յուր տիրոջը: Ես վերցրի նրան սեղանիս վրայից, քաշ արի պատի մի անկյունում, որ այլևս աչքիս չընկնի...

Մի քանի անգամ մատներս դիպան նրա լարերին, և նրանց թույլ հնչյունները հիշեցրին ինձ այն նշանավոր առավոտը, երբ Լևոնն առաջին անգամ նվագեց «Մադրիդի շրջմոլիկը»: Թշվա՛ռ շրջմոլիկ, ո՞ւր ես դու այժմ...

Իսկ այնտեղ, հարևան սենյակում ուտում, խմում, զվարճանում էին հրավիրվածները: Լսում էի Ռախսայի ձայնը և սինյորա Ստեֆանիայի բարձրաձայն ուրախ ծիծաղը, որ առատ-առատ բխում էր նրա լայն, առողջ կրծքից... Փոքր առ փոքր նյարդերս թմրեցին, ես նիրհեցի, որովհետև գրեթե ամբողջ գիշեր չէի քնել... Կեսքուն և կեսարթուն դրության մեջ լսեցի ինչ-որ դղրդոց: Վեր թռա տեղիցս... դա Լևոնի մանդոլինան էր, որ ընկել էր պատից հատակի վրա: Նույն րոպեին, երբ գործիքը նորից քաշ էի անում պատին, դրսից լսեցի անսովոր աղմուկ: Շտապեցի նախասենյակ և այնտեղից հանդիպեցի սինյորա Ստեֆանիային յուր հյուրերի հետ: Նրանց դեմքերն արտահայտում էին զարմացում և երկյուղ:

— Ի՞նչ է պատահել, ի՞նչ է պատահել, — հարցնում էին միմյանց:

Մեր բնակարանի մուտքի առջև կանգնած էր այրի Ալմաստը և ձեռները տարածած դեպի ներքև, գոռում էր հրդեհում այրվողի պես: Երկու ոստիկան և մեր գավթապահը բարձրացնում էին սանդուղքով... Լևոնին: նրանց հետևից բարձրանում էին Չաուշենկոն և Իցկոն:

Նայելով Լևոնի թրջված հագուստին, կապտած դեմքին, ամեն ինչ հասկացա.... Մնացյալն երկու խոսքով պատմեցին Չաուշենկոն և Իցկոն:

Լևոնին հանել էին ջրից նավաստիները «Խերսոն» շոգենավի տակից, որ երկու շաբաթից հետո պիտի տաներ նրան Իտալիա...

ՄԵԼԱՆԻԱ

I

— Մելա՛նիա, ուրախացի՛ր. Պետերբուրգից հեռագիր ստացա, սենատը գործը վճռել է մեր օգտին: Հորեղբորս որդին հույս ուներ մեզանից չորս հարյուր հազար ստանալու, հիմա չորս կոպեկ չի ստանա: Օ՛հ, վերջապես ազատվեցի գլխացավից: Այժմ կարող ենք ապրել, ինչպես հարկն է:

Ինքը՝ Սամսոն Ֆրանգուլյանն, այնքան ուրախ էր, այնքան զգացված, որ ամուր գրկեց ամուսնուն և համբուրեց: Երեսուն տարի աշխատասեր մարդը ոսկոր է կոտրել, դիզել ահագին հարստություն և հանկարծ մի անգործ ազգական ուզում էր խլել այդ հարստության մի երրորդականը: Հանաք բա՛ն չէր բաժանվել մի այդպիսի գումարից: Եվ բաժանվել այն ժամանակ, երբ նա գործերը թողել էր, տեղափոխվել Կովկասի մայրաքաղաքը «հանգստանալու և ապրելու» համար:

Նա երջանիկ էր: Թեև ավելի քան կես դար արդեն անցել էր նրա գլխով, բայց կազմվածքը դեռ պահպանել էր կանոնավորությունը, ձայնը դեռ հնչում էր խրոխտ, քայլվածքը դեռ աշխույժ էր իսկ ստամոքսը բոլորովին անխախտ: Փույթ չէ, որ մազերը կիսով չափ ճերմակել էին — դա ժամանակի անխուսափելի հետևանքն էր: Կար միայն մի հոգս, որ երբեմն նրան զցում էր ծանր մտատանջության մեջ: Սակայն, հուսալով իր հարստության վրա, նա հավատացած էր, որ այս հոգսից էլ կարող է ազատվել...

Վեց տարի էր անցել ընդամենը, որ նա ամուսնացել էր: Ունեցել էր երկու զավակ, որոնցից անդրանիկը մեռել էր դեռ ծծից չկտրած. մնում էր երկրորդը — երկու տարեկան մի տղա: Այդքան ժամանակվա ընթացքում ոչ մի սև գիծ չէր անցել ամուսինների միջով: Մարդն իր բնական տակտով ու խելքով, կինը կրթությամբ և մտքի համեմատական զարգացմամբ — կարողացել էին հարգել իրարու ինքնասիրությունը և կենակցել հաշտ, անխռով: Կար մի հանգամանք, որ միշտ պիտի երաշխավորեր Մելանիայի հարգանքն ու պատկառանքը դեպի ամուսինը — այսպես էր համոզված Սամսոնը. — Մելանիան աղքատ ծնողների զավակ էր, Սամսոնը՝ հարուստ: Եթե Մելանիան երիտասարդ է, կրթված, գեղեցիկ, նույնիսկ գրավիչ, սրա փոխարեն՝ Սամսոնը կերակրում է նրա ծնողներին, ուսում է տալիս եղբայրներին և խոստանում է իր ծախսով ամուսնացնել քույրերին: Ուրեմն, կշեռքի թաթերը հավասար են: Եվ ոչ մի խոչընդոտ Սամսոնի բախտի առջև, և ոչ մի մռայլ ամպ նրա կյանքի հորիզոնում: Իսկ այսուհետև նամանավանդ չպիտի լինի, քանի որ Սամսոնը թողել է գործերը և անձնատուր եղել կնոջն ու նրա կամքին: Քանի որ նա լիակատար իրավունք է տվել Մելանիային ծախսել, որքան կամենում է, ապրել, ինչպես քեֆն է, ծանոթություններ սկսել ում հետ փափագում է:

Նա մի ձեռքով գրկեց Մելանիային և, երջանկության ժպիտն երեսին, անցավ նրա հետ սենյակից սենյակ մի անգամ ևս նոր կացարանն աչքի անցկացնելու: Ամեն ինչ արդեն կարգին էր. սենյակները կահավորված ու զարդարված, յուրաքանչյուրն առանձին ճաշակով, լուսամուտները վարագուրված թանկագին կտորներով, հատակները ծածկված խայտաբղետ գորգերով: Ամեն տեղ երևում է տանտիրոջ առատաձեռնությունը և տանտիկնոջ ճաշակը: Ախոռատանը կապած էին սքանչելի ձիերը, որ Սամսոնը նոր էր ստացել Մոսկվայի մի հայտնի գործարանատերից: Գավթում կառապանը երգ ասելով, սրբում ու հղկում էր, առանց այն էլ հայելու պես փայլող, կարեթը: Խոհարար, սպասավոր, նաժիշտ, տնտեսուհի — բոլորը զբաղված էին իրենց գործով, բոլորն ակնածությամբ նայում էին իրենց տիրուհու աչքերին:

Մելանիան ուներ միջոց ծանոթանալու ում հետ ևս կամենար: Հարուստ էր, երիտասարդ, գեղեցիկ ու կրթված — հանգամանքներ, որոնք կարող էին նրա առջն բաց անել ամենաամուր փակված դռները: Եվ նա կարողացավ օգտվել իր միջոցներից: Նրան ընդունում էին ամեն տեղ սիրով և այցելում ավելի սիրով: Սա երևում էր բոլոր հասարակական երեկույթներում, բալերում ու պարահանդեսներում: Նա դիտում էր, ուսումնասիրում և ամեն կերպ աշխատում իր հագուստը, ձևերը, ամբողջ կենցաղը հարմարացնել արիստոկրատիկ շրջանի կենցաղին: Եվ այնքան ընդունակ էր, որ մի քանի ամիս անցած՝ արդեն նրա մեջ կարելի էր նկատել ահագին առաջադիմություն դեպի գեղեցիկը, նուրբը և հաճելին:

Արդեն ամբողջ քաղաքը խոսում էր Ֆրանգուլյանների երեկույթների, ճաշերի, ձիերի, կահ-կարասիքի, մանավանդ Մելանիայի բազմաթիվ տուալետների ու խոշոր ադամանդների մասին: Երբ նա, Ժորժիկին կողքին նստեցրած՝ բոննայի հետ սեփական կառքով անցնում էր քաղաքի գլխավոր փողոցով, հարյուրավոր աչքեր նախանձով ուղեկցում էին նրան բարևներով: Իսկ Մելանիան գիտեր այդ բարևներին պատասխանել ըստ արժանվույն: Յուրաքանչյուրին ցույց էր տալիս այնքան ուշադրություն, որքան միայն արժանի էր համարում: Նա ընդունակ էր հարգել մարդկանց ոչ միայն դիրքն ու ծագումը, այլև խելքը, ճաշակն ու քաղաքավարությունը, նրա ծանոթների շրջանն ընդարձակ էր և բազմատեսակ: Ձմեռվա կիսին արդեն նրա հյուրասենյակում վաճառականների կանանց հետ կարելի էր տեսնել բանկիրների ու չինովնիկների կանանց, երբեմն նաև այս կամ այն իշխանուհուն:

Սամսոնը դեմ չէր դրան, թեև հոգու խորքում շատ էլ չէր հավանում նոր ծանոթներից ոմանց: Բանկիրների ու չինովնիկների հետ նա առաջ էլ բարեկամություն ունեցել էր, իսկ իշխանների հետ չգիտեր ինչպես վարվել: Երբեմն իրեն զգում էր շատ անհարմար վիճակի մեջ: Մեկմեկու հետևից նրա տնից վռնդվում էին այն սովորույթները, որոնց հետ կապված էր իր սաղմով և մտցվում նորերը: Բայց նա դարձյալ չէր բողոքում, և լուռ հպատակվում էր Մելանիայի պահանջներին: Վախենո՞ւմ էր: Ոչ, նա երկչոտ չէր: Կամքի ուժ չունե՞ր: Ոչ, փալաս մարդ չէր, եթե կամենար, կարող էր ամեն ինչ տակն ու վրա անել և նորից վերադառնալ նախկին կենցաղին:

Նա սիրում էր Մելանիային, սիրում էր վեց տարի նրա հետ կենակցելուց հետո, սիրում էր մանավանդ այժմ, երբ Մելանիան օրեցօր գեղեցկանում էր ու կենդանանում: Ահա նրա անտրտունջ հլության միակ պատճառը:

Զարմանալի բան. մի քանի ամսվա մեջ այդ կինն այնքան փոխվել էր, որ Սամսոնը ապշում էր, դիտելով նրան: Դա այլևս առաջվա համեստ, նույնիսկ ամոթխած Մելանիան չէր: Մի ձմեռվա ընթացքում ցույց տվեց այնչափ համարձակություն, եռանդ, կենսական ուժ, որչափ ցույց չէր տվել գուցե ամբողջ կյանքում: Տեղափոխվելով մի շրջանից մի ուրիշը, կարծես, նոր մթնոլորտի հետ շնչում էր նոր ոգի, նոր աշխարհայացք, նոր զգացումներ: Նրա թմրած էությունը արթնացել էր և արտահայտում էր իր բնական ուժը, որ ելք չէր գտել նախկին միջավայրում: Այնտեղ, ծննդավայրում կային զանազան կաշկանդող պայմաններ — գռեհիկների բամբասանքները, ազգականների ծաղրը, ծնողների չքավորությունը: Այստեղ թե՛ նրա և թե՛ Սամսոնի անցյալի հետ ոչ ոք ծանոթ չէր: Այստեղ ընդունում էին նրանց այնպես ինչպես կային այժմ — հարուստ և ժամանակի ազդեցությամբ այնչափ տաշված ու հղկված, որ կարող էին ամեն շրջան մտնել և խորթ չթվալ:

Սամսոնը, տեսնելով կնոջ մեջ այս արմատական առաջադիմությունը, ավելի ու ավելի էր սիրահարվում նրա վրա: Նա՛, այդ հիսունչորս տարեկան մարդը, մինչև հիմա ըստ արժանվույն չէր գնահատել իրենից երեսուն տարով փոքր կողակցին և կարծես այժմ զգում էր իր սխալը: Նա պարծենում էր մտքում Մելանիայի գեղեցկությամբ, սալոնական ձիրքով և վարվելու շնորհքով, Նա ուրախ էր նրա երիտասարդությանը: Սակայն, այն հանգամանքը, որ ինքն այդ կնոջից երեսուն տարով մեծ է, նրա մեջ հղացրեց մի նոր, տակավին անծանոթ, մի անտանելի զգացում:

Նա սկսեց խանդել: Խանդել ավելի ու ավելի ենթարկվելով այն մտքին, որ վաղուց նրան պատճառում էր ծանր հոգս...

II

Իբրև զգաստ, խելացի և հեռատես մարդ, Սամսոնն իր կասկածները դեռ թաքցնում էր: Եվ առիթ էլ չուներ խանդելու: Գիտեր, որ խիստ անարդար կլինի, եթե բացարձակ հայտնի Մելանիային, թե վախենում է նրա այժմյան կենսասիրությունից: Կար և մի ուրիշ հանգամանք, որ ստիպում էր նրան լռել, նա չէր ուզում նախանձամիտ ու կասկածոտ ասիացի համարվել ո՛չ կնոջ և ո՛չ մանավանդ օտարների աչքում: Միևնույն ժամանակ չէր ուզում ցույց տալ, թե վստահ չէ սեփական ուժերին կամ կնոջ հավատարմությանը:

Եվ այսպես, նա լռում էր: Բայց տանջվում էր, և այս տանջանքը, նոր միայն սկսված, արագ-արագ զարգանում էր: Տեսնելով Մելանիայի հետզհետե թարմացող ու գեղեցկացող դեմքը՝ երբեմն երկյուղից ցնցվում էր: Չէ՞ որ մի օր, վերջապես, այդ նորաբաց ծաղիկը կարող է երեսովը տալ նրա տարիքը. Մի՞թե կարելի է բնությունը բռնաբարել շարունակ և մնալ անպատիժ, բոլորովին անպատի՞ժ:

Երբ նա անխոհեմաբար, կուշտ ճաշից հետո, սեղանատանը կամ ննջարանում (մանավանդ այստեղ) գրկում էր Մելանիային, այնպիսի մի ցնցում էր արտահայտում երիտասարդ կնոջ կրակոտ մարմինը, որ Սամսոնը ուղղակի սարսափում էր: Այնպես, որպես մարդ կարող էր սարսափել, եթե ձեռը վերցնի մի գեղեցիկ իր և հանկարծ զգա, որ նա լեցուն է դինամիտով: Այդ սիրուն աչքերի այրող շողերը բորբոքում էին նրա հնացած արյունը, բայց և ասեղների պես ցցվում նրա սրտի մեջ: Այդ կարմրախայտ հյութալի շրթունքների ու նուրբ պնչերի դողոցը շարժում էր նրա մաշված կիրքը, բայց և ցավ պատճառում նրա ուղեղին: Այդ կլորիկ ու գեղակազմ կրծքի բաբախումը հրահրում էր նրան, բայց և սարսուռ ազդում նրա մարմնին: Այո՛, Մելանիան բոլորովին նախկին Մելանիան չէ, այն, ինչ որ էր ընդամենը կես տարի առաջ: Նա վառվել է ինքն իր մեջ և այրվում է ինքն իր հրով:

Ա՛խ, եթե Սամսոնը երեսունհինգ տարեկան լիներ: Ի՞նչ օգուտ, որ տակավին առողջ է ու թարմ՝ իր տարիքի համեմատ: Ի՞նչ օգուտ, որ այսօր էլ դեռ երակների մեջ զգում է երիտասարդական արյուն: Այնուամենայնիվ նա ծեր է և միայն ինքն է զգում, թե որքան ծեր է... Նա հիսունչորս տարեկան է, և հենց այն միտքը, թե երեսուն տարով մեծ է կնոջից, կարող է թունավորել Մելանիայի կյանքը:

Մի անգամ միջօրեին, նախաճաշից հետո, երբ գինին փոքր-ինչ ներգործել էր Սամսոնի վրա, հանկարծ պատանեկական աշխույժով փաթաթվեց Մելանիայի պարանոցին և սկսեց անվերջ համբուրել նրան, Մելանիան ճիգն արավ և կարողացավ դուրս սլկվել նրա գրկից: Սամսոնը աչքերը հառեց նրա երեսին: Ա՛խ, որքա՛ն գեղեցիկ էր երիտասարդ կինը այդ պահին, ինչպե՞ս սազում էր նրան զարնանային թեթև հագուստը յուր բաց մանիշակի գույնով ու սպիտակ մետաքսյա դանթելներով: Նրա դեմքի գծերն ավելի էին նրբացել: Կանացի հրապույրը բուրում էր նրա ամբողջ կերպարանքից, որպես մի քաշող մագնիսական, մի արբեցուցիչ ուժ:

Սամսոնը չկարողացավ իրեն զսպել նորից հարձակվեց մի քանի քայլ հեռու կանգնած Մելանիայի վրա: Այս անգամ կինը ձեռները հորիզոնաձև տարածեց առաջ պաշտպանվելու համար: Նրա լայն թևերը հետ քաշվեցին. բացվեցին նրա փափուկ բազուկները մինչև արմունկները, և թարմ կաշվի նրբիկ սպիտակությունը ավելի գրգռեց Սամսոնին: Սակայն, այն ի՞նչ անսովոր ժպիտ էր, որ սահեց Մելանիայի շրթունքներով, և ինչո՞ւ նրա աչքերը փակվեցին... կիրք էր արդյոք այդ, թե սառնություն, մի՛ գուցե ատելություն, մի՛ գուցե...

Սամսոնը մի քայլ հետ կանգնեց և հանկարծ հարցրեց.

— Մելանիա, դու ինձ սիրո՞ւմ ես:

Նրա ձայնը դողաց: Հարցը նոր էր, անսպասելի: Վեց տարվա ընթացքում Սամսոնը երբեք մի այդպիսի հարց չէր տվել Մելանիային և այժմ տալիս էր, և այն էլ այնպիսի տարօրինակ եղանակով ու հուզված ձայնով: Մելանիան ցնցվեց ու գունատվեց: Նա չիմացավ ինչ պատասխանի, նա միայն անորոշ ժպտաց և հայացքը դարձրեց դեպի բակը:

— Սիրո՞ւմ ես ինձ, — կրկնեց նույն դողդոջուն ձայնը:

Նույն լռությունը:

Սամսոնը մոտեցավ Մելանիային, երկու ձեռով բռնեց նրա ձեռները ու նայելով աչքերին, ասաց.

— Համարձակվիր չսիրել, ատամներս ցույց կտամ:

Ասաց կես լուրջ և կես կատակի եղանակով, բայց ավելի կոշտ, քան մեղմ, ավելի իշխանական, քան բարեկամական տոնով: Եվ իր խոսքերի մեջ ինքն էլ զգաց ինչ-որ չարագուշակ հնչյուն:

Հուզումը, մանավանդ զղջումը թաքցնելու համար, Սամսոնը դուրս գնաց սենյակից:

Մնալով մենակ՝ Մելանիան նստեց առաջին պատահած աթոռի վրա և ընկղմվեց մտախոհության մեջ:

«Սիրո՞ւմ ես ինձ», հնչում էր նրա ականջին: Ի՞նչ պատասխաներ: Միթե նա ինքը գիտե՞, սիրում է, թե չէ: Նա միայն գիտե, որ Սամսոնը իր օրինական ամուսինն է — ուրիշ ոչինչ: Մի մարդ, որի հետ անխզելի կերպով կապված է մինչև մահ՝ սկսած տասնույոթ տարեկան հասակից: Ծնողները նրան չստիպեցին գնալ այդ մարդուն, այլ «համոզեցին»: Նրան բացատրեցին բոլոր հանգամանքները, և նա համաձայնվեց: Նա հասկացավ, թե դառնալով Սամսոն Ֆրանգուլյանի կինը, պիտի բախտավորեցնի իր ծնողներին — այսքանն արդեն բավական էր: Ոչինչ հակադրություն չէր զգում սեփական ճակատագրի և ծնողների կամ քույրերի ու եղբայրների բախտի մեջ: Իր վիճակը ձուլված էր համարում նրանց վիճակի հետ: Երջանիկ են, ինքն էլ երջանիկ կլինի. անբախտ են, ինքն էլ կանբախտանա — ահա բոլորը: Եվ եթե ասում են թե Սամսոն Ֆրանգուլյանի հետ անպատճառ բախտավոր կլինի, կնշանակե ճշմարիտ են ասում: Ինչո՞ւ չգնար այդ մարդուն: Կյանքը նրա համար մի անծանոթ աշխարհ էր, ինքը կանգնած նրա տակավին փակ դռների առջև: Եթե սիրող ծնողները, բռնելով թևից, դպրոցական նստարանից նրան ուղղակի ամուսնական կյանքի մեջ մտցրին, միայն և միմիայն հավատալով և սիրելով նրանց՝ ընդունեց այս վիճակը: Բայց ի՞նչ է եղել նրա ապրուստը այս վեց տարվա ընթացքում: Այն, ինչ ոի տվել են մի կողմից ամուսնու դիրքն ու հարստությունը մյուս կողմից՝ մայրական բնազդական սերը դեպի իր զավակները: Ի՞նչ է այժմ, այս րոպեին, կյանքը նրա համար: Շքեղ տուալետներ, թանկագին ադամանդներ, ճոխ սեղան, նոր շրջան, պարեր, երգ, զվարճություն:

Այժմ նրան հարցնում են՝ «սիրո՞ւմ ես»: Սիրո՞ւմ է, արդյոք: Ո՞ւմ, Սամսոն Ֆրանգուլյանին, այդ... ծերունուն... այդ... Ի՞նչ պատասխաներ այդ մարդուն: Մի՞թե ասեր, թե մի դառն զաղտնի կսկիծ մորմոքում է նրա սիրտը, երբ զգալով ինչ-որ ներքին անծանոթ հոգեկան պահանջ, մտածում է նաև ամուսնու մասին...

Փոքրիկ պարտիզում, դայակի հետ խաղում էր երկու ու կես տարեկան Ժորժիկը: Մելանիան դուրս եկավ սենյակից, մոտեցավ նրան, գրկեց ու համբուրեց անսովոր ջերմությամբ: Նա հուզված էր և զգում էր, որ ձմեռվա արեգակի գոլ ճառագայթները իր երակների մեջ տարածում են ինչ-որ անսովոր ջերմություն, իսկ սիրտը ճնշվում է... հորդացող արյունից, հագուրդ չստացող կրքերից...

III

Մի օր, սովորական զբոսանքից տուն վերադառնալով, Մելանիան աղախնից լսեց, թե մի անծանոթ հյուր կա ամուսնու առանձնասենյակում: Մի քանի րոպե անցած, երբ նա, հագուստը փոխելով, անցավ սեղանատուն նախաճաշ անելու, այնտեղ Սամսոնը շտապեց ներկայացնել հյուրին: Դա Սամսոնի քրոջ մարդու եղբայրն էր, ազգանունը Փիրուզյան, մոտ երեսուն տարեկան մի երիտասարդ: Նա ոչ տգեղ էր, ոչ գեղեցիկ, ոչ գեր, ոչ նիհար, բայց առողջ դեմքով, ուրախ աչքերով: Հագած էր սևագույն, երկայն՝ «վիզիտկա» կլորակ փեշերով մոխրագույն վարտիք, ասեղնագործ շապիկ՝ բարձր օձիքով, որի ձյունային սպիտակությունը խիստ ներդաշնակում էր նրա դեմքի տակավին թարմ գույնին և փոքր-ինչ կարմրագույն ականջներին :

Սամսոնի բացատրությունից երևաց, որ Փիրուզյանը տասը տարի

բացակա է եղել հայրենիքից, մեծ մասամբ ժամանակն անց է կացրել Պետերբուրգում: Այնտեղ նա, «մի քանի հանգամանքների պատճառով» (Փիրուզյանը գլուխը թեքեց կրծքին՝ արտասանելով «երեխայություն»), ստիպված թողել է համալսարանը և մտել ծառայության ինչ-որ երկաթուղու վարչության մեջ: Սամսոնը նրան շատ անգամ է հանդիպել մայրաքաղաքում և հավանել է ու սիրել նրան: Հույսով է, որ Մելանիան էլ կհավանի, երբ կճանաչի:

Հայտնվեց, որ Փիրուզյանը պաշտոնը թողել է և մտադիր է հաստատվել Կովկասում:

— Ուզում է Բաքու գնալ, ես խորհուրդ չեմ տալիս, — ասաց Սամսոնը, — տասը տարի Պետերբուրգում ապրելուց հետո, մարդ չի կարող այդ քամու ու փոշու մեջ ապրել:

Փիրուզյանն ասաց, թե մայրաքաղաքի կյանքը ձանձրացրել է իրան, թե ժամանակ է հիմա լուրջ գործով զբաղվելու, թե վճռել է հարստանալ և ուզում է նավթային արդյունաբերությունը «ուսումնասիրել»: Մելանիան հետաքրքրվեց նրա անցյալով իբրև ազգականուհի, և Փիրուզյանը սկսեց հաճույքով պատմել մայրաքաղաքի թատրոնների, ցիրկերի, էլեկտրական կառքերի, ձիարշավների մասին: Նա առանձին աշխույժով խոսում էր վելոսիպեդիստների մասին, ինքը ճարպիկ վելոսիպեդիստ լինելով:

Երբեմն նրա հայացքը կանգ էր առնում Մելանիայի գեղեցիկ դեմքի վրա: Դիտող մարդը կարող էր նրա աչքերի մեջ կարդալ ինչ-որ ներքին գոհունակություն: Թվում էր, որ նա հիացած էր իր ազգականի կնոջ սիրունությամբ և, միևնույն ժամանակ ուրախ է, տեսնելով մարդու ու կնոջ հասակների մեջ ահագին տարբերություն: Իսկ Մելանիան սեղանի քով ուշադիր էր դեպի հյուրը իբրև բարեբարո տանտիկին. այսքանը միայն: Բայց այսօր առաջին անգամ լուրջ համեմատում էր Սամսոնին մի ուրիշ տղամարդի հետ և... հազիվ կարողանում զսպել հառաչանքը: Որքա՜ն Փիրուզյանը նսեմացնում էր իր ներկայությամբ Սամսոնին: Մեկից բուրում է առնական ուժը իր բոլոր եռանդով, մյուսի մեջ կյանքն արդեն անցել էր իր վառվռուն շրջանը, և անցել վաղո՜ւց: Գուցե Փիրուզյանը, Սամսոնի տարիքին հասնելով, կրկնակի ծերանա, բայց այժմ նա ունի մի հրապույր, որից առմիշտ զրկվել է Սամսոնը:

«Քսանութ տարի՛, տեր աստված», մտածեց Մելանիան, շրթունքները սեղմելով ատամների տակ: Այս արդեն չափից դուրս է, այս արդեն դեմ է բնության բոլոր օրենքներին, և միայն Մելանիան է զգում, թե ո՛րքան դեմ է...

Գարնան մոտենալով՝ Մելանիան օրեցօր դառնում էր մտախոհ ու լուրջ: Այժմ նա այլևս չէր հետաքրքրվում սալոնային կյանքով: Նա նույնիսկ ձանձրացել էր այդ արիստոկրատիկ համարված շրջանի կեղծ ու պատիր կանոններից ու հիասթափվել, ինչպես մի երեխա արդեն ծանոթ խաղալիքի վերաբերմամբ:

Նա նկատելու չափ գունատվել էր, բայց աչքերի հուրը քանի գնում սաստկանում էր: Նա խոսում էր սակավ, աշխատում էր Սամսոնի հետ երես առ երես չմնալ, փախչում էր, որքան կարող էր, նրա զգվանքներից, մանավանդ հանբույրներից: Նա ավելի ու ավելի ամփոփվում էր ինքն իր մեջ:

Շաբաթը երկու անգամ նա Փիրուզյանին հյուր է ընդունում և ճաշին պահում — Սամսոնի ցանկությամբ: Վարվում էր նրա հետ իբրև ազգական, պարզ, համարձակ, բայց առանց որևէ մտերմության, միշտ պահելով իր և նրա մեջ որոշ չափի տարածություն: Նրա մեջ կատարվում էին զարմանալի փոփոխություններ: Դեռ մի տարի առաջ մի հասարակ կին էր, գրեթե մեկն իր նախկին շրջանի կիսաթմրած էակներից: Տեղափոխվելով ուրիշ քաղաք, հանկարծ փոխվեց նոր կյանքի ասպարիզում, դարձավ սալոնային կին: Այժմ նա լրջամիտ էր և մտախոհ, որպես թե նրա գլուխը լեցուն էր համամարդկային հոգսերով:

Եվ այսքան փոփոխություններ ընդամենը մի տարվա ընթացքում:

Սամսոնը ուրախ էր նրա այս վերջին տրամադրությանը, ավելի, քան արիստոկրատիկ ձգտումներին: Բայց նա չգիտեր, որ հանգստությունն արտաքին է, որ Մելանիայի մեջ տեղի ունի ինչ-որ փոթորիկ և նրա արյունը ավելի ու ավելի է բորբոքվում, չնայելով ճակատի մռայլին, երեսի գունատությանը:

Մի անգամ Սամսոնը տուն վերադառնալով, անմիջապես անցավ ննջարանը երբ աղախնից իմացավ, որ Մելանիան այնտեղ է: Բաց անելով դռները, նա բևեռվեց շեմքի վրա: Նա հանդիպեց մի անսովոր, չտեսնված տեսարանի: Քանի մի քայլ հեռու, շքեղ տրյումոյի առջև, կանգնած էր Մելանիան կիսամերկ, ոտաբոբիկ: Նա դիտում էր իրան ոտից մինչև գլուխ: Նրա բաց կուրծքը, սպիտակ ուսերը նկարվել էին արեգակի ջերմ շողերով ողողված սենյակի մեջտեղում որպես մի կլասիկական արձան, որպես մեկը Քանովայի ախտաբորբոք ձեռակերտներից: Միայն կենդանի, շարժական արձան, որ շուրջը տարածում էր հեշտանքի կիզիչ շողեր: Եվ այս շողերի մեջ նա լողում էր ինչպես մարմնացած կիրք: Բայց որպիսի քնքուշ, արբեցուցիչ ու կորուսիչ կիրք իր կանացի ամոթխածության մեջ իսկ:

Արյունը խփեց Սամսոնի գլխին, աչքերը մթնեցին: Նա կամացուկ, ոտների ծայրերի վրա, մոտեցավ հետնից: Նա ուզում էր գրկել այդ կիսամերկ մարմինը, որ իրան և միմիայն իրան էր պատկանում, և խեղդել իր գրկի մեջ կրքերի բուռն թափով: Մելանիան երեսը հետ դարձրեց, մի քայլ հեռու կանգնեց՝ առանց մազի չափ շփոթվելու:

— Ի՞նչ ես անում այդ, — գոչեց Սամսոնը, բարկացած ձևանալով:

— Հիանում եմ ինձանով, — պատասխանեց Մելանիան, կարծես մարդուն ավելի գրգռելու համար:

— Մելա՛նիա, ի՞նչ է պատահել քեզ: Դու շատ ես փոխվել, դու այդպիսի կին չէիր:

Մելանիան սկսեց լուռ հագնվել: Հագուստը սփռվել էր հատակի վրա անկարգ, որպես անփույթ դերասանուհու զգեստները թատրոնական հանդերձարանում՝:

— Մելա՛նիա, այդ քեզ իսկի չի սազում:

— Ինչո՞ւ:

— Դու հայ կին ես:

— Հայ կինը արյուն չունի՞, — պատասխանեց Մելանիան, հեգնաբար ժպտալով:

— Արյո՞ւն, — կրկնեց Սամսոնը, այս մի հատիկ բառի մեջ զգալով ինչ-որ չար և սոսկալիի իմաստ:

— Արյո՛ւն, այո՛, արյո՛ւն:

— Բայց գիտե՞ս ովքեր ունին այդպիսի արյուն:

— Կոկետուհիները, — լրացրեց Մելանիան անփույթ եղանակով, ժողովելով ուսերին սփռված խիտ մազերը:

Սամսոնը կաշկանդվեց նրա համարձակությունից:

Մելանիան, թեքվելով, որ անկողնակալի տակից դուրս բերի հողաթափերը, ավելացրեց.

— Ուրիշներն՝ անում են տղամարդի համար, ես անում եմ ինձ համար: Կարծեմ, մի մեծ մեղք չէ:

— Մելա՛նիա, այդ... անամոթություն է...

Մի բարձր արծաթահնչյուն կծու ծիծաղ տարածվեց փափուկ գարնանային մթնոլորտի մեջ, որպես ծիծեռնակի ծլվլոցը:

— Անամոթությո՛ւն... որ այդպես է, ինչո՞ւ էիր ուզում գրկել ու համբուրել: Գրավիչ էի, այո՞: Հասկանում եմ. չէ՞ որ երիտասարդ եմ, գեղեցիկ, թարմ, և դու... ուզում էիր տիրանալ... Ցտեսություն...

Նա հանդարտ քայլերով դուրս գնաց, թեթևակի բարձրացնելով հագուստի փեշը հետևից:

Սամսոնը, ապշած նայեց նրա հետևից: Այդ կնոջ հողաթափերն անգամ տարածում էին ախտաշարժ ոգի փափուկ գորգի վրա...

«Նա ինձ ատում է», — ասաց Սամսոնը ինքն իրան– վճռաբար:

Նայեց անգիտակցաբար հայելուն և սարսափեց: Ողորմա՛ծ աստված, այդ կնոջ համեմատ նա ոչ միայն ծեր է, այլև զառամյալ: Նրա ճաղատ գլուխը, արագ-արագ ճերմակող ընչացքը, թուլացած ուսերը, խոր ընկած այտերը, բոլորը, բոլորը արդեն սկսել են արտահայտել կենդանի մահացում: Զգո՞ւմ է արդյոք յուր երակների մեջ երիտասարդական արյուն, ինչպես կարծում էր: Ո՛չ, այս սուտ է, ինքնախաբեություն: Նա չի՛ կարող անողոք ժամանակի առաջն առնել: Ի՞նչ օգուտ կրքից, երբ...

Ա՛խ, խլեցե՛ք նրանից հարստության կեսը, միայն թե պակասեցրեք նրա տարիքն ևս կիսով չափ: Տվե՛ք նրան կյանք, որովհետև նա սիրում է Մելանիային և ուզում է նրանից սիրված լինել, որովհետև ուզում է ապրել բառի ընդարձակ մտքով:

«Միթե հայ կինը արյուն՝ չունի՞», — հնչում էին չարագուշակ բառերը Սամսոնի ականջներում:

IV

Ամառվա սկզբին Մելանիան տեղափոխվեց ամառանոց: Նա չկարողացավ այդ տարի արտասահման գնալ, որովհետև Սամսոնը զբաղված էր: Քաղաքի մի լավ փողոցում կառուցանել էր տալիս սեփական տուն և ուզում էր մինչև վերջը անձամբ հետևել շինությանը:

Շաբաթը մի անգամ Սամսոնը գնում էր ամառանոց և կիրակի օրերն անցկացնում ընտանիքի մոտ: Երբեմն իր հետ տանում էր Փիրուզյանին: Մելանիան այժմ այլևս մի առանձին ուշադրություն չէր ցույց տալիս հյուրին, միայն նուրբ աչքը կարող էր նկատել, որ երբ տեսնում էր նրան, առաջին վայրկյան աչքերը շողշողում էին տարօրինակ: Բայց միայն մի վայրկյան, այնուհետև դեմքը սքողվում էր այն նուրբ քողով, որ քանի գնում, անթափանցելի էր դառնում:

Սամսոնը չէր նկատում այդ վայրկենական փոփոխությունը, և չէր էլ կարող նկատել: Ազգակցական կապի մասին նրա գաղափարն այնքա՛ն մաքուր էր, որ մտքովն անգամ չէ՛ր անցնում, թե Փիրուզյանը կարող է իր կնոջ վրա վատ աչքով նայել: Վերջապես Մելանիան այնքան քիչ էր հետաքրքրվում Փիրուզյանով, որ Սամսոնը երբեմն մտքում բարկանում էր նրա վրա: Ի՛նչպես կարելի է սառն վերաբերվել դեպի մի ազգական, որ ներս է մտնում թե չէ, իսկույն գրկում է Ժորժիկին, ուսերի վրա բարձրացնում է ամբողջ ժամանակ նրան բաց չի թողնում ձեռներից:

— Մելա՛նիա, — դարձավ նա մի օր կնոջը, — դու քանի գնում, վատ ես վարվում Արտյուրի հետ: Չե՞ս հավանում:

— Ի՛նչ հավանելու կամ չհավանելու բան կա, հարյուր ազգական ունիս, նա էլ նրանցից մեկը:

— Բայց դու իմ ո՛չ մի ազգականի հետ այդպես սառը չես վարվել:

— Չարժե այդ մասին խոսել, լա՛վ:

Մելանիան գրկեց Ժորժիկին և դրեց ծնկների վրա: Բաց արավ գունազարդ պատկերների մի ժողովածու (Փիրուզյանն էր նվիրել Ժորժիկին) բռնեց փոքրիկ մատիկը և շրջեցնելով պատկերների տակ, կարդում էր զանազան կենդանիների անուններ:

Սամսոնը զգացվեց ընտանեկան տեսարանից:

— Հանաքը մի կողմ, — ասաց նա, — շուտով Ժորժիկը կարող է այբուբեն սովորել:

— Շուտո՛վ, — կրկնեց Մելանիան, դառը քմծիծաղ տալով, — ո՛չ, դու դեռ շա՛տ պիտի սպասես:

Սամսոնը չըմբռնեց այս խոսքի մեջ թաքնված հեգնանքը:

— Կսպասեմ, — ասաց նա ժպտալով:
Մի օր, երբ նա ամառանոց եկավ մենակ, Մելանիան հարցրեց.
— Ինչո՞ւ ազգականիդ չբերեցիր:
— Չուզեց գալ:
— Ինչո՞ւ:
— Է՜, երևի, հասկացել է, որ դու չես սիրում իրեն:
Մելանիան շրթունքները թեթևակի կծեց:
— Եթե հասկացել է, շատ լավ է արել:
— Մելա՛նիա, — արտասանեց Սամսոնը հանդիմանաբար:
— Նա ինձ բոլորովին դուր չի գալիս: Այո՛, դուր չի դալիս, եթե ուզում ես ճշմարիտն իմանալ:
— Բայց լա՛վ չես անում: Պետք է նրա հետ քիչ թե շատ քաղաքավարի վարվել, թե չէ քույրս կլսի, կվիրավորվի:
— Մի՞թե, — արտասանեց Մելանիան մտախոհ և անորոշ:
— Ես մյուս անգամ անպատճառ հետս կբերեմ նրան:
Մելանիան իսկույն չպատասխանեց, լռեց մի քանի վայրկյան և հետո ասաց.
— Դո՛ւ գիտես, ազգականը քոնն է...
Այդ օրը նա Սամսոնին թվաց սովորականից ավելի տխուր, գունատ, նույնիսկ նիհար: Կարելի էր կարծել, թե ամառանոցի օդը լավ չի ներգործում նրա վրա: Սամսոնը հարցրեց.
— Մելա՛նիա, դու առո՞ղջ ես...
— Ե՞ս, — կրկնեց Մելանիան, — ես բոլորովին առողջ եմ...
Եվ, կարծես, հանկարծակի մի բան հիշելով, նկատելու չափ զգոված, ավելացրեց.
— Լա՛վ կանես, որ քո մասին մտածես:
— Ինչո՞ւ, ես է՞լ բոլորովին առողջ չեմ:
— Դո՞ւ... այո... առողջ չես...
Սամսոնը զարմացած նայեց կնոջ երեսին:
— Մելա՛նիա, ի՛նչ ես ուզում ասել: Ես առողջ եմ և միշտ էլ առողջ եմ եղել:
— Է՛հ ավելի լավ, շատ ուրախ եմ:
— Այդ ի՞նչ տեսակ ես խոսում, Մելա՛նիա: Ասա՛:
— Ասե՞մ, — կրկնեց Մելանիան՝ հանկարծ մի համարձակ հայացք ձգելով ամուսնու աչքերի մեջ:
— Ասա՛:
— Դու պահանջո՞ւմ ես:
Մելանիան, գլուխը թեքելով կրծքին, սկսեց մատներով նյարդային արագությամբ պտտեցնել սեղանի վրա դրած ծխախոտատուփը:
— Բայց ավելի լավ է չխոսել այդ մասին, — ասաց նա վերջապես, տուփը սեղանին զարկելով և ոտքի կանգնեց:

Սամսոնը քանի գնում, ավելի ու ավելի էր հետաքրքրվում:

Կնոջ խոսքերի մեջ զգում էր մի հետին թունալի միտք, մի միտք, որ անշուշտ վաղուց է Մելանիային զբաղեցնում: Նա ինքն այդ միտքը բացատրեց այլ կերպ:

— Մելա՛նիա, եթե չես ասիլ, կնեղանամ:

— Էհ, շա՛տ լավ, որ ստիպում ես կասեմ: Դու հիվանդ ես:

Մի վայրկյան Սամսոնը կարծեց, թե կինը կատակ է անում, թեև սպասում էր լսել նրանից հենց այդ պատասխանը:

— Ես հիվա՞նդ եմ, ե՞ս, — գոչեց նա ծիծաղելով:

Եվ նրա ծիծաղը հնչեց այնքան թառամ, այնքան ծերունական, որ Մելանիան ակամա ցնցվեց:

— Ես հիվա՞նդ եմ, ե՞ս, — կրկնեց Սամսոնը այս անգամ լուրջ, — ասա՛, ինչո՞վ:

— Թո՛ղ, ի սեր աստծու...

— Հիմա չեմ թողնիլ, մինչև որ բոլորը չասես: Տեսնում եմ, դու իմ մասին վատ կասկած ունիս: Դու ինձ զրպարտում ես. գիտե՞ս, զրպարտում ես... ես կյանքումս հիվանդ չեմ եղել...

— Այո... կարելի է...բայց ես այդ չէի ուզում ասել...

— Ուրեմն ի՞նչ, ասա՛ ի՞նչ է իմ հիվանդությունը...

Մելանիան գլուխը հանդարտ բարձրացրեց, ուղիղ նայեց ամուսնու երեսին և արտասանեց.

— Ծերությունը...

Որքա՛ն վիշտ, որքան կծու հեգնանք կար այս մի հատ բառի մեջ: Վիշտ՝ Մելանիայի, հեգնանք՝ Սամսոնի համար: Եվ մի վայրկյանում հիսունչորս տարեկան մարդը ծերացավ ամբողջ տասը տարով:

Ահա՛ այն վայրկյանը, որին վերջին ժամանակ սպասում էր ամեն օր, ամեն ժամ, և սպասում ներքին սարսափով:

— Ես ծե՞ր եմ, — կրկնեց նա անեռանդ ձայնով և մի տեսակ հուսահատությամբ:

— Այո՛, դու ծեր ես, միթե չգիտե՞ր:

Սամսոնը թուլացած ընկղմվեց բազկաթոռի վրա:

Մելանիան կամացուկ դուրս գնաց սենյակից...

V

Անզո՛ւթ կին. նա չկամեցավ գեթ սակավ ինչ մեղմացնել յուր անողոք խոսքերի ուժը:

Մեղմացնե՞լ, բայց ինչո՞ւ, միթե նա սո՞ւտ ասաց կամ զրպարտեց: Նա ասաց ա՛յն, ինչ որ ծանրացել էր իր սրտի վրա, այն, ինչ որ ճնշում էր հոգին, թունավորում կյանքը. ասաց զուտ ճշմարտությունը: Սակայն ի՞նչ, թեթևացա՞վ նրա հոգին: Օ՛, ոչ, ընդհակառակը, այժմ նա ավելի է մտածում յուր ճակատագրի մասին, քան մտածել էր մինչև այդ պահ:

Տե՛ր աստված, ինչո՞ւ խաբվեց: Մի՞թե նրա ծնողները կատարյալ բռնակալներ էին: Բնա՛վ: Նրան տրված էր որոշ չափով ազատություն, գոնե պայմանական ազատություն, որպիսին «ժամանակակից» ծնողները տալիս են օրիորդներին:

Նախ նրան ծանոթացրին Սամսոն Ֆրանգուլյանի հետ, թույլ տվեցին մի քանի անգամ հետը խոսել կլուբում, թատրոնում, հետո միայն սկսեցին «համոզել», այո, համոզել և ոչ թե հարկադրել: Եվ որպիսի՛ մեղմ եղանակով համոզեցին: Նա կարող էր մերժել, եթե կամենար: Ոչ ոք նրան զոռով չէր ամուսնացնիլ: Շա՛տ-շա՛տ, ծնողները մի փոքր կվշտանային, մի փոքր կնախատեին նրան, հետո... կլռեին: Բայց նա չմերժեց. թող ուրեմն այժմ կրի յուր սխալի հետևանքները: Թող նա կենակցի մի մարդու հետ, որը երեսուն տարով մեծ է իրենից և որին չի սիրում: Չի՞ սիրում: Ոչ, այդ սխալ է, ուզում է սիրել և չի կարողանում: Նա հարգում է այդ մարդուն, համարում է նրան արժանավոր ամուսին: Ամուսին, որ սիրում է նրան ինչպես աստվածուհու, կատարում է նրա բոլոր ցանկությունները, բոլոր քմահաճույքները, ինչպես ստրուկ:

Բայց միթե այսքանը բավակա՞ն է: Իսկ ո՞ւր թաքցնի Մելանիան նոր հղացած կյանքը, նրա բնական պահանջները, երիտասարդ սրտի ավյունը որ այրում է նրան ամառային արեգակի ջերմության չափ, տարածվելով ամբողջ մարմնի մեջ, որպես հալած մետաղ: Ինչպե՞ս զսպի սիրելու ջերմ փափագը: Սիրելու ոչ թե մի ուժասպառ տղամարդի, այլ մի տաքարյուն երիտասարդի, որ կարողանար հագուրդ տալ նրա բոլոր զգացումներին, որ նրա չափ օժտված լիներ կենսասիրական հրով: Բռնությո՛ւն, կատարյա՛լ բռնություն: Նա ինքը դեռ քսանուչորս տարեկան չկա, դեռ նոր-նոր է հասկանում, թե կինը նախ և առաջ ինչու համար է ստեղծված: Եվ ստիպված է գրկել ու համբուրել, կամ գրկվել և համբուրվել մի հնոտիի հետ: Եվ դեռ Մելանիային նախանձող կանայք կան:

Օգոստոսի վերջին Մելանիան վերադարձավ քաղաք:

Սեփական տունն արդեն պատրաստ էր. Սամսոնն ընտանիքին ուղղակի այնտեղ տեղափոխեց:

Խե՛ղճ մարդ. որքա՛ն էր աշխատել նոր կացարանին կարելույն չափ ճոխություն ու շուք տալու: Շատ կահ-կարասի նոր էին բերել տրվել արտասահմանից, որովհետև հները չէին համապատասխանել սենյակների շքեղությանը: Պատերը յուղաներկ ներկված, դռները թանկագին կարմիր փայտից, լուսամուտները շրջափակված ոսկեզօծ սյուների մեջ — ահա գլխավոր դահլիճը: Հարկավ, մնացյալ սենյակներն էլ համապատասխան շուք ունեին: Ախոռատանը խրխնջում էին մի զույգ նոր ձիեր, այս անգամ մոխրագույն, պոչերը կտրած: Գլխավոր մուտքի մոտ կանգնած էր պարթևահասակ շվեյցարը, իսկ մարմարինյա սանդուղքը զարդարված էր գեղեցիկ արձաններով ու թանկագին տրոպիկական բույսերով:

Եվ այս բոլորը Մելանիայի, միա՛յն Մելանիայի հաճույքի համար. այնքա՛ն էր սիրում նրան Սամսոնը: Այնինչ ինքը՝ Սամսոնը, որքա՛ն փոխվել էր այս վերջին երկու շաբաթվա ընթացքում: Ոչ միայն նիհարել էր, այլև ավելի ծերացել, այլև մեջքից բավական կորացել: Այժմ նա լուռ էր, որպես անշարժ ջուր: Մի միտք արճիճի պես ծանրացել էր նրա հոգու վրա: Այդ նույն միտքն էր, որ վերջին տարիները հալածում էր նրան և որից այժմ ազատվելու հնար չէր գտնում...

Քաղաք բերելով Մելանիային, նա հարցրեց արդյոք առաջիկա սեզոնին ի՞նչպես է կամենում կարգադրել կյանքը: Պիտի անցյալ ձմեռվա պես դռները բա՞ց անի բազմաթիվ ու բազմատեսակ ծանոթների առջև, թե՞ ուզում է ուրիշ կերպ ապրել:

Մելանիան հիացած էր նոր բնակարանով ու նոր կահկարասիով, բայց ոչ այնպես, ինչպես մի տարի առաջ էր հիանում ամեն մի շքեղությամբ:

Նա պատասխանեց — վճռել եմ այսուհետև ուրիշ կերպ ապրել:

— Ի՞նչպես:

— Ուզում եմ հասարակական գործերով զբաղվել: Իրավունք կտա՞ս:

— Արա՛, ինչ որ սիրտդ ուզում է, միայն թե չտխրես: Ես չեմ սիրում քեզ տխուր տեսնել:

Այս բոլորովին անկեղծ էր. Սամսոնը չէր կամենալ Մելանիային տխուր տեսնել կամ, ավելի ճիշտ, վախենում էր նրա տխրությունից: Բարվոք կհամարեր նրան տեսնել գործերով զբաղված, քան ինքն յուր մեջ ամփոփված: Պարապով թյունը, նրա կարծիքով, կարող էր երիտասարդ կնոջը տանել դեպի ո՛վ գիտե ինչ վտանգավոր մտքեր...

Մելանիան սկսեց զբաղվել հասարակական գործերով:

Ոսկի բանալիով բաց արավ յուր առջև բոլոր այն հիմնարկությունների դռները, ուր միայն կարող է մուտք ունենալ կինը: Սամսոնը զոհեց մի խոշոր գումար, Մելանիան ընդունվեց օրիորդական գիմնազիոնի պատվավոր հոգաբարձու: Քանի մի ուրիշ նվերներ երիտասարդ կնոջը իրավունք տվեցին այս կամ այն բարեգործական ընկերության խորհրդի անդամ ընտրվել: Այս բոլորը շոյում էր Մելանիայի սնափառությունը և շարժում շատերի նախանձը: Սկսեցին նրան բամբասել, անվանել Paravenue, չարախոսել նրա ո՛չ միայն գործունեությունը, այլև անձը, վերագրելով նրան հազար ու մի վատ ձգտումներ: Իսկ նա ոչ ոքի վրա ուշ չէր դարձնում: Նա խելոք էր և ոչ զուրկ տաքտից, գիտեր և՛ արհամարհել մարդկանց, և՛ փակել նրանց բերանը յուր սիրալիր վարմունքով: Մեկին հաղթում էր յուր ճաշակով ու ընթրիքներով, մյուսին զբոսանքի համար առաջարկելով յուր շքեղ կառքը, երրորդին ուղղակի այցելություն անելով և այլն:

Օրը մինչև երեկո զբաղված էր: Գրում էր նամակներ, ցրում էր այս կամ այն բարեգործական երեկույթի տոմսակները, պատվերներ էր տալիս, պատվերներ կատարում և հոգնում: Մոռանո՞ւմ էր յուր վիճակը. այսինքն ա՛յն, ինչի պատճառով իսկապես զբաղվում էր հասարակական գործերով: — Ո՛չ. նա խաբում էր ինքն իրան: Բայց ջանք էր անում մոռանալ: Ավելի՛, նա անկեղծ ցանկանում էր սիրել Սամսոնին: Այս նպատակով բռնաբարում էր ինքն իրան, խեղդում յուր մեջ շատ ապօրինի, վտանգավոր, բայց հաճելի զգացումներ: Նա հեռու էր պահում իրան տղամարդկանց շրջանից, որպեսզի չվրդովի ոչ յուր և ոչ Սամսոնի արյունը: Իսկ կանայք առաջվա պես վայելում էին նրա ընդարձակ հյուրասիրությունը:

Սամսոնը ոչ մի նկատողություն չէր անում նրան այս կամ այն քայլի մասին և միշտ կրկնում էր.

— Արա՛, ինչ որ քեֆդ է:

Բայց այս խոնարհության մեջ Մելանիան ակամա զգում էր ինչ-որ վատ բան. ինչո՞ւ — ինքն էլ չգիտեր: Մի օր նա հարցրեց ամուսնուն:

— Դու բարկանո՞ւմ ես ինձ վրա:

— Ո՞վ ասաց:

— Ինձ այնպես է թվում:

— Իզուր: Ես քեզ ոչինչ, ոչինչ չեմ արգելում, արա՛, ինչ որ քեֆդ է:

— Դու ունիս իրավունք արգելելու:

— Ունի՛մ, բայց չեմ արգելում:

— Իսկ ես ուզում եմ, որ դու ինձ շատ էլ ազատություն չտաս:

— Հա՛ հա՛, հա՛, — ծիծաղեց Սամսոնը, — դու մի՛ կարծիր, թե ես քո ազատությունից վախենում եմ: Ոչ, ես վախկոտ չեմ:

Նա խոր նայեց կնոջ աչքերին: Մելանիան գլուխը թեքեց կրծքին, մի քիչ կարմրելով: Խոսակցությունը սրանով էլ վերջացավ:

VI

Փիրուզյանը հաճախ այցելում էր Սամսոն Ֆրանգուլյանին: Նկատելով, որ ազգականը անգործ տխրում էր, հանդիմանում էր նրան, որ ահագին դրամագլուխը դրել է բանկ և ձեռները անշարժ նստել: Ինչո՞ւ չի սկսում մի նոր ձեռնարկություն և իր կյանքի պակասը լրացնում:

— Ծերացել եմ, — պատասխանեց մի օր Սամսոնը կատակով, բայց ակամա հառաչելով, — եռանդ չունիմ նորից գործեր սկսելու:

— Ծերացե՛լ, — կրկնեց Փիրուզյանը, — դուք ձեզ ծե՞ր եք համարում: Դուք ինձանից երիտասարդ եք:

— Քանաերկու տարով ձեզանից մեծ եմ, գիտե՞ք՝ ինչ ասել է քանաերկու տարին մարդու կյանքում:

— Տարիքը դատարկ բան է, գլխավորը մարդու ուժերն են ու սիրտը:

Նա շատ լավ գիտեր, թե որքան կործանիչ է ժամանակի ուժը, թե որքան մարդիկ խաբում են իրենց, երբ ասում են. «թե ես տարիքով ծեր եմ, բայց սրտով, հոգով ու ուժով երիտասարդ եմ»: Սակայն խորամանկ էր, ճանաչել էր ազգականի թույլ երակը և աշխատում էր շոյել նրան: Ահա ինչու Սամսոնը իսկապես սիրում էր նրան: Այդ երիտասարդի մոտ նա էլ չէր զգում յուր ծերությունը:

Ամեն կիրակի, երբեմն նաև շաբաթամիջին, Փիրուզյանը ճաշում էր Ֆրանգուլյանի տանը: Գալիս էր ճաշից շատ առաջ և հեռանում ճաշից շատ հետո: Երբեմն Մելանիային հանդիպում էր տանը մենակ, և միշտ ազգականի պարզ հարգանքով էր վերաբերվում դեպի նա: Այնինչ, Մելանիան շարունակ ցույց էր տալիս անտարբերություն, երբեմն նույնիսկ սառնություն: Միևնույն ժամանակ, այլևս Սամսոնի հետ չէր խոսում Փիրուզյանի մասին: Կարծես, նրա համար միևնույն է. կա՞ այդ մարդը, թե՛ չէ: Բայց և այնպես, այժմ էլ նա երբեմն մտքում համեմատում էր Սամսոնի հետ և միշտ մտածում, ինչո՞ւ Սամսոնը նրա հասակի չէ: Ա՛խ, այն ժամանակ Մելանիան երջանիկ կլիներ: Իսկ այժմ նրա արյունը չի հուզվում Սամսոնի մերձավորությունից և այս կատաղեցնում է նրան: Մինչդեռ հուզվում է, երբ մի վայրկյան ազատություն է տալիս իրեն և դիտում Փիրուզյանի առնական ուժով տոգորված դեմքը, նրա աչքերի երիտասարդական փայլը:

Մի օր Փիրուզյանը եկավ այն միջոցին, երբ Սամսոնը տանը չէր և շուտ էլ չպիտի վերադառնար: Մելանիան ընդունեց նրան ամուսնու կաբինետում և ընդունեց ավելի սառը, քան ամուսնու ներկայությամբ:

— Սամսոնը տանը չէ, — շտապեց ասել նա:

— Ափսո՛ս, — արտասանեց Փիրուզյանը և խոր հայացքով նայեց Մելանիայի աչքերին:

Այդ հայացքը թե՛ բարկացրեց և թե շփոթեցրեց Մելանիային:

— Գո՞րծ ունեիք հետը, — հարցրեց նա:

— Այո՛:

— Այսօր շատ ուշ կգա տուն: Ճաշի է հրավիրված:

Նա կամենում էր հյուրին ճանապարհ դնել, բայց հյուրը նրա ձեռքի թեթև շարժումից օգտվելով, նստեց Սամսոնի գրասեղանի քով: Նա միանգամայն կատաղեցնում էր Մելանիային իր երեսի թարմ գույնով, իր աշխույժ ձևերով, այն մարմնավոր ուժով, որ արտահայտվում է երեսունչորս տարեկան տղամարդի յուրաքանչյուր շարժմամբ:

— Դուք ինձ ներեցե՛ք, ես ձեզ կթողնեմ մենակ.: Հյուրասենյակում ինձ սպասում է որբախնամ ընկերության վարչության նախագահը:

— Խնդրե՛մ, խնդրե՛մ, — չշփոթվեց Փիրուզյանը, — գնացեք, զբաղվեցե՛ք բարի գործերով, իսկ ինձ թույլ տվեք մի փոքրիկ նամակ գրել Սամսոն Պետրովիչին: Գործը շատ կարևոր է, հետաձգել չի կարելի:

Մելանիան հեռացավ: Հյուրը մնաց մենակ: Վերցրեց մի թերթ փաստի թուղթ և գրիչ: Գրեց մի քանի տող, հետո գրիչը ցած դրեց և, թիկն տալով բազկաթոռին, ընկավ մտածմունքի մեջ:

Արդեն մի քանի ամիս էր, նրա միտքը զբաղված էր Մելանիայով: Նա չափազանց հավանում էր երիտասարդ ազգականուհուն և հավանել էր հենց առաջին տեսնելով: Նրա հաճախակի այցերի գաղտնի շարժառիթը տիկինն էր: Նա չէր շփոթվում Մելանիայի սառն վարվողությունից, և չէր շփոթվի, եթե Մելանիան մինչև անգամ բոլորովին չխոսեր նրա հետ: Տասը տարի պտտելով մայրաքաղաքի շրջաններում, բավական ուսումնասիրել էր գեղեցիկ կանանց հոգեբանությունը: Իսկ այս հոգեբանությունը, նրա համոզմունքով, ամեն տեղ և բոլոր ազգերի կանանց մեջ միևնույնն էր: Նա գիտեր, որ Մելանիայի անտարբերությունն արտաքին է, ստիպողական, որ մի երիտասարդ ու գեղեցիկ կին չի կարող մի այդպիսի թառամած ամուսնու մոտ ոչինչ չզգալ դեպի մի երիտասարդ տղամարդ, որքան և բարոյական ու առաքինի լինի: Նա այս շատ լավ գիտեր, ուստի Մելանիայի սառնությունը չէր նրա մտատանջության պատճառը և ոչ էլ այն, որ Մելանիան նրա ազգականուհին էր: Փիրուզյանը պատկանում էր ժամանակակից այն երիտասարդների շարքին, որոնց աշխարհայացքը զերծ է ազգակցական կամ բարեկամական կապերի «նախապաշարմունքից»: Սակայն Սամսոն Ֆրանգուլյանը լավ մարդ է — ահա գլխավորը: Նա շատ է հավատում Փիրուզյանի ազնվությանը — ահա անտանելին:

Ի՞նչ անել. արհամարհե՞լ այդ մարդու հավատը, ոտնատա՞կ անել նրա պատիվը: Օ, ո՛չ, այս արդեն ծայրահեղ ապականություն կլինի, անասնություն: Ուրեմն ի՞նչ անել. մոռանա՞լ Մելանիային: Ո՛չ, արդեն այդ կինը շատ հրապուրիչ է, արդեն նա բավական խոր տեղ է բռնել Փիրուզյանի սրտում: Մոռանալ անհնարին է: Եվ ինչո՞ւ մոռանալ. միթե նա հիմա՞ր է, միթե չգիտե՞, որ ի՛նչ որ հաճելի է իրեն, հաճելի է և՛ Մելանիային, որ սիրուն տիկինը ուզում է զգալ ու ապրել, որ նա, իսկապես, ատում է իր կողակցին, թեև գուցե հարգում, որ նա շատ էլ նախապաշարված կին չէ, որ դարավերջի ապականությունը նրա հոգեկան աշխարհի վրա ունեցել է որոշ ներգործություն, որ վերջապես, ոչ մի կին, նույնիսկ հայ կինը, չի կարող տղամարդի մեջ չսիրել հանդգնություն ասված բանը, մանավանդ եթե տղամարդը երիտասարդ է և ոչ այնքան էլ տգեղ...

Վճռված է: Աշխարհի երեսին ամեն ոք ունի իրավունք ապրելու, իսկ մի երիտասարդ կին ու մի երիտասարդ տղամարդ՝ նամանավանդ: Եվ չկա օրենք, որ կարողանա խանգարել նրանց ապրելու: Կյանքը բարձր է բարոյականությունից: Ինքը, բարոյականություն ասված միտքը առաձգական է, նրա կանոնները փոխվում են ժամանակի ընթացքում:

Այժմ իսկ այդ կանոնները տարբեր են զանազան կլիմաների տակ, զանազան մարդկային համայնքների ու կրոնական համախմբերի մեջ: Մի բան է միայն անփոփոխ — մարդկային սիրտը: Անփոփոխ մի ձգտման մեջ — զգալ ու վառվել սեռային կրքով, քանի որ ընդունակ է վառվելու: Լավ է առաքինի մարդ մնալը, բայց բնության ուժը անհաղթելի է կենդանի մարդու համար, նաև գերադասելի բարոյականությունից: Հիմա՛ր մարդիկ, տեսե՛ք. դուք խոսում եք թռչունների մաքրության մասին, մի՞թե աղավնիներն այնչափ միամիտ են, ինչպես կարծում էր Քրիստոսը: Ո՞վ է ստեղծել ընկերական կյանքի կանոնները, այդ բարոյականություն կոչված անտեսանելի, անշոշափելի շինության հիմքը: — Մարդ՛իկ: Էէ՛, ուրեմն մարդիկ չունի՞ն իրավունք քանդելու այն, ինչ որ ինքնըստինքյան խորտակվում է ժամանակի ավերիչ ուժից:

Մի ուրիշ խնդիր, որ Փիրուզյանին զբաղեցրեց, Սամսոն Ֆրանգուլյանի լավ մարդ լինելն էր: Արդյոք, այս ճշմարի՞տ է, արդյոք, կարելի՞ է այդ մարդուն լավ համարել: Ի՞նչ իրավունքով է նա տիրացել մի երիտասարդ կնոջ, եթե, իրավ, լավ մարդ է, Նա՛, այդ քայքայված, հնամաշ միլիոները: Մի՞թե լավ մարդը փողով կգներ մի անփորձ էակի, մի դեռահաս աղջկա, գրեթե մի երեխայի բախտը, ճակատագիրը, կյանքը: Օ՜ ո ոչ, հազար անգամ ոչ: Բայց որ գնել է — թող կարողանա և պահպանել, ինչպես գիտե պահպանել իր միլիոնները: Որ չի կարող պահպանել, թող տուժի: Մելանիան խաբված էակ է, այն ժամանակ, երբ որոշվել է նրա ճակատագիրը, կյանքի մասին ոչինչ և ոչինչ գաղափար չի ունեցել: Այժմ է նրա մեջ զարթնել կյանքը, այժմ է սկսում եռալ նրա արյունը: Եվ մի՞թե զարնան այս նոր-նոր բացվող ծաղիկը պիտի թողնել աշնան պաղ ձեռներում: Ինչո՞ւ, ո՞վ է այն բռնակալը որ ժամանակի վրա անգամ տարածում է իր իշխանությունը: Մի եսամոլ ծերունի իր միլիոններով հանդգնում է ոտնատակ անել բնության օրենքները: Այդ զզվելի է...

Վճռված է. Մելանիան բնական օրենքով այն մարդուն է պատկանում, ով զգռել կարող է նրա կիրքը: Ով ուզում է, թող լինի այդ մարդը, ինքը Փիրուզյանը, թե մի ուրիշը: Պետք է այս բանը հասկացնել երիտասարդ էակին և զգալ տալ նրան, թե կա մի մարդ, որ գիտե ըմբռնել նրա զաղտնի վիշտը:

— Դուք վերջացրի՞ք ձեր նամակը, — լսվեց հանկարծ Մելանիայի ձայնը:

— Ես չգրեցի:

Մելանիան նստեց: Նստեց նաև Փիրուզյանն անմիջապես:

VII

Ի՞նչ է նշանակում այս, Մելանիան անկեղծ ուզում է ազատվել այդ մարդուց, և խոսք չի գտնում նրան հեռացնելու: Նա կաշկանդվեց հյուրի մի երկարատև նայվածքից, և գլուխը թեքեց կրծքին, թեթևակի կարմրելով:

Նա զգում է, որ արյունը երակների մեջ սկսում է հոսել առանձին ուժով և մարմնին պատճառել անսովոր ու անհաճելի դողոց: Եվ այս է, որ կատաղեցնում է նրան: Ոչ, ոչ, պիտի այդ մարդուն ուղղակի, թեկուզ անքաղաքավարի կերպով, ճանապարհ դնել: Մելանիան ատում է նրան հոգու բոլոր ուժերով, ինչպես կարող է ատել մի կին մի տղամարդու: Այդ մարդու դեմքն արդեն արտահայտում է վատ բան, շա՛տ վատ բան: Բայց ինչո՞ւ Մելանիան հենց այս րոպեին խղճում է Սամսոնին...

— Ուզում եմ Ժորժիկին կառքով մի քիչ զբոսեցնել, եղանակը լավ է, — փորձեց նա հասկացնել հյուրին, թե չպիտի երկար նստել:

— Ժորժիկը, ձեր որդին, օ՜օ, շատ լավ երեխա է, առողջ, գեղեցիկ, և զարմանալի նման է հորը, — նկատեց Փիրուզյանը, անուշադիր թողնելով Մելանիայի բառերի բուն իմաստը:

Չէ՛, այդ մարդը միանգամայն հանդուգն է: Սակայն նրա հանդգնության մեջ կա ինչ-որ քաշող ուժ: Երբեք և ոչ ոք Մելանիայի վերաբերմամբ այդքան անքաղաքավարի չի եղել, ճիշտ է, բայց և երբեք և ոչ ոքի ներկայությունը այսքան չի կաշկանդել նրան: Նա անկեղծ ուզում է փախչել այդ մարդուց և, միևնույն ժամանակ, մի անհաղթելի ուժից մղվում է դեպի նա: Ի՞նչ ասել է այս: Մի՞թե ատելի մարդը կարող է այսքան ձգողական ուժ ունենալ:

— Այսօր ուզում էի Սամսոն Պետրովիչի հետ խոսել մի շատ լուրջ գործի մասին, — ասաց Փիրուզյանը, շարունակելով իր խորհրդավոր հայացքի տակ այրել երիտասարդ կնոջը:

— Բանն այն է, որ Սամսոնը անգործ տխրում է, պետք է, որ նա որևէ նոր գործի ձեռնարկի: Մի այդպիսի գործ կա, հենց այս մասին էի ուզում Սամսոնի անունով նամակ գրել ու թողնել նրա սեղանի վրա: Կառավարությունը տալիս է մի ահագին անտառ, շահագործելու համար: Մեծ գումար է հարկավոր, ամբողջ քաղաքում գուցե միայն Սամսոնը կարող է այդ կապալը վերցնել: Բայց մեծ էլ օգուտ կարելի է ունենալ:

— Չգիտեմ, ես այդ տեսակ գործերից ոչինչ չեմ հասկանում, — արտասանեց Մելանիան, մի անգամ ևս փորձելով զգալ տալ հյուրին, թե չի ուզում երկարացնել:

Բայց հյուրը շտապեց օգտվել հենց այդ խոսքերից: Նա ասաց.

— Օ՜օ, շա՛տ ուրախ եմ, որ չեք հասկանում: Այդ պատիվ է բերում ձեր ճաշակին. կյանքը շատ տխուր կլիներ, եթե երիտասարդ ու գեղեցիկ կանայք էլ հետաքրքրվեին նյութականով: Ապրել ու զվարճանալ — ահա ինչ է վայելում ձեր հասակին, դիրքին, գեղեցկությանը:

Այս խոսքերը ներգործեցին Մելանիայի վրա: Նա մինչև անգամ փափագեց լսել նրանց շարունակությունը : Փիրուզյանը այս հասկացավ և շտապեց օգտվել հարմար րոպեից: Կինը կյանքի ժպիտն է, պոեզիան: Կինը, մանավանդ երիտասարդ ու գեղեցիկ կինը, տղամարդի աստվածուհին է: Միթե վայե՞լ է աստվածուհուն նյութականով հետաքրքրվել: Կինը մինչև անգամ չպիտի մտածի լուրջ բաների մասին, որովհետև մտածմունքը խորշեր է առաջացնում դեմքի վրա և ծերացնում է կնոջը: Կինը միայն պիտի զգա, միայն պիտի սիրի ու սիրվի և միշտ ձգտի լիացում տալ իր զգացումներին...

Զգալ, լիացում տալ զգացումներին: Մելանիան վախեցավ: Փիրուզյանը խոսում էր նրա սրտի խորքից, նրա այժմյան տրամադրությունից: Այլևս նա հաղթահարվեց, գոնե այնչափ, որ դադարեց մտածել հյուրից ազատվելու մասին: Այժմ նա լսում էր նույնիսկ հետաքրքրությամբ, թեև մերթ ցնցվելով, մերթ անտարբեր ձևանալով, մերթ բարկանալով միմյանց հակասող, միմյանց ջնջող զգացումներից:

— Ես շատ ուրախ եմ, — շարունակեց Փիրուզյանը եռանդով, — որ դուք զբաղվում եք հասարակական գործերով: Բայց, ներեցեք, ինձ թվում է, դուք այդ անում եք, ը՛ը՛ը՛, անում եք... ձեզ խաբելու համար...

— Ուրեմն դուք չե՞ք հավատում իմ անկեղծությանը, — գոչեց Մելանիան վիրավորված:

— Ո՛չ, — արտասանեց Փիրուզյանը համարձակ, մեղմիկ ժպտալով և նայեց խոսակցի բիբերին:

— Ի՞նչ իրավունքով:

— Իրաքվունքի բան չկա, ճաշակի խնդիր է: Նախ և առաջ պիտի ասել, որ ես չեմ հավատում առհասարակ կանանց. մանավանդ երիտասարդ կանանց հասարակական գուրծունեությանը: Ես այստեղ ճանաչում եմ մի քանիսին, որոնք իրենց երեխաներին հանձնում են ծառաների հսկողությանը, իսկ իրանք օրը մինչև երեկո վազվզում են դեսուդեն մի ինչ-որ ձանձրալի պարահանդես կամ ավելի ձանձրալի ներկայացում սարքելու համար: Նրանք երևակայում են, թե իրենք կազմում են հասարակական կյանքի առանցքը: Օ՛օ, անկարելի է նրանց հետ վիճաբանել: Խոսում են հեղինակավոր եղանակով քննադատում են այնպիսի բաներ, որոնց մասին հավի հասկացողություն ունին: Այդ կանայք երջանիկ են իրենց իլյուզիայով և դժբախտ՝ կյանքի տեսակետից նայողի աչքում: Իմ կարծիքով, նրանք ավելի հաճելի կլինեին, եթե սովորեին ճաշակով հագնվել ու ճաշակով սանրել իրենց մազերը: Գալով ձեզ, պետք է ասել, որ դուք, տիկին գործել չեք ուզում, այլ ինչպե՛ս ասեմ... զգալ ու ապրել... Դուք աշխատում եք միայն գործով թմրեցնել ձեր սրտում նոր վառված շատ բնական ու շատ ներելի զգացումները: Հասկանում եք, կարծեմ: Էհ, չի կարելի չասել, որ մի քիչ էլ սնափառ եք, ինչպես առհասարակ բոլոր հարուստ կամ որևէ դիրք ունեցող կանայք: Բայց ճշմարտությունն այս է. դուք գործել չեք ուզում, այլ ապրել կրկնում եմ, ապրել: Ինչո՞ւ — նրա համար, որ դուք այժմ, ներկա հանգամանքներում... չեք ապրում...

Հանդո՛ւգն մարդ: Իր դիտողական ձիրքով, իր արծվային հայացքով նա թափանցում էր երիտասարդ կնոջ սրտի խորքը և քրքրում զգուշությամբ թաքցրած զգացումները:

— Դուք սխալվում եք, ես ապրում եմ և շատ լավ եմ ապրում, — ասաց Մելանիան այնպես արագ, որ կարծես վախենում էր՝ միգուցե ուրիշ բան ասի:

Մի թեթև հեգնական ժպիտ սահեց Փիրուզյանի դեմքով:

Տիրեց վայրկենական լռություն, որովհետև նա պատրաստվում էր ավելի համարձակ քայլ անելու:

— Ասացե՛ք, խնդրեմ, քանի՞ տարեկան էիք, երբ ձեզ ամուսնացրին, — հարցրեց նա անփույթ եղանակով, սակայն որոշ շեշտելով «ձեզ ամուսնացրին» բառերը:

Հարցը, հարկավ, համարձակ էր, բայց չէ՞ որ Փիրուզյանը ազգական է, ունի իրավունք թույլ տալու իրան որոշ ազատություն:

— Չգիտեմ, չեմ հիշում,— պատասխանեց Մելանիան հուզմունքից դողացող ձայնով:

— Երևի, տասնուվեց կամ շա՛տ-շա՛տ՝ տասնույոթ տարեկան, — լրացրեց ինքը Փիրուզյանը, — այսինքն՝ այն հասակում, երբ ձեր վերջին խաղալիկները դեռ փշրված չէր:

Եվ, մի վայրկյան կանգ առնելով, ցածր ձայնով ու կարծես ինքն իր համար, ավելացրեց.

— Այո, այո, տղամարդիկ եսամոլ են, ոճրագործության չափ եսամոլ:

Պարզ էր, թե ում էին վերաբերվում այս բառերը:

Էականը ասված էր. ավելի հեռու գնալն առայժմ և՛ անհարմար համարեց, և՛ վտանգավոր: Նա ոտքի ելավ — ժամացույցին նայելով: Ժամանակ է Ժորժիկին զբոսնելու տանել:

— Հույսով եմ, որ ասածներս կատակի տեղ կընդունեք և կմոռանաք, — ասաց հյուրը:

Երբեք նա այնքա՛ն երիտասարդ, այնքա՛ն ուժեղ, այնքան գրգռեցուցիչ չէր թվացել Մելանիային, որքան այսօր, հետևաբար՝ այնքան ատելի և երկյուղալի:

Երեկոյան, երբ Մելանիան Սամսոնին հայտնեց Փիրուզյանի այցելության մասին, ավելացրեց.

— Վերցրո՛ւ այդ կապալը, դու անգործ տխրում ես:

VIII

Մելանիան չէր կարողանում մոռանալ Փիրուզյանի խոսքերը: Մտածում էր, քննում, վերլուծում և ակամա եզրակացնում, թե որքան հանդուգն են այդ խոսքերը, նույնքան ճիշտ են: Ճիշտ գոնե այն մասում՝ թե երիտասարդ կինը պիտի զգա ու ապրի, որ ինքը Մելանիան, պարապելով հասարակական գործերով, չի զգում այն, ինչ որ պահանջում է սիրտը, թե կյանքն անցողիկ է, իսկ մարդ երկրորդ անգամ չի ծնվում, թե վերջապես «որքա՞ն տղամարդիկ եսամոլ են»:

Գտնվել է մի անձ, որը հանդգնաբար կարդում է նրա մտքերը և շոշափում նվիրական զգացումները: Նա ինքն երիտասարդ է, նրա ամբողջ կազմից մարմնավոր ուժն է բուրում,ա՛յն, ինչ որ վաղուց է թառամել Սամսոնի մեջ: Լավ մարդ է, թե վատ, խելոք է, թե հիմար, բարոյական, թե անբարոյական, — այդ չէ խնդիրը: Երիտասարդ է — ահա գլխավորը: Եվ ունի իրավունք ասելու, թե Մելանիան չի ապրում ու չի կարող ապրել լի կյանքով մի ծերունու հետ:

Ամեն օր Փիրուզյանը գալիս էր իր ազգականի մոտ գործի վերաբերմամբ խոսելու: Սամսոնը վաղուց էր դադարել մտածել դրամական շահերի մասին: Եվ այս ոչ այն պատճառով, որ փողից կուշտ էր, այլ գլխավորապես այն պատճառով, որ այժմ այլևս կյանքի քաղցրությունը դրամի մեջ չէր տեսնում, որպես առաջ: Նա անգործ տխրում էր, — ահա ինչու համոզվեց կապալը վերցնել: Իրավունք տվեց Փիրուզյանին մանրամասն տեղեկանալ պայմանների մասին և ժամանակին հիշեցնել աճուրդի օրը:

Որքան Մելանիան անկեղծ փափագում էր առաջվա պես փախչել Փիրուզյանից, այնքան ավելի այժմ ներքին ուժը մղում էր նրան դեպի երիտասարդ տղամարդը: Նա զգում էր, որ վաղ թե ուշ այս ակամա հակումը կարող է Սամսոնի աչքին ընկնել: Վախենո՞ւմ էր ամուսնուց: — Ոչ, վախենում էր իր խղճից, չէր ուզում նրա դեմ որևէ հանցանք գործել: Զգում էր, որ իր դրությունը վտանգավոր է, որ կարող է կուրանալ, մոլորվել ու ընկնել առաջին պատահողի գիրկը, թեկուզ այդ առաջին պատահողը լինի անցորդի մեկը: Ահա ինչու ատելով Փիրուզյանին, երկնչում էր նրա մերձավորությունից, ինչպես մի թունալի ու սոսկալի ախտից: Ախտ, որ թեև հաճելի ու արբեցուցիչ, բայց կործանիչ է:

Եվ նա կռվում էր ինքն իր հետ: Երբեմն զգում էր, որ մտքի ուժը ահա, ահա պիտի հաղթվի կրքերի զորությունից: Այսպիսի րոպեներին նա կարոտում էր Սամսոնի օգնությանը: Թող այդ մարդը նրա հետ վարվի խիստ, անողոք, այս և միայն այս կարող է Մելանիային փրկել, պահպանել նրան հնարավոր անկումից: Երբեմն նա փափագում էր, որ Սամսոնը խանդե, թեկուզ անտեղի զայրանա, կատաղի և կշտամբե նրան ամենավիրավորական խոսքերով:

Մինչդեռ Սամսոնը ոչ միայն չէր խանդում, այլև վերին աստիճանի համբերող էր: Գոնե այսպես էր երևում արտաքուստ:

— Այսօր միասին գնանք օպերա, — ասում էր Մելանիան, որ սովորաբար մենակ էր գնում թատրոն:

— Լա՛վ, գնանք, — պատասխանում էր Սամսոնը, թեև ատելով ատում էր օպերան:

— Այսօր սպասավորին հրամայել եմ այսուհետև ցիլինդրով ու սյուրթուկով նստել կառապանի մոտ: Չերքեզկան ու դաշույնը զահլես տարել են:

— Լավ ես արել, — պատասխանում էր Սամսոնը, թեև ամեն մի ցիլինդրի թշնամի էր, մանավանդ սպասավորների ցիլինդրին:

— Էգուց խոհարարին ուզում եմ արձակել, չեմ հավանում:

— Արձակի՛ր, — պատասխանում էր Սամսոնը, թեև խոհարարը շատ լավ էր պատրաստում նրա սիրած կովկասյան կերակուրները:

Այս անսահման հլությունը, վերջապես, սկսեց ձանձրացնել Մելանիային: Ի՞նչ է նշանակում այս: Ինչո՞ւ Սամսոնը այդպես խեղճացել է, կամքից զրկվել և ներկայացնում է իր դասակարգի մարդկանց կատարյալ հակապատկերը: Անկարելի է, որ այդ հեզությունը մի հետին միտք չունենա, մի ավելի խոշոր պատճառ, քան սերը դեպի Մելանիան:

Մի օր Մելանիան փորձի համար ասաց, թե վճռել է անգլերեն լեզվի դասեր վերցնել: Կա մի պոլսեցի երիտասարդ ուսուցիչ, որին ուզում է վարձել:

— Էհ, փորձի՛ր, եթե ուզում ես, — համաձայնվեց Սամսոնը:

— Ուրեմն, թո՞ւյլ ես տալիս: Իսկ Խուդանովն իր կնոջը չի թույլ տալիս:

— Խուդանովն ինձ համար օրինակ չէ: Լեզուներ սովորելը լավ բան է: Ասում են՝ մի լեզու իմացողը մեկ մարդ է, հինգ լեզու իմացողը — հինգ մարդ:

Մելանիան մի անհամբեր շարժումն արավ և լռեց:

Գնալով Սամսոնի հլությունը սկսեց նրա համար դառնալ արդեն ոչ միայն ձանձրալի, այլև... զզվելի, այլևս այդ հլության մեջ նա տեսնում էր թուլություն, բարոյական ուժերի բացակայություն: Մի բան, որ առհասարակ ատում էր ամեն մի տղամարդի մեջ:

Մի օր առավոտը, թեյից հետո, Մելանիան ասաց.

— Սամսոն, այս երեկո ուզում եմ դիմակահանդես գնալ, թույլ կտա՞ս:

— Գնա՛:

Մելանիան գիտեր, որ Սամսոնը ամբողջ հոգով հակառակ է դիմակահանդես գնալուն, և այս անգամ կատաղեց կեղծիքի դեմ:

— Դու զարմանալի մարդ ես, — գոչեց նա ջղային եղանակով:

— Ինչո՞ւ:

Մելանիան մտածեց և հանկարծ արտաասանեց.

— Չեմ սիրում այդ տեսակ ազատություն: Հասկանո՞ւմ ես, չեմ սիրում, զզվում եմ...

Սամսոնը նայեց նրա երեսին զարմացած: Կար ժամանակ, երբ Մելանիան սաստիկ ձգտում էր հենց այդ տեսակ ազատություն ունենալ, իսկ այժմ ի՞նչ պատահեց:

— Մեղա՛, թե միտքդ հասկանամ. — արտաասանեց նա, ուսերը վեր քաշելով:

— Չե՞ս հասկանում, — գոչեց Մելանիան նույն ջղային եղանակով, — ավելի վատ քեզ համար: Ուզո՞ւմ ես, որ պարզ խոսեմ: Դու խեղճ մարդ ես, իսկ ես խեղճ մարդկանց չեմ սիրում:

— Ե՞ս եմ խեղճ մարդ, — կրկնեց Սամսոնը, դառն հեգնությամբ ժպտալով, — երևի դու ինձ դեռ լավ չես ճանաչում:

— Ո՛չ, այդ չէի ուզում ասել: Դու խեղճ չես, այլ չափից դուրս շատ ես սիրում ինձ:

— Տեր ամենակարող աստված, — կարողացավ միայն մրմնջալ Սամսոնը:

— Մի՛ սիրիր ինձ, այո՛, մի՛ սիրիր...

— Ասա՛, ասա՛, տեսնենք է՛լ ինչ ես ասում:

Հանկարծ Մելանիայի կոկորդի երակները փքվեցին, կապտեցին, երեսի մկանունքները աղավաղվեցին, կուրծքը բարձրացավ ուժգին: Սկսեց հեկեկալ: Սամսոնն արդեն ապշեց:

Քանի մի վայրկյան լուռ նայեց կնոջը, ապա մոտեցավ և ձեռը դրեց նրա ուսին:

— Մելանիա, արդյոք հիվա՞նդ չես դու:

Մելանիան մի րոպե թույլ տվեց բուռն արտասուքին դուրս հոսելու, ապա մի քիչ զսպեց իրեն, ոտքի կանգնեց:

— Ա՛խ, — ասաց նա, արցունքները արագ— արագ սրբելով, — ես ինքս էլ չեմ հասկանում ինչ եմ ասում: Դու սիրում ես ինձ, ո՛չ միայն ինձ, այլև ծնողներիս, քույրերիս ու եղբայրներիս: Բայց ինձ թվում է, որ դու այդպես չպիտի լինես, ընդհակառակը պիտի իմ գլխին բռնակալ դառնաս: Այո՛, այնպես, ինչպես հին ժամանակի ամուսինները: Ուզում եմ, որ դու ինձ վրա գոռաս, չթույլ տաս ինձ տնից դուրս գալ, թողնես մենակ, ինքդ գնաս կլուբներում, հյուրանոցներում ու այգիներում քեֆ անես: Ուզում եմ՝ հարբած տուն գաս, ինձ հայհայես, ծեծես, հասկանո՞ւմ ես, ծեծես, ոտներիդ տակը գցելով: Կարո՞ղ ես այդպես անել, ա՛սա, կարո՞ղ ես:

Սամսոնը արձանացել էր տեղն ու տեղը: Նա չէր հավատում իր ականջներին:

— Եթե չես կարող հարբել, հայհոյել, ծեծել, գոնե հետս վարվիր այնպես, ինչպես իրենց կանանց հետ վարվում են այժմյան ամուսինները:

— Այսինքն:

— Խաբի՛ր ինձ, դավաճանի՛ր, աչքիս առջև սիրուհինե՛ր պահիր. մի խոսքով՝ վատ ամուսին եղիր, շատ վատ, շա՛տ կոպիտ, անպիտա՛ն, կեղտո՛տ, գազա՛ն: Այնքան կեղտոտ, այնքան գազան, որ ամբողջ քաղաքը խոսի քո մասին, որ ամենը քեզ ատեն ու հայհոյեն: Քեզ ատեն ու հայհոյեն, իսկ իմ մասին ցավեն, ասեն. «խե՛ղճ կին, անբա՛խտ կին, ինչպե՛ս տանջվում է մարդու ձեռքին»:

Մի ինչ-որ սուր միտք անցավ Սամսոնի ուղեղով: Բայց աշխատեց իսկույն ևեթ ազատվել այդ մտքից, որ ծանր էր, դաժան, զարշելի: Նա ձեռով մի բացասական շարժումն արավ, մոտեցավ Մելանիային, երկու մատով բարձրացրեց ծնոտը, նայեց ուղիղ աչքերի միջին և արտասանեց.

— Մելա՛նիա, հասկանո՞ւմ ես ինչ ես ուզում ինձանից:

Եվ, անցնելով սենյակի մյուս ծայրը, հետ եկավ ու ավելացրեց.

— Զգո՛ւյշ, Մելա՛նիա, եթե ուզենամ վատ մարդ լինել, շա՛տ վատ կլինեմ, իմացի՛ր, շա՛տ վատ:

Այս ավեց հասարակ եղանակով, բայց այնպիսի համոզիչ ուժով, որ Մելանիան մի վայրկյան սարսափեց: Նայեց ամուսնու երեսին և զգաց, որ, արդարև, եթե Սամսոնը կամենա, կարող է շատ վատ ամուսին դառնալ: Նրա խորշոմած մռայլ ճակատը այդ պահին սքողված էր տարօրինակ ստվերով: Կիսաթառամ աչքերի մեջ երևում էր տանջող խանդի կուրությունը, որ կարող է անգամ հանցանք գործել:

Բայց այնուամենայնիվ Մելանիան չզղջաց: Նա ասաց.

— Ինչ ուզում ես, արա՛, միայն փոխվիր: Կամ հին մարդ եղիր, կամ նոր մարդ, կամ բռնակալ, կամ դավաճանող:

Ասաց, կարծես, հակառակ իր կամքի, միայն ենթարկվելով ինչ-որ տարերային ուժի ազդեցության...

IX

Այսպես, ուրեմն, Սամսոնը շատ է սիրում Մելանիային: Իսկ Մելանիան, ընդհակառակը, ուզում է ատվել նրանից: «Ուզում եմ, որ հարբած տուն գաս, հայհոյես ինձ, ծեծես»: Եթե Սամսոնը այդ չի կարող անել, թող վարվի նրա հետ այժմյան ամուսինների պես: «Խաբիր ինձ, դավաճանիր, աչքիս առջև սիրուհիներ պահիր»:

Եթե Սամսոնը մինչև այժմ կասկածում էր, այսօր համոզվեց, որ ինքն արդեն ատելի է դարձել Մելանիայի համար: Ահա ինչու Մելանիան պահանջում է, որ Սամսոնն ատի նրան. նա փոխադարձություն է պահանջում:

«Կամ հին մարդ եղիր, կամ նոր մարդ, կամ բռնակալ, կամ դավաճանող», — հնչում էր Սամսոնի ականջին Մելանիայի վերջին խոսքերը, Ո՞րը լինել, բռնակա՞լ, թե՞ դավաճանող: Դավաճանել Մելանիային: Օ, ո՛չ. այս չի կարող անել Սամսոնը: Նրա հայացքով տղամարդուն ներելի է անել ամեն ինչ, քանի որ ամուրի է, իսկ երբ մի անգամ մարդ ամուսնացավ, պիտի հավատարիմ մնա ամուսնական առագաստին: Ոչ, Սամսոնը դավաճանել չի ուզում, նա մինչև անգամ զզվում է այս մտքից: Եվ վերջապես, ինչպես դավաճանել:

«Ինչպե՞ս», կրկնում էր Սամսոնը դառն կսկիծով: Այս բառի մեջ նա զգում էր մի թունալի հեգնություն, մի սոսկալի ծաղր, Դավաճանել. այո՛, Սամսոնի համար հասկանալի է, թե ի՛նչ էր ուզում ասել Մելանիան այս բառով...

Նա շրթունքները անխնա կրծոտում էր մի ծանր, անտանելի մտքից, մի ցավի գիտակցությունից, որի համար դեղ չկար. ուհ, անիրավ օրենքներ բնության, միթե չկա ոչ մի փրկարար միջոց ձեր քայքայիչ զորության դեմ: Չկա, նա բոլոր միջոցները փորձել է արդեն և հիասթափվել...

Ուրեմն բռնակա՞լ դառնալ: Փակե՞լ Մելանիային տանը, գոռա՞լ, հայհոյե՞լ, ծեծե՞լ: Եվ ինչո՞ւ չէ: Եթե մինչև այժմ Սամսոնը կատարյալ ազատություն է տվել կնոջը՝ ապրել ուզածին պես, արել է հակառակ իր հայացքների, միայն այն պատճառով, որ սիրել է նրան, չի կամեցել, կամ ավելի ճիշտը, չի կարողացել վշտացնել այդ երեխային: Այժմ Մելանիան ինքն է ասում, թե ձանձրացել է այդ ազատությունից:

Հարգանքի զգացումը ավելի է ճնշում նրան, քան ատելության ուժը: Սամսոնի «լավ մարդ» լինելը տանջում է նրբան: Օ՛հ, այժմ միայն Սամսոնը հասկանում է այս բանը: Լավ մարդու դեմ մեղք գործելը այնքան հեշտ չէ, որքան «բռնակալի կամ դավաճանողի» դեմ: Խիղճը թույլ չի տալիս: Թող Սամսոնը վատ մարդ դառնա. մանավանդ վատ հռչակվի հասարակության մեջ, այն ժամանակ Մելանիան իրան ազատ կհամարի և... Իսկ այժմ կաշկանդված է...

Այս մտքերի ազդեցությամբ Սամսոնն զգում էր այնպիսի կսկիծ, որի նմանը երբեք չէր զգացել: Այնինչ նա դառն օրեր էր տեսել: Եղել էր աղքատ, անպաշտպան, կրել էր մարդկային արհամարհանքների ծանրությունը: Դառնալով վաճառական, երկու անգամ մոտիկից տեսել էր առևտրական աշխարհի համար այն սոսկալի վիշապի աչքերը, որ կոչվում է սնանկություն: Լսել էր պարտատերերի ծաղրն ու հայհոյանքները: Իբրև սիրող որդի, քառասունութ ժամ դիտել էր մահամերձ մոր տանջանքները: Իբրև սիրող հայր, կրել էր առաջին զավակի մահվան հարվածը: Նա տեսել էր և ուրիշ շատ թշվառություններ, բայց երբեք այնպես չէր տանջվել, որպես այժմ, երբե՛ք:

Նա երևակայում էր իրեն բռնակալ ամուսնու դերի մեջ և ինքն էլ սոսկում էր բոլորից, ինչ որ կարող էր և ընդունակ էր անելու այդ դիրքում: Մինչև այժմ նա խանդել էր, այո , բայց խանդել էր միայն

Մելանիայի երիտասարդությանը: Իսկ այժմ հանկարծ առաջ է գալիս մի գարշելի, մի դժոխային կասկած — արդյոք, Մելանիան չի՞ դավաճանել:

Եվ եթե դավաճանել է, ո՞վ է նրան մոլորեցնողը: Վերջին ժամանակ նա այնքան հեռու է պահում իրեն տղամարդկանց ընկերությունից, որ դժվար է կասկածել որևէ մեկի մասին:

Փիրուզյա՞նը — անցավ հանկարծ Սամսոնի մտքով: Ինչո՞ւ չէ. մի՞թե նա երիտասարդ չէ: Բայց ոչ, այդ անկարելի է, ի՜նչ անպիտան, ի՜նչ հանցավոր միտք: Փիրուզյանը հարգում է Սամսոնին այնքան, վերաբերվում է Մելանիային այնպիսի պատկառանքով, Մելանիան սառն է դեպի նա այնչափ, որ ամոթ է անգամ կասկածել նրանց հարաբերությունը:

Սակայն, որքան Սամսոնը աշխատում էր դուրս հանել մտքից այդ մարդուն, այնքան նրա երիտասարդ ու թարմ կերպարանքը սպառնում էր նրան...

Այսպես տևեց մի ամբողջ շաբաթ: Բանը հասավ այնտեղ, որ Սամսոնը ցանկացավ կրճատել Փիրուզյանի այցերը: Այս նպատակով նա դրականապես հրաժարվեց անտառի կապալից հենց աճուրդի օրը: Փիրուզյանը չհասկացավ նրա իսկական միտքը, միայն մութ կերպով զգաց, որ Սամսոնի մեջ վերջին օրերը կատարվում է ինչ-որ փոփոխություն: Նա զգուշացավ և մի քիչ կրճատեց իր այցերը:

Այժմ Սամսոնը կասկածով էր վերաբերվում Մելանիային, հետևում էր նրա յուրաքանչյուր քայլին: Նա տակավին չէր վարվում իբրև բռնակալ, բայց արդեն մոտ էր այդ աստիճանին: Եվ մերձենում էր առանց ինքնաբեր որոշման, այլ այնպես, անգիտակցաբար: Նա կարծում էր, որ Մելանիան զղջում է իր արածների մասին և շուտով կսկսի բողոքել մարդու մի քանի թեթև խստությունների դեմ: Բայց պատահեց հակառակը: Մի օր Սամսոնը Մելանիային արգելեց ինչ-որ պարերեկույթ գնալու հենց այն պահին, երբ տիկինն արդեն հագնված էր և դրսում սպասում էր լծված կարեթը: Մելանիան իսկույն ուսերից դեն ձգեց մուշտակը, ասելով.

— Շա՛տ լավ, եթե չես թողնում՝ չեմ գնալ:

Սամսոնը զղջաց, նա փորձում էր միայն իր ուժը:

— Գնա՛, քանի որ պատրաստվել ես, — ասաց նա:

Բայց Մելանիան սկսեց նրա առջև մեկ-մեկ դեն ձգել իր արդուզարդը,

— Գնա՛, ասում եմ, — կրկնեց Սամսոնը:

— Որ արգելում ես, ի՞նչպես գնամ:

— Չեմ արգելում:

— Ո՛չ, արգելում ես:

Սամսոնը բարկացավ, ձայնը բարձրացրեց:

— Ասում եմ քեզ, որ թույլ եմ տալիս:

— Թույլ ես տալիս, բայց ինքդ գոռում ես: Ունիս իրավունք, գոռա՛:

— Մելա՛նիա, — գոչեց Սամսոնը, ձայնը ավելի բարձրացնելով. — մի՛ հանվիր:

— Արդեն հանվել պրծել եմ: Մազերս էլ բաց արի: Ը՛հը, կատաղում ես, աչքերդ կարմրում են, բռունցքներդ սեղմում ես: Չլինի՞ թե ուզում ես ծեծել, հաա՞. ծե՛ծիր, ունիս իրավունք:

Այնինչ՝ Սամսոնը ոչ կատաղած էր, ոչ աչքերը կարմրել էին, ոչ մանավանդ բռունցքները սեղմել: Նա միայն բարկացած էր:

— Ծեծե՞լ, — կրկնեց նա, — ժամանակ-ժամանակ այնպիսի բաներ ես ասում, որ ձեռներս քոր են գալիս:

— Ավելի լավ, ավելի լավ: Ես դեմ չեմ, ծեծի՛ր, ծեծի՛ր, ինչքան քեֆդ է: Ես մի խեղճ, անպաշտպան կնիկ եմ, ծեծի՛ր...

Եվ նա սկսեց հեկեկալ, ընկնելով թախտի վրա: Սամսոնը ակամա մեղմացավ. ավելի, նա պատրաստ էր մոտենալ, գրկել ու համբուրել Մելանիային, մինչև անգամ ներումն խնդրել: Բայց զսպեց իրեն. թող չկարծի այդ կինը, թե իր ամուսինը շատ էլ թուլամորթ է: Նա ասաց.

— Դու խելագարվել ես:

— Խելագարվել եմ, այո՛, — հաստատեց Մելանիան,— իմ տեղը ո՛վ չի խելագարվիլ: Ուրեմն, փակիր ինձ տանը, մի՛ թողնիր դուրս, կարող եմ գժություններ անել հասկանո՞ւմ ես, կարող եմ գժություններ անել...

Այսպիսի տեսարանները կրկնվեցին մի քանի անգամ: Եվ ամեն անգամ Մելանիան, կարծես, աշխատում էր Սամսոնին տրամադրել այնպես, որ մարդը կորցնեի համբերությունը, կատաղի և վերջապես, բռունցքը բարձրացնի նրա գլխին: Իսկ Սամսոնը դեռ կարողանում էր իրեն զսպել: Նա ուրիշ բան էր մտածում...

X

Այն օրից, երբ Սամսոնի սրտում կասկած ծագեց, կամենում էր Մելանիայի հետ խոսել Փիրուզյանի մասին: Նա ուզում էր իմանալ կնոջ կարծիքը այդ մարդու վերաբերմամբ և գուցե հենց սեփական խոսքերով բռնել նրան:

Մի օր նա հարցրեց.

— Մելա՛նիա, ինչո՞ւ Արտյուրն էլ առաջվա պես շուտ-շուտ չի գալիս մեր տուն:

— Ես ի՞նչ գիտեմ, հարցրու իրանից:

— Իսկ ես գխտեմ: Նա քեզանից վիրավորվել է:

— Ինչո՞ւ:

— Լավ չես ընդունում նրան, — պատասխանեց Սամսոնը և երկիմաստ հայացքով նայեց կնոջ երեսին:

— Ես, թե՞ դու, — արտասանեց Մելանիան, չշփոթվելով ամուսնու համառ հայացքից:

— Այո, ճշմարիտ ես ասում, ես էլ լավ չեմ ընդունում նրան: Ուզո՞ւմ ես միտքս իմանալ. այո, շատ ուրախ եմ, որ նա հիմա քիչ-քիչ է երևում իմ տանը:

— Պատճա՞ռը:

— Հենց այնպես: Մինչև անգամ լավ կլինի, որ իսկի էլ չգա այսուհետև:

— Դու այդ ուզո՞ւմ ես:

— Իսկ դու չե՞ս ուզում:

— Ինձ թո՛ղ, աստված սիրես: Ազգականը քոնն է, դո՛ւ ասա, ուզո՞ւմ ես, որ նա իսկի չգա մեր տուն:

— Ուզում եմ, — պատասխանեց Սամսոնը հանկարծ, փորձի համար:

— Լավ, — ասաց Մելանիան և լռեց:

Հետևյալ օրը Փիրուզյանն եկավ: Սամսոնը տանը չէր: Մելանիան հրամայեց սպասավորին՝ հայտնել, թե պարոնը և տիկինը տանը չեն: Մինչդեռ սպասավորը նախասենյակում հաղորդում էր այս խոսքերը Փիրուզյանին, նա անմիջապես գոչեց.

«Ժորժիկ, Ժորժիկ, ապա թե կարող ես ինձ բռնիր»: Եվ սկսեց վազվզել, բարձրաձայն ծիծաղել:

Մի ժամ անցած՝ նա իր արարքը պատմեց Սամսոնին:

— Ուրեմն Արտյուրն իմացավ, որ դու տա՞նն ես, — հարցրեց Սամսոնը զայրանալով:

— Այո, տանը և առողջ:

Սամսոնի աչքերը կատաղությունից փայլեցին:

— Մելա՛նիա, դու քանի գնում, խելքդ կորցնում ես, — գոչեց նա, — ինչո՞ւ համար ես ինձ խայտառակում իմ ազգականի մոտ:

— Ինքդ ուզեցիր, որ նա մեր տունը ոտ չդնի:

— Ես... կատակ էի անում:

— Կատա՞կ, հա՞ա, դու... կատա՞կ, — հեգնաբար ծիծաղեց Մելանիան, — մի՞թե դու կատակ անել էլ գիտես, չէի իմանում, ներողություն:

— Ես քեզ փորձելու համար ասացի, թե չեմ ուզում Արտյուրին մեր տանը տեսնել:

— Ինձ փորձելու համա՞ր:

— Մելա՛նիա:

— Ինձ փորձելու համար, — կրկնեց Մելանիան, ինքն իրեն կորցնելով, — ա՛ա, ուրեմն, ուրեմն... դու ինձ կասկածո՞ւմ ես:

— Այո՛, կասկածում եմ. չի՞ կարելի քեզ կասկածել ինչ է:

Մելանիայի աչքերը պսպղացին, նա կամեցավ հեկեկալ, բայց ճիգ արավ և իրեն զսպեց: Նա միայն ասաց.

— Այդ էր պակաս... կասկածել ինձ...

— Ինչո՞ւ, դու կին չե՞ս, ինչպես բոլոր կանայք:

— Ես մի անբախտ կին եմ, ուրիշ ոչինչ, — արտասանեց Մելանիան շնչասպառ:

— Անբա՛խտ, — կրկնեց Սամսոնը դառն հեգնանքով, — եթե դու անբախտ ես, կկամենայի իմանալ՝ ով է բախտավոր քո ծանոթներից: Որը մի տեսակ կերակուր ուտո՞ղը, թե տարին մի ձեռք հագուստ չունեցողը: Ո՞ւմ է նախանձում ամբողջ քաղաքը, քե՞զ, թե՞ մի ուրիշին:

— Սամսոն, միամիտ մի՛ ձևանալ: Դու շատ լավ գիտես, թե բախտավորությունը լավ ուտել-խմելու ու շքեղ հագուստների մեջ չէ:

— Կկամենայի գիտենալ՝ այն ի՞նչ է, որ մեր դարում չի կարելի ունենալ դրամի զորությամբ:

— Ի՞նչ է, — կրկնեց Մելանիան սրտի կսկիծով, — ի՛նչ է...

Եվ մի սուր հայացքով ուղիղ նայեց ամուսնու աչքերին: Սամսոնը հասկացավ նրա թունալի, բայց արդարացի միտքը: Հասկացավ և շրթունքները կրծոտելով, լռեց:

— Լռո՞ւմ ես, — մրմնջաց Մելանիան և նույն վայրկյանին մի երկարատև հարվածող ծիծաղ դուրս թռավ նրա կրծքից:

— Մելա՛նիա, — գոչեց Սամսոնը խռպոտ ձայնով, — դու չափ ու սահմանդ կորցնում ես: Մելա՛նիա, մարդ չպիտի մոռանա իր անցյալը:

Այս արդեն Մելանիայի կծու ակնարկի պատասխանը չէր, այլև մի տեսակ փախուստ բուն խնդրից...

— Ի՞նչ ես ուզում ասել դրանով, պա՛րզ խոսիր...

— Ժամանակն է հասկանալու, որ քեզ նման երիտասարդ ու գեղեցիկ կանայք հազարավոր են, իսկ քեզ պես ապրում է հազարից մեկը... Հասկանո՞ւմ ես, ինչ եմ ասում...

Հասկանո՞ւմ է, արդյոք, Մելանիան: Ինչպե՞ս չհասկանալ, երբ մարդը խոսում էր այնքան պարզ, երբ նրա յուրաքանչյուր բառի, ձայնի ամեն մի հնչյունի մեջ զգացվում է միլիոնատիրոջ թունալի արհամարհանքը դեպ մի կնոջ չքավոր անցյալը: Մելանիան զինաթափ եղավ, գլուխը թեքվեց կրծքին, ձեռները թուլացան: Այսպես, ուրեմն, հարվածի փոխարեն հարված և ավելի զորեղ: Եթե նա Սամսոնից երիտասարդություն է պահանջում, Սամսոնն էլ պահանջում է նրանից հիշել անցյալը: Նրան ողորմություն են արել, դուրս բերել չքավորությունից և հարուստ ու շքեղ ապարանք մտցրել: Նա երախտամոռ է և իր վիճակի համար փոխանակ շնորհակալ լինելու՝ հանդիմանում է բարերարին:

Մի քանի վայրկյան Մելանիայի մտքերը շփոթվեցին: Սակայն մի բան նրա համար պարզ էր ավելի, քան երբեւէ, այն, որ վերջապես, հասել է ժամանակը, երբ պիտի երես առ երես կանգնի այդ մարդու դեմ, անդիմակ, և ասի բոլորը, ինչ որ կուտակվել է սրտում վերջին երկու-երեք տարվա ընթացքում:

XI

Նա ձեռքով տրորեց ճակատն ու աչքերը, կարծես, ուշը ժողովելու համար: Այս՛, ուրեմն Սամսոնը նրան բարերարությո՞ւն է արել, ամուսնանալով նրա հետ:

— Եթե երեսովս պիտի տայիր աղքատությունս, ինչո՞ւ ամուսնացար, — գոչեց նա, — ինչո՞ւ ամուսնացար:

— Երնի նրա համար, որ դու էլ երեսովս տաս ծերությունս, — հեգնեց Սամսոնը:

— Ես ունիմ իրավունք, դու չունիս: Դու քո կամքով ամուսնացար, իսկ ինձ ամուսնացրին, Հասկացի՛ր զանազանությունը: Դու ինձ փողով գնեցիր իմ ծնողներից....

— Թող չծախեին... Բայց լռիր, բավական է:

Լռե՞լ: Ոչ, առանց այդ էլ երկար ժամանակ է լռել: Հիմա առիթ են տալիս խոսելու և պիտի խոսի: Նա միշտ տանջվել է, միշտ, թեև ուրիշները նախանձել են նրան այսինքն նրա ադամանդներին ու տուալետներին, կառքերին ու ձիերին, ճաշերին ու ընթրիքներին: Նա ծիծաղել է, երգել, նվագել, թռչկոտել, բայց տանջվել է:

— Ինչո՞ւ, ինչո՞ւ ես տանջվել, — հարցրեց Սամսոնը:

— Որովհետև չեմ կարողացել քեզ սիրել, ուզեցել եմ սիրել, չեմ կարողացել:

— Շնորհակալ եմ, որ գոնե ուզեցել ես սիրել:

— Ես կատակ չեմ անում, — շարունակեց Մելանիան, — սրտիս ցավն եմ հայտնում: Մա՛րդ, դու ապրել ես ու վերջացրել կյանքդ, իսկ ես նոր եմ սկսում ապրել, հասկանո՞ւմ ես, նոր-նոր միայն: Չէ՞ որ քսանուչորս տարեկան եմ, ա՛նաստված, ինչպե՞ս ապրեմ քեզ հետ: Ինչո՞վ ես ուզում ինձ բախտավորեցնել: Բազմաթիվ ծառաներո՞վ, այս շքեղ տնո՞վ, թանկագին հագուստներո՞վ, ոսկով ու քարեղենո՞վ: Լսի՛ր, ես այն կանանցից չեմ, հասկանո՞ւմ ես, չեմ էլ ուզում լինել: Չեմ ուզում ուտել ամուսնուս հարստությունը, սիրել ուրիշներին: Ի՞նչ ես աչքերդ պսպղացնում: Ի՞նչ ես կատաղում, մի՞թե չգիտես, որ կան այս տեսակ կանայք: Ես ինքս ճանաչում եմ օրիորդներ, որ երազում են գտնել հարուստ ու ծեր ամուսիններ, որպեսզի նրանց փողերը ծախսեն, իսկ սիրեն ուրիշներին: Այո՛, կան, շատ կան այդպիսիները, քեզ էլ է հայտնի, որ կան: Բայց ես չեմ ուզում նրանց օրինակին հետևել, հասկանո՞ւմ ես, չեմ ուզում:

Նա միայն աշխատել է ինքն իրեն խաբել: Սկզբում, երբ սկսեց ճանաչել իրեն, հասկանալ իր անբախտությունը, ուզում էր իր նման շատ— շատերի պես լուռ խոնարհվել ճակատագրի առջև: Բայց չկարողացավ: Հետո փափագեց աշխարհի տեսնել, իմանալ՝ ինչպես են ապրում ժամանակակից հարուստ կամ արիստոկրատ համարված կանայք: Մի տարվա մեջ նա շատ բան տեսավ, շատ բան ուսումնասիրեց և այն, ինչ որ տեսավ ու ուսումնասիրեց, շուտով զզվեցրեց նրան: Այնուհետև աշխատեց գլուխը խաբել հասարակական գործերով: Եվ ահա կես տարի, միայն կես տարի անցած՝ այսօր այս էլ է նրան զզվեցնում: Մարդիկ երեսին կեղծավորում են, հետևից ծաղրում, երեսին խելոք, լուսավորված կին համարում, հետևից — փառամոլ, paravenue, выскочка: Նրան չարախոսում են, թե «սիրեկան է փնտրում»: Այժմ նա ուզում է բոլորից և ամեն բանից երես դարձնել ու ապրել ինքն իր սրտի համար, ապրել սիրող կնոջ կյանքով, Եվ հանկարծ... սեր չկա... պահանջ կա, բայց սեր չկա: Իսկ քանի որ սեր չկա, ինչի՞ է նման կյանքը և ի՞նչ օգուտ հարստությունից:

— Ասա՛, ի՞նչ օգուտ, որ այն էլ երեսովս ես տալիս: Չեմ ուզում քո հարստությունը, չեմ ուզում, երդվում եմ Ժորժիկիս անունով: Խլիր բոլորն ինձանից և փոխարենը տուր ինձ կյանք, ո՛չ թե հարուստ, այլ բախտավոր կյանք: Ես զգալ եմ ուզում ու ապրել: Ես ուզում եմ իմանալ, ինչ ասել է երիտասարդական սեր, ինչ ասել է առհասարակ սեր...

— Ասա, որ ուրիշ տղամարդ ես ուզում, — ընդհատեց Սամսոնը կոպտաբար:

Եվ հոգու խորքում զգաց, որ զրպարտում է:

Մի՞թե եթե Մելանիան ուրիշ տղամարդ ուզենա, չի կարող գտնել գաղտնի, և մի՞թե եթե այդպիսի հանցավոր միտք ունենա, այդքան պարզ կխոսի: Ո՛չ, Սամսոնն ավելի ճիշտ կասեր, եթե գոնե նույն խոսքերն արտասաներ առանց «ուրիշ» բառի:

— Եթե նույնիսկ այդպես լիներ, — գոչեց Մելանիան անսովոր համարձակությամբ, — ի՞նչ կա զարմանալու, միթե չե՞ս զգում, որ ունիմ իրավունք:

— Մելա՛նիա, — գոչեց Սամսոնը, բոլորովին բորբոքվելով խելակորույս կնոջ հանդուգն խոսքերից, — խայտառակ կին, բավակա՛ն է...

— Ինչո՞ւ խայտառակ: Որ ուրիշների պես չեմ թաքցնում զգացածս ու մտածածս: Որ երեսիդ չե՞մ շողոքորթում ու հետևիցդ խաբում ու անպատվում քեզ: Ասա՛, դու ինքդ երիտասարդ հասակումդ չե՞ս սիրել: Եթե չես սիրել — դու մարդ չես, եթե սիրել ես — ապրել ես: Բայց ի՞նչ եմ ասում: Դու սիրել էլ ես, սիրահարվել էլ ու ուրիշ բաներ էլ արել: Միտդ բեր ասածներդ, հիշիր ինչեր էիր պատմում երբեմն, անկեղծության րոպեներին: Ա՛, ամաչո՞ւմ ես: Ինչո՞ւ չթողեցիր, որ ես էլ սիրեմ, ես էլ ապրեմ: Ինչո՞ւ նոր ծլող ծաղիկը կտրեցիր ոսկի մկրատովդ: Ինչո՞ւ ինձ խլեցիր ծնողներիս գրկից այն ժամանակ, երբ ես երեխա էի: Ինչո՞ւ, ասա՛, ինչո՞ւ:

Նա թուլացած ընկղմվեց գահավորակի վրա և սկսեց հեկեկալ:

Սամսոնը մի ձեռը բազկաթոռի կռնակին հենած՝ մյուսը սեղմել էր ճակատին և նայում էր հատակի մի կետին:

Հեկեկանքը դադարեց: Մելանիան, աչքերը սրբելով, ոտքի կանգնեց, մի վայրկյան մտածեց՝ անշարժ կանգնած: Հետո ձեռով մի դրական շարժումն անելով անցավ արագ քայլերով յուր ննջարանը, որ կից սենյակն էր: Բաց արավ պահարանը, վերցրեց այնտեղից բոլոր յուր ակնեղենները, վերադարձավ և շպրտեց հատակի վրա, գոչելով.

— Սրանցո՞վ ես պարծենում, սրանցո՞վ: Վերցրո՛ւ, քեզ լինի, չեմ ուզում...

Այժմ Սամսոնը նստած էր գահավորակի վրա լուռ, անշարժ: Չգիտեր ինչ ասի, լեզուն կաշկանդվել էր: Կնոջ խոսքերի մեջ նա զգում էր որոշ չափի ճշմարտություն, մանավանդ իր անցյալի վերաբերմամբ, որի դառն հետևանքը կրում էր այժմ: Գունատ էր, որպես աշնան ծառից պոկված տերև: Աչքերը անգիտակցաբար հառեց ցիրուցան սփռված օղերի, ապարանջանների, վզնոցների, մատանիների ու քորոցների վրա, որոնց խոշոր ու մանր ադամանդները գորգի վրա պսպղում էին նուրբ մանիշակագույն փայլով: Եվ, կարծես, այս շինծու աստղերի մեջ էր որոնում իր թշվառության հիմքը: Միթե այսպես չէ՞: Միթե իր կյանքի լավագույն շրջանը այս ադամանդներին տիրանալու համար չէ՞ր գործադրել: Նա կամեցավ առաջ հարստանալ, հետո բախտավորվել: Ինչպե՞ս չհասկացավ, որ տիրելով մեկին, զրկվում է մյուսից, օրեցօր քայքայվում և, գլուխը քաշ ոսկիներ հավաքելով, անգիտակցաբար մերձենում է գերեզմանին:

Ինչպե՞ս չգուշակեց, թե փողով կյանք չի կարելի գնել, թե ժամանակը գետ է, որի ջուրը երբեք հետ չի դառնում: Ինչո՞ւ յուր գոյության վառվռուն շրջանը անցկացրեց սիրուհիների ու անառակ կանանց գրկերում, իսկ կնոջ համար պահեց նրա ողորմելի մնացորդը: Եվ ահա այսօր նրա երեսին են շպրտում այս ադամանդներն ու փոխարենը պահանջում երիտասարդություն... առնական ուժ: Պահանջում է այն, որ նա միայն ունի իրավունք պահանջելու, որովհետև նա սիրուհի չէ, այլ կյանքի հավիտենական ընկերուհի...

— Շնորհակալ եմ, — հնչեց նրա ականջին Մելանիայի արդեն փոքր-ինչ հանդարտված ձայնը, — շնորհակալ եմ արած լավություններիդ համար: Բայց այսուհետև չշարունակես, խնդրում եմ, պահանջում: Այժմ քո բարերարությունը ինձ տանջում է, հասկանո՞ւմ ես, ուղղակի տանջում...

Եվ մի վայրկյան կանգ առնելով, ավելացրեց.

— Վաղը կգրեմ ծնողներիս, որ այսուհետև էլ իրավունք չունեն քեզանից օգնություն ստանալու: Ես չեմ ուզում հարստահարվել, դու էլ մի՛ հարստահարվիր...

XII

Մելանիան կատարեց իր խոսքը։ Հետնյալ օրն իսկ գրեց մանրամասն նամակ մորը։ Նկարագրեց իր ընդհարումը Սամսոնի հետ. պարզեց մինչև այժմ գաղտնի պահած վիշտը, վերջապես, հայտնեց պարզապես, թե այժմ անբախտ է, այնքա՛ն անբախտ, որ հազիվ թե կարողանա այսուհետև ապրել այդ մարդու հետ։

Երեք օր անցած՝ պատասխանի փոխարեն անձամբ եկան նրա ծնողները։ Երևի, արդեն շատ ազդու էր դրված Մելանիայի նամակը։ Դա մի ոչ այնքան ծեր զույգ էր — մարդը գեր-գեր, մոտ հիսուն տարեկան, կինը մարդուց հազիվ չորս-հինգ տարով փոքր, տակավին թարմ, նույնիսկ գեղեցիկ։

Նրանք անմիջապես բացատրություն պահանջեցին իրենց աղջկանից։ Մելանիան ասաց, թե բոլորը գրել է նամակում և ուրիշ ասելիք չունի։

Սամսոնը ընդունեց իր զոքանչին ու աներոջը սառը, չկամեցավ նրանց հետ խոսել իր ընտանեկան ընդհարման մասին։ Զույգը վշտացավ։ Հետնյալ օրը նա որոշեց խնդիրը, ինչպես էլ լինի, բոլորովին պարզել։ Այս անգամ Մելանիան համառոտ ու դրական եղանակով կրկնեց բոլորը, ինչ որ գրել էր նամակում։ Նա այլևս չի կարող Սամսոնի հետ ապրել, նրա հացն ուտել. խիղճը տանջում է, զգում է իրեն ստորացած մի մարդու առջև, որին չի սիրում և երբեք չի սիրել և չի կարող սիրել։

— Բայց ինչո՞ւ, ինչո՞ւ, — գոչեց տիկին Նազանին՝ Մելանիայի մայրը։

— Որովհետև ծեր է, — պատասխանեց Մելանիան այնքան լուրջ ու կտրուկ եղանակով, որ թույլ չէր տալիս ոչ մի հակաճառություն։

— Հը՛մ, — փնթփնթաց Սերգեյ Արտեմիչը՝ Մելանիայի հայրը, — լա՛վ պատճառ է, օրհնյա՛լ լինիս։

Մելանիան մի սուր հանդիմանական հայացք ձգեց հոր երեսին և հարցրեց.

— Քանի՞ տարեկան ես, պապա։

— Քառասունհինգս լրացավ անցյալ ամիս։

— Իսկ դո՞ւ, մամա։

— Քառասունչորս։

— Քառասունհինը — քառասունչորս, զանազանությունը հինգ տարի. հիսունչորս — քսանչորս, զանազանությունը երեսուն տարի։ Պապա, աղջկադ ամուսինը քեզանից ծեր է։ Ասա, ինչո՞ւ ինձ տվեցիք այդ մարդուն։

— Սամսոն Ֆրանգուլյանը քաղաքի ամենալավ փեսացուներից մեկն էր. խելոք, օրինավոր մարդ ու միլիոնների տեր...

— Եվ ծեր, — ավելացրեց Մելանիան անսովոր համառությամբ:

— Չեմ հասկանում, ինչ ես մի գլուխ կրկնում ծե՛ր, ծե՛ր, ու ծե՛ր, — գոչեց տիկին Նազանին, — լա՞վ կլիներ՝ եթե քեզ տված լինեինք մի քաղցած երիտասարդի:

— Այո, մամա, ավելի լավ կլիներ:

— Այժմյան փչացած երիտասարդներից մեկի՞ն, — հարցրեց Սերգեյ Արտեմիչը:

— Թեկուզ մի շառլատանի, — պնդեց Մելանիան նույն համառությամբ:

— Սերգեյ, — դարձավ տիկին Նազանին իր կողակցին, — դու հեռացիր, թող մեզ մենակ:

Սերգեյ Արտեմիչը հասկացավ ամուսնու միտքը և շտապեց կատարել նրա հրամանը:

Նազանին նստեցրեց աղջկան իր մոտ, զահավորակի վրա և մի ձեռով գրկեց նրա մեջքը, մյուսով շոյելով մազերը, ասաց.

— Հիմա կարող ես սիրտդ բաց անել: Ես կնիկ եմ, ամեն բան կհասկանամ, մի՛ ամաչիր:

— Մա՛մա, թո՛ղ ինձ, — արտասանեց Մելանիան, երեսն ամոթով մի կողմ դարձնելով, — առանց այդ էլ ես շատ բան ասացի:

Տիկին Նազանին բարվոք համարեց ուղղակի դիմել բուն խնդրին:

— Մելա՛նիա, — ասաց նա, հառաչելով, — մի բան հարցնեմ, չնեղանաս: Ասա՛, քեզ խելքից հանող չկա՞: Էհ, ո՛վ գիտե, Թիֆլիսն է:

— Ի՞նչ ես ուզում ասել:

— Էհ, մեջտեղը մի ուրիշ տղամարդ չկա՞:

— Հը՛մ, — արտասանեց Մելանիան, դառնությամբ գլուխը երերելով, — գիտեի, որ ա՛յդ պիտի հարցնես: Ո՛չ, մամա, ես ոչ ոքի չեմ սիրում և չեմ էլ ուզում սիրել, քանի որ այս տանն եմ ապրում:

— Երդվի՛ր:

— Երդվում եմ Ժորժիկիս անունով:

— Ոչ ոքի չես սիրում ու էլի մարդուդ հետ չես ուզում ապրել: Չեմ հասկանում: Ծեծո՞ւմ է քեզ Սամսոնը:

— Երանի թե ծեծեր...

— Հետդ վա՞տ է վարվում:

— Ո՛չ:

— Ատո՞ւմ է քեզ:

— Ընդհակառակը, հիմա ավելի է սիրում:

— Ազատություն չ՞ի տալիս:

— Այնքան է տալիս, որ ես ինքս զզվել եմ:

— Սրտիդ ուզածը չի՞ կատարում:

— Կատարում է:

— Կարելի է սիրուհինե՞ր է պահում:

— Ո՛չ, ո՛չ, մամա, այդ բոլորից և ո՛չ մեկը:

— Ուրեմն կամ ես ծերացել եմ ու ոչինչ չեմ հասկանում, կամ դու խելագարվել ես:

— Մամա՛, միամիտ մի ձևանար, դու էլ կին ես, հասկացի՛ր դրությունս: Մի րոպե միտդ բեր այն ժամանակը, երբ դու իմ հասակի էիր: Միտդ բեր ու երևակայիր քեզ մի հիսունունչորս տարեկան մարդու գրկում:

— Հիսունչորս տարին տղամարդի համար ծերություն չէ:

— Բայց... Սամսոնը ծեր է, հասկացի՛ր, ծեր...

— Այդ ոչ ոք չի կարող ասել, նրան տեսնելով:

— Բայց ե՛ս եմ ասում, հասկանո՞ւմ ես, ե՛ս... Ա՛խ, մամա, ի սեր աստծու, խնայի՛ր ի՛նձ, մի՛ ստիպիր...

Մայրը նայեց աղջկա աչքերին և այնտեղ կարդաց նրա խոսքի վերջը: Նա գլուխն անզոր թեքեց կրծքին:

— Ուրեմն, — արտասանեց նա կակազելով, — ուրեմն... Մելանիա...

— Երեխանե՞րը... առաջ, մամա, բայց հիմա... Ա՛հ, բավակա՛ն է, վերջապես...

Այն, ինչ որ արտահայտում էին երիտասարդ կնոջ հուսահատական շարժումները, այնքան համոզիչ էին և այնքան միևնույն ժամանակ վշտալի, որ Նազանին բոլորովին զինաթափ եղավ և ուժասպառ թիկն տվեց գահավորակին: Ավելի՛, նա զգաց խղճի խայթ. զգաց և կարեկցեց աղջկան:

Նույն օրն երեկոյան նա առանձնացավ իր կողակցի հետ, երկար ու երկար խորհրդակցեց: Բայց խնդիրն անլուծելի էր: Տիկին Նազանին փորձեց մարդուն համոզել՝ Սամսոնից բացատրություն պահանջելու: Սերգեյ Արտեմիչը դրականապես մերժեց:

— Ամոթ է, — ասաց նա, — որ հարցնեմ էլ, միևնույն է, ոչինչ չի ասիլ...

— Հապա ի՞նչ անենք:

— Չգիտեմ:

Երկուսն էլ անզեն ու անզոր նայեցին միմյանց երեսին: Երկուսն էլ զգացին, որ գործված սխալն անուղղելի է և որ իրանք իրանց ձեռքով դժբախտացրել են իրանց հարազատ զավակին...

XIII

Սուր վիրավորանքի հետ Սամսոնը զգում էր նաև խղճի սուր խայթոց: Որքան համարձակ լինեին Մելանիայի խոսքերը, այնքան իմաստն արդարացի էր: Մեղադրանքը պարզ էր, հիմնավոր և... անհերքելի: Ա՛խ, եթե միայն ծերությունը լիներ... Բայց ի՛նչ կարելի է առարկել մի անողոք ու սոսկալի փաստի դեմ, որի ծանրությունը նա զգում է առանց Մելանիայի մութ ակնարկների էլ: Ինչո՞վ իրան պաշտպանի, քանի որ գիտե՝ սիրելը քիչ է, պետք է ունենալ նաև սիրելու իրավունք, այսինքն՝ միջոց:

Դեռ ամուսնության երկրորդ տարին նա զգաց, որ շուտով պիտի զրկվի այդ միջոցից: Եվ երբ զգաց, որ սկսում է զրկվել, շատ մտածեց, շատ աշխատեց ու չգտավ ոչ մի հնար բնության հարվածի դեմ: Նա համոզվեց, վերջապես, որ ոչ ոք, ոչ ոք չի կարող օգնել իրեն այս դեպքում, թեկուզ զոհի իր բոլոր միլիոնները: Ճակատագրի դա՛ռն հեգնանք, անբախտությունը սկսվեց հենց այն պահուն, երբ նա հույս ուներ ապրել մի նոր, ավելի հանգիստ, ավելի երջանիկ կյանքով...

Ի՞նչ անել այժմ, երբ նրանից պահանջվում է անկարելին: Բաժանվե՞լ Մելանիայից, ազատությո՞ւն տալ պահանջողին՝ գնա ուր ուզում է ապրի, ում հետ նա կամենում է: Բավականանա՞լ ամուսնական կյանքի այն առաջին երկու-երեք կիսաբախտավոր տարիներով, երբ դեռ ուներ փոքրիշատե իրավունք իբրև ամուսին:

Մի պահ զգաց, որ եթե բարոյական քաջություն ունենա, պարտավոր է այդպես անել, չէ՞ որ չի կարելի առանց իրավունքի բռնի տիրանալ մի թարմ էակի կյանքին: Սակայն... միայն մի պահ, հետո ինքը սարսափեց իր մտքից: Բաժանվե՞լ Մելանիայից, մի էակից, որ զարդարում է նրա կյանքը և հյութ տալիս նրա չոր ու ցամաք գոյությանը: Գցել նրան մի ուրիշի գի՞րկը և, դիտելով հեռվից, տանջվե՞լ բարոյապես, դառնալ ծաղրի ու խոսակցության առարկա՛... Օ՛օ, ոչ, ոչ, այդ անկարելի է, այդ վեր է նրա ուժերից: Ուրեմն ի՛նչ. ստիպել երիտասարդ կնոջը կենակցե՞լ իր հետ, մի մարդո՞ւ, որին չի սիրում և երբեք չի՛ կարող սիրել, գուցե, իրավ, հակառակ իր ջերմ ցանկության: Միթե անգթությո՞ւն չէ այդ: Իսկ նա ոչ միայն գործում է այդպիսի անգթություն, այլև Մելանիայի երեսովն է տալիս այդ անգթությունը, համարելով նրան բարերարություն:

Եվ, հալածվելով այս մտքից, Սամսոնը տանջվում էր: Արդեն առաջ էլ չէր սիրում հասարակություն, իսկ այժմ բոլորովին երես դարձրեց նրանցից: Ոչ մի տեղ չէր գնում, ոչ ոքի չէր ընդունում, իսկ աներոջ ու զոքանչի հետ խոսել անգամ չէր ուզում: Բնազդմամբ գուշակում էր, որ Մելանիան պարզել էր նրանց իր վշտի գաղտնի պատճառը. մի բան, որից այնքան ամաչում էր Սամսոնը: Ա՛հ, սարսափելի՛ դրություն. ո՞ւմ հայտնի իր ցավը, ո՞վ կկարեկցի նրան և, որ ամենագլխավորն է, ո՞վ կարդարացնի նրա կապը Մելանիայի հետ: Ոչ ոք: Նա այս լավ գիտեր, ուստի լուռ ու մունջ փակվել էր ինքն իր մեջ: Երբեմն նրա սրտում ծագում էր հուսո նշույլ. գուցե Մելանիան զղջա, ներում խնդրի անողոք կշտամբանքի համար և հաշտվի իր վիճակի հետ, դադարելով պահանջել անկարելին, անբնականը: Բայց այս հույսն էլ նրան ոչինչ լավ ապագա չէր խոստանում: «Հետո՞»... կրկնում էր նա, և գլուխը թուլացած թեքում էր կրծքին, ձեռները ընկնում էին ցած: Այո՛, հետո՞, իսկ նրա անզորությո՞ւնը, որ անբուժելի է...

Տիկին Նազանին և Սերգեյ Արտեմիչը բարվոք համարեցին խնդիրը թողնել անորոշ և հեռանալ այն քաղաքը, որտեղից եկել էին: Զգում էին, որ իրենց ներկայությունը անչափ նեղում է Սամսոնին, այնինչ ցավը դարմանվելու և ոչ մի միջոց չէին կարողանում գտնել:

Ճանապարհ ընկնելու օրը Նազանին մի անգամ ևս փորձեց համոզել Մելանիային, թե ուրիշ հնար չկա, պետք է հպատակվել ճակատագրին: Բայց զուր: Մելանիան սառն եղանակով հարցրեց.

— Մամա, եթե մի օր վերադառնամ քեզ մոտ, կնդունե՞ս ինձ:

Նազանին սարսափեց: Բայց զգում էր, որ դուստրը արդեն անսահման դժբախտ է, ուստի ճարահատյալ պատասխանեց.

— Ո՞ր ծնողը իր զավակին կթողնի փողոցում:

Մելանիան զգացվեց, փաթաթվեց մոր պարանոցին, համբուրեց և հետո սկսեց հեկեկալ, կրկնելով.

— Ախ, ի՛նչ անբախտն եմ, ի՛նչ անբախտն եմ:

Մի օր, նախաճաշից հետո սպասավորը Սամսոնին հայտնեց, թե Փիրուզյանը հարցնում է, կընդունի՞ նրան արդյոք: Սամսոնը հրամայեց ընդունել:

Փիրուզյանը ներս մտավ նախկին բարեկամական ժպիտն երեսին, ամուր սեղմեց իր ազգականի ձեռը և նստեց նրա դեմուդեմ: Սամսոնը, որ գրասեղանի քով զբաղված էր ինչ-որ հաշիվներով, թղթերը հավաքեց մի կողմ դրեց և հարցրեց՝ ուր է մնացել մինչև այժմ հյուրը: Հայտնվեց, որ Փիրուզյանը վերջին երկու շաբաթը անց է կացրել Բաքվում, միայն այսօր առավոտ է վերադարձել: Նա վճռել է նավթային գործերով զբաղվել և եկել է Սամսոնի աջակցությունը խնդրելու:

Սամսոնին հայտնեցին, թե նախաճաշը պատրաստ է: Նա հյուրի հետ անցավ սեղանատուն: Այնտեղ Մելանիան, սեղանի քով նստած, կերակրում էր Ժորժիկին: Նա հյուրին ընդունեց անխռով, գլխի թեթև շարժումով պատասխանելով նրա խոնարհ բարևին:

Փիրուզյանն իսկույն գուշակեց, որ մարդ ու կնոջ հարաբերությունները լարված են: Հոգու խորքում այս անգամ անկեղծ խղճաց Սամսոնին, նայելով նրա անսովոր մռայլ դեմքին: Նա խոսում էր նավթային նոր շատրվանների և արդյունաբերական աժիոտաժի մասին:

Հանկարծ նա զգաց խղճի խայթ յուր հանցավոր միտումների պատճառով: Նա զղջաց: Բայց զղջաց ո՛չ այնքան որևէ բարոյական սկզբունքի հիման վրա, որքան այն մտքից, որ զուր էին իր հանդուգն միտումները և երբեք չեն կարող իրագործվել: Մելանիայի ամբողջ էությունը հասկացնել էր տալիս նրան, թե շեղել այդ կնոջն ուղիղ ճանապարհից շատ էլ դյուրին չէ և թե ինքը շատ էլ ճիշտ գաղափար չի ունեցել նրա մասին:

Նա որոշեց զգույշ վարվել: Ինչո՞ւ զուր տեղը զրկվի Սամսոն Ֆրանգուլյանի պես մի հզոր դրամատիրոջ բարեկամությունից այն ժամանակ, երբ իր նոր ձեռնարկելի գործի համար կարոտ է նրա աջակցությանը: Նա աշխատեց ցույց տալ անտարբերություն դեպի Մելանիան և կարողացավ Սամսոնի սրտից ջնջել չար կասկածի վերջին նշույլը:

Մի շաբաթ անցած՝ նա դարձյալ այցելեց Ֆրանգուլյաններին: Այս անգամ եկել էր վերջին հրաժեշտը տալու: Նա թողնում է Թիֆլիսը ու հեռանում Բաքու երկար ժամանակով:

XIV

Խորհում էր Մելանիան գիշեր ու ցերեկ և չէր կարողանում որևէ որոշում կայացնել: Նա օր օրի վրա ավելի էր համոզվում, որ չէր կարող երկար ժամանակ մնալ անորոշ ու ծայր աստիճան լարված դրության մեջ: Նա զգում էր, որ Սամսոնը նրա համար օտարանում է ոչ օրերով, այլ ժամերով և հեռանում է անվերադարձ: Երկու ամուսինների մեջ բարձրանում էր մի պատնեշ, որին չէր կարող խորտակել ոչ մի առողջ բանականություն: Եվ Մելանիան սկսեց վախենալ Սամսոնից, առաջին անգամ զգալով նրա տանջալի լռության մեջ ինչ-որ չարագուշակ մի բան: Մնալ այդ մարդու հետ մի հարկի տակ թվում էր նրան և՛ վտանգավոր, և՛ զազրելի: Ի՞նչ անել, արդյոք, թողնել նրան և վերադառնալ ծնողների՞ մոտ, թե՞ դիմել այն ապօրինի, այն վատթար և այն սովորական դարձած միջոցին իր դրության հետ հաշտվելու համար, որին դիմում են շատ շատերը: Դավաճանության: Դժվար իրագործելի էր թե մեկը, թե՛ մյուսը: Ի՞նչ պիտի պատասխաներ հարյուրավոր հետաքրքրվողների հարցին — «Ինչո՞ւ բաժանվեց»: Պատճառ պիտի բերեր Սամսոնի ծերությունը: Բայց չէ՞ որ նրանք կարող էին ասել՝ «ո՞ւր էր քո խելքը ամուսնանալիս»: Առարկել նրա ֆիզիկական անկարողությո՞ւնը: Օօ ոչ, այդ ամոթալի է, և նա չի կարող կրել հասարակության ծաղրն ու ծիծաղը: Իսկ մնալ օրինական ամուսնու հարկի տակ, ուզել նրա մահը, խաբել ու դավաճանել, դեմ էր նրա ամբողջ էությանը և կրկնակի վտանգավոր...

Եվ այսպես, այս երկդիմի դրության մեջ Մելանիան տառապում էր անսահման:

Այնինչ Սամսոնը՝ սիրելով Մելանիային դաժան սիրով՝ կատաղում էր ժամանակի և բնության դեմ այնպես, որ կարծես, նրանց անողոք օրենքները հատկապես նրա համար էին հորինված: Նա անիծում էր մարդկությունը և նրա հնարած բոլոր գիտությունները, որ անզոր էին նրա անզորության դեմ: Եվ աշխարհը նրան թվում էր սառն, անհյուրընկալ: Կյանքի նյութական շուքի մեջ զգում էր իրան խորթ, եկվոր և հարստության մեջ չքավոր, որպես մի արհամարհված մուրացիկ: Գարնան մերձավորությունը բորբոքելով նրա օր օրի վրա սառչող արյունը, ավելի զգալի և ավելի դաժան էր դարձնում անփոխարինելի կորուստը: Եվ, մարդկանցից փախչելով, ինքն իր մեջ զգում էր այնպիսի ամայություն, որ կարծես, հոգին բաժանվել էր և դիտում էր մարմնի սառուցումը հեռվից: Կենդանի կմախք, որ այրվում էր առանց ջերմանալու: Նա հոգու ամբողջ կարողությամբ ատում էր բնությունը և բոլորը ինչ որ նորոգվում ու թարմանում էր նրա մեջ: Ծառերի նորածիլ տերևները, ծտերի ծլվլոցը, եղանակի մեղմությունը, երկնի պայծառությունը և երկրի ժպիտը, բոլորը, բոլորը, կարծես ծաղրում էին նրան անողոք և անամոթ ծաղրով: Նա կկամենար տեսնել ամեն ինչ հնացած, թառամած և անզոր, ինչպես ինքը: Նա պատրաստ էր, եթե ունենար գերբնական զորություն, մի հարվածով մեռցնել բոլոր կենդանի էակների մեջ կյանքը և բոլորին դարձնել իր պես այրվող կմախք:

Նա սկսեց ատել Մելանիային, չդադարելով սիրել նրան անզոր սիրով: Երկու հակադիր միմյանց ջնջող զգացումների մեջ հոգեպես բաժանվեց երկու տարբեր մասերի: Մի ներքին ուժ դրդում էր նրան, ամեն անգամ Մելանիային հանդիպելիս, փաթաթվել նրա պարանոցին և անվերջ համբուրել, շոյել, միանալ ու ձուլվել նրա հետ մեռելության ձուլարանում: Մի ուրիշ ներքին ուժ թելադրում էր նրան. «հարձակվիր այդ երիտասարդ կնոջ վրա, բռնիր նրա գեղեցիկ կոկորդը, խեղդիր, սպանիր և հետո սիրիր... նրա գերեզմանը»:

Այլևս պարզ էր նրա համար, որ յուր սիրո զգացման ամենաթույլ մի արտահայտություն Մելանիային պատճառում է զզվանք: Եվ խոցոտված և արյունոտված ինքնասիրությունը ուժ էր տալիս նրան այդ զգացումը զսպելու, մինչդեռ ատելության բուռն զգացման դեմ օր օրի վրա դառնում էր անզոր, անպաշտպան: Նրա գլխի մեջ ծագում էին մեկը մյուսից մռայլ մտքեր, որոնք գլխավորապես պտտում էին մի առանցքի շուրջը: Այդ առանցքը Մելանիայի երիտասարդությունն էր, մանավանդ գեղեցկությունը: Օ՛, անտեսանելի, անըմբռնելի զորություն, եթե չես կարող վերադարձնել նրա կորցրած առնականությունը, դարձրու այդ կնոջը նրա հասակին ու թառամած արյունին համապատասխան մի էակ: Այո, թող այժմ Մելանիան զրկվի իր գեղեցկությունից, որպեսզի նա այդքան չսիրվի և որպեսզի Սամսոնը այդքան չտանջվի, այսքան չխանդի և որպեսզի ամեն վայրկյան չմտածե՝ արդյոք Մելանիան մի ուրիշին չի՞ սիրում:

Մելանիայի ներքին անբացատրելի ահը զարգանում էր օր օրի վրա: Այժմ ամեն անգամ Սամսոնին տեսնելիս ցնցվում էր: Արդեն նա իր անկողնակալը փոխադրել էր մի ուրիշ սենյակ և գիշերում էր առանձին և եթե չքաշվեր, ամեն գիշեր կկողպեր իր ննջարանի դռները: Հակառակ նախկին սովորություն, մերթ ընդ մերթ նա գիշերները հանկարծակի արթնանում էր և միշտ ականջ դնում դեպի կից սենյակը, ուր գիշերում էր Սամսոնը:

Ինքը Սամսոնը աշխատում էր շատ անգամ իրան նրանից հեռու պահել նամանավանդ այն պահերին, երբ ատելության զգացումը բորբոքվում էր նրա մեջ առանձին ուժով: Այդ մոմենտներին մի շատ դաժան ցանկություն կրանում էր նրա հոգին և խլացնում առողջության ձայնը: Նրա բանականությունը մթագնում էր և նրա առջև պատկերանում էր Մելանիայի այլանդակված մարմինը, օօ ոչ ամբողջը, այլ միայն երեսը... Չէ՞ որ այսպիսով և միայն այսպիսով կարող է լուծվել անլուծելին:

Նա լուռ պայքարում էր մի դիվային ցանկության դեմ, որ սակայն զարգանում էր օր օրի, ժամ ժամի վրա, և ավելի ու ավելի ենթարկում նրան իր զորությանը...

XV

Գիշերվա երկու թե երեք ժամն էր: Սամսոնը դեռ անքուն էր իր սենյակում: Սեղանի վրա վառվում էր փոքրիկ լամպարը, աղոտ լուսավորելով նրա մռայլ կերպարանքը: Նա պառկած էր թիկնիվար տաճկական բազմոցի վրա, ձեռները գլխատակը դրած: Կար այդ պահին ինչ-որ չար, հրող շերտ նրա դեմքի վրա և աչքերի մեջ:

Նա ոտքի ելավ և սկսեց անցուդարձ անել: Մերթ նա կրծոտում էր շրթունքները, մերթ ծանր հառաչում էր, մերթ նրա աչքերը պսպղում էին, մերթ կարծես մարում ինչպես հեռավոր փարոսի լույսը:

Նա վերցրեց սեղանի վրայից լամպարը, անցավ հաջորդ սենյակ, իր ննջարանը: Այժմ այնտեղ երկուսի փոխարեն դրված էր միայն մի անկողնակալ, այժմ նա սառն էր, անհյուրընկալ, առմիշտ զրկված ամուսնական կյանքի մի ժամանակվա ջերմությունից: Նա սկսեց ծուլորեն, կամաց-կամաց հանել հագուստը: Դուրս բերեց ժիլետի գրպանից ժամացույցը, նայեց, դրեց անկողնակալի գլխի քով գտնվող փոքրիկ սեղանի վրա: Գիշերվա երկուսուկես ժամն էր: Երբեք նա այդպես ուշ չէր պատրաստվել անկողին մտնելու: Նա դեն ձգեց փողկապը, հանեց կոշիկները, հագավ հողաթափերը և դարձյալ սկսեց անցուդարձ անել: Երկու անգամ նա մոտեցավ դռներին և ականջ դրեց հաջորդ սենյակը, որ առաջ Ժորժիկինն էր, այժմ Մելանիային ծառայում էր որպես ննջարան:

Գիշերային անդորր լռության մեջ լսվում էր երիտասարդ կնոջ առողջ ու կանոնավոր շնչառությունը: Նա քնած էր խոր քնով — գոնե այնպես թվաց Սամսոնին, երբ կիսով չափ բաց արավ դռները և նայեց: Փոքրիկ սեղանի վրա վառվում էր այն գեղեցիկ լամպարիկը՝ վարդագույն լուսամփոփով, որի լույսով Սամսոնը շատ անգամ էր սքանչացել Մելանիայի մարմնի գեղեցկությամբ: Բայց երբեք, երբեք այդ մարմինը չէր եղել նրա աչքում այդքան գեղեցիկ, որքան այդ գիշեր: Մետաքսյա դեմի-սեզոն վերմակի մի ծայրը հետ էր ծալվել և ցուցադրել նրա ուռուցիկ կուրծքը, որի վրա հանգչում էին խիտ մազերի ալիքավոր հյուսերը: Վերև այդ մազերը նրա գլխի շուրջը կազմում էին մթին շրջանակի նման սքանչելի մի պսակ: Աջ ձեռքը հանգիստ տարածված էր կողքով, իսկ ձախ ձեռը գլխի շուրջը կազմում էր մի ուրիշ շրջանակ: Հագուրդ չստացած կենսասիրության ժպիտը շրթունքների վրա տալիս էր նրա դեմքին ինչ-որ թախիծ, իսկ պայծառ ճակատը, սքողված էր մազերի ստվերով:

Սամսոնը ներս մտավ կամացուկ, որպես մի հանցավոր՝ սրբության տաճարը: Սա գալիս էր ոչ իր հանցանքները խոստովանելու ու քավելու, այլ գործելու մի նորը և այնպիսին, որի նմանը երբեք չէր գործել — տաճարից գողանալու այն, ինչ որ ամենասուրբն էր, ամենաթանկարժեքը: Քանի մի վայրկյան նա նայեց Մելանիայի դեմքին: Նայեց այնպես, որպես անոթի գայլը համեղ պատառի վրա, որին ճաշակելու կարողությունից զուրկ է: Նա սքանչանում էր և տանջվում: Այնինչ դիվային միտքը պաշարում էր նրան ուժգին, և նա զգում էր իր անզորությունը նրանից ազատվելու: Այո, այո, այդ կինը, շատ երիտասարդ է, շատ սիրուն, շատ հրապուրիչ, շատ կենսաթրթիռ և շատ խստապահանջ իր մարմնավոր երջանկության վերաբերմամբ: Նա չի կարող իր այրվող արյունը խառնել մի անզորի ցրտության և ապիկարության հետ: Նա պիտի փնտրե մի ուրիշին, այս են պահանջում բնության օրենքները և այս է դրոշմված Մելանիայի դեմքի վրա: Գուցե արդեն փնտրում է, գուցե արդեն գտել է, Ի՞նչ, զրկվել այդպիսի մի գանձից, դառնալ խաբված ամուսին, ծաղրված ու ծաղրակոծված ամենից: Օօ ոչ, ոչ, ոչ, այդ անկարելի է և երբեք չպիտի թույլ տալ...

Սակայն ինչպե՞ս դիմադրել բնության պահանջի զորությանը. ինչպե՞ս այդ կնոջն ապահովել մոլորությունից: Միայն մի միջոց կա ապահովության — այլանդակել այդ զմայլելի մարմինն այնպես, որ ոչ ոք չհրապուրվի նրանով և ոչ ոք չկամենա նրան մերձենալ, բացի իր օրինական տիրոջից: Այս ժամանակ Մելանիան ստիպված կլինի սիրել Սամսոնին և միայն նրան:

Նա սարսափեց, մտածելով, որ այն, ինչ որ չի ուզում անել գերբնական ուժը, պիտի անե ինքը... իր ձեռքով: Սարսափեց, բայց չփախավ դիվային մտքից, որ ընդամենը մի շաբաթ էր, որ հղացել էր և այժմ ձգտում էր իրագործել գիշերային լռության մեջ, երբ տանը ամենքը քնած են, երբ խոր քնով քնած է և նա, որի վրա պետք է կատարվի մի անգութ գործողություն: Անգո՞ւթ, ո՞չ, ինչո՞ւ: Սամսոնը չի զրկի այդ կնոջը կյանքից, կզրկի միայն գեղեցկությունից: Ոճիրը սոսկալի է, հակամարդկային և հակաբնական, բայց նա չի ուղղված այդ գեղեցիկ էակի դեմ: Նա կապրի, բայց իր գեղեցկությունից զրկված:

Նա նայեց երկարատև հայացքով Մելանիայի սիրուն հոնքերին, որոնցով շատ անգամ էր հիացել: Ահա որտեղ է նրա գեղեցկությունը, ահա ինչն է ավերի դյուրին աղավաղել: Բավական է մատների մի թեթև շփում, և նա կխախտվի հավիտյան...

Սամսոնը ձեռը տարավ վարտիքի գրպանը: Այժմ նա այլևս ինքն իրան չէր պատկանում: Նա դուրս բերեց գրպանից մի փոքրիկ սրվակ և մի կտոր բամբակ: Նա ինքը կսարսափեր իրենից, եթե այդ պահին նայեր հայելուն: Կերպարանքն ավելի մռայլվել էր, բերանի անկյուններն աղավաղվել էին և թեթևակի դողում: Նա ուշադիր կարդաց սրվակի խորագիրը և գլուխը դրականորեն շարժեց:

Մելանիան շարունակում էր հանգիստ քնել միևնույն դիրքում: Թվում էր՝ մի ինչ-որ խոր երազ ընդգրկել է նրան՝ իր անշարժության մեջ:

Սամսոնը հանեց սրվակի խցանը և պատրաստվում էր հեղուկը կաթեցնել մյուս ձեռում բռնած բամբակի վրա, նույն պահին երբ Մելանիան ծանր հառաչելով շարժվեց: Սամսոնը կանգ առավ և, սրվակը գրպանը դնելով, նայեց: Այժմ Մելանիան երեսը դարձրել էր դեպի պատը, բայց դարձյալ քնած էր խոր քնով: Այս անգամ նրա շքեղ զիսակները հեռացել էին ուսերից և թափվել բարձի վրա: Նրանց փարթամությունը զայրացրեց Սամսոնին: Ակամա նրա հայացքը դարձավ դեպի կնոջ տուալետի սեղանը և կանգ առավ մի հարդյա զամբյուղիկի վրա: Նա հուշիկ քայլերով մոտեցավ սեղանիկին, շոշափեց զամբյուղակը, որ լի էր թելի կապոցներով, ասեղներով, կոճակներով և այլ մանր-մունր իրերով: Լսվեց պսպղուն մկրատի սուր հնչյունը, որից Սամսոնը ցնցվեց այնպես, որպես կարող է ցնցվել մարդը օձի մերձավոր շվվոցից: Նա դարձյալ նայեց Մելանիայի մազերին և, մկրատը վերցնելով, մոտեցավ: Կապարային լռության մեջ լսվեց սուր մկրատի զգուշավոր շխկոցը, և Մելանիայի շքեղ զիսակները, արմատից անջատվելով, թափվեցին բարձի վրա և այնտեղից ծանրորեն դեպի հատակը որպես սպանված թռչուն: Սամսոնը ժամանակ չկորցրեց իր դժոխային դիտավորությունը մինչև վերջը իրագործելու: Նա շտապով դուրս բերեց գրպանից սրվակը, թափեց մի քանի կաթիլ նրա մեջ պարունակված հեղուկից բամբակի վրա և թեքվեց դեպի Մելանիան: Հանկարծ նրա ձեռը դողաց: Նա մի քայլ հետ կանգնեց:

Մելանիան հանդարտիկ աչքերը բաց արավ և նայեց հետ այն վայրկյանին, երբ չար ձեռքը պիտի առմիշտ այլանդակեր նրա գեղեցկությունը: Նա հանդարտ գլուխը բարձրացրեց, նստեց անկողնի մեջ, աչքերը հածելով շուրջը՝ մղձավանջից արթնացածի պես: Բայց արթնացավ նա այն վայրկյանին, երբ նշմարեց Սամսոնին, որ կիսամերկ կանգնած էր սենյակի մեջտեղում լուռ, անշարժ, մի ձեռում պահած սրվակը, մյուսում՝ բամբակը: Նա արձակեց մի թույլ ճիչ և ոտքի կանգնեց: Նա ձեռներով շոշափեց գլուխը և արտաասանեց.

— Գլուխս... չկա...

Նայեց աջ ու ձախ, վեր ու վար և տեսավ հատակի ու բարձի վրա սփռված մազերը, և սարսռեց ամբողջ մարմնով:

— Այս ի՞նչ է, — գոչեց նա, սարսափած հայացքը ամուսնուն դարձնելով:

Սամսոնը լուռ էր: Մի չարախինդ ժպիտ աղավաղել էր մարդու դեմքը:

— Ի՞նչ ես անում այստեղ, ի՞նչ ես արել, — նորեն գոչեց Մելանիան:

Սամսոնը անգիտակցաբար հատակի վրա ձգեց ձեռքում բռնած բամբակը, որ այրում էր նրա մատները: Մելանիան արագ հարձակվեց, վերցրեց գետնից բամբակը, մոտեցավ լամպարին, աչքերը չհեռացնելով Սամսոնից: Նույն վայրկյանին մատների ծայրում զգաց այրոց, դեն ձգեց բամբակը և մնաց տեղն ու տեղը սառած:

— Ես ուզում էի քեզ բժշկել ամբարտավանությունից, — արտաասանեց Սամսոնը, և նրա ձայնը հնչեց այնպիսի չարախնդությամբ, որից Մելանիայի մարմինը պատեց սառը քրտինքով:

— Ա՜, — աղաղակեց սարսափած կինը և թուլացած ընկավ անկողնակալի վրա:

Նա ամեն բան հասկացավ և՛ այն, ինչ որ էր, և՛ այն, ինչ որ պիտի լիներ, և՛ այն, ինչ որ չպիտի լիներ: Սակայն հասկացավ նաև, որ դիվային դիտավորությունը հրեշավոր մարդու իրագործվել է միայն կիսով չափ: Նույն վայրկյանին ոտքի ելավ և շտապով անցավ հարևան սենյակը, ուր քնած էր Ժորժիկը դայակի հետ:

Սամսոնը լսեց, թե ինչպես դռները փակվեցին, բանալին պտտեց և զգաց, որ այլևս ամեն ինչ վերջացած է, որ բանալիի այդ պտույտը կտրեց ամեն մի կապ իր և Մելանիայի միջև: Նա չկարողացավ իրագործել յուր զազրելի միտումը– զրկել կնոջը գեղեցկությունից, որպեսզի առմիշտ տիրե նրան որպես մի սեփականություն, որ ուրիշ ոչ ոքի չի կարող պիտանի լինել:

Նա անցավ յուր սենյակը և երեսնիվար պառկեց անկողնակալի վրա, բռունցքները սեղմելով գլխին: Այն միջոցը, որով նա անհաջող փորձեց պաշտպանել Մելանիային մոլորությունից և ապահովել յուր ընտանեկան պատիվը, այժմ նրան թվաց սոսկալի երազ...

Առավոտյան տասնմեկ ժամն էր, երբ Սամսոնը բաց արավ անքնությունից ուռած ու կարմրած աչքերը: Ներս մտավ սպասավորը և լուռ տվեց նրան մի ծրար: Նա բաց արավ ծրարը. Մելանիայի ձեռագիրն էր, նամակը գրված էր համառոտ և շատ դրական: Մելանիան գրում էր, թե հասկացել է նրա չար դիտավորությունը: Մի մարդ, որ ընդունակ է այդպիսի դիտավորության, չի խորշիլ անգամ սպանության մտքից: Նամակը վերջանում էր այս խոսքերով.

— Ես վերադառնում եմ ծնողներիս մոտ, թողնելով ամեն ինչ և ամենը, նույնիսկ Ժորժիկիս: Ես ազատում եմ կյանքս և գեղեցկությունս: Դուք կարող էիք ինձ սպանել: Ես ուզում եմ ապրել, զգալ ու ապրել:

— Ե՞րբ գնաց տիրուհիդ, — հարցրեց Սամսոնը խեղդված ձայնով:

— Առավոտյան գնացքով:

Սամսոնը ամոթահար, հուսահատ և ուժասպառ թավալվեց անկողնակալի վրա, որ վաղուց էր նրա դագաղը և այժմ դարձավ նրա համար ցուրտ գերեզման...

ԽՆԱՄԱՏԱՐ

I

Հունիսի սկիզբն էր: Բաքվի նավահանգստի առաջնակարգ կայարաններից մեկի վրա եռում էր ծովեզրյա և արդյունաբերական քաղաքին հատուկ աշխատավոր կյանքը: Եղանակը սաստիկ շոգ էր: Միջօրեի արեգակը պայծառ հորիզոնից յուր այրող ճառագայթները սփռել էր խաղաղ ծովի հայելանման մակերևույթի վրա: Քամու նշույլ չկար: Օդը պլպլում էր այնպես, ինչպես պլպլում է թոնրի երեսին կրակի զորությունից: Երբեմն-երբեմն այս կամ այն տեղում ծովի հարթ մակերևույթը սոսափվում էր դեսուդեն լողացող փոքրիկ մակույկների թիերի հարվածներից: Այդ ժամանակ պարզ ջրի մեղմ ալիքները մի առանձին հրճվանքով խաղում էին արեգակի հետ, փշրելով նրա լույսը բյուրավոր գոհարափայլ ճառագայթների: Մակույկներն անցնում էին, անջատված ջուրը միանում էր և ծովի մակերևույթը կրկին հարթվում:

Կայարանն երեք կողմից շրջապատված էր բազմաթիվ փոքր ու մեծ շոգենավերով և առագաստանավերով: Մի քանիսը շոգենավերից լիքն էին զանազան տեսակի ապրանքներով և սպասում էին դատարկվելու կամ ճանապարհ ընկնելու: Իսկ շատերն արդեն դատարկվել էին և պատրաստվում էին նորից բարձվելու: Դրանք այն նավերն էին, որոնք գլխավորապես պտտում են Բաքվի և Հաշտարխանի միջև, առաջինից տանելով զանազան նավթային մթերքներ: Իսկ վերջինից դեպի Բաքու բերելով Ռուսաստանի ապրանքները: Առագաստավոր նավերն իրենց խառնիճաղանջ առագաստներով, անթիվ, դեպի այս ու այն կողմեր ճյուղավորված պարաններով, իրանց կեղտոտ տախտակամածներով և փայտապատ կեղևներով՝ վիթխարի, ամրաշեն և երկաթապատ հպարտ շոգենավերի մոտ նմանվում էին գյուղական խրճիթների քաղաքի բարձրաշեն տների դիմաց: Այդ հասարակ նավերը ճանապարհորդում են Պարսկաստանի և Բաքվի մեջտեղ: Պարսկաստանի գրեթե ամբողջ արդյունաբերությունը, որ մեծ մասամբ մրգեղեններից է բաղկացած, տեղափոխվում է այդ նավերով:

Աշխատանքը կայարանի շուրջը, ծովի երեսում, եզերքի մոտ բորբոքման մեջ էր: Ահա մի կողմում նավերից մինը բեռան ծանրությունից մինչև տասներկու — տասներեք կանգնաչափ խրված ջրի մեջ, հանդարտությամբ օրորվում է այս կողմ այն կողմ: Ամրակազմ և առողջադեմ թուրք նավաստիները դուրս են կրում ապրանքների ահագին հակերը: Արեգակի տաքությունից և աշխատանքի ծանրությունից քրտինքը նրանց ծովային քամիներից այրված ու սևացած դեմքերից թափվում է այն առատությամբ, ինչպես բաղնիսի ներսի պատերից թափվում են շոգու գոլորշիները: Ամեն անգամ, երկար պարանների միջոցով նավի ներքնահարկից հակերը դուրս քաշելու ժամանակ նրանց հաստ բրդյա շալով գոտևորված մեջքերը թեքվում են, ողնաշարները դուրս ցցվում, բայց նրանց համար կարծես այդ անզգալի էր: Ո՛չ կիզիչ արեգակը, ո՛չ ծանր աշխատանքը նրանց դեմքերից չի հեռացնում այն սովորական ուրախ ու զվարթ ժպիտը, որ հատուկ է միայն նավաստիներին, երբ սրանք գտնվում են չորությունում: Նրանք երգում են, ծիծաղում, կատակներ անում իրարու հետ, և ամեն անգամ հակը մշակի մեջքին դնելիս մի-մի աքացի ևս ավելացնում են հետևից, որ մշակը շուտ տեղ հասցնի: Սակայն մշակը, որ ապրանքի հակերը նավի տախտակամածից տեղափոխում է դեպի կայարան, դանդաղ է շարժվում տեղից: Տասը-տասներկու փութանոց բեռան ծանրության տակ նրա ծնկները ծալվում են, կոկորդը դուրս է ցցվում, շլինքն երկարանում է, բերանը ակամա բացվում է, և ամեն անգամ յուր բոբիկ ոտերը փոխելու ժամանակ մի տնքոց է արձակում կրծքից: Երբեմն դժվարությամբ և երկյուղով, որ միգուցե հակը մեջքից թավալվի, նա յուր ոսկրացած ձեռքը տանում է ճակատին և դուրս սլում քրտինքի խոշոր, կեղտոտ կաթիլները: Նավի մի անկյունում կանգնած է ապրանքի տերը: Սա մի պարսիկ առևտրական է, բարձր և կլորակ մահուդյա գլխարկով, երկայն փեշավոր արխալուղով, որի վրա մեջքին կապած է մետաքսյա կապտագույն գոտին: Նրա թեթև, սպիտակ ամառային մետաքսյա կապայի փեշերը հասնում են մինչև կանաչագույն պարսկական քոշերի կրունկները: Մի ձեռում պահած հովանու կոթը և մի փոքրիկ ձեռատետր, իսկ մյուս ձեռում մատիտը բռնած, յուր երկայն ու բարակ մատերով զգուշությամբ նշանակում է ապրանքի հակերի թիվը, կշիռն և համարը, դեմքի վրա անդադար խաղացնելով մի խորհրդավոր ժպիտ: Ստեպ-ստեպ նա գլուխը թեքում է դեպի մեջքը, հինայով ներկած միրուքը փասյանի պոչի նման ցցում է օդի մեջ և գոռում մշակների կամ նավաստիների վրա, հրամայելով, որ նրանք զգուշությամբ և շտապով կատարեն իրանց գործը: Այն ժամանակ բարեպաշտ մուսուլմանի բերանից առատությամբ դուրս են հոսում հիշոցներն այն արագությամբ, ինչպես երևի արտասանում են նրա շրթունքները նամազի ժամանակ մեծ Մարգարեի սրբազան աղոթքը:

Մի փոքր հեռու այստեղից կանգնած է մի ուրիշ նավ: Սրա նավաստիները բոլորը ռուսներ են: Խմբովին հավաքված նավի ծայրը, նրանք նավապետի կառավարությամբ, բռնած մի հաստ պարանի ծայրից, որը մյուս ծայրով կապված է կայարանի սյուներից մեկին, միահամուռ ուժով քաշում են պարանը, որպեսզի նավը մոտեցնեն կայարանին: Ամենից առաջ կանգնած է կարմիր շապկով մի հաղթանդամ և երգում է ռուս մուժիկի սովորական «Դուբինուշկան»: Ստեպ-ստեպ նրան ձայնակցում են և մնացյալ նավաստիները, կրկնելով երեք անգամ միաբերան ухнем, ухнем, ухнем, և պարանը քաշում: Եվ այդ ծովային որդիների բերանից դուրս թռչող բացականչումները տարածվելով խաղաղ ծովի մակերևույթի վրա, թաղվում են աղի ջրի անդունդի մեջ, տանելով՝ իրանց հետ մարդկային աշխատավորների կրծքից արձակված դառն հառաչանքները:

Մի ուրիշ կողմում մշակների մի խումբ թավալում է ֆոտոգենով լի տակառները կայարանից դեպի շոգենավը և դարսում այնտեղ: Ահա ֆոտոգենի տերը, կարմրերես և չաղ մարմնով հայը, ժամացույցի երկու մատնաչափ լայնությամբ ոսկե շղթայի հետ ձեռներով խաղալով, ինքնաբավական նայում է ֆոտոգենի տակառներին: Նա զանազան հրամաններ է տալիս յուր մոտ կանգնած գործակատարին, որ որսորդական շան պես պտտում է յուր աղայի չորս կողմը և ամեն անգամ, երբ աղան խոսում է, համեստությամբ բարձրացնում է գլուխն և ուշադրությամբ լսում նրա հրամանները, կարծես կամենալով նրա ամեն մի խոսքը ներս կլանել ոչ միայն ականջներով, այլև աչքերով, քթի պնչերով, բերանով:

Վերջապես, այդտեղ տիրում էր մի հափշտակիչ կենդանություն, որին միայն արդյունաբերական ծովեզրյա քաղաքում կարելի է հանդիպել:

Կայարանի ծայրում խռնվում է ամբոխի մի մեծ բազմություն: Ամենքն, իրարու հրելով այս ու այն կողմ, աշխատում են առաջ շարժվել և, որքան հնարավոր է, ավելի մոտենալ կայարանի ծայրին: Բոլորի հայացքներն ուղղված են ծովի հեռավոր հորիզոնին, ուր հազիվհազ նշմարվում է ծխի մի փոքրիկ խողովակ, որը հանդարտությամբ բարձրանում է վեր, կարծես ջրի խորքից դուրս գալով: Այս — Հաշտարխանից եկող շոգենավն է: Ամենքն անհամբերությամբ սպասում են նրան կայարանի վրա: Մեկն եկել է դիմավորելու յուր բարեկամին, մյուսը — նամակներ ստանալու, երրորդը — լոկ յուր հետաքրքրությանը բավականություն տալու:

Ամենից առաջ կայարանի ծայրում հավաքված են մի խումբ հայ վաճառականներ թվով վեց հոգի: Չնայելով տեղի սղությանը, սրանք կայարանի վրա բավական ընդարձակ տեղ են բռնում: Ամբոխը, կարծես ճանաչելով այդ արտոնությունը, չի համարձակվում սեղմելու նրանց, այլ, ընդհակառակը, մի քանի քայլ հեռու է պահում իրան, թողնելով մեջտեղ մի բավական ընդարձակ տարածություն: Սրանք քաղաքի ամենահարուստ հայ նավթային արդյունաբերներն են, որոնք նույնպես սպասում են շոգենավին: Իրարու դեմ շրջանաձև կանգնած, նրանք մեջտեղ գոյացնում են մի օղաձև տարածություն, ուր, կարծես, դրած լիներ մի բան, որն արգելում էր նրանց առաջ շարժվելու: Եվ, իհրավի, կար մի արգելք, որ չէր թույլ տալիս նրանց ծածկել այդ տարածությունը: Այդ — նրանց տակառաձև փորերն էին, որոնք բոլորն էլ, կարծես, մի կաղապարով ձուլված լինեին: Մի քանիսն, երկու ձեռներով հետնից իրանց ձեռնափայտերի վրա հենված և ոտներն իրարից հեռու դրած, այնպիսի դիրք էին ստացել, որ նրանց մարմինները, մի արշին դուրս ցցված փորերի և կարճլիկ ոտների շնորհիվ, կանգնեցրած տիկերի ձև էին ընդունել: Բոլորը հագնված էին հարուստ և եվրոպական տարազով, բայց ոչ այնքան մաքուր: Մեկի շապկի կրծքի վրա երևում էին գինու կաթիլներից մնացած մանիշակագույն կոլորակ բծեր: Նրանց ամենքի փորերի վրա արեգակի ճառագայթների տակ պսպղում էին ժամացույցի ոսկե շղթաները:

Բացառություն էր կազմում յուր մարմնի կազմվածքով միայն մի երիտասարդ: Սա բարձրահասակ, նիհար և դեղնած մի մարդ էր, սև ու նոսր միրուքով և տափակ կրծքով: Նայելով երիտասարդի դեմքին, կարելի էր ասել, որ նա գոնե քառասուն տարեկան է, բայց իսկապես նրա տարիքը քսանույոթից չէին անցնում: Անցյալի զեխ և շռայլ կենցաղն այդ դեմքի վրա դրոշմել էր արդեն ծերության կնիքը: Նրա թուխ ու լղար երեսի կաշին, եփած խնձորի կճեպի պես, մի քանի ծալք կուչկուչվել էր և հավաքվել քթի երկու կողմերում: Թերթերունքներից զուրկ աչքերի տակ նույնպես գոյացել էին մի քանի կապտագույն կնճիռներ: Աչքերից վեր երկու դժվար նշմարելի գծեր, շնորհիվ դեռ պահպանվող մի քանի մազերի, հազիվհազ համոզում էին, թե մի ժամանակ այդ մարդը զուրկ չի եղել հոնքերից — մարդկային կերպարանքի այդ գեղեցիկ զարդից, առանց որի մարդ կատարելապես կապիկի է նմանվում: Իսկ նրա ամբողջ դեմքն արտահայտում էր խորին վավաշոտություն, նրա փոքրիկ սևագույն աչքերի մեջ փայլում էր անասնական կիրք: Նա հագած էր սպիտակ մետաքսյա կտորից կարած ամառային հագուստ, որ ավելի մաքուր էր և ավելի նուրբ ձևով կարված, քան նրա ընկերակիցներինը: Դեղնագույն հարդյա գլխարկի լայն ծայրը սքողել էր նրա ճակատը, որ ծածկված էր բազմաթիվ մանր ելունդներով: Մի նշան, որ հետևանք էր նրա անբարոյական կենցաղավարության: Երիտասարդի ժիլետի վրա նույնպես փայլում էր մի ահագին ոսկե շղթա: Իսկ շղթայից քաշ էր ընկած հինգկոպեկանոցի չափ ոսկե մեդալիոնը՝ զարդարված մանրիկ ադամանդներով: Նրա բարակ դեղնագույն ձեռնոցներից մեկի տակից, աջ ձեռքի միջամատի վրա ցցված էր մատանու մեծ փիրուզեն: Ճերմակ ատլաս յա փողպատի վրա մեխված էր մի մեծ ոսկե գնդասեղ նույնպես ադամանդներով զարդարված: «Պետր Ստեփանիչ Դոլմազով» — այսպես էր փորագրված երիտասարդի անունը նրա ձեռնափայտի չորս մատնաչափ ոսկեպատ կոթի վրա:

II

Խումբը տաքացած խոսում էր ու վիճաբանում հանքերի, գործարանների, նավթի և ուրիշ այսպիսի հետաքրքրական նյութերի մասին: Մի քանիսը խոսողներից այնքան ոգևորվել էին, որ քիչ էր մնում փոխեին իրանց կանգնած դիրքն և քանդեին մեջտեղի օդաձև տարածությունը: Մեկը կամենալով համոզել ինչ-որ բանում յուր դեմուդեմ կանգնողին, մի փոքր առաջ շարժվեց, և երկուսի փորները մի քիչ ընդհարվեցին:

Խոսակցությանը չէր մասնակցում միայն երիտասարդը: Նա երեսը դարձրել էր դեպի ծովն և հեռադիտակով անդադար նայում էր եկող շոգենավին, որն այդ ժամանակ այնչափ մոտեցել էր կայարանին, որ պարզ նշմարվում էին տախտակամածի վրա խմբված ճանապարհորդները:

— Պետր Ստեփանիչ, ինչո՞ւ ես այդպես անհամբեր մտիկ անում, երևի, մարդի ես սպասում, — դիմեց երիտասարդին հաստափորներից մեկը, աջ ձեռը դնելով նրա ուսին, երբ խոսակցությունը մի քանի վայրկյան ընդհատվեց:

Պետր Ստեփանիչը չպատասխանեց: Նա խորասուզված շարունակ նայում էր դեպի շոգենավը:

— Պետր Ստեփանիչ, ախար քեզ հետ են խոսում, — կրկնեց հետաքրքիր հաստափորը, կանգնելով նրա դեմուդեմ և ձեռով ծածկելով հեռադիտակի բերանը, որպեսզի Պետր Ստեփանիչի ուշադրությունը յուր վրա դարձնի:

— Հը՛մ, — ասաց միայն Պետր Ստեփանիչն և, հեռադիտակն ազատելով նրա ձեռից, կրկին սկսեց նայել:

— Ումի՞ն ես սպասում, ասա տեսնեմ, — շարունակեց հաստափորն, այս անգամ Պետր Ստեփանիչի ձեռից խլելով հեռադիտակն և թաքցնելով յուր մեջքում:

— Սպասում եմ:

— Ո՞ւմին:

— Կարլ Մարկիչի ընտանիքին:

— Ո՞րտեղից:

— Հաշտարխանից:

— Ի՞նչ ասացիր, Կարլ Մարկի՞չ, ո՞վ է Կարլ Մարկիչը:

— Իմ կառավարիչը:

— Նեմե՞ց է:

— Հայ է, հաշտարխանցի:

— Կարլ Մարկիչ, — կրկնեց Սերգեյ Իվանիչը (այսպես էր հաստափորի անունը), աչքերը չռելով և յուր դեմքի վրա խաղացնելով զարմացական ժպիտ:

— Գասպարն է, ծերունին, ճանաչո՞ւմ ես խո նրան:

— Գասպարը... հը՛մ... ես էլ ասում եմ այդ ինչ Կարլ է, — ասաց Սերգեյ Իվանիչը հառաչելով, կարծես մի ծանրությունից ազատված: — Ինչո՞ւ է բերել տալիս Գասպարը յուր ընտանիքը:

— Ես եմ ասել, խեղճն առանց կնոջ տխրում է, ասացի մի լավություն անեմ, Տներիցս մեկում նրա համար մի լավ բնակարան եմ նշանակել, թող ապրեն, քեֆ քաշեն: Արժե Կարլ Մարկիչը. նա շատ լավ գործակատար է:

— Արժե, արժե, շատ ճշմարտասեր մարդ է, դալբություն չգիտե: Ես նրան լավ եմ ճանաչում: Առաջ նա Հաշտարխանի ամենաառաջին վաճառականներից մեկն էր, բայց ընկերները խաբեցին, փողերը ձեռքից խլեցին և չոր տափի վրա թողեցին: Նրա ընտանիքն էլ եմ ճանաչում: Ռուսաստանից գալիս ես Հաշտարխանում նրանց մոտ գնացի, ինձ սուրճով հյուրասիրեցին: Մի լավ տղա ունի և մի լավ աղջիկ: Նրանք էլ գալի՞ս են:

— Գալիս են: Որդուն ես շատ եմ հավանել, ուզում եմ Բալախանիի նավթահանքերից մեկի վրա գործակատար նշանակել:

— Շատ լավ կանես, շատ լավ կանես, Պետր Ստեփանիչ, լավ տղա է, հոր նման դոչաղ է: Բայց ուրիշ բան է նրա աղջիկը, հրեշտակի գեղեցկություն ունի, Պետր Ստեփանիչ, ամբողջ Հաշտարխանի մեջ հատը չկա:

Այս ասելով, Սերգեյ Իվանիչն յուր յուղալի աչքերի բիբերը ոլորեց և ատամների վերին շարքով ներքին պռոշի ծայրը թեթևությամբ կծեց, նայելով ուղղակի Պետր Ստեփանիչի աչքերին: Սա նույնպես մի վայրկյան նայեց նրա երեսին, ոչինչ չասաց և, կրկին հեռադիտակը մոտեցնելով աչքերին, սկսեց նայել շոգենավին:

— Առաջին անգամ, երբ ես նրան տեսա, քիչ մնաց որ խելքս կորցնեի, — շարունակեց շատախոսել Սերգեյ Իվանիչը: — Ասացի, այ սրա նման կնիկ ունենա մարդ, որ պարզերես կարողանա հասարակության մեջ դուրս գալ: Ինչ ֆորտոպիանի վրա ածել, ինչ պար գալ, ինչ խոսել թե՛ հայերեն և թե՛ ռուսերեն, մի խոսքով, ոսկի է ոտքից մինչև գլուխ: Ա՛յ, նրա նման կնիկ ունենաս, հետդ տանես Ռուսաստան և, բոլորին զարմացնես: Բայց ափսոս, որ հայրն աղքատ է, Պետր Ստեփանիչ, թե չէ քեզ համար շատ լավ հարսնացու կլիներ:

Պետր Ստեփանիչը հեռադիտակի տա կից ժպտաց և ոչինչ չպատասխանեց:

— Բավական հասակավոր աղջիկ է, բայց մինչև օրս ուզող չկա հոր աղքատության պատճառով: Անիրավ Հաշտարխանում առանց օժիտի ոչ մի տղա աղջիկ չի վերցնում:

Պետր Ստեփանիչը հեռադիտակը հեռացրեց և, սպիտակ ու մաքուր թաշկինակով աչքերը սրբելով, միայն արտասանեց «հը՞մ», կարծես հարցնելով յուր խոսակցի միտքը:

— Ասում եմ մի մեծ ողորմություն կանես, — շարունակեց Սերգեյ Իվանիչը, — եթե նրան այստեղ մի լավ տղի տաս:

Պետր Ստեփանիչը, հեռադիտակը դնելով գրպանը, պատասխանեց.

— Նրա հայրը հարուստ եղած ժամանակ շատ անգամ է օգնել հորս... իհարկե, ես էլ պարտավոր եմ փոխարենը վճարել լավությունով:

— Ապրե՛ս, Պետր Ստեփանիչ, Գասպարն արժե, նա խեղճ, կորած, մոլորված մարդ է:

Լսվեց կայարանին մոտեցող շոգենավի սուլոցը: Ամբոխը սկսեց հրելով մոտենալ կայարանի եզրին: Շոգենավը, շվշվալով, շոգին կողքերից բաց թողնելով և խարիսխների շղթաները զնգացնելով, մեղմիկ սահում էր առաջ:

Պետր Ստեփանիչը յուր որոնող հայացքը ձգեց տախտակամածի վրա, բարձրանալով ոտների ծայրերի վրա: Այնտեղ նա նկատեց ճամփորդների մի խմբակ, բաղկացած երեք հոգուց: Մեկը միջահասակ, մոտ քառասունուհինգ տարեկան կին էր եվրոպական հագուստով, գլուխը սև շալով փաթաթված: Մյուսը 23 — 24 տարեկան մի երիտասարդ էր բարձր հասակով, սև, փոքրիկ միրուքով, համակրելի դեմքով և բավական մեծ քթով: Երրորդը մի օրիորդ էր ամառային բաց գույնի հագուստով և հարդյա դեղնագույն լայնեզր գլխարկով: Սա կլիներ մոտ 25 տարեկան, բարձրահասակ էր, դեմքի բավական նուրբ գծերով, ոչ այնքան գեղեցիկ, որքան սիրուն և համակրելի:

Պետր Ստեփանիչը Սերգեյ Իվանիչի ուղեկցությամբ դիմավորեց նրանց: Երկուսն էլ, հերթով նորեկներին բարևելուց հետո, շտապով վերցրին մի-մի կտոր ճանապարհային իրեղեններից և իջան կայարան:

— Բաս ի՞նչտեղ է Կարլ Մարկիչը, — հարցրեց պառավ կինը:

— Գործարանումն է, շուտով կգա, ես ցույց կտամ բնակարանը, կառքս սպասում է ձեզ, — պատասխանեց Պետր Ստեփանիչը քաղաքավարությամբ, մի դիտող հայացք ձգելով օրիորդի վրա:

Սերգեյ Իվանիչն արմունկով բոթեց նրան և զգուշությամբ շշնջաց նրա ականջին.

— Լուսնյակ է, մուշտարու աչքով մտիկ արա:

— Կատերինա Կարլովնա, շա՞տ է նեղացրել ձեզ ծովը,՝ — դիմեց Պետր Ստեփանիչն օրիորդին:

— Օ՜խ, օխ, էլ մի հարցնիր, ցավդ առնեմ, մեր ոսկորները փշրտել է, պատասխանեց մայրն աղջկա փոխարեն,

— Մամա, ի՞նչ ես ասում, ինձ չի նեղացրել ծովը, նա շատ խաղաղ էր, — հակառակեց Կատերինա Կարլովնան, բռնելով յուր եղբոր թևից:

— Դո՞ւք ինչպես եք, Արտեմ Կարլիչ, — քաղաքավարության համար հարցրեց Պետր Ստեփանիչն երիտասարդին:

— Ինձ համար շատ ուրախ անցավ ժամանակը, — պատասխանեց Արտեմ Կարլիչը համեստությամբ, գլուխը քիչ թեքելով կրծքին:

Այսպես խոսելով հասան փողոց, ուր Պետր Ստեփանիչի շքեղ կառքն երկու առույգ ձիերով լծված սպասում էր նրանց: Պետր Ստեփանիչն օգնեց օրիորդին և մորը կառք նստել, իսկ ինքն Արտեմ Կարլիչի հետ տեղավորվեց նրանց դեմ: Մի քանի րոպեում արագընթաց ձիերը կառքը սլացրին դեպի ծովեզրյա ընդարձակ փողոցի ծայրը, ուր նա անհետացավ: Սերգեյ Իվանիչը մնաց նրանց հետևից նայելով:

— Շառլատան, անառակ Դոլմազով, ես քո միտքը հասկացա, — արտասանեց նա:

Հետո, գլուխը խորհրդավոր կերպով շարժելով, կրկին վերադարձավ շոգենավ:

III

Կառքը կանգնեց քաղաքի լայն փողոցներից մեկի վրա գտնվող երկհարկանի նորաշեն տան առջև: Դյուրաշարժ Պետր Ստեփանիչն արագապես ցած թռավ կառքից և օգնեց ցած իջնելու Կատերինա Կարլովնային ու նրա մորը: Նա, առաջնորդելով տարավ նրանց ներս և ցույց տվեց բակի ներսի շինության ներքին հարկում մի բնակարան, որ բաղկացած էր երեք սենյակներից:

— Այ, այս եմ պատրաստել տվել ձեզ համար: Բավակա՞ն է ձեզ, Մարիա Իվանովնա, երեք սենյակ, թե՞ չէ, — հարցրեց Պետր Ստեփանիչը պառավից, միևնույն ժամանակ նայելով աղջկա երեսին:

— Ցավդ առնեմ, ինչ կանենք այդքանը, չորս հոգուս համար երկուսն էլ բավական էր, — պատասխանեց Մարիա Իվանովնան, թեև հոգով շատ ուրախ կլիներ, եթե բնակարանն ավելի ընդարձակ լիներ:

— Կարլ Մարկիչը գիշերները գործարանումն է լինում: Արտեմ Կարլիչին էլ նշանակել եմ կառավարիչ Բալախանի, ուրեմն քաղաքում մնալու եք դուք և Կատերինա Կարլովնան և ոչ թե չորս հոգի: Բայց վնաս չունի, թող ձեր տեղը լայն լինի, ես խոմ վարձով չեմ տալիս: Տունն իմն է, ինչպես ուզում եմ, այնպես էլ անում եմ:

— Ցավդ առնեմ, շատ ապրես, բայց, Պետր Ստեփանիչ, Արտեմիս համար քաղաքում որ տեղ տաք — լավ կլինի: Առանց նրան սիրտս կնեղանա:

— Հեշտ բան է, թող մի քիչ այնտեղի գործերի հետ ծանոթանա, հետո նրան քաղաքում մի լավ պաշտոն կտամ:

— Չէ, մամա, Բալախանին լավ է, ասում են այնտեղ զարմանալի բաներ կան, — մեջ մտավ Արտեմ Կարլիչը:

— Իհարկե, ինչ որ կա այնտեղ է, օդն էլ ավելի առողջարար է, քան թե այստեղ, քաղաքում, ուր փոշու և ծխի մեջ խեղդվում ենք:

— Ինչպես ձեր քեֆն է, այնպես արեք, մենք էլ ձերն ենք, Պետր Ստեփանիչ, — ասաց Մարիա Իվանովնան և սկսեց դիտել բնակարանը:

Քառորդ ժամ նորեկները Պետր Ստեփանիչի հետ միասին պտտեցին սենյակները, հետո խոհանոցը, ուշադրությամբ զննելով ամեն մի անկյուն:

— Այ, մամա, այս իմ սենյակը կլինի, — ասաց օրիորդը, — կանգնելով սենյակներից մեկում: Ես այս պատուհանի տակ կդնեմ իմ դաշնամուրը: Իսկ դու և պապան մյուս սենյակում կապրեք, այն կողմինն էլ Արտեմի համար կառքենք:

Բոլոր ժամանակ Պետր Ստեփանիչն յուր հայացքը չէր հեռացնում Կատերինա Կարլովնայից: Նա հափշտակված էր օրիորդի իրանի նուրբ կազմվածքով, պարզ և հրապուրիչ դեմքով, փայլուն աչքերով, նազելի շարժվածքով: Ամեն անգամ օրիորդը խոսելիս, նա աչքերը հառում էր նրա երեսին և ագահությամբ նայում: Այդ ժամանակ նրա ամբողջ մարմնով, կարծես, անցնում էր էլեկտրական ցնցում, և նրա փոքրիկ կապկային աչքերի մեջ փայլում էր անասնական կիրքն յուր բոլոր ուժով: Նա անդադար աչքերը կուչ բերելով, քաղցրությամբ ժպտում էր օրիորդի երեսին, և այդ ժամանակ նրա դեմքը մի ինչ-որ անախորժ, ինչ-որ զզվելի, վավաշոտ, արտահայտություն էր ստանում: Օրիորդը, կարծես, այդ չէր նկատում և անտարբերությամբ խոսում էր նրա հետ: Սակայն երբ մի անգամ Պետր Ստեփանիչը շարունակ նայեց նրա երեսին և բոլորովին անտեղի և անժամանակ ժպտաց, գլուխը թեքեց դեպի կուրծքը, և նրա դեմքը թեթև կարմրեց: Մարիա Իվանովնան դիմեց յուր որդուն.

— Վազի՛ր Արտեմ, շուտով ապրանքը հավաքիր շոգենավից ու բեր:

— Իսկ դուք, Կատերինա Կարլովնայի հետ գնանք ինձ մոտ ճաշելու, — մեջ մտավ Պետր Ստեփանիչը:

Մարիա Իվանովնան համաձայնվեց, և Դոլմազովը, յուր տան հացեն տալով Արտեմ Կարլիչին և նրանց հետ միասին կառք նստելով, շտապեց տուն:

Իրիկնադեմ էր, երբ նորեկները ճաշելուց հետո կրկին վերադարձան իրանց բնակարանը: Արտեմ Կարլիչը բոլոր իրեղենները արդեն բերել էր: Նրանք սկսեցին կարգի բերել իրանց բնակարանը: Մարիա Իվանովնան յուր որդու հետ պատրաստում էր վերջին սենյակը, իսկ Կատերինա Կարլովնան նույնպես պատրաստում էր յուր սենյակը Պետր Ստեփանիչի օգնությամբ: Չնայելով օրիորդի թախանձանքին, որ նա նեղություն չքաշի աշխատելու ու գնա հանգստանալու, հոգատար Պետր Ստեփանիչը քայլ անգամ չէր ուզում հեռանալ օրիորդից և ոտքի-ձեռքի ընկած մեծ պատրաստակամությամբ օգնում էր նրան: Հետզհետե Կատերինա Կարլովնան սկսեց ձանձրանալ նրա օգնությունից: Պետր Ստեփանիչն այնքան չէր օգնում, որքան յուր ծանր ու խոր հայացքներով և անտեղի քաղցրախոսությունով ձանձրացնում էր օրիորդին:

Կատերինան այդ հայացքներն ընդունում էր իբրև սովորական քաղաքավարության արտահայտություն երիտասարդի կողմից դեպի մի օրիորդ, բայց երբ Պետր Ստեփանիչը սկսեց անցնել սովորական չափավորության սահմանը, այն րոպեից օրիորդի սրտում ծագեց ինչ-որ կասկած: Պետր Ստեփանիչի ներկայությունը սկսեց նրան ճնշել, և նա աշխատում էր խույս տալ նրա հայացքներից:

Պատահեց մի դեպք: Կատերինա Կարլովնան յուր հագուստեղենները տեղավորում էր պահարանի մեջ: Նրա մայրն ու եղբայրը մյուս սենյակումն էին: Պետր Ստեփանիչն անշարժ կանգնած, նայում էր օրիորդին: Երբ Կատերինան, վերջացնելով գործը, կամենում էր կողպել պահարանը, բանալին մի քանի անգամ շուռ տվեց ու չկարողացավ կողպել: Պետր Ստեփանիչի սուր հայացքն իսկույն այդ նկատեց: Նա շտապով մոտեցավ օրիորդին:

— Թույլ տվեք, որ ես կողպեմ, Կատերինա Կարլովնա, դուք ուժ չունեք, ափսոս է, ձեր քնքուշ ու գեղեցիկ մատները կցավեն:

— Ոչ, խնդրեմ նեղություն մի՛ քաշեք, այդ պահարանը բացի ինձանից ոչ ոք չի կարողանում կողպել և բանալ:

— Ես կարող եմ, այ, տեսնո՞ւմ եք, ձեր ձեռները ինչպես կարմրեցին:

Այս ասելով, Պետր Ստեփանիչը ձախ ձեռով սիրալիր հեռացրեց օրիորդի ձեռը բանալիից, իսկ աջով սկսեց պտտեցնել բանալին, միևնույն ժամանակ մյուս ձեռում սեղմած պահելով օրիորդի աջը: Օրիորդն աշխատեց զգուշությամբ ազատել յուր ձեռը, բայց չհաջողվեց: Պետր Ստեփանիչը նրան շատ ամուր էր սեղմել: Օրիորդը չգիտեր ինչ աներ: Նա մի անգամ ևս փորձեց դուրս բերել ձեռը նրա ձեռից, բայց, չկարողանալով, սկսեց դողալ: Պետր Ստեփանիչի մեջ եռաց բուռն կիրքը: Նա, շարունակելով բանալին ոլորել կողպեքի մեջ, յուր շրթունքները զգուշությամբ մոտեցրեց օրիորդի երեսին և կամենում էր... Բայց զսպեց իրան:

Այդ վայրկյանին ներս մտավ Մարիա Իվանովնան: Փոքր անցած՝

գնդակի նման ներս գլորվեց մի լղար, կարճահասակ մարդ ճերմակ մազերով:

— Պա՛պա, պա՛պա, — գոչեց Կատերինա Կարլովնան և, առաջ վազելով, ընկավ ծերունու գիրկը:

IV

Ներս վազողը Կարլ Մարկիչ Պոպովն էր, Կատերինայի հայրը: Մի քանի րոպե հայր ու աղջիկ իրարու գրկած համբուրվում էին: Վերջապես, Կարլ Մարկիչն ազատեց աղջկան յուր գրկից և նույն կարոտությամբ ընկավ որդու, Արտեմ Կարլիչի գիրկն ու մի քանի համբույրներ դրոշմեց նրա ճակատին: Հետո բարևեց ամուսնուն, մի անգամ միայն, համբուրելով նրա բերանի անկյունը: Պետր Ստեփանիչն ինչնիցե օտար էր, համեստությունը Կարլ Մարկիչին ստիպեց չափավորել յուր ամուսնական զգացմունքները:

— Ես պարտավոր եմ հազար անգամ շնորհակալություն հայտնել ձեզ սեմեյստվոյիս խաթրու, — դարձավ Կարլ Մարկիչը Պետր Ստեփանիչին, որը մի կողմ քաշված նայում էր այդ ընտանեկան տեսարանին:

Կարլ Մարկիչը քիչ մոտեցավ նրան, ձեռները քարշ ձգեց կողքերին, ոտները կպցրեց իրարու և, մեջքից երկու ծալ թեքվելով, երիտասարդական աշխուժությամբ մի քանի անգամ գլուխ տվեց նրան:

— Չարժե, չարժե, — արտասանեց անտարբերությամբ Պետր Ստեփանիչն, յուր հայացքը չհեռացնելով Կատերինա Կարլովնայից, որն այդ ժամանակ ինչ-որ բանի մասին խոսում էր յուր եղբոր հետ:

— Մարիա, Կատյա, Արտեմ մոտեցեք, շնորհակալություն արեք Պետր Ստեփանիչին, էնդուր որ նա է բասպորյաժենիյե արել ձեզ Բաքու բերելու:

Կարլ Մարկիչի ընտանիքը սեղմեց Պետր Ստեփանիչի ձեռը: Դա առաջին շնորհակալությունն էր, որ ստացավ բարեսիրտ խնամատարն երախտագետ ընտանիքից:

— Տեսնում ես, Մարիա, ինչ աղավարի քվարթիրա է, — շարունակեց Կարլ Մարկիչը, պտույտ գալով Պետր Ստեփանիչի առջև: Ես Պետր Ստեփանիչից շատ շնորհակալ եմ, շա՛տ. իմ պարտքս է ստարայտցա իլիլ նրան չեսնո, բլագորոդնո ծառայելու, էնդուր որ նրա պես խոզյային ես գրանիցայումն էլ չեմ կարող գտնել:

Կարլ Մարկիչը խոսելու ժամանակ ձեռներով, գլխով և ուսերով այնպիսի շարժումներ էր անում, որ, կարծես քսանուհինգ տարեկան երիտասարդ լիներ, այնինչ մոտ վաթսուն տարեկան էր:

Պետր Ստեփանիչն ուշադրություն չէր դարձնում յուր կառավարչի

շատախոսություն վրա: Նա խորասուզված էր ինչ-որ մտածողության մեջ: Սակայն այդ երկար չտևեց. հանկարծ նա դիմեց Մարկիչին լուրջ ձայնով.

— Գործարանն այսօր բանե՞լ է:

— Ի՛նչպես չէ, ի՛նչպես չէ, աղա ջան:

— Ո՞վ կա այնտեղ այժմ:

— Ամենքն այնտեղ են: Ես, աղա ջան, զավոդը պորուչիյտ արի գլավնի պրիկաշչիկին մինչև էգուց առավոտը:

— Հը՛մ, — արտասանեց միայն Պետր Ստեփանիչը, կրկին մտածողության մեջ ընկնելով և բեղերը կրծոտելով:

Կարլ Մարկիչը քիչ շփոթվեց:

— Բեզպոկոյիտցա մի՛ լինեք, աղա ջան, ամեն ինչ պորյադկայով կգնա:

— Առավոտը շուտով գնացեք, որ գործարանը չդադարի, եթե ոչ, գիտեք, որ մի օրվա դադարելն ինձ կզրկի հազար մանեթ աշխատանքից, — ասաց Պետր Ստեփանիչը քիչ հրամայական եղանակով, աշխատելով յուր դեմքի հպարտությունը պահել:

Պետք է ասած, որ Պետր Ստեփանիչը մի քիչ սուտ ասաց: , Գործարանն առանց Կարլ Մարկիչի ևս կարող էր վաղը գործել և եթե դադարեր էլ, մի օրվա վնասը երբեք հազար մանեթ չէր կարող լինել: Բայց նա այդ ասաց առաջինը նրա համար, որ Կարլ Մարկիչի վրա ունեցած յուր իշխանությունը ցույց տա նրա ընտանիքին և երկրորդ, մի օրվա վնասը քսան անգամ ավելի ցույց տալով, լուր հարստությունով մի փոքր փոշի փչի այդ ընտանիքի աչքերին: Այս պարզ էր, ըստ որում, յուր հրամանը կրկնելուց հետո, նա մի առանձին ինքնաբավականությամբ նայեց բոլորին հերթով, որ տեսնի, ինչ ազդեցություն արին յուր խոսքերը լսողների վրա, իսկ նամանավանդ Կատերինա Կարլովնայի վրա: Եվ իիրավի նա մասամբ չսխալվեց:

Լսելով նրա խոսքերը, Մարիա Իվանովնան այնպես զարմացավ, որ աչքերը ճլզեց և բերանը բաց մնաց: «Օրական հազար մանեթ փող է աշխատում, երանի նրան, որ սրա նման փեսա կունենա», — անցավ իսկույն նրա մտքով, և գլուխը թեքեց կրծքին, ձեռները խաչաձև ծալեց ծոցում և սկսեց ազահությամբ նայել Պետր Ստեփանիչին: Պակաս չզարմացավ և Արտեմ Կարլիչը: «Օրական հազար մանեթով կարելի է թագավորի պես ապրել արտասահմանում, այն էլ Փարիզի մեջտեղում, ախմախն ինչո՞ւ է այստեղ քամու ու փոշու մեջ խեղդվում», — այսպես մտածեց նա և սկսեց նույնպես նայել Պետր Ստեփանիչի երեսին:

Միայն Կատերինա Կարլովնան էր, որի վրա կարծես ոչինչ ազդեցություն չարին Պետր Ստեփանիչի փքուն խոսքերը: Նա երեսը շուռ տվեց և անցավ մյուս սենյակը:

— Առավոտը, խորոզը կանչելիս, ես զավոդում կլինեմ, աղա ջան, ես

չեմ թողնիլ, որ ձեզ ուբիտկա լինի, — միամտացրեց Կարլ Մարկիչը Պետր Ստեփանիչին:

Կատերինա Կարլովնան մյուս սենյակ անցնելուց հետո Պետր Ստեփանիչի դեմքն ավելի փոխվեց: Սովորական ուրախ ու կեղծ ժպիտը նրա դեմքից անհետացավ: Նա կնճռեց ճակատն և առանց այն էլ քացախած երեսն ավելի թթվեցրեց:

— Նստեցե՛ք, պոժոլստա, Պետր Ստեփանիչ այսօր շատ եք նեղացել, — առաջարկեց Կարլ Մարկիչը, վերին աստիճանի խոնարհությամբ և երկյուղով մոտեցնելով աթոռներից մեկն և ոտները սենյակի հատակին քքսելով:

— Ո՛չ, ես գնում եմ, դուք կարգի դրեցեք բնակարանը, ես վաղը դարձյալ կգամ: Թո՛ղ Արտեմն առավոտն ինձ մոտ գա, որ ճանապարհեմ Բալախանի. իսկ դուք, Կարլ Մարկիչ, շուտ կզարթնեք և կգնաք գործարան:

— Նեպրեմեննո, նեպրեմեննո, ի՛նչ ասել կուզի, աղա ջան, բաս չայ անուշ չե՞ք անում: Կատյա, Պետր Ստեփանիչի համար չայ զավարիտ արա բեր:

— Շնորհակալ եմ, ես գործ ունիմ, գնում եմ, մնաք բարով:

Պետր Ստեփանիչը ձեռ տվեց միայն Մարիա Իվանովնային, իսկ Կարլ Մարկիչին և նրա որդուն միայն թեթև գլուխ տվեց:

— Ցտեսություն, Կատերինա Կարլովնա, — ասաց նա, մոտենալով մյուս սենյակի դռներին և այնտեղից ձեռն ուղղելով օրիորդին:

— Գնաք բարով, — սառնությամբ պատասխանեց վերջինն, յուր մատների ծայրերը տալով նրան:

Պետր Ստեփանիչը զգաց այդ սառնությունը: Նկատեց նույնպես և՛ Կարլ Մարկիչը, նկատեց և մի խոշոր հանդիմանական հայացք ձգեց յուր աղջկա վրա:

Վերջապես, Պետր Ստեփանիչը Կարլ Մարկիչի ուղեկցությամբ դուրս եկավ փողոց և հեռացավ, վրդովված առաջին անհաջողությունից: Կատերինա Կարլովնան վիրավորել էր նրա սահմանափակ ինքնասիրությունը: Այդ նա զգում էր և չէր կարող անտարբերությամբ տանել: Նրա համար դժվար էր մարսել օրիորդի կոշտ վարմունքը: «Աղքատ լինիս ու այդքան հպա՛րտ, — մտածում էր նա, անցնելով փողոցով: Արժան չհամարեց մինչև անգամ կարգին ձեռ տալու ինձ, միայն մատների ծայրերը մոտեցրեց: Այ գոռոզություն: Հարցնող լինի, ինչո՞վ ես պարծենում, այն էլ ինձ մոտ, որ, եթե ուզենամ՝ կարող եմ քաղցած սպանել: Բայց սպասենք, կարծեմ, երկար չի տևիլ այդ հպարտությունը, սպասենք...»:

— Բայց ի՛նչ հասակ, ի՛նչ կազմվածք... ի՛նչ դեմք... Վատ չէր լինիլ, եթե Կարլ Մարկիչը մի հարուստ վաճառական լիներ և ոչ թե այսօրվա նման մի չնչին գործակատար, դատարկ գրպանով և անհայտ անունով:

Այն ժամանակ ես մինչև անգամ չէի հրաժարվել Կատերինայի հետ օրինավոր կերպով պսակվելուց, թեև բժիշկները... Հը՛մ, բժիշկնե՛րը... Է՛հ, թքել եմ նրանց գիտության վրա...

Պետր Ստեփանիչը մեկ փողոց անցավ ոտով և հետո, նստելով առաջին պատահած կառքը, գնաց կլուբ:

V

— Մաշա, դուշա մոյա, ասա տեսնեմ, ի՞նչպես ես, քանի ժամանակ է առանց քեզ մենակ էի, — սկսեց նորից Կարլ Մարկիչը, փաթաթվելով յուր ամուսնու վզին, երբ, Պետր Ստեփանիչին ճանապարհ դնելով, վերադարձավ սենյակ:

— Հեռու գնա՛, հեռու գնա՛, շորերիցդ նավթի հոտ է փչում, սիրտս խառնում է, — պատասխանեց Մարիա Իվանովնան, հրելով նրա կրծքին:

— Մաշա ջան, ի՛նչ ես ասում, դա իմ պարադնի կոստյումն է, նոր եմ կարել տվել:

— Լավ է, բավական է, ձեռ քաշիր, ամաչի՛ր երեխեքից, — հակառակեց կրկին Մարիա Իվանովնան, երբ Կարլ Մարկիչը կամեցավ համբուրել նրան:

— Ումի՞ց ամաչեմ, Արտեմի՞ց, հե՛յ, սպասի՛ր, նա էլ ժենիխ լինի, էն վախտը կիմանա, թե ինչ քաղցր բան է սուպրուգան: Տեսա՞ր, Մարիա, ինչ լավ խոզյային ունիմ, պրոստո զոլոտո: Ինձ շատ է ուվաժայտ անում, ամեն կիրակի կոֆեով ուգաստյիտ է անում, մի խոսքով, շատ լավ խոզյային է: Հենց այս մոտերս ինձ զավոդի ուպրավլյայուշչի շինեց: Կատյա, քե՞զ ինչպես դուր եկավ Պետր Ստեփանիչը, շատ լյուբեզնի տղա է, չէ՞, — դարձավ Կարլ Մարկիչն աղջկան, որն այդ ժամանակ թեյ էր ածում:

Կատերինա Կարլովնան ոչինչ չպատասխանեց:

— Շատ լավ մարդ է երևում, — պատասխանեցին նրա փոխարեն միաբերան մայր և որդի:

— Շատ օբրազովաննի տղա է, — շարունակեց գովաբանել Կարլ Մարկիչը: — Քանի տարի է Ռուսիայում պուտեշեստվովայտ է անում, ռուսերեն խոսում է մոսկվիչի պես, քո քեֆն էլ կգա, Կատյա քան: Ամեն ջուռայի գազեթներ է կարդում, իրան նման պրեֆերանս խաղացող չիմանաս կլուբում: Պրեֆերանսը օբրազովաննի խաղ է, Մարիա, ուրիշ բան չմտածես, ամեն մարդ չի կարողանում խաղալ: Բարիշնաների համար այն տեսակ կավալերություն է անում, այն տեսակ նեժնի խոսում է, որ հենց իմանաս ախտյոր իլի: Օօ՛օ՛, չէ, շատ աղավարի, շատ աբրազովաննի տղա է: Ես զարմանում եմ, որ Կավկազում այդպես տղա եմ տեսնում, էնդուր որ Կավկազը դիկիյ է, մեր կողմերի պես ցիվիլիզովաննի չէ: Ամա դու, Կատյա ջան, նրա հետ դելիկատնի պոստուպիտցա չիլար հա՛ա, էտի, իմանում ես, լավ չի հա՛ա:

— Ինչպես հարկն էր այնպես վարվեցի, խո քեզ պես մինչև փողոց ճանապարհ չէի դնելու, — ընդհատեց նրան Կատերինա Կարլովնան բավական սառն ու խիստ եղանակով:

— Օ՛հո՛, ինչ ես ասո՞ւմ: Ես պարտավոր եմ նրա հետ լյուբեզնի լինել. էնդուր որ ես նրա պողչինյոննին եմ, նա իմ խոզյայինն է, — տաքացավ Կարլ Մարկիչը, փողպատն ուղղելով և գլխի կարճլիկ ճերմակ մազերն երկու ձեռներով հարթելով:

— Դու պարտավոր ես, բայց ես — ոչ: Դու կարող ես նրա չորս կողմով պտույտ գալ, իսկ ինձանից մի պահանջիր նույնը, — պատասխանեց Կատերինա Կարլովնան ավելի սառնությամբ:

— Մամա ջան, ինչե՞ր ես խոսում սկուչնա ես, քեֆդ լավ չէ, լիխորադկա ունիս, — փոխեց յուր խոսքը Կարլ Մարկիչը, իսկապես կասկածելով աղջկա առողջության մասին:

— Շկապը կողպելիս ձեռը ցավեցրել է, — պատասխանեց Մարիա Իվանովնան աղջկա փոխարեն:

Կարլ Մարկիչի մարմնին կարծես էլեկտրական թեյի ծայր դիպցրին: Սա այնպես վեր թռավ տեղից, որ աթոռն ընկավ, սեղանը սաստիկ շարժվեց, թեյի բաժակը շուռ եկավ, և թեյը սեղանի երեսով սկսեց հոսել սենյակի հատակը, Մարիա Իվանովնան և Արտեմը, շփոթվելով Կարլի այդ արագ շարժումից, նույնպես բարձրացան իրանց տեղերից:

— Դուշա մոյա, աբա, աբա, աբա տեսնեմ, — գոչեց Կարլ Մարկիչը, հարձակվելով յուր աղջկա վրա:

Կատերինա Կարլովնան, բավական վախեցած յուր հոր տարօրինակ շարժումից, անգիտակցաբար մի քայլ հետ գնաց:

— Կարլ, այդ ինչե՞ր ես անում, գժվել խո չե՞ս, վախեցրիր մեզ, — բացականչեց Մարիա Իվանովնան ծիծաղելով:

Սակայն Կարլ Մարկիչն ուշադրություն չդարձրեց նրա վրա:

— Ցույց տո՛ւր, աբա, տեսնեմ, դուշա:

— Հանգստացիր, պապա, ոչինչ չկա, ցավը վաղուց է անցել, — խոսեց, վերջապես, Կատերինա Կարլովնան շփոթված:

Կարլ Մարկիչը քիչ հանգստացավ և բաց թողեց աղջկա թևը: Նա հետ նայեց և, տեսնելով յուր տարօրինակ շարժման հետևանքը, կարծես ամաչեց յուր արարմունքից:

— Ինչպե՛ս վախեցրիր ինձ, Մարիա, հենց իմացա, որ մատը ռազդավիտ է արել Կատյան, — ասաց նա կրկին յուր տեղը նստելով:

— Քիչ էր մնում, որ դու մեզ ռազդավիտ անեիր սեղանով, այնպես վեր թռար տեղիցդ, — պատասխանեց Մարիա Իվանովնան ծիծաղելով:

Ընթրիքի ժամանակ նորեկները մանրամասը պատմեցին Կարլ Մարկիչին իրանց կյանքի մասին նրա բացակայության ժամանակ ու ստիպեցին նույնն անել և՛ Մարկիչին: Կարլ Մարկիչը, կարծես, հենց մի այդպիսի հարմար առիթ էր որոնում: Նա, մի քանի բաժակ գինով գլուխը տաքացնելով, սկսեց երկար ու բարակ պատմել յուր մի տարվա կյանքը: Նա նկարագրեց գործարանը, նավթահանքերը, ծանոթացրեց նրանց նավթային արդյունաբերության հետ: Պատմեց, թե ինչպիսի զանձ է Բաքուն, թե ինչպես հեշտ են հարստանում այնտեղ մարդիկ և ինչպես շուտ, թե ինչպես է Պետր Ստեփանիչը հարստացել, առաջ ուրիշի մոտ գործակատար լինելով: Կրկին սկսեց գովաբանել վերջինին, ավելացնելով, թե հույս կա, որ ինքը, Կարլ Մարկիչը, նրա օգնությամբ, մի օր գործարանատեր դառնա և օրինակ բերեց շատերին, որոնք մի քանի տարվա ընթացքում, ոչինչ չունենալով հարստացել են: Ասաց, նույնպես, որ Պետր Ստեփանիչին ինքը մի քանի անգամ այս մասին ակնարկել է: Պետր Ստեփանիչը հույս է տվել ժամանակով անկախ գործարանատեր դարձնել նրան, եթե միայն լավ կծառայի: Այժմ Կարլ Մարկիչն ինքն՝ աշխատում է լավ ծառայել Պետր Ստեփանիչին, որպեսզի օրեցօր ավելի գրավի վրա սերն ու հովանավորությունը: Այնուհետև Կարլ Մարկիչը, ավելի ու ավելի տաքացնելով գլուխն և հափշտակվելով յուր պատմությունով, սկսեց նկարագրել յուր մոտիկ ապագան խիստ գեղեցիկ գույներով: Ասաց, որ շատ ժամանակ չի քաշիլ և ինքը կրկին կդառնա առաջվա «պերվոյ գիլդի կուպեց Պոպովը» և գուցե մի քիչ էլ ավելի: Այն ժամանակ թող մտիկ անեն «Հաշխանի» թշնամիներն ու նախանձից սիրտները տրաքի: Վերջապես, Կարլ Մտրկիչն ասաց, թե այսուհետև ինքը նյութապես ապահովված է և ոչինչ հոգս չունի: Հարկավոր է միայն մտածել առողջության մասին, ուրիշ ոչինչ: Նա սկսեց խրատել յուր ընտանիքին, որ պահպանեն իրանց առողջությունը: Խոսելով Կատերինա Կարլովնայի վերաբերությամբ, նա կողմնակի կերպով ակնարկեց, թե Բաքվում կարելի է լավ փեսացու ճարել նրա համար, որովհետև ազատ տղերք շատ կան, բոլորն էլ հարուստներ, իսկ գեղեցիկ, լուսավորված և շնորհքով աղջկերք — շատ քիչ: Սրա պատճառն այն է, ասաց Կարլ Մարկիչը, որ Կովկասը դեռ «դիկիյ ստրանա» է, կանայք մեծ մասամբ չարսավի մեջ փաթաթված են, «օբրոզովայտցա» չեն եղել և այլն: Ի վերջո Կարլ Մարկիչի երևակայությունը այնքան բորբոքվեց Կատերինա Կարլովնայի վերաբերությամբ, որ նա վստահացավ մի հանդուգն հույս ևս արտահայտել: Բայց իսկույն շտապեց ավելացնել, որ այդ հուսո իրագործումը կախված է Կատերինա Կարլովնայից, թե ինչպես սա իրան ցույց կտա և ինչպես կվարվի Պետր Ստեփանիչի հետ և թե վերջինն ինչպես կնայի Կատյայի վրա... Պատվիրեց Մարիա Իվանովնային, որ Պետր Ստեփանիչին միշտ պատվով և հարգանքով ընդունի և ամեն անգամ «կոֆեով ուգաստիյտ անի»: Խնդրեց նույնպես Կատերինա Կարլովնային, որ սա ևս յուր կողմից շատ քաղաքավարությամբ վերաբերվի Պետր Ստեփանիչին, հետը ռուսերեն խոսի, «դելիկատնիյ պոստուպիյտցա» անի, «էնդուր, որ Պետր Ստեփանիչն ինքը ցիվիլիզովաննիյ կավալեր է և սիրում է նեժնի մանիերնեք»:

Մի խոսքով, Կարլ Մարկիչը բան չմնաց, որ չպատմի և պատվերներ ու խրատներ չմնաց, որ չտար Մարիա Իվանովնային, նամանավանդ Կատերինա Կարլովնային:

— Ընթրիքն ավարտվեց: Կարլ Մարկիչ Պոպովը բորբոքված երևակայությամբ հեռացավ յուր սենյակը: Արտեմը, Մարիա Իվանովնան և Կատերինան նույնպես գնացին իրանց սենյակները քնելու:

Առավոտը Կարլ Մարկիչը ճիշտ որ, ինչպես ինքը խոսք էր տվել Պետր Ստեփանիչին, «խորոզը կանչելիս» գործարան գնաց: Իսկ Արտեմ Կարլիչը տասը ժամին ներկայացավ Պետր Ստեփանիչին և մի քանի անհրաժեշտ պատվերներ ստանալով նրանից, իսկույն ճանապարհվեց Բալախանի՝ գործակատարի պաշտոնով:

VI

Հետևյալ օրը, կեսօրվա դեմ, Պետր Ստեփանիչը կրկին ներկայացավ Կարլ Մարկիչի ընտանիքին, այս անգամ ուրիշ և ավելի շքեղ հագուստով: Մարիա Իվանովնան խոհանոցում կերակուր էր պատրաստում ճաշի համար: Կատերինա Կարլովնան մեքենայի վրա մի ինչ-որ բան էր կարում:

Լսելով յուր հետևից Պետր Ստեփանիչի բարևի ձայնը, նա իսկույն ընդհատեց գործը, բարձրացավ տեղից և, սառն քաղաքավարությամբ պատասխանելով նրա բարևին, ձեռ տվեց և դիմեց խոհանոց, որ մորը հայտնի:

— Ոչինչ, ոչինչ, նեղություն մի՛ քաշեք, Կատերինա Կարլովնա, — ասաց Պետր Ստեփանիչը, կտրելով օրիորդի ճանապարհը, որ դուրս չգնա:

Բայց օրիորդը չլսեց նրան: Մի վայրկյանից ներկայացավ Մարիա Իվանովնան, թևերը մինչև արմունկները ծալած: Պետր Ստեփանիչը թռավ տեղից և քաղաքավարությամբ բարևեց նրան:

— Երեկ, երբ Կատերինա Կարլովնան իրեղենները դարսում էր, ես նկատեցի, որ նրա ճերմակեղենի կամոդը շատ հնացած է և անպետք: Չնեղանաք, Մարիա Իվանովնա, ես առանց ձեր թույլտվության, մի լավ կամոդ եմ առել նրա համար, որն այս րոպեիս գործակատարս կբերի:

— Իզուր եք առել, ես շնորհակալ եմ, իմ կամոդը շատ լավն է, — պատասխանեց Կատերինա Կարլովնան, մի նշանավոր հայացք ձգելով յուր մոր երեսին, որ սա ևս հրաժարվի նվերն ընդունելուց: Մարիա Իվանովնան հասկացավ աղջկա միտքը, բայց և այնպես կամոդը խիստ հետաքրքրեց նրան:

— Ցավդ առնեմ, մեզ համար ինչու ավելորդ խարջեր եք անում, որ առաջուց ինձ ասեիք ես չէի թողնի, — ասաց նա, սիրալիր նայելով Պետր Ստեփանիչի երեսին, որ տեսնի ինչպես հասկացավ նա յուր անորոշ խոսքերը:

— Մեծ գումար չեմ տվել, հարյուր մանեթն ինչ բան է, որ նրա համար մտածեմ, — պատասխանեց Պետր Ստեփանիչը, ժպտալով Կատերինա Կարլովնայի երեսին:

Վերջինը երեսը դարձրեց դեպի մորն և սկսեց հանդիմանորեն նայել նրա երեսին:

— Կատյա, իսկ որ հենց քեզ հարկավոր է մի կամոդ, վնաս չունի, որ Պետր Ստեփանիչն առանց մեզ հարցնելու առել է: Հորդ կասեմ, որ յուր ռոճիկից հարյուր մանեթ թողնի Պետր Ստեփանիչի մոտ:

— Մամա, ի՞նչ ես ասում, հարյուր մանեթը պապայի մի ամսվա ռոճիկն է, ես ինչ եմ անում այդքան թանկ կամոդը, — կրկին հակառակեց օրիորդը:

— Դուք ինձ վիրավորում եք, Մարիա Իվանովնա, ես փողի կարոտություն չունիմ. ես այդ իբրև մի չնչին նվեր եմ տալիս և ոչ թե ծախում, — պատասխանեց Պետր Ստեփանիչը, կեղծորեն իրան վիրավորված ձևացնելով:

Այդ ժամանակ մի մշակ, Պետր Ստեփանիչի գործակատարի առաջնորդությամբ, ներս բերեց բավական մեծ կամոդ ընկույզի փայտից շինած:

Կամոդը դրեցին պատշգամբի վրա: Պետր Ստեփանիչը բանալին շուռ տվեց և բաց արավ, որ պահարանը ցույց տա Կատերինա Կարլովնային և Մարիա Իվանովնային:

— Շատ գեղեցիկ բան է, շատ էժան եմ առել:

Այսպես թե այնպես, կամոդն այնքան գեղեցիկ էր, որ միանգամից գրավեց Մարիա Իվանովնային: Երկար ժամանակ նա նայում էր կամոդի ներսին, դրսին, վերևին և չէր կարողանում կշտանալ նայելուց: «Ի՜նչ լավն է, ի՜նչ մեծն է, Կատյա, շորերդ կտեղավորվեն», — կրկնում էր նա անդադար, ուրախությունից պտույտ գալով պահարանի չորս կողմը:

Վերջապես ավելորդ ժամանակ չկորցնելու համար Պետր Ստեփանիչը կողպեց պահարանը և բանալին առաջարկեց Կատերինա Կարլովնային, ուղղակի նրա դեմ կանգնելով և մեջքից թեքվելով:

— Թանկ չէ նվերը, բայց թանկ է իմ սերը, ասում են ռուսները, — ասաց Պետր Ստեփանիչը ռուսերեն լեզվով, բանալին բռնելով ուղիղ օրիորդի քթի առջև:

Այս խոսքերն օրիորդին ավելի շփոթեցրին: Նրա երեսը կարմրեց, և նա չկարողացավ թե ինչ պատասխանի միևնույն ժամանակ, բանալին չընդունելով Պետր Ստեփանիչից:

Պետր Ստեփանիչի դեմքով մի վայրկյան սահեց

անբավականության ժպիտ, բայց նա զսպելով յուր վրդովմունքը, կրկին առաջարկեց:

— Ի՞նչ ես մեխված մնացել, Կատյա, ախար քեզ է առաջարկում Պետր Ստեփանիչը:

Կատյան լուռ էր տակավին: Պետր Ստեփանիչը բանալին հանձնեք Մարիա Իվանովնային, յուր դեմքը քիչ թթվացնելով:

— Շնորհակալ ենք, շատ շնորհակալ ենք: Աստված ձեր մինը հազար անի, Պետր Ստեփանիչ, ձեր լավությունը հավիտյան չենք մոռանալ: Կատյա, դու հրավիրիր Պետր Ստեփանիչին սենյակ, քիչ խոսեցեք, ես գնամ կոֆե պատրաստեմ այս րոպեիս:

— Դու մնացիր, մամա, ես կպատրաստեմ:

— Չէ, չէ, ինչ ես խոսում, դու ե՞րբ ես կոֆե եփել, որ հիմի թողնեմ. նստիր այստեղ, ես այս րոպեիս...

Կատերինա Կարլովնան ակամա համաձայնվեց և Պետր Ստեփանիչին հրավիրեց ներս: Նա մոտեցավ կարի մեքենային և սկսեց շարունակել յուր ընդհատված գործը, առաջարկելով Պետր Ստեփանիչին նստել:

Պետր Ստեփանիչը նստեց լուռ ու մունջ, ագահությամբ նայում էր օրիորդին, որը գլուխը խոնարհեցրած, գործում էր նույնպես լուռ ու մունջ: Նա կամենում էր խոսել, բայց չգիտեր ինչի մասին խոսեր և ինչպես սկսեր: Այդ տևեց մի քանի րոպե: Վերջապես նա յուր աթոռը վերցնելով, մոտեցավ օրիորդի սեղանին և վստահացավ ընդհատել անտանելի լռությունը:

— Կատերինա Կարլովնա, այս գիշեր կլուբում լավ կոնցերտ է լինելու, ես եկել եմ ձեզ հրավիրելու: Կհամաձայնե՞ք ինձ հետ միասին գնալ, տոմսակներ էլ վերցրել եմ:

— Ոչ, ներեցեք, չեմ կարող, շատ հոգնած եմ, մի ուրիշ անգամ կգամ, — պատասխանեց Կատերինա Կարլովնան այս անգամ բավական մեղմությամբ:

— Այժմ ուշ է հրաժարվելը, տոմսակները գնված են, — ասաց սիրտ առնելով Պետր Ստեփանիչը, թեև դարձյալ սուտ, որովհետև նա տոմսակներ դեռ չէր գնել...

— Առանց ինձ հայտնելու զուր եք առել:

— Հիմա ինչևիցե, երկուսը առել եմ, մեկը ինձ, մյուսը ձեզ համար, անպատճառ պիտի գաք:

— Ո՛չ, ես գալ չեմ կարող:

— Բաս տոմսակնե՞րը, — ասաց Պետր Ստեփանիչը կատակով:

— Տվեք ձեր ընկերներին:

— Ընկերներ չունիմ, Կատերինա Կարլովնա, ես մենակ մարդ եմ այս աշխարհում, նոր եմ ուզում ընկեր ձեռք բերել, — ասաց Պետր Ստեփանիչը, կեղծությամբ փոխելով յուր ձայնն ու դեմքը, որպեսզի օրիորդի գութը շարժի դեպի ինքը:

Սակայն Կատերինա Կարլովնայի դեմքի վրա նա չնկատեց ոչինչ փոփոխություն: Նա տեսավ նույն անտարբերությունը, նույն սառնությունը, ինչ որ առաջ էր:

— Այսպիսի քաղաքում ձեզ նման հարուստ մարդը շատ հեշտությամբ կարող էր ընկերներ ունենալ, — պատասխանեց օրիորդը, չնայելով նրա երեսին:

— Մենակ եմ, մենակ, Կատերինա Կարլովնա, ա՜խ, եթե իմանաք իմ ցավը: Ես ունիմ շատ ծանոթներ, բայց ոչ ոքի հետ բարեկամություն անել չեմ կարող:

— Ինչո՞ւ:

— Որովհետև այստեղի մարդիկ անքաղաքավարի են, նրանց հետ ես չեմ սիրում ընկերանալ:

— Դուք ի՞նչ տեղացի եք, ներեցեք հարցնել:

— Ես կովկասցի եմ, Շուշումն եմ ծնվել: Բայց շատ երկար ժամանակ ապրելով Մոսկվայում, Պետերբուրգում, մոռացել եմ Կովկասի կյանքը: Ես սովորել եմ ընկերություն անել կրթված, լուսավորված, թատրոններ, օպերաներ գնացող մարդկանց հետ: Այստեղ չկան այնպիսի մարդիկ, այստեղ ամենքը միայն մի բանի վրա են մտածում, այն է՝ փող աշխատել, և սրա համար փչացնում են իրանց կյանքը: Գործարաններում, հորերի վրա, նավթի և կեղտի մեջ կորած, մագազիններում չիթ ու կտորի փոշու մեջ խեղդվում են, տքնում են գիշեր ու ցերեկ, որ ինչ է իրանց գրպանները լցնեն: Լցնում են և չեն իմանում ինչպես ծախսեն փողերը, ինչպես ապրեն, որովհետև լուսավորություն ասած բանը չեն հասկանում, որովհետև կրթված չեն: Աշխարհ են շրջել, բայց ոչինչ չեն կարողացել սովորել: Ամիսներով, տարիներով մայրաքաղաքներում ապրել են, բայց բացի իրանց ապրած հյուրանոցից և մի քանի փողոցներից, ոչինչ չեն տեսել: Ռուսաստանում այդ մարդիկ ո՛չ թատրոն են գնում, ո՛չ օպերա, ո՛չ կլուբներ: Իսկ եթե գնում էլ են, ոչինչ չեն կարողանում սովորել, թատրոնում կամ օպերայում ամենավերջինս աթոռներն են վարձում, որ էժան նստի: Շատերը գնում են, ներկայացումը չվերջացած, կիսատ են թողնում ու դուրս գալիս, որովհետև ճաշակ ասված բանը չունին: Նրանց համար զուռնա — բալաբանի ձայնը քաղցր է, քան թե Պատտիի երգելը: Մոսկվայում ինձ վրա զարմանում էին, որ ես ամեն անգամ քսանուհինգ ռուբլի էի տալիս Պատտիին կամ Նիլսոնին լսելու կամ Սալվինիի խաղը տեսնելու, բայց ես սրտանց ծիծաղում էի նրանց անհասկացողության վրա: Ինձ համար փողը մի միջոց է շքեղ ապրելու համար, իսկ նրանց համար նպատակ: Ես ատում եմ նրանց, ատում եմ, որովհետև նրանք բոլորը թեև երիտասարդներ են, բայց հին հոգով և մաշված սրտով: Ահա ինչու համար, ես, Կատերինա Կարլովնա, չեմ ընկերանում նրանց հետ: Ա՜խ, եթե գիտենայիք, թե որքան ինձ համար դժվար է նրանց հետ խոսելն անգամ: Ես մենա՜կ եմ, Կատերինա Կարլովնա, մենակ եմ, և ինձ համար շատ ու շատ դժվար է անցկենում այստեղ:

Պետր Ստեփանիչն ատենաբանում էր ոգևորված և զանազան թատրոնական շարժվածքներ անելով:

— Գնացեք, ուրիշ քաղաքում ապրեցեք, — ասաց Կատերինա Կարլովնան, երբ Պետր Ստեփանիչը դադարեց խոսելուց:

— Չեմ կարող, Կատերինա Կարլովնա, գործերս այստեղ են, թողնել անհնարին է: Բայց ես, Կատերինա Կարլովնա, բախտավոր կլինիմ, եթե... եթե... է՛հ...

Այստեղ Պետր Ստեփանիչի լեզուն շփոթվեց, և նա, չկարողանալով վերջացնել յուր խոսքը, մի խորը հառաչանք արձակեց կրծքից:

Կատերինա Կարլովնան հոնքերի տակից նրա վրա նայեց և, գլուխը խոնարհեցնելով, քիչ կարմրեց:

Այդ ժամանակ դուռը բացվեց, Մարիա Իվանովնայի գլուխը երևաց և նույն վայրկյանին կրկին անհետացավ: Այդ նկատեց միայն Պետր Ստեփանիչը:

— Շատերը կարծում են, որ մարդ փողով է բախտավոր, — շարունակեց Պետր Ստեփանիչը Մարիա Իվանովնայի գլխին անհետանալուց մի քանի րոպե անցած: Ես այդ չեմ հասկանում: Ահա, ես հարուստ, փառք աստծո, էլ ինչս է պակաս, մի միլիոնի չափ կարողություն ունիմ: (Պետր Ստեփանիչի կարողությունը երկու հարյուր հազարից ավելի չէր լինի): Տուն, տեղ, ոսկի-արծաթ, ծառաներ, կառքեր ամեն բան ունիմ, ինքս էլ մեն-մենակ, ո՛չ ծնողներ ունիմ, ո՛չ եղբայր, ո՛չ քույր, ո՛չ էլ պարտք, մի խոսքով, ես իմ գլխի ու կարողության կատարյալ տերն եմ: Բայց մի թող գան սրտիցս հարցնեն, թե նա ինչ է ասում, մտնեն դրությունս և տեսնեն, թե այսքան հարստության մեջ ինչպես եմ ես զգում ինձ... Տխուր, տխուր, մահու չափ տխուր...

Եվ Պետր Ստեփանիչը կրկին կրծքից արձակեց մի սուտ հառաչանք և կրկին նայեց օրիորդի երեսին:

— Պսակվեցե՛ք, գուցե այն ժամանակ ուրախ կլինեք, — ասաց Կատերինա Կարլովնան, փորձելով ավելի պարզ հասկանալ նրա միտքը:

— Պսակվե՛լ, բայց ո՛ւր է իմ սիրած աղջիկը, — պատասխանեց Պետր Ստեփանիչը, մեկ էլ հառաչելով:

— Ինո՛ւ, ասում են, որ Բաքվում շատերը կան:

Պետր Ստեփանիչը ոգևորվեց, նրա դեմքն այլայլվեց, աչքերը կարմրեցին, և նա հանկարծ արագությամբ բարձրացավ աթոռից:

— Չկա, չկա, Կատերինա Կարլովնա, չկա, բացի ձեզանից, թույլ տվեք...

Եվ նա, հարձակվելով օրիորդի վրա, կամեցավ համբուրել: Օրիորդը սարսափած վեր թռավ տեղից, հրելով Պետր Ստեփանիչի կրծքին:

— Ի՞նչ եք անում, հեռո՛ւ կանգնեցեք, — ասաց նա սփրթնելով:

— Ես ձեզ սիրում եմ...

— Սուտ եք ասում:

— Երդվում եմ աստուծով, Կատերինա Կարլովնա, հավատացեք և թույլ տվեք, — ասաց նա, կրկին մոտենալով օրիորդին:

— Հեռո՛ւ գնացեք, եթե ոչ կբղավեմ...

Պետր Ստեփանիչը մնաց արձանացած տեղն ու տեղը: Մի քանի վայրկյան այս դրության մեջ մնալուց հետո, նա մոտեցավ օրիորդին և ասաց խոնարհությամբ.

— Ներեցե՛ք, Կատերինա Կարլովնա, ես հանաք էի անում, ներեցե՛ք...

— Այդ տեսակ հանաքներ չեն անում օրիորդի հետ:

— Լավ է, մոռացե՛ք, մոռացե՛ք, խնդրեմ, մյուս անգամ չեմ անիլ:

Ներս մտավ Մարիա Իվանովնան, մի ձեռում սրճամանը, մյուսում՝ կաթնամանը:

Կատերինա Կարլովնան ուղղեց իրան, Դոլմազովը նույնպես, և միամիտ Մարիա Իվանովնան ոչինչ չկարողացավ նկատել:

Նստեցին սուրճ խմելու: Փոքր առ փոքր Կատերինա Կարլովնան ուշքի եկավ և սկսեց խոսել, նույնիսկ զվարճախոսել: Կարծես ոչինչ չէր պատահել: Պետր Ստեփանիչը նույնպես սիրտ առավ: Սուրճը խմելուց հետո նա հանդգնեց կրկին առաջարկել Կատերինա Կարլովնային երեկոյան միասին կոնցերտ գնալու: Օրիորդը վճռաբար մերժեց: Բայց և այնպես, վերջումը Պետր Ստեփանիչին, երկար թախանձանքներից հետո, Մարիա Իվանովնայի միջնորդությամբ, հաջողվեց Կատերինա Կարլովնայից հաստատ խոսք առնելու, որ սա մյուս անգամ կգնա յուր հետ կոնցերտ, որը պիտի լինի մի շաբաթ հետո:

Պետր Ստեփանիչը հեռացավ փոքր-ինչ թեթևացած սրտով:

VII

Մինչև կոնցերտի օրը Պետր Ստեփանիչն օրական երկու անգամ այցելում էր Կարլ Մարկիչի ընտանիքը: Թե Մարիա Իվանովնան որքան գոհ էր այդ այցելությունից, թե ինչ ուրախությունով էր ընդունում Պետր Ստեփանիչին ամեն անգամ, թե ինչ շարժվածներ, ինչ պտույտներ էր անում խեղճ կինը նրան հաճոյանալու համար — անհնարին է նկարագրել: Եվ ինչպես կարող էր ուրիշ կերպ վարվել Մարիա Իվանովնան, քանի որ նա տեսնում էր, թե որքան ուշադիր է Դոլմազովի նման մի նշանավոր հարուստ դեպի յուր մի չնչին գործակատարի չնչին ընտանիքը և ինչպես նա հոգում է այդ ընտանիքի բախտավորության համար: Բայց մի առանձին ուրախություն էր զգում Մարիա Իվանովնան յուր աղջկա վերաբերմամբ, նկատելով այն ուշադրությունը, որին արժանացել էր Կատերինա Կարլովնան Դոլմազովի կողմից: Շատ անգամ նա, լուռ ու մունջ, ձեռները ծոցում ծալած, քաշվում էր սենյակի մի անկյունը, մտիկ անում յուր աղջկան և Պետր Ստեփանիչին, որոնք իրարու դեմ նստած խոսում էին մտիկ էր անում և խորասուզվում մտածողության մեջ: Այդպիսի րոպեներում նրա ծնողական զգայուն սիրտը սկսում էր բաբախել յուր սիրեցյալ զավակի բախտավորությամբ:

Մարիա Իվանովնայի առաջ պատկերանում էրն փառավոր կառքեր, բազմաթիվ ծառաներ, զարդարուն սենյակներ մի բարձրաշեն շքեղ տան մեջ: Տունը Դոլմազովինն է, իսկ նրա մեջ իշխում է յուր աղջիկը: Կատերինա Կարլովնան ամբողջ օրը պտտում է զարդարուն սենյակների մեջ, կարգադրություններ է անում, հյուրեր է ընդունում և ճանապարհ դնում: Իսկ երեկոները Պետր Ստեփանիչի հետ նստում է կառք և գնում ծովափը զբոսնելու: Զբոսանքից վերադառնում է տուն, թեյ խմում, հագուստը փոխում, ավելի շքեղը հագնում և Պետր Ստեփանիչի հետ թև-թևի տված գնում թատրոն, պարահանդես և այլն: Նրանց հետ գնում է նույնպես և՛ Արտեմը: Իսկ ինքը, Մարիա Իվանովնան, Կարլ Մարկիչի հետ մնում են տանը, խոսում են, զվարճանում են, սպասելով երիտասարդ ամուսինների վերադառնալուն, որ միասին ընթրեն:

Եվ այսպես, ուրեմն, Մարիա Իվանովնան երևակայում էր ոչ միայն Կատերինա Կարլովնայի, այլև ամբողջ ընտանիքի մոտիկ ապագան բախտավորված, եթե միայն Դոլմազովի սիրտն այնքան բարի է, որ նա ուշադրություն չի դարձնիլ նրանց աղքատության վրա, եթե նա աչքի առջև կունենա Կատյայի անձնավորությունը, նրա գեղեցկությունը, շնորհքը, բնավորությունն և եթե Կատյան նույնպես, լավ կշռադատելով յուր ապագան, կաշխատեր այդ հատկություններն ավելի գեղեցիկ, ավելի հրապուրիչ գույներով ներկայացնել Դոլմազովին, որպեսզի անդառնալի կերպով գրավի նրա սիրտը: Բայց ավա՛ղ, Կատյան այդ չէր հասկանում, որովհետև, Մարիա Իվանովնայի կարծիքով, նա հիմար էր և փոխանակ Դոլմազովին գրավելու, աշխատում էր, կարծես, զզվեցնել նրան: Նա առաջվա պես սառն և երբեմն կոպիտ էր վարվում Դոլմազովի հետ: Մարիա Իվանովնան այդ տեսնում էր և մինչև յուր հոգու խորքը վրդովվում բայց չէր կարողանում Դոլմազովի ներկայությամբ արտահայտել յուր վրդովմունքը Կատյային: Նա, զսպելով յուր բարկությունը, սպասում էր Դոլմազովի հրաժարվելուն: Երբ խնամատարը ոտը դռներից դուրս էր դնում, մայրը սկսում էր թափել աղջկա գլխին անթիվ նախատինքներ և երբեմն հիշոցներ:

— Հազար անգամ ասել եմ, որ գիժ ես, խելք չունիս. դու ո՛չ քեզ և ո՛չ մեզ համար չես մտածում: Աղքատ ու հպարտ, աչքերդ բաց արա և լավ տես, թե դու ինքդ ո՛վ ես, ի՞նչ ես, իսկ Դոլմազովն ո՛վ է: Գիտես, որ մեր ապրուստը նրանից է կախված, ինչպես ուզենա, այնպես էլ կարող է անել, կարող է մեզ հարստացնել, կարող էլ է քաղցած թողնել, բայց դու էլի գոռոզ ու գոռոզ: Ի՛նչ ես մտածում որ քիթդ այդքան բարձր ես պահում: Խելքի եկ, Կատյա, տե՛ս, մեկ էլ եմ ասում, մեր օրը քեզանից է կախված...

Եվ այսպես, Մարիա Իվանովնան երկար նախատում էր յուր աղջկան: Սակայն աղջիկը շարունակում էր յուր «հիմարությունը»: Մի օր նրա հանդգնությունն այնտեղը հասավ, որ նա պատասխանեց յուր ծնողի հանդիմանությանը, թե ինքը դիտմամբ է սառն վարվում Դոլմազովի հետ, որպեսզի վերջինը դադարի իրանց այցելելուց: Մարիա Իվանովնան փրփրեց, կատաղեց յուր աղջկա այդ հանդգնության վրա, բայց... դարձյալ անօգուտ:

Գալով Դոլմազովին, պետք է ասած, որ նա սկսել էր մեծ զգուշությունով վարվել Կատերինա Կարլովնայի հետ, նույնիսկ Մարիա Իվանովնայի բացակայության ժամանակ: Նա պահում էր իրան համեստ, չէր համարձակվում որևէ ավելորդ խոսք թռցնել բերանից: Նա այնպես էր իրան ձևացնում օրիորդի առջև, որ իբր թե սաստիկ փոշմանել է յուր նախկին վարմունքի մասին: Սակայն Կատերինա Կարլովնան որքան զգույշ էր, այնքան դիտող, դարձյալ չէր կարողանում հասկանալ այդ խորամանկությունն և լիովին թափանցել Դոլմազովի հոգին:

Հասավ կոնցերտի երեկոն: Պետր Ստեփանիչը ժամանակից մի ժամ առաջ զուգվեց և, յուր սեփական կառքը նստելով, եկավ Կատերինա Կարլովնայի մոտ: Օրիորդը դեռ հագնված չէր: Նա մոռացել էր յուր խոստումը, փորձեց հրաժարվել: Մարիա Իվանովնան ուղղակի կատաղեց: Ի՛նչպես կարող է հրաժարվել Դոլմազովի պես մարդու հետ մի որևէ հանգես գնալուց: Դոլմազովն, օրիորդի կասկածը փարատելու համար, ասաց.

— Մարիա Իվանովնա դուք էլ հագնվեցեք մեզ հետ գնալու:

Մարիա Իվանովնան հոգով ուրախ էր նրանց ուղեկցելու, քիչ մնաց համաձայնվեր անգամ, բայց հիշեց, որ օրինավոր հագուստ չունի:

— Ուրիշ անգամ, — ասաց նա, — ուրիշ անգամ: — Կատյա, գնա, պատրաստվիր:

Ապագայում օրիորդը շատ անգամ իրեն հարցնում էր, ինչպես եղավ, որ նա մոլորվեց և կամքի ուժ չունեցավ տանը մնալու: Նա անցավ մոր հետ յուր սենյակը:

Դոլմազովը մնաց մենակ, կանգնեց հայելու առջև և սկսեց դիտել իրան ոտից մինչև գլուխ:

— Թո՛ւ, իսկ որ շատ եմ տգեղացել... ի՛նչ անճոռնի է լինում մարդ առանց հոնքերի և թերթերունքների, — խոսում էր նա, ուղղելով յուր սպիտակ փողկապը: Փարիզից բերել տված ճարն էլ չի օգնում մազեր բուսնելուն... Ասում են, որ Վիեննայում կարող են բժշկել, հարկավոր է անպատճառ գնալ, եթե ոչ խայտառակություն է, կանայք ինձանից փախչում են:

— Էհե՛, այ մի ուրիշ ցավ, այս ի՞նչ է դուրս գալիս քթիս վրա, — շարունակեց նա, շոշափելով քթի ծայրն, ուր գոյացել էր մի կարմիր բշտիկ: — Ցավում է, այդ լավ նշան չէ, հարկավոր է անպատճառ բժշկին ցույց տալ...

Ներս մտավ Կատերինա Կարլովնան: Դոլմազովը շտապեց հեռանալ հայելուց:

Օրն արդեն մթնել էր: Քաղաքային ժողովարանի դահլիճը, ուր պիտի կայանար կոնցերտը, լուսավորվում էր առաստաղից քաշ տված երեք ահագին ջահերով և պատերին խփած բազմաթիվ կանթեղներով: Օրիորդը, Դոլմազովի ուղեկցությամբ, բարձրացավ ընդարձակ սանդուղքով դեպի դահլիճը: Ներկայացումը դեռ չէր սկսվել: Հանդիսականները, այս ու այն կողմ ցրված, զբոսնում էին: Երիտասարդ վաճառականների մի խումբ նախասենյակի մի անկյունում պատրաստած բուֆետի առջև, մի սեղանի շուրջը հավաքված, կոնծում էր... Խմբի մեջ երևում էր և՛ Սերգեյ Իվանիչը, որի հետ մենք ծանոթացանք կայարանի վրա:

Պետր Ստեփանիչն աշխատեց դահլիճ մտնել Կատերինա Կարլովնայի հետ այնպես, որ խումբը չնկատի: Բայց այս չհաջողվեց նրան:

— Օհո՛, Պետր, լույսը քեզ տեսնողին, — գոչեց բարձր ձայնով խմբի միջից երեսը սափրած մի երիտասարդ կարմրած աչքերով:

Նա, իսկույն բաժանվելով խմբից, մոտեցավ Դոլմազովին:

— Բարև, Սիմոն Լազրիչ, քե՞ֆդ, — հարցրեց Պետր Ստեփանիչը, մի քիչ շփոթվելով և արագությամբ սեղմելով երիտասարդի ձեռը:

— Կա՛ց, ո՞ւր ես փախչում, կա՛ց... տեսնեմ այդ ով է քեզ հետ, — ասաց երիտասարդը, բռնելով Դոլմազովի թևից:

— Օհո՛, Պետո՛, շնորհավորում եմ, ի՞նչ տեղից ես ճանկել այդ լուսնյակին:

Բայց Պետոն աշխատում էր խույս տալ: Նա, մի կերպ յուր թևն ազատելով երիտասարդի ձեռից, շտապեց դեպի Կատերինա Կարլովնան, որն այդ ժամանակ այնչափ հեռու էր, որ չէր լսում նրա խոսակցությունը:

— Տղերք, նոր խաբար, Դոլմազովը, դոչաղը նոր որս է արել, — ասաց երիտասարդը, վերադառնալով և կրկին խառնվելով խմբին:

— Ո՞վ է, ո՞վ, — հարցրին միաբերան մի քանիսը խմբի միջից:

— Հայի էր նմանվում, բայց չճանաչեցի, լուսնյակ է, սպասեցեք, մի բաժակ էլ կոնծեմ և գնամ ես էլ ծանոթանամ:

Սիմոն Լազրիչը դատարկեց մի բաժակ ևս:

— Իզուր նեղություն մի՛ քաշիր, Սիմոն Լազրիչ, Դոլմազովը քո ասած մարդը չէ, ռեխդ թիքա չի գցիլ: Ես աղջկան էլ ճանաչում եմ և գիտեմ ինչ բան է:

— Ո՞վ է, ո՞վ է, Սերգեյ Իվանիչ, — կրկնեց դարձյալ միաբերան հետաքրքիր խումբը շրջապատելով Սերգեյ Իվանիչին:

— Յուր գործակատարի աղջիկն է:

— Հաշտրախանցի՞ն, հա՛, ես էլ եմ տեսել, ես էլ եմ տեսել, շատ գեղեցիկ է, — ասացին միմյանց հետևից մի քանիսը:

— Գեղեցիկ լինելը գեղեցիկ է, բայց ինչ անես, որ...

Եվ Սերգեյ Իվանիչը, խոսքը չավարտելով, կրծքից մի հոգոց հանեց և գլուխը խորհրդավոր կերպով շարժեց:

— Ինչպե՞ս:

— Այնպես, — պատասխանեց Սերգեյ Իվանիչը, աչքի մեկը խփելով և շրթունքները կրծելով: — Տուն, տեղ, ամեն օր նվերներ, հորն և եղբորը պաշտոն լավ ռոճիկներով:

— Փա՛հ, քո վիզը կոտրվի Դոլմազով, օտարներից կշտացար, հիմա էլ հային ես ձեռք գցե՞լ, — բացականչեց Սիմոն Լազրիչը, ձեռների ափերը իրարու խփելով:

— Չեմ հավատում, ես Պոպովի աղջկան ճանաչում եմ, նա շատ հպարտ և խելոք աղջիկ է: Դոլմազովը չի կարող նրա հետ խաղալ, — մեջ մտավ մի ուրիշը, որը մինչև այդ ժամանակ լուռ էր:

— Էհե՛, երևի, դու լավ չես ճանաչում Դոլմազովին; — պատասխանեց թերահավատին Սերգեյ Իվանիչը, գլուխը շարժելով: — Նա այնպիսի մարդ չէ, որ մեկի համար անօգուտ մի կոպեկ ծախսի, ուր մնաց այնքան բաներ բաշխի, ինչ որ բաշխում է Գասպարի աղջկան: Տունը լեցրել է հազար տեսակ բաներով, էլի օր չի անցնում, որ մի նվեր չտանի հյուր գնալիս:

— Չէ, եղբայր, ես լավ եմ ճանաչում Դոլմազովին, գիտեմ ինչ հոգի ունի...

Զանգակը հնչեցրին, ներկայացումը սկսվեց, ամենքը մտան դահլիճ:

Պետր Ստեփանիչն և Կատերինա Կարլովնան նստած էին երկրորդ կարգում: Օրիորդը հագնված էր թեև ոչ շքեղ, բայց բավական նուրբ ճաշակով: Բազմաթիվ լապտերների լուսավորության ներքո նրա կրծքի վրա պսպղում էր ոսկյա մեդալիոնի ադամանդը:

Դահլիճը լիքն էր հանդիսականներով: Այս ու այն կողմերից մի քանի երիտասարդներ և կանայք, ներկայացումը մոռացած, իրանց հեռադիտակներն ուղղել էին անծանոթ օրիորդի վրա: Պետր Ստեփանիչն այս տեսնում էր և ինքնաբավականությամբ ժպտում: Նա պարծենում էր, որ ինքն այդ երեկո շատ երիտասարդների նախանձի առարկա է: Նա ստեպ-ստեպ թեքվում էր Կատերինայի ականջին և շշնջալով խոսում: Օրիորդը չէր խոսում. նա ուշադրությամբ լսում էր երաժշտությունը, միայն երբեմն Պետր Ստեփանիչի հարցերին պատասխանում էր գլխի շարժումով «այո» կամ «ոչ» և ուրիշ ոչինչ:

Վերջապես կոնցերտն ավարտվեց, հանդիսականները ցրվեցին, և օրիորդը դուրս եկավ: Դոլմազովը հետևում էր նրան, յուր գլխարկը ձեռում շուռ տալով և չորս կողմ անդադար հաղթական հայացքներ ձգելով: Նրա ժժժված դեմքն ուրախ էր ու փոքրիկ աչքերի սևագույն բիբերն արագությամբ խաղում էին, փայլելով: Կառքը փողոցի դռանը սպասում էր: Նա, օրիորդի հետ նստելով, շշնջաց կառապանի ականջին, և կառքը մի րոպեում սլացավ:

— Տա՛ր, տա՛ր, բայց տեսնենք երբ ես փխսելու կերածդ, — ասաց կառքի հետնից մի մարդ, որն ամբողջ ժամանակ, կլուբի դռների հետևում թաքնված, սուր աչքերով հետևում էր մեր հերոսին:

Դա Սերգեյ Իվանիչն էր:

VIII

Գիշերից բավականին անցել էր: Երկինքը պարզել էր: Լուսինը չկար: Նավթային լապտերները թույլ կերպով լուսավորում էին փողոցները:

— Ո՞ւր ենք գնում, կարծեմ մեր տունը մնաց այն կողմ, — հարցրեց հանկարծ օրիորդն, երբ տեսավ, որ կառքը մտավ մի բոլորովին անծանոթ փողոց:

— Մեր տուն, — պատասխանեց Դոլմազովը համառոտ:

— Ինձ մեր տուն հասցրեք, հետո դուք գնացեք:

— Ձեզ էլ հետս տանում եմ:

— Ես ի՞նչ գործ ունիմ ձեր տանը:

— Պետք է միասին ընթրենք:

— Շնորհակալ եմ, Պետր Ստեփանիչ, ախորժակ չունեմ խնդրեմ, ինձ մեր տուն ճանապարհ դրեք:

— Անկարելի է:

— Ո՛չ, ո՛չ, ուշ է, մայրս անքուն սպասում է ինձ...

— Շուտ կվերջացնենք ընթրիքը, իսկույն կուղեկցեմ ձեզ ձեր տուն:

— Հոգնած եմ, Պետր Ստեփանիչ, թույլ տվեք ուրիշ անգամ ձեզ մոտ հյուր կգամ այսօրվա փոխարեն, — շարունակեց օրիորդն այս անգամ աղերսալի ձայնով:

— Աչքիս վրա տեղ ունեք ամեն օր, բայց այժմ զուր եք հակառակում, անպատճառ տանելու եմ, — պատասխանեց Դոլմազովը վճռաբար:

Մինչ Կատերինա Կարլովնան այսպես հակառակում էր, կառքը հասավ և կանգնեց Դոլմազովի տան դռների առջև: Մի քանի րոպե օրիորդը չէր համաձայնվում իջնել կառքից: Պետր Ստեփանիչը համոզում էր նրան, աղաչելով, խնդրելով, սակայն իզուր, օրիորդը համառությամբ կպել էր կառքին և պոկ չէր գալիս: Դոլմազովի համբերությունը հասավ յուր վերջնակետին. նա, բեղերը կրծոտելով, զսպեց իրան և սկսեց կրկին հորդորել օրիորդին: Օրիորդը նույնպես դուրս եկավ համբերությունից և բարկացած հրամայեց կառապանին կառքը քշել բայց կառապանը մի շարժում անգամ չարավ օրիորդի հրամանը կատարելու: Դոլմազովին վիրավորեց Կատերինայի վարմունքը, նրա ինքնասիրության նեղ զգացմունքները բորբոքվեցին: Փողոցում տիրում էր լռություն: Դոլմազովը նայեց յուր չորս կողմը և բացի կառապանից չտեսավ ոչ մի մարդ, որ վկա լիներ այդ տեսարանին:

Կառապանն առույգ ձիերի սանձը ձեռքում սեղմած, լուռ ու մունջ մեխված էր յուր տեղում, միայն երբեմն, սանձը շարժելով, նա հարվածում էր այս կամ այն ձիուն և յուր քնաթաթախ ձայնով կրկնում. «տուբր, ստո՛...ո՛..ո՛յ, պռոկլյատայա»... Դոլմազովը մեկ ոտը դրեց կառքի վրա և, երկու ձեռներով բռնելով օրիորդի մեջքից, գրկեց ու մի վայրկյանում ցած բերեց ուժով:

Երկու ելք կար Կատերինա Կարլովնայի առջև. նա կամ պիտի հնազանդվեր, կամ պիտի փախչեր...

Նրանք մտան ներս և մի ընդարձակ սանդխտով բարձրացան վերև, Պետր Ստեփանիչը պատշգամբից օրիորդին ուղղակի առաջնորդից մի ոչ այնքան ընդարձակ սենյակ: Իսկ ինքը, մի րոպե բաժանվելով նրանից, յուր սպասավորին տվեց ինչ որ պատվերներ և կրկին վերադարձավ:

Առաստաղից քաշ արած փոքրիկ կոլորակ կանթեղը լուսավորում էր սենյակի մոխրագույն պաստառով ծածկված պատերը, ուր քաշ արած էին մի քանի մեծ ու փոքր պատկերներ կասկածելի բովանդակությամբ: Մի անկյունում դրած էր մի բարձր մահճակալ փափուկ անկողնով, մյուսում գտնվում էր մի ահագին հայելի, երրորդում մի կոլորակ սեղան, իսկ չորրորդում մարմարոնյա լվացարանն յուր բոլոր պատկանելիքներով: Պետր Ստեփանիչը շտապեց նախազգուշացնելու, որ դահլիճի և մյուս սենյակների դռներն ու պատուհանները նոր են ներկված, այնպես որ ներկի հոտից անկարելի է այնտեղ մտնել և հրավիրեց օրիորդին ներս: Մի սարսուռ անցավ Կատերինա Կարլովնայի մարմնով, երբ նա հայացքը ձգեց սենյակի կահ-կարասիքի վրա: Նա ակամա սկսեց դողալ, գրեթե անզգայաբար մոտեցավ մեջտեղ դրած քառանկյունի սեղանին և նստեց նրա շուրջը, աթոռներից մեկի վրա:

Մի քանի րոպեում սպասավորը սեղանի երեսը ծածկեց սպիտակ մաքուր սփռոցով, և մեջտեղ եկան մի քանի տեսակ ուտելեղեններ և ըմպելիքներ: Դոլմազովն անմիջապես յուր համար մի բաժակ օղի ածեց, իսկ օրիորդի համար մի ուրիշ ինչ-որ արտասահմանյան ըմպելիք:

— Խմեցե՛ք, շատ քաղցր խմիչք է, վնաս չի տալ ձեր սրտին, — ասաց նա, բաժակը դնելով Կատերինա Կարլովնայի առջև:

Օրիորդը բաժակի ծայրը գրեթե անգիտակցաբար կպցրեց շրթունքներին և իսկույն վայր դրեց:

— Ձեր կենացը: Կատերինա Կարլովնա, — շարունակեց Դոլմազովն և, օղու բաժակը զարկելով նրա բաժակին, խմեց մինչև կեսը:

Օրիորդն աշխատելով ուշքը ժողովել, գլուխը շարժեց, առանց մի խոսք ասելու: Դոլմազովը սկսեց ընթրել: Օրիորդը չէր ուտում, բայց երբ Դոլմազովը նրան ստիպեց, նա մի երկու կտոր բան դրեց բերանը և, դարձյալ հետ քաշվելով, սկսեց երկյուղածությամբ նայել յուր չորս կողմը: Ինչպես որսորդներից հալածված եղջերու, նա զգում էր, որ անտառի խորքում ընկել է մի այնպիսի նեղ տեղ, որտեղից ազատվելն անհնարին է: Անհանգիստ դեմքով և դողդողալով նա յուր հայացքը մերթ ձգում էր սենյակի պատերին, մերթ Դոլմազովի վրա:

— Ինչո՞ւ չեք ուտում, Կատերինա Կարլովնա, — կրկնում էր Դոլմազովն անդադար:

— Ախորժակ չունիմ, խնդրեմ, Պետր Ստեփանիչ ինձ շուտ ճանապարհ գրեք:

— Մի՛ շտապեք, դեռ շատ վաղ է, տասներկու ժամը չի լրացել: Գոնե, Կատերինա Կարլովնա, մի երկու բաժակ այս քաղցր ըմպելիքից խմեցեք, շատ համեղ բան է, փորձեցեք:

Դոլմազովը կրկին լցրեց մի բաժակ և դրեց Կատերինայի առջև: Օրիորդը գլուխը շուռ տվեց և բաժակը հեռացրեց իրանից:

— Ինչո՞ւ եք այդպես անում, Կատերինա Կարլովնա. դուք ինձ վիրավորում եք:

— Մայրս, խեղճը հիմա սպասում է, — պատասխանեց օրիորդը, փորձելով տեղից բարձրանալ:

— Ո՞ւր եք գնում, սպասեցե՛ք, — ասաց Դոլմազովը, բռնելով նրա թևից մեղմիկ և նորից նստեցնելով յուր տեղը: Օրիորդն ակամա հնազանդվեց նրա կամքին: Պետր Ստեփանիչը լիք բաժակը կրկին մոտեցրեց նրան ասելով.

— Եթե այս անգամ ևս մերժեք իմ խոնարհ խնդիրն և մինչև հատակը չի դատարկեք այս բաժակը, իմացեք, որ դուք ինձ մինչև սրտիս խորքը վիրավորած կլինեք: Վերցրեք Կատերինա Կարլովնա, և սրտով խմեցեք, դա ձեր եղբոր, Արտեմ Կարլիչի կենացն է:

Այս ասելով, Դոլմազովը յուր համար մի բաժակ գինի ածեց և առավ ձեռքը, սպասելով օրիորդին: Կատերինա Կարլովնան ճարահատյալ առավ բաժակը և, դարձյալ մի քիչ կում անելով, տեղը դրեց:

— Ես զարմանում եմ, դուք ինչ քարասիրտն եք, որ ձեր միակ եղբոր կենացն էլ չեք խմում, — ասաց Դոլմազովն և նույնպես լիք բաժակը դրեց սեղանի վրա:

Օրիորդը ոչինչ չպատասխանեց: Պետր Ստեփանիչը շարունակեց խոսել, փոքր առ փոքր ոգևորվելով: Նա ասաց, թե բախտավոր է այն մարդը, որ եղբայր ունի և, հետզհետե խոսքը դարձնելով յուր վրա (դա նրա սաստիկ ցանկությունն էր), ավելացրեց, որ ինքը նախանձում է եղբայր ունեցողներին: Նա սկսեց գանգատվել յուր՝ իբր թե տխուր՝ ճակատագրի դեմ: Նկարագրեց յուր վիճակն ամենատխուր գույներով, աշխատելով համոզել օրիորդին, թե որքան ինքն անբախտ մարդ է և ինչպես ճակատագիրն անգթությամբ հալածում է իրան: Կրկնեց նույնպես, թե համոզված է, որ կարող է բախտավորվել միայն այն ժամանակ: երբ յուր կյանքը կկապի մի սիրեցյալ էակի հետ, որ կարող լիներ մասնակից լիներ նրա դառնություններին և ուրախություններին: Նա ավելացրեց, թե հենց յուր դժբախտությունը կայանում է նրանում, որ մինչև օրս դեռ չի գտնում մի այդպիսի էակ, իսկ նա, որի վրա հույս ունի, շատ անգութ է վերաբերվում դեպի իրան...

Եվ այս միտքը հայտնելու ժամանակ Դոլմազովն յուր վավաշոտ աչքերը հառեց օրիորդի երեսին, որ տեսնի գոնե այս անգամ նրա վրա գոհացուցիչ ազդեցություն արի՞ն յուր խոսքերը, թե ոչ:

Կատերինան թեև ուշադրությամբ չէր լսում, բայց հասկացավ, թե Դոլմազովը ում մասին է ակնարկում, հասկացավ և ոչինչ չասաց:

— Երբ գլուխս խառն է գործերով, էլի մի կերպ օրերս անցնում են, իսկ երբ գործերից ազատվելով գալիս եմ տուն, դարձյալ մի ինչ-որ ծանրություն նստում է սրտիս վրա: Մտիկ եմ անում չորս կողմ — ոչինչ մխիթարություն, ոչինչ թեթևություն չեմ գտնում: Տանս պատերը, կարծես, ինձ թշնամի լինեն: Այո՛, Կատերինա Կարլովնա, չկա մեկը, որ թեթևացնի իմ հոգին, չկա մեկը, որ կարողանա յուր քաղցր հայացքներով, յուր դուրեկան խոսակցությունով մխիթարել իմ վշտացած սիրտը: Ճարահատյալ պառկում եմ անկողին և սենյակի առաստաղին նայում: Կհավատաք, որ շատ անգամ փոքրիկ երեխայի պես լաց եմ լինում իմ սենյակում: Լաց եմ լինում և հետո հագնվում ու դուրս փախչում տնից, ինչպես բանտից: Գնում եմ դուրս — այնտեղ միևնույն տխրությունը, միևնույն դառնությունը: Թե մինչև երբ պիտի շարունակվի իմ այս անտանելի դրությունը, ինքս էլ չգիտեմ: Բայց Կատերինա Կարլովնա, ես այժմ զգում եմ, թե կա մեկը, որ կարող է վերջ դնել իմ ցավերին. այդ մեկը... է՛հ...

Եվ Դոլմազովի կրծքից կրկին դուրս թռավ մի կեղծ հառաչանք:

Արդեն անցել էր բավական ժամանակ: Կատերինա Կարլովնան, օգտվելով Դոլմազովի րոպեական լռությունից, բարձրացավ յուր տեղից:

— Սպասեցեք, — ասաց Դոլմազովը:

— Ո՛չ, բավական է, ինչքան պահեցիք, թույլ տվեք:

— Մի քիչ էլ նստեցեք, խնդրեմ:

Սակայն օրիորդը այս անգամ չհամաձայնվեց նստելու: Նա երեսը շուռ տվեց և վճռողական քայլերով դիմեց դեպի դռները:

— Ո՞ւր եք փախչում, — բացականչեց Դոլմազովն և, վազելով օրիորդի հետևից, բռնեց նրա ձեռքը:

— Հերիք է, Պետր Ստեփանիչ, գնանք:

— Հերիք է, հերիք չէ, ա՛յ թե հերիք է:

Եվ այս անորոշ խոսքերն արտասանելով, Դոլմազովը դռները փակեց, բանալին շուռ տվեց և կողպեց:

— Տեսնո՞ւմ եք, հա, հա, հա, — գոչեց նա, չարախնդությամբ ծիծաղելով:

Նա, բանալին ցույց տալով օրիորդին, ձգեց գրպանը: Նրա ծիծաղն օրիորդի վրա վերին աստիճանի զզվելի տպավորություն արավ: Մի քանի վայրկյան սա ապշած նայում էր: Պետր Ստեփանիչը նույնպես նայում էր օրիորդին: Եվ այդ հայացքն արտահայտում էր նրա զազրելի ձգտումը: Նրա բարակ և սեղմված շրթունքների վրա խաղաց մի հանդուգն ու լկտի ժպիտ, և այդ վայրկյանին նրա քրքրված ու մաշված դեմքն ընդունեց գարշելի արտահայտություն: Կատերինա Կարլովնան սարսափեց այդ արտահայտությունից: Մի տենդային սաստիկ դողոց սկսեց ցնցել նրա ամբողջ մարմինը ոտից մինչև գլխի մազերի արմատները:

— Ի սեր աստուծո, Պետր Ստեփանիչ, բա՛ց արեք, — արտասանեց, վերջապես, հուսահատ ձայնով:

Դոլմազովը նայեց նրան և ասաց.

— Չրի չեմ բաց անիլ...

— Ի՞նչ եք կամենում, — հարցրեց օրիորդը, բոլորովին գունաթափվելով:

— Ի՞նչ եմ ուզում, հը՛մ, ոչինչ...

Դոլմազովը չկարողացավ ավարտել յուր խոսքերը: Մի ինչ-որ ներքին ուժ այդ վայրկյանին կաշկանդեց նրա լեզուն: Նա մի քանի վայրկյան գլուխը թեքեց կրծքին: Բայց հանկարծ կրկին բարձրացրեց գլուխն և, ձեռները տարածելով առաջ, մի ոստումով թռավ դեպի օրիորդը: Վերջինն արագությամբ հետ մղվեց և մեջքը տվեց պատին, կարծես, պաշտպանողական դիրք բռնելով: Դոլմազովը մի ոստում ևս արավ, և այս անգամ նրա տարածված թևերն ունելիքի պես ձգտեցին ճանկելու պատի տակ սեղմված օրիորդին:

— Հեռո՛ւ, եթե ոչ...

Դոլմազովի կուրծքը ստացավ երկու ձեռների մի սաստիկ հարված, և նրա մարմինը մի քանի քայլ հետ մղվեց: Մի վայրկյանում նրա փոքրիկ սատանայական աչքերն արյունով լցվեցին, ճակատի կնճիռները բացվեցին տափակ կուրծքը դուրս ցցվեց և, նա կատաղի առյուծի նման կրկին առաջ թռավ, բացականչելով, «Բավական է, ինչքան համբերեցի»:

Բարձրացավ մի զարհուրելի ճիչ. մի ճիչ, որ միայն հուսահատված կրծքից կարող էր դուրս թռչել: Այնուհետև սենյակում տիրեց անթափանցելի խավար...

IX

Անցել էր երկու ամիս: Պետր Ստեփանիչ Դոլմազովը մի առավոտ խալաթը հագին նստած էր յուր առանձնասենյակում, դեպի փողոց նայող լուսամուտներից մեկի մոտ: Նա տխուր էր: Նրա կնճռոված ճակատը և սեղմված շրթունքներն արտահայտում էին հոգեկան անհանգստություն: Երբեմն նա աջ ձեռքի ափով սեղմում էր ճակատը, գլուխը թեքում դեպի կուրծքը և ընկնում մտածողության մեջ: Այդ տևում էր մի քանի րոպե:

Այնուհետև, ծանր հառաչանք արձակելով և շրթունքները կրծոտելով, կրկին գլուխը բարձրացնում էր և յուր մոլոր հայացքը լուսամուտի ապակիների միջով ձգում հեռավոր տեղեր:

Պարզ էր, որ Պետր Ստեփանիչին մի միտք չարաչար տանջում էր: Ժամանակ-ժամանակ սենյակի դռները զգուշությամբ բացվում էին և մի երիտասարդական մաքուր սանրած գլուխ ներս էր ցցվում ու նույն վայրկյանին կրկին անհետանում: Դա Պետր Ստեփանիչի սպասավորն էր, որ անդադար նայում էր՝ տեսնելու, արդյոք, աղան դատարկել է թեյի բաժակը, որ վաղուց սառել էր սեղանի վրա: Բայց աղան ուշադրություն չէր դարձնում ո՛չ թեյի և ո՛չ էլ ծառայի վրա: Նա խորասուզված էր յուր մտածմունքի մեջ: Վերջապես, ծառան համարձակվեց ասելու.

— Աղա, չայը սառել է:

— Գնա՛, կո՛րիր:

Ծառան անհայտացավ:

Պետր Ստեփանիչը ձեռը զարկեց ճակատին, բարձրացավ տեղից և սկսեց անհաստատ քայլերով շրջել սենյակի երկայնությամբ:

Այո, դժվար խնդիր է: Շատ որոգայթներից է նա պրծել, շատ անգամ է այդպիսի դրության մեջ ընկել և ազատվել, բայց այս անգամ բախտը խռովել է նրանից: Իսկ գտնել մի ելք, հնարել մի միջոց այդ դրությունից դուրս գալու, այդ ցավից ազատվելու համար — անշուշտ հարկավոր է: Հարկավոր է և այն էլ շատ շուտ, այս քանի օրերս, եթե ոչ...

Պետր Ստեփանիչը ձեռները տարածեց աջ ու ձախ և մի քանի վայրկյան նայեց յուր հողաթափների ծայրերին:

Կատարյալ, կատարյալ խայտառակություն: Երեկ նա դարձյալ այնտեղ էր. ճշմարիտ որ «նրա» դրությունը խղճալի էր: Ողորմելին այն գիշերվանից դեսը ինչպես փոխվել է, ո՛րքան մաշվել ու դեղնել հոգսից: Ինչո՞ւ, հը՛մ, ինչո՛ւ, ա՛յ հիմար հարց... ինչո՛ւ: Այսօր թե վաղը կպարզվեն բաները, և այն ժամանակ նա փչացավ, կենդանի թաղվեց: Իսկ Մարիա Իվանովնա՞ն... հը՛մ... միամիտ կին: Նա դեռ ոչինչ տեղեկություն չունի, կարծում է, որ յուր աղջիկը մրսել է, հիվանդ է և ուրիշ ոչինչ: Ցանցառ պառավը դեռ ուրախ է, դեռ հավատացած է, թե պիտի գա մի երջանիկ օր, երբ Դոլմազովը նրա աղջկա հետ թև-թևի տված կկանգնի եկեղեցու սեղանի առջև: Հը՛մ, այդ էր պակասում Դոլմազովին — լինել մի չնչին, անհայտ գործակատարի փեսա: Ի՞նչ կասեն տեսնողները: Չէ, այդ ցնորք է, Մարիա Իվանովնա: Դեռ փառք աստուծո, Դոլմազովը մինչև այն աստիճան չի հիմարացել, թեթևամիտ հաշտարխանցի մամա:

Երեկ ինքն օրիորդն ևս առաջին անգամ ակնարկություն արավ, արտասուքն աչքերին: Ողորմելի, միամիտ արարած, ասում է, որ թեև նրան չի սիրում բայց ստիպված է՝ կեղտը ծածկելու համար: Ծիծաղելի խոսք, չի սիրում, Պետր Ստեփանիչ Դոլմազովին, և ո՞վ, ո՞վ... Կարպ Մարկիչ Պոպովի աղջիկը...

Այսպես թե այնպես, Դոլմազովի անունը կարող է քաղաքի բերանում մի մատ մեղր դառնալ, արդեն բամբասանքները սկսել են: Սերգեյ Իվանիչն, այդ անպիտանը, որ նրան հազար տեսակ կեղծավորություններ է անում, բարեկամ և ձևացնում իրան հենց նա ինքն է ամենից առաջ սկսել լուրեր տարածել նախանձելուց: Ասենք թե այդ ոչինչ: Պետր Ստեփանիչը բամբասանքներից շատ էլ վախեցողը չի, բայց կա մի ուրիշ բան, որ ավելի նշանավոր է: Եթե այժմյանից այդ գործի առաջը չառնի, վաղը կամ մյուս օրը ամեն ինչ կպարզվի, և բանը կհասնի մինչև դատաստան: Այն ժամանակ կամա-ակամա ստիպված կլինի կապել յուր կյանքը Կարլ Մարկիչի աղջկա հետ: Կարլ Մարկիչը, օօ՛օ, Կարլ Մարկիչը պրաշենիեն ծոցում պատրաստ հաշտարխանցի է, կարող է նրան նեղը գցել... Ինչպե՞ս ազատվել, տեր աստված, ինչպե՞ս:

Եվ Պետր Ստեփանիչը, կրկին նստելով աթոռի վրա, սկսեց անդադար հառաչանքներ արձակել կրծքից: Վերջապես, նա մոտաբերեց թեյն և, մոտենալով սեղանին, վերցրեց բաժակն ու միանգամից դարտկեց ինչպես սառը ջուր և, մի ծխախոտ վառելով, կրկին նստեց լուսամուտի առջև ու սկսեց նայել դեպի դուրս:

Լուսամուտը նայում էր դեպի արևելյան կողմ, ուր գտնվում էր Սև քաղաքը: Հեռավոր հորիզոնը մթնել էր նավթային գործարաններից բարձրացող թանձր ծխից: Հանկարծ, ո՛վ բախտ, Դոլմազովի գլխում ծագեց մի միտք: Նրա դեմքը փոխվեց, աչքերը փայլեցին, ճակատի կնճիռները մի վայրկյանում բացվեցին: Նա արագությամբ մոտեցավ սեղանին, վերցրեց գրիչը, մի կտոր թղթի վրա մի քանի տող բան գրեց և շտապով դրեց ծրարի մեջ:

— Այս նամակը, առանց րոպե ուշացնելու, ուղարկիր գործարան, — ասաց նա զանգակի հնչյունին՝ ներս մտնող սպասավորին:

Սպասավորն անհետացավ, Պետր Ստեփանիչը խալաթը հանեց, շորերը հագավ և դուրս եկավ փողոց:

Երկու ժամ չանցավ նա կրկին վերադարձավ, հոգնած և շունչը հազիվհազ քաշելով:

— Չի՞ եկել, — հարցրեց նա սպասավորին նախասենյակում:

— Ո՛չ:

Պետր Ստեփանիչի դեմքն արտահայտեց անհամբերություն: Նա մտավ յուր առանձնասենյակը, կրկին հանեց շորերը խալաթը հագավ և ընկղմվեց բազկաթոռի մեջ: Քառորդ ժամից հետո էլի ներս մտավ սպասավորը:

— Եկել է, կհրամայե՞ք ներս թողնել:

— Հենց այս վայրկյանին:

Պետր Ստեփանիչը բեղերը և միրուքը շփեց, ավելի խորը թաղվելով բազկաթոռի մեջ: Նա յուր դեմքին խաղաղ և հանգիստ արտահայտություն տվեց:

Դռները զգուշությամբ բացվեցին, ներս մտավ մի միջահասակ թխահեր երիտասարդ, որից իսկույն սենյակի մեջ տարածվեց նավթի սուր հոտ: Նա հագած էր մոխրագույն, բայց նավթային թանձր մուրից յուր բնական գույնը կորցրած, կարճ պիդժակ և նույն գույնի նեղ վարտիք, որը մինչև ծնկները ծածկված էր կեղտոտ կոշիկների երկայն անկարուրդի մեջ: Երիտասարդը կլիներ մոտ քսանհինգ տարեկան: Չնայելով, որ նրա դեմքը կեղտոտված էր մուրով, բայց և այնպես նրա երեսի նուրբ գծագրությունն արտահայտում էր յուր բնական նուրբ գեղեցկությունը: Երիտասարդը գլուխ տվեց Պետր Ստեփանիչին և, ձեռները կողքերին քաշ գցելով, արձանացավ դռների մոտ:

— Առաջ ե՛կ, նստիր, — ասաց Դոլմազովը:

Երիտասարդը չհամարձակվեց նստելու: Նա միայն գլուխ տվեց: Դոլմազովը կրկնեց յուր առաջարկությունն այս անգամ ավելի քաղաքավարի ձևով: Երիտասարդն, ամաչելով ու քաշվելով, մոտեցավ և գդակը ձեռին մի կողքով նստեց աթոռի վրա:

— Հը՛մ, Սմբատ, ասիր, տեսնենք ի՞նչ նոր բան կա, — հարցրեց Պետր Ստեփանիչը, մի նոր ծխախոտ վառելով:

— Ձեր առողջությունը, — պատասխանեց Սմբատը, գլուխը հազիվ բարձրացնելով:

Նրա ձայնը խիստ դուրեկան էր:

— Այսօր նավթ ստացե՞լ եք Բալախանուց:

— Այո՛:

— Ո՞վ է ընդունել:

— Կարլ Մարկիչը:

— Հա՞, ի՞նչ է անում Կարլը, լա՞վ է, ուրա՞խ է:

— Լավ է, ուրախ է:

— Հը՛մ... այդպես, ուրիշ ի՞նչ կա, գործարանն այսօր բանո՞ւմ է:

— Այո՛, հենց առաջին կաթսաները նոր էինք սկսել դատարկելու, երբ ձեր հրամանից նամակը ստացա, իսկույն ձի նստելով, ճանապարհ ընկա:

— Շա՛տ լավ ես արել, շա՛տ լավ ես արել: Գիտե՞ս ինչ, Սմբատ, ես քեզ մի գործի համար եմ կանչել, որը միայն քեզ է վերաբերվում:

— Հրամայեցե՛ք, — ասաց երիտասարդը զարմանալով:

Պետր Ստեփանիչի խոսքերը նրան մի փոքր վախեցրին: «Չլինի՞ թե ուզում է ինձ դուրս անել», մտածեց նա իսկույն:

— Գիտե՞ս ինչ, Սմբատ, դու վաղուց ինձ խնդրել ես որ ռոճիկդ ավելացնեմ, այնպես չէ՞:

— Այո՛:

— Եվ ես խոսք եմ տվել, բայց մինչև օրս չեմ կատարել խոսքս:

— Այո՛:

— Դու ընտանիք ունի՞ս:

— Հայր, մայր և երկու քույր:
— Ինչտե՞ղ են:
— Շուշում:
— Հը՛մ, ինքդ խոմ պսակված չե՞ս:
— Ո՛չ:
— Նշանված ե՞ս:
— Ո՛չ:
— Հը՛մ... ուրեմն էլի մի ահագին բեռ կա մեջքիդ վրա, — ասաց Պետր Ստեփանիչը կարեկցաբար:
— Այո՛, ես էլ հենց այդ պատճառով էի ձեր հրամանոց խնդրել ռոճիկս ավելացնել:
— Այո՛, գիտեմ որ ամսական քառասուն մանեթով դժվար է ընտանիք կառավարել: Բայց գիտե՞ս, Սմբատ, ինչու չեմ մինչև այժմ խնդիրդ կատարել:
— Ո՛չ, չգիտեմ:
— Որովհետև քեզ համար ես ուրիշ բան եմ մտածում:
Սմբատը ոտից գլուխ լսողություն դառավ:
— Ես ուզում եմ այնպես անել, որ դու ժամանակով օրինավոր մարդ դառնաս և ոչ թե ամսական հինգ կամ տասը մանեթով ռոճիկդ ավելացնել:
— Շատ շնորհակալ եմ, Պետր Ստեփանիչ, շատ շնորհակալ եմ...
Երիտասարդը բարձրացավ տեղից, գլուխ տվեց Դոլմազովին և կրկին նստեց:
— Թեև, Սմբատ, երբեմն դու էլ ինձ բարկացնում ես, բայց վատ տղա չես: Չորս տարի է, որ ինձ մոտ ծառայում ես, ես մի վատություն չեմ տեսել քեզանից: Ես էլ, իհարկե, մարդ եմ, աչքեր ունիմ, տեսնում եմ, որ հիմա հասել է ժամանակը, որ ծառայությանդ փոխարեն մի լավություն անեմ քեզ:
Երիտասարդը կրկին բարձրացավ տեղից և կրկին անգամ գլուխ տվեց: Նրա սիրտը սկսեց ուրախությունից սաստիկ բաբախել:
— Ինչպես Կարլ Մարկիչին եմ տվել, քեզ համար էլ ուզում եմ մի բնակարան պատրաստել ծովեզրում գտնվող տանս մեջ: Դու, եթե ուզում ես, կարող ես գրել Շուշի հորդ, որ ընտանիքը բերի այստեղ քեզ հետ միասին ապրելու: Մեկ էլ գրիր, որ ես, Դոլմազովս, ուզում եմ քեզ իմ ձեռքով պսակել:
Երիտասարդի ականջներն ամաչելուց կարմրեցին: Նա գլուխը քաշ գցեց:
— Հը՛մ, ուզում ե՞ս պսակվել, թե՞ չէ:
— Ո՛չ Պետր Ստեփանիչ, — պատասխանեց Սմբատը, ճակատի տակից ամոթխածությամբ նայելով Պետր Ստեփանիչին և գդակը ձեռքում պտտեցնելով:

— Հասկանում եմ, դեն զցիր, ծոցս զցիր, այնպես չէ՞։

— Ո՞րտեղից է այնքան կարողություն, որ համ գլուխս պահեմ, համ ծնողներիս ու քույրերիս, համ էլ պսակվեմ։

— Այդ լավ ես ասում, խելոք ես, Սմբատ։ Բայց աստված ողորմած է, դու միայն լավ ծառայիր ինձ, ես շուտով, շատ շուտով քեզ կօգնեմ։

Սմբատը մի անգամ ևս գլուխ տվեց։

— Բաս ինչո՞ւ չես հարցնում, թե ով է հարսնացուդ։ Հը՛մ, մի աղջիկ է, Սմբատ, մի աղջիկ, որ տեսնես — աչքերդ չորս կդառնան։ Բաքվի մեջ հատը չկա։

Սմբատը մի հարցական հայացք ձգեց յուր պարոնի վրա։

— Աբա, եթե խելոք ես, իմացիր, թե ով է, հապա՛, գտի՛ր, հըը՛մ...

Սմբատը գլուխը շարժեց բացասաբար։

— Գիտեմ, որ չես կարող գտնել, որովհետև մտածել անգամ չես կարող, թե մի այնպիսի աղջիկ պիտի ձեռք բերես։

Սմբատը կարծեց, թե Պետր Ստեփանիչը հանաք է անում և ժպտալով նայեց նրա երեսին։

— Ճանաչո՞ւմ ես իմ գործարանի կառավարիչ հաշտարխանցի Կարլ Մարկիչ Պոպովին, — հարցրեց Դոլմազովն, ամեն մի բառն արտասանելով ծանր և շեշտելով մանավանդ վերջին բառերը։

Սմբատը պատասխանեց, թե ճանաչում է Կարլ Մարկիչին։

— Նրա աղջկան, Կատերինա Կարլովնա յի՞ն էլ ես ճանաչում։

— Ճանաչում եմ։

— Ա՛յ, նրան եմ նշանում քեզ հետ։

Որովհետև Սմբատը հավատացած էր, որ Պետր Ստեփանիչը հանաք է անում, այս պատճառով մի առանձին նշանակություն չտվեց նրա խոսքերին և ոչինչ չասաց։

— Տեսել ե՞ս ինքդ Կարլ Մարկիչի աղջկան։

— Տեսել եմ։

— Ի՞նչպեսն է, հավանո՞ւմ ես։

Սմբատը չպատասխանեց։

— Լավն է, չէ՞։

— Շա՛տ լավն է։

— Օհո՛, ինչ դոչաղ ես, իսկ ես կարծեցի, որ չես հավանի, — ասաց Պետր Ստեփանիչը, ծաղրածությամբ ժպտալով։

Սմբատն ամոթից կրկին կարմրեց և գլուխը բոլորովին՝ թեքեց կրծքին։

— Դե՛հ, ուրեմն, պատրաստվի՛ր, — շարունակեց Պետր Ստեփանիչը, այս անգամ յուր դեմքին լրջություն տալով։

— Ի՞նչ եք հրամայում։

— Խոսք եմ ասում, իսկ դու դեռ ասում ես ինչ եք հրամայում, — ասաց Պետր Ստեփանիչը, տաքանալով։ Հեռագրիր, որ ձեր ընտանիքը շուտով ճանապարհիվի այստեղ: Ես երկու շաբաթից հետո գնալու եմ Նիժնի — Նովգորոդ, յարմարկա և ուզում եմ իմ ձեռքով բանը վերջացնել: Այնտեղից քեզ համար երկու խաղարկու տոմսակներ եմ բերելու ընծա, մեկը քո բախտին, մյուսն էլ հարսնացվիդ բախտին:

Սմբատը բոլորովին զարմացավ, նա դեռ չէր հավատում, թե Պետր Ստեփանիչը խոսում է լրջորեն:

— Դե՛ հ, լսեցիր խոս, գնա, հոգիս, գնա՛, պատրաստվիր, — կրկնեց Պետր Ստեփանիչը վճռողական եղանակով:

Սմբատը տեղից չշարժվեց:

— Ա՛ռ, այս էլ ծախսիր, հետո, եթե բավականություն չի անիլ, էլի կտամ:

Այս ասելով, Պետր Ստեփանիչը բաց արավ սեղանի պահարանը, երեք հատ հարյուրանոց հանեց և դրեց սեղանի վրա: Սմբատը, փողերը տեսնելով, կարծես քնից սթափվեց: Նա փոքր առ փոքր սկսեց ուշքի գալ: Այն բանն, որ մինչև այդ վայրկյան ցնորք էր թվում, հետզհետե սկսում էր իրականանալ: Սակայն նա չվստահացավ շարժվել տեղից և, մի հայացք ձգելով փողերի վրա, կրկին զարմացած նայեց Պետր Ստեփանիչի երեսին:

— Ի՞նչ ես տավարի պես նայում, վե՛ր առ, քեզ ասում եմ ու վեր կաց:

Սմբատը բարձրացավ տեղից:

— Հենց այժմ գնա, քեզ համար շորեր պատվիրիր, — կրկնեց Պետր Ստեփանիչը:

Սմբատը փողերը վերցրեց:

— Դի՛ր գրպանդ և մի՛ ուշանար: Կեսօրին ինձ մոտ կգաս ճաշելու, ես քեզ մանրամասնորեն կբացատրեմ, թե ինչ կարգադրություններ եմ անելու քեզ համար:

Սմբատը, մեջքից երկու ծալ թեքվելով, գլուխ տվեց, առանց մի խոսք արտասանելու: Հետո հետ ու հետ մոտեցավ դռներին և, այնտեղ կանգնելով, մի քանի անգամ ևս գլուխ տվեց ու դուրս եկավ: Միաժամանակ Պետր Ստեփանիչի կրծքից դուրս թռավ մի խոր հառաչանք:

— Ո՛ւֆ, փառք քեզ աստված, չէի կարծում, որ այդպես հեշտ կպրծնեմ: Ինչ ուրախ է հիմա Սմբատը, թևեր չունի, որ երկինք թռչի: Բայց տեսնենք, հարկավոր է դեռ օրիորդի ծնողներին էլ համոզել: Է՛ հ, դա այնքան էլ դժվար չէ, ինչևիցե, պետք է զգույշ լինել, զգուշություն, զգուշություն ամենից առաջ:

— Կխոստանամ, կխոստանամ, Կարլին էլ, Մարիա Իվանովնային էլ, Սմբատին էլ, հետո... տեսնենք... այդ հեշտ է...

Եվ Դոլմազովն, այս ասելով, ձեռները ուրախությունից շփեց միմյանց և վեր թռավ բազկաթոռից, նա կանչեց սպասավորին և հրամայեց սուրճ բերել:

X

— Մամա ջան, ինչե՞ր ես ասում, շառլատան չէ: Սմբատը աղավարի տղա է:

— Աղավարի է, թե աղավարի չէ, Կատյայիս մի մազին չարժի: Ո՞վ կարող էր մտածել, թե Կատյան պիտի գնա մի կեղտոտ ու մուրոտ գործակատարի:

— Քեզի ասում են կեղտոտ չի մնալ, չէ՛, չէ՛ ու չէ : Փիե՛ե՛ ... Պետր Ստեփանիչը մաղազիա է բաց անելու հասկանո՞ւմ ես թե չէ, Սմբատին, ինձ և Արտեմին կոմպանիա է շինելու: Համեցե՛ք, գնա տես ինչ քվարթիրա է ուստուպիտ արել նրան, ինչ մեբիլներ: Մի գնա է, հետո կիմանաս, թե Սմբատն ինչպիսի ժենիխացու է Կատյայիս համար: Մարիա ջան, այսօր ես նրան տեսա, է՛հ, է՛հ, է՛հ, ինչպես ֆռանտ է հագնվել ու սիրունացել, էտո պռոստո կավկազսկիյ կրասավեց:

— Է՛հ, փառք քեզ աստված, ես ինչ էի մտածում, ինչ է դուրս գալիս...

— Չիլավ, դեհ ինչ անենք: Իմանում ես, Մարիա, ասում են՝ դոկտորները նրան սավետովայտ են արել ժենիյտցա չլինի, էնդուր որ տկար է:

— Տկար է, տկար, այս քանի օրերս նշանվելու է Փիրզադովի աղջկա հետ, տկար է..,

— Նո՞ւ — ու— ու, ի՞նչ ես ասում, դաա՞ ... ոտ, ոտ, ոտ, տեսնո՞ւմ ես, Մարիա, բաս Պետր Ստեփանիչը Փիրզադովի նման բաղաչին թող կանի ու ինձ նման կոկոյ նիբուդ պռիկաշչիկի աղջկան կուզի՞ ինչ է...

— Ինչո՞վ է պակաս Կատյան Փիրզադովի աղջկանից, խելքով, գեղեցկությունով, թե շնորհով:

— Սուս, սուս, ոտ, ոտ, ոտ, ոտ ինչով է պակաս, դրամ դրամ, պրիդանոյե, պրիդանոյե:

Դոլմազովի համար, ինչպես և կանխապես հավատացած էր, մի մեծ դժվարություն չէր Կարլ Մարկիչին համոզելը: Բավական էր նրա կողմից մի քանի խոստումներ, և միամիտ մարդս իսկույն շլացած այդ խոստումներից, առանց երկար մտածելու, վճռեց յուր աղջկան տալ Սմբատին:

Բայց այդքան հեշտ չէր համոզել Մարիա Իվանովնային: Մարիա Իվանովնան ուրիշ տեսակ էր մտածում յուր աղջկա մասին: Երբ Դոլմազովը մի գեղեցիկ առավոտ, գալով նրա մոտ, հայտնեց, թե Կատյայի համար մի լավ փեսացու է գտել — Մարիա Իվանովնան նախ կարծեց, թե Պետր Ստեփանիչը մի պարզ ակնարկություն է անում սեփական անձնավորության մասին: Մի քանի վայրկյան նրա սիրտը սկսեց բաբախել ուրախությունից: Բայց ավա՛ղ, անցան այդ երջանիկ վայրկյանները, Դոլմազովն ավելի պարզորեն հասկացրեց նրան յուր միտքը, և խեղճ ծնողի ուրախությունն իսկույն փոխվեց տրտմության:

Մարիա Իվանովնան աչքունքը քաշ գցեց, դեմքը թթվեցրեց և ոչինչ չկարողացավ պատասխանել, միայն մի խորը հառաչանք արձակելով յուր կրծքից ձգեց Դոլմազովի երեսին նշանավոր հայացք:

Պետր Ստեփանիչը հասկացավ Մարիա Իվանովնայի միտքը, բայց ոչինչ նշանակություն չտվեց նրան: Մարիա Իվանովնայի այդ նշանավոր հայացքն ու այդ խորհրդավոր լռությունն ավելի զորեղ և գուցե կծու ազդեցություն անեին Դոլմազովի վրա, եթե սա հավատացած լիներ, որ միամիտ մորը հայտնի է յուր թշվառ աղջկա գլխին եկած ծանր փորձանքն և այդ փորձանքից առաջացած վշտալի և անարգ հետևանքը:

Դոլմազովը գովեց ու գովաբանեց Սմբատին: Նկարագրեց նրա խելքը, կրթությունը, եռանդը, գեղեցկությունն ամենագեղեցիկ գույներով: Նա կրկնեց, թե պսակվելուց հետո Սմբատի համար կբացի մի լավ մագազին և Կարլ Մարկիչին և Արտեմին կընկերացնի նրա հետ, Սակայն Մարիա Իվանովնան՝ մնաց անտարբեր: Նրա վրա այդ խոստումները չունեցան այնպիսի ազդեցություն, ինչպես Կարլ Մարկիչի վրա: Նա չհափշտակվեց, չտվեց յուր համաձայնությունը, բայց և այնպես խնդրեց Դոլմազովին՝ մի քիչ միջոց տալ այդ մասին մտածելու և յուր ամուսնու հետ խորհրդակցելու: Դոլմազովը հեռացավ, հուսալով, որ Կարլ Մարկիչը անշուշտ կհամոզի Մարիա Իվանովնային, և այդ դժվար խնդիրը, որն իրան այդքան անհանգստացնում էր, շուտով կվճռվի:

Բայց ի՞նչ էր մտածում ինքը, Կատերինա Կարլովնան. համաձա՞յն էր նա, արդյոք Սմբատին գնալու: Դոլմազովը, պետք է ասած, այդ մասին սկզբում շատ էր անհանգստանում: Սակայն երբ նա մի անգամ ներկայացավ օրիորդին և, մի ժամու չափ առանձնանալով վերջինի հետ, խոսեց այդ մասին և իմացավ օրիորդի միտքն, այնուհետև հանգստացավ և բավական ուրախ դեմքով վերադարձավ տուն: Այո՛, Կատերինա Կարլովնայի պատասխանը շատ մխիթարական էր Պետր Ստեփանիչի համար և ուրիշ կերպ չէր կարող լինել: Օրիորդի առջև, յուր անմխիթար դրությունից դուրս գալու համար, երկու ելք կար: Նա կամ պիտի համաձայնվեր Պետր Ստեփանիչի առաջարկության հետ՝ պսակվելու Սմբատի հետ, կամ թե ոչ պիտի մնար յուր ծնողների մոտ և հայտնելով յուր գաղտնիքը վերջիններին, սպասեր այն նշավակության, որը սպառնում էր նրան մոտիկ ապագայում:

Վերջին միտքը սարսափեցնում էր Կատերինա Կարլովնային. համեստության, ամոթի և վերջապես ինքնասիրության զգացմունքները չէին թույլատրում նրան հայտնել իր անջնջելի արատը ծնողներին: Բացի այն նախատինքից, որը պիտի կրեր ինքը օրիորդը, դա կլիներ և մի անսպասելի զորեղ հարված, որին չէին կարող դիմանալ ո՛չ Կարլ Մարկիչը և ոչ Մարիա Իվանովնան: Իսկ դիմել այն անբնական և հանցավոր միջոցին, որին դիմում են շատերն այդ տեսակ դրության մեջ, վտանգավոր էր և երկյուղալի: Կատերինան խորշում էր այդ միջոցից ու վախենում:

Նա ցանկանում էր ապրել, բայց ապրել առանց գաղտնիքը ծնողներին հայտնելու, առանց հասարակության բամբասանքի և ատելության առարկա դառնալու: Եվ այս նպատակին հասնելու համար նա չէր խորշում այնպիսի միջոցից, որ ատելի և զզվելի էր նրա համար: ինչպես նույն ինքն ատելությունն ու զզվանքը: Նա համբերում էր Դոլմազովի ներկայությունը, նրա հետ ժամերով առանձնանում էր և խորհրդակցում յուր ապագայի մասին, լսում էր նրա խորհուրդները: Նա մինչև անգամ համաձայն էր պսակվել վերջինի հետ, միայն թէ կարողանար ծածկել յուր ամոթը. Եվ Դոլմազովն օգտվում էր օրիորդի անտանելի դրությունից և կամաց-կամաց հաշտեցնում նրան յուր կեղտոտ պայմանների հետ...

Այսպես թե այնպես, օրիորդը համաձայն էր պսակվել Սմբատի հետ: Համաձայն էր նույնպես և միամիտ Կարլ Մարկիչը: Համաձայն չէր միայն Մարիա Իվանովնան: Եվ ահա երկու ամուսինները տաք-տաք վիճաբանում էին ննջարանում առանձնացած: Կատերինա Կարլովնան և Արտեմ Կարլիչն իրենց սենյակներում էին: Վերջինը զբաղված էր ինչ-որ հաշիվներով, որոնց պիտի ներկայացներ Պետր Ստեփանիչին:

— Քեզ ասում եմ, բանը մի՛ երկարացնի, ետը լավ չի դա հա՛ աա՛, — շարունակում էր համոզել յուր ամուսնուն Կարլ Մարկիչը: — Կատյան ինքը սոգլասնի է, էլ ի՞նչ ես ուզում: Նո՛ւ, բանը պրծած է, էգուց պիտի օբրուչիյտցա անենք, հինգ օրից հետո էլ պսակենք, էնդուր, որ Պետր Ստեփանիչը վռազում է. եկող շաբաթ օտպրավիյտցա է լինելու Հաշխան, էնդից էլ յարմուրկա:

— Դու ինչ գիտես, որ Կատյան հոժար է, ես հարցնում եմ ոչինչ չի պատասխանում, լաց է լինում: Չեմ իմանում խեղճ երեխիս ցավն ինչ է. ամսից ավելի է, որ արյուն արտասուքի մեջ է, օրից օր հալվում, մաշվում է:

— Տկար է, տկար է. ինձի Պետր Ստեփանիչն ասավ, որ այն երեկո պրոստուդիյցա իլել: Ես էլ պույլսը տեսա երեկ, լիխորադկա ունի: Աբա ինքն ի՞նչտեղ է:

— Նստած է յուր սենյակում տխուր ու տրտում, խոսեցնում եմ — չի խոսում:

— Կատյա, Կատյուշկա, դուշեչկա, մին եկ այստեղ, — գոչեց Կարլ Մարկիչը:

Ներս մտավ Կատերինա Կարլովնան: Ո՛րքան փոխվել էր խեղճ օրիորդն այն չարագուշակ երեկոյից, ինչպե՛ս դեղնել ու մաշվել էր երկու ամսվա ընթացքում, նրա դեմքի նախկին թարմության և կայտառության հետքը նշմարվում էր միայն երկու փոքրիկ կարմիր բծերով, որոնք հազիվհազ պահպանվել էին սփրթնած այտերի վրա: Նրա երեսի ոսկորները ցցվել էին, աչքերը թաղվել խոր փոսերի մեջ, շրթունքներն արյունաքամվել: Փոխվել էին նույնպես նրա նախկին խրոխտ ու հպարտ գնացքն ու շարժվածքը:

Ներս մտնելով, նա թույլ և անլսելի քայլերով մոտեցավ պատի տակ դրած աթոռներից մեկին, վհատված և ուժաթափ ոչ թե նստեց, այլ միանգամից ընկավ նրա վրա:

— Այո՛, այդպես, Կատյա, ախար մի քանի օրից հետո պսակվելու ես, մեզ մոտ նստիր, որ քեզանից կշտանանք: Ի՞նչ էիր անում այնտեղ:

— Կարդում էի, — պատասխանեց օրիորդը նվազած ձայնով, որի մեջ զգացվում էր նրա ներքին վիշտը:

— Էլի ռոմա՞ն, քեզի քանի անգամ ասել եմ, որ ռոմաններ կարդալը վնաս է, տես, ախար ինչպես բլեղնիացել ես:

— Ռոման չէ, պապա, Կատյան տերտեր է դառել, ավետարան է կարդում , — մեջ մտավ Արտեմ Կարլիչը, որ նույնպես եկել էր ներս քրոջ հետ, յուր հոր ձայնին:

— Ավետարան, հա՛, լավ ես անում, բայց ի՞նչ կարդալու վախտ է, կիրակի օրը պսակդ է, տվալետդ պատրաստիր: Հա՛, Կատյա, դուշա մայա, ժենիխիդ տեսե՞լ ես, հավանո՞ւմ ես:

Օրիորդը ոչինչ չպատասխանեց, միայն գլուխը թեքելով կրծքին մի խորը հառաչանք արձակեց:

— Լավ է, մի՛ ամաչիր, մի՛ կարմրիր, իմացա, հավանում ես, ո՛վ չի հավանի Սմբատին:

— Ես էլ եմ հավանում, պապա, — դարձյալ մեջ մտավ Արտեմը: Երեկ ծովի վրա նրա հետ նավակով ման եկանք: Շատ լավ տղա է:

— Լսո՞ւմ ես, նո՞ւ, լսո՞ւմ ես, Մարիա, Արտեմն էլ է հավանում, դո՞ւ ինչ ես ֆորսիյտ անում:

— Ինչու չի հավանիլ, չէ որ Արտեմն ինքն էլ Սմբատի նման մեկն է:

— Ինձ չե՞ս հավանում, մամա, ես ի՞նչ վատ տղա եմ:

— Վատ չես, բայց մի մեծ բան էլ չես:

— Նու, նու, նու, հերիք է, քիչ երկարացրեք, ինքը Կատյան հավանում է յուր ժենիխին պրծավ ու գնաց, այնպե՞ս չէ, Կատյա:

— Ինչպես կամենում եք, այնպես արեք, — պատասխանեց Կատերինա Կարլովնան:

— Այդպես, շատ ապրես, շատ ապրես, Կատյա: Նո՛ւ, Մարիա, ինչ որ հարկավոր է, էգուց ասիր, որ առնեմ, էնդուր որ Պետր Ստեփանիչը վռազում է: Երեկ ինձ երկու հարյուր մանեթ փող տվեց պոկուպկաներ անելու:

Մարիա Իվանովնան կրկին սկսեց հակառակել: Նա ասաց, թե այդքան շտապել հարկավոր չէ, թե ավելի լավ է սպասել, գուցե Կատյայի համար մի ուրիշ ավելի լավ փեսացու է ճարվելու, թե Կատյայի անունն արդեն տարածվել է և ամենքը գովում են, թե շատ հարուստ տղերք կցանկանան առաջարկություն անել և այլն, և այլն:

Գիշերից բավական անցել էր: Կատերինա Կարլովնան հեռացավ յուր սենյակը, Արտեմ Կարլիչն արդեն քնած էր: Երկու ամուսինները շարունակում էին վիճաբանել: Վերջապես, Կարլ Մարկիչը տեսնելով, որ Մարիան համառություն է անում, դուրս եկավ համբերությունից և ասաց.

— Թե խեղդվիս, Մարիա, ես Կատյային տալիս եմ Սմբատին, էնդուր որ Պետր Ստեփանիչի քեֆին դիպչել չեմ կարող:

Մարիա Իվանովնան կատաղեց, փրփրեց, բայց, վերջը Կարլից մի փափուկ ապտակ ստանալով, հեռացավ, գնաց քնելու վիրավորված սրտով և վշտացած հոգով:

Հետևյալ առավոտ Դոլմազովը կրկին այցելեց Պոպովի ընտանիքն և մի ժամ մնալուց հետո, հեռացավ բոլորովին միամտացած: Նա կոտրել էր Մարիա Իվանովնայի համառությունը:

Հինգ օր անցած, մի գեղեցիկ երեկո քաղաքի կենտրոնում գտնվող փոքրաշեն եկեղեցում կատարվեց Կատերինա Կարլովնայի և Սմբատի պսակը: Դոլմազովը յուր խնամատարությունն այնտեղը հասցրեց, որ մինչև անգամ Սմբատի խաչեղբոր պաշտոնն ինքը կատարեց:

XI

Սմբատը շուշեցի աղքատ ծնողների զավակ էր: Տասներկու տարեկան հասակում նրան տվեցին քաղաքային ուսումնարան: Երեք տարի մնաց այնտեղ Սմբատն և հազիվ ռուսերեն ու հայերեն գրել ու կարդալը սովորել էր, երբ հայրը դուրս բերեց նրան և հանձնեց մի վաճառականի խանութ: Բավական ընդունակ և աշխատասեր տղա էր, բնավորությունով համեստ, խաղաղ և իրանից մեծերի խոսքը լսող ու կատարող: Նա չափազանց հարգում ու պատվում էր յուր ծնողներին, սիրում էր յուր երկու քույրերին, որոնք տարիքով իրանից փոքր էին: Հարգում ու պատվում էր նա նույնպես և այն վաճառականին, որի մոտ գործակատար էր, խոնարհությամբ կատարում էր նրա պատվերները: Բայց երբեք նրա խոնարհությունը ստրկության չէր հասնում, նա յուր գործերը կատարում էր ինչպես մի պարտաճանաչ գործակատար, ուրիշ ոչինչ: Նա ինքնասեր տղա էր և տեղն եկած ժամանակ կարող էր պաշտպանել յուր պատիվը: Որովհետև նրա հայրը, ծերացած լինելով ոչնչով չէր պարապում, այս պատճառով ընտանիքի հոգսն ընկել էր որդու վրա: Հինգ տարի ծառայեց Սմբատը վաճառականի խանութում, նրա չնչին ռոճիկն անբավական էր հինգ հոգուց բաղկացած ընտանիքի գոյությունը պահպանելու համար: Տեսնելով, որ աղքատությունը շատ է ճնշում, նա յուր հոր համաձայնությամբ, թողեց Շուշին և եկավ Բաքու՝ այստեղ բախտ որոնելու: Նա մտավ գործակատար Դոլմազովի մոտ ամսական քառասուն մանեթով: Յուր համեստ ռոճիկի մի չնչին մասով կեսկուշտ կեսքաղցած ապրում էր ինքն, իսկ մնացյալն ուղարկում ընտանիքին, որի ապահովության խնդիրը նրա միակ հոգսն էր: Հայրն անդադար զանգատվում էր աղքատության վրա, և Սմբատն, ամեն անգամ նրանից նամակ ստանալիս, քաշվում էր գործարանի մի անկյունն և դառն արտասուք թափում: Չորս տարի էր, որ նա Դոլմազովի մոտ ծառայում էր միևնույն ռոճիկով: Վերջին ժամանակ մի քանի անգամ նա խնդրեց Դոլմազովին փոքր-ինչ ավելացնել ռոճիկը, բայց վերջինն ուշադրություն չէր դարձնում: Իսկ երբ Սմբատը մի անգամ ևս այդ մասին ակնարկեց, Դոլմազովը բարկացավ:

— Եթե մեկ էլ գլուխս ցավեցնես, շորերդ հավաքիր ու կորիր:

Սմբատը լռեց: Բայց հազիվ անցել էր երկու ամիս այդ օրից, և ահա նույն Դոլմազովը հրավիրում է Սմբատին յուր մոտ և հանկարծ հայտնում, թե այսուհետև նրան ընդունում է յուր առանձին հովանավորության տակ: Նա առաջարկում է Սմբատին պսակվել Կատերինա Կարլովնայի նման գեղեցկուհու հետ, խոստանում է անկախ ապրուստի միջոց, մազազին և, իբրև ապացույց, տալիս է երեք հատ հարյուրանոց:

Որպիսի՜ բախտավորություն, որպիսի՜ անսպասելի երջանկություն մանուկ հասակից աղքատության դառն լծի տակ ճնշված մի երիտասարդի համար: Երբ Սմբատն երեք հատ հարյուրանոցները գրպանում դուրս եկավ Դոլմազովի մոտից, հանկարծակի ուրախության բուռն զգացմունքների ներքո միանգամայն շվարված էր: Նա չէր հավատում, թե այդ բոլորը կատարվում է իրականության մեջ նրան երազ էր թվում Դոլմազովի առաջարկությունը: Բայց ի՛նչ երազ, ի՛նչ հրաշք, ահա երեք հատ կանաչ-կարմիրանոցները: Սմբատը փողոցում անդադար հանում էր հարյուրանոցները, նայում նրանց այքս երեսին, այն երեսին, շոշափում, հետո ծալում այս կողմ, այն կողմ և կրկին դնում գրպանը, կրկին հանում ու կրկին նայում և կրկին դնում գրպանը: Վերջապես, նա հետզհետե ուշքի է գալիս և նրա սիրտը նորից սկսում է բաբախել ուրախությունից:

— Վերջապես, վերջապես, աղքատության քարը միանգամից դեն կգցեմ, — կրկնում էր նա ինքն իրան անդադար: — Վերջապես, խեղճ ծնողներս ու քույրերս մի լավ օր կտեսնեն: Կատերինա Կարլովնան... հը՜մ... կարո՞ղ էի, արդյոք, երբևիցե երևակայել, որ այդ գեղեցկուհին իմ ամուսինը պիտի դառնա...

Շարունակ մի շաբաթ Սմբատն ուրախությունից շվարած պտտվում է այս կողմ, այն կողմ, զանազան բաներ է պատվիրում և այլն:

Վերջապես, հասնում է հարսանիքի երեկոն: Սմբատը զուգված, զարդարված կանգնած է եկեղեցու սեղանի առջև, Կատերինա Կարլովնայի հետ ձեռք-ձեռքի տված: Նա ուրախությունից ոտից գլուխ դողում է, նրա սևագույն խոշոր աչքերը փայլում են երջանկության փայլով, նրա սիրտը թրթռում է: Պսակն ավարտվում է, և Սմբատը թև-թևի տված Կատերինա Կարլովնայի հետ, մտնում է յուր սեփական բնակարանը: Նրա ուրախությունը սահման չունի, նա ոտքի ձեռքի ընկած թռչում է այս կողմ, այն կողմ, ինքն անձամբ ծառայություններ անում հանդիսականներին: Նրան թվում է, թե ոչ միայն ինքն է երջանիկ, այլև բոլորն և ամենքն ուրախ են յուր բախտավորությամբ: Նա տասն անգամ, հարյուր անգամ գլուխ է տալիս Դոլմազովին, անդադար շնորհակալություններ հայտնում յուր բարեսիրտ խնամատարին նրա այդչափ լավությունների փոխարեն:

Բայց, ավա՜ղ, Սմբատի երջանկությունն երկար չի տևում: Անգութ ճակատագիրը շտապում է ողորմելի երիտասարդի կարծեցյալ բախտավորությունը վերափոխել դժբախտության:

Հարսանիքի չորրորդ օրն է: Առավոտ է: Արեգակը, նոր — նոր դուրս գալով, շառագունում է երկնակամարը, և ահա Սմբատը գիշերային շորերով նստած է յուր սենյակում: Նրա դեմքը տխուր է և գունաթափ, շրթունքները սեղմված, ճակատը կնճռոված: Նա անդադար կրծքից խորը հառաչանքներ է արձակում և երբեմն գլուխն երկու ձեռներով սեղմում է կամ մազերը փետում:

Ուղիղ երկու ժամ Սմբատը միայնակ մնում է այդ դրության մեջ՝ փակված յուր սենյակում: Հետո նա հանկարծ բարձրանում է տեղից, շորերը հագնում և խելագարի պես զզզված մազերով, անլվա երեսով, վազում փողոց: Նա ամբողջ օրը չի վերադառնում տուն, մյուս օրը նույնպես: Սկսում են փնտրել այստեղ ու այնտեղ, չկա ու չկա...

Ո՞ւր է Սմբատը:

XII

Մի հիանալի, մի դյութական տեսարան է ներկայացնում ծովեզրյա քաղաքը լուսնյակ գիշեր, երբ եղանակը բոլորովին խաղաղ է: Կանգնելով ծովափում և բազմաթիվ նավերի անտառախիտ կայմերի միջով նայելով ջրի անհուն տարածությանը, որի հարթ մակերևույթն արծաթափայլում է պայծառ երկնքի երեսին սահող լրացած լուսնի կաթնագույն լույսով, մարդ ակամա հափշտակվում է: Կա մի անհասկանալի զորություն, մի անբացատրելի ուժ, որն այստեղ րոպեաբար մոռացնել է տալիս մարդուն այն ամենն, ինչ որ պատկանում է նյութական աշխարհին, և նա, կարծես, կախարդվում է: Մարդ հոգով ու մտքով այդ անհասանելի զորության ուժից մղվում է հեռո՜ւ-հեռո՜ւ, դեպի երկնքի անհուն խորությունը, ուր չկան այն դառնությունններն, առօրյա մանր հոգսերն ու վշտերը, որոնց ներքո գիշեր ու ցերեկ ճնշված է մահկանացուն: Այդպիսի րոպեներում մարդ ոչինչ չի կարողանում մտածել, ոչ մի միտք կանգ չի առնում նրա գլխում: Այդպիսի րոպեներում միտքը կաշկանդվում է, երևակայությունը բորբոքվում է, և մարդ կարծես լողում է ինչ-որ վերացական աշխարհի մեջ, ուր նա հետզհետե հալվում է, ինչպես մի կտոր սառույց եռացող ջրի կաթսայում:

Ահա մի այդպիսի հրաշալի երեկո էր, երբ, Կատերինա Կարլովնայի հարսանիքից հինգ օր անցած, ծովային կայարաններից մեկի ծայրում, ոլոր-մոլոր քայլերով անցուդարձ էր անում մի երիտասարդ: Եղանակը, ամառային լինելով, բավական տաք էր: Երիտասարդը հագած էր սնագույն մահուդյա հագուստ առանց վերարկվի: Նա գլխաբաց էր, ձեռները ծոցում խաչաձև ծալած և սպիտակ ամառային գդակը կռնատակին պահած: Ժամանակ-ժամանակ նա կանգ էր առնում և, գլուխը բարձրացնելով, նայում լուսնին, որը կամ մտնում էր բամբակագույն նոսր ամպերի տակ և քողարկվում, ինչպես մի գեղատեսիլ, նազելի օրիորդ, կամ կրկին դուրս սահում:

Մի ամբողջ ժամ էր, որ Սմբատն այդպես անցուդարձ էր անում այստեղ: Կայարանի մի անկյունում, ծովի երեսում կանգնած էր մի փոքրիկ բեռնակիր շոգենավ, որ պատրաստվում էր ճանապարհի ընկնելու: Նավաստիները տախտակամածների վրա ապրանքներ էին դարսում: Շոգենավի վրա կային միայն մի քանի պարսիկ ճանապարհորդներ: Կարճլիկ, կարմրերես և հաստ շվեղացի նավապետը, ձեռները գրպանում դրած, տախտակամածի ծայրից յուր սուր հայացքը ձգել էր ծովի հեռավոր հորիզոնին: Սմբատը բարձրացավ շոգենավի վրա և մոտեցավ նավապետին:

— Ե՞րբ կճանապարհվենք:

— Մի ժամից հետո, — պատասխանեց նավապետը, յուր հայացքը չհեռացնելով ծովից:

— Կնշանակե տասնումեկ ժամի՛ն:

— Ուղիղ:

Սմբատը ցած եկավ և նստեց կայարանի սյուներից մեկի վրա: Փախչել ու հեռանալ — ահա այն միակ միջոցը, որ կարող է նրան ազատել խայտառակությունից: Իսկ մյուսը... օ՜օ՜օ... նա չի կարող դիմել այդ միջոցին, սարսափելի է: Սարսափելի է ո՛չ միայն նրա, այլև չորս հոգուց բաղկացած մի ընտանիքի համար, որի գոյության միակ պաշտպանն ինքն է: Դա կլինի մի անսպասելի մահացու վերք նրա ծերունի ծնողների համար: Այո՛, որդիական սերը նրան իրավունք չի տալիս դիմել ինքնասպանության: Միակ ելքն այս անիծյալ քաղաքից հեռանալն է: Ի՜նչ խայտառակություն, տեր աստված, և ո՞վ կարող է սպասել, թե Դոլմազովը մի այդպիսի դև է: Ի՜նչպես խելագարվեց և գլխապատառ ընկավ այդ մարդու որոգայթը: Դոլմազով, օ՜օ՜օ՜ Դոլմազով, հիմա հասկանալի է, թե ինչ միտք ուներ քո բարերարությունը: Զզվելի, կեղտոտ մարդ, մի թե բավական չէր քեզ, որ անբախտացրել էիր մի ամբողջ ընտանիք, որ դու երկրորդին ևս թշվառացրիր: Օ՜օ՜օ՜... եթե մի օր քեզ կհանդիպի Սմբատը... Բայց այժմ ուշ է, այժմ միայն մի բան է մնում անել. շուտով այստեղից հեռանալ: Արդեն ամբողջ քաղաքը խոսում է, ամենքի բամբասանքի առարկան է նա, էլ ի՛նչ երեսով կարող է մնալ այստեղ:

Այս մտածողության մեջ խորասուզված, Սմբատը բարձրացավ և սկսեց նայել ծովի հեռավոր հորիզոնին: Կես ժամու չափ նա այդ դրության մեջ անշարժ կանգնած էր: Հանկարծ նրա ականջներին հասավ բարակ սուլոցի ձայն: Սմբատն արագ քայլերով դիմեց դեպի շոգենավն և բարձրացավ տախտակամածի վրա:

Շոգենավը բաժանվեց կայարանից և հանդարտությամբ սկսեց լողալ դեպի ծովի խորքը, Սմբատը, երեսը դարձրած, քաղաքին էր նայում: Անցավ քառորդ ժամ, և քաղաքը սկսեց հետզհետե անհետանալ նրա աչքերից: Վերջին անգամ նայելով դեպի հետ, նա մի խորը հառաչանք արձակեց կրծքից:

— Մնաս բարյավ կարծեցյալ բախտավորություն — ասաց, և արտասուքի երկու խոշոր կաթիլներ, գլորվելով նրա աչքերից, ընկան տախտակամածի վրա:

XIII

Մոտ երեք տարի անցած Սմբատի Պարսկաստան հեռանալու երեկոյից՝ Հաշտարխանի նեղ փողոցներից մեկում, մի փոքրիկ սենյակում ապրում էր երեք հոգուց բաղկացած մի ընտանիք: Սրանցից մեկը մի պառավ կին էր մեջքից ծռված, մյուսը մի դեղնած մաշված, բայց գեղեցկությունը տակավին չկորցրած երիտասարդ կին, իսկ երրորդն երկու տարեկան մանուկ հիվանդոտ դեմքով:

Պառավ կինը Մարիա Իվանովնան էր, երիտասարդը — Կատերինա Կարլովնան, իսկ հիվանդոտ մանուկը — վերջինի երեխան: Կարլ Մարկիչը չկար: Երբ Սմբատի Պարսկաստան փախչելու գաղտնիքը պարզվեց, Կարլ Մարկիչն իսկույն, վշտացած սրտով, դուրս եկավ Դոլմազովի մոտից յուր որդու հետ: Նա երկար ժամանակ գործ չգտավ: Մի կողմից աղջկա խայտառակությունը, մյուս կողմից՝ անտանելի աղքատությունը հետզհետե բոլորովին ճնշեցին խեղճ ծերունուն, և նա երկու տարի չանցած մեռավ: Արտեմ Կարլիչը դեռ Բաքվումն էր: Նա մի գործարանում գործակատար էր և յուր ստացած աննշան ռոճիկով պահում էր մորը, քրոջն ու սրա զավակին:

ԿՐԱԿ

I

Այս անգամ փաստաբան Միրաքյանի մոտ հյուր էինք ընդամենը երեք հոգի՝ մի բժիշկ, մի ճարտարապետ և ես: Դրսում փչում էր ձմեռային բուք, կարկտի պես կոշտ ձյունի հատիկներն ուժգին զարկվում էին լուսամուտների ապակիներին: Սեղանի վրա խշշում էր ինքնաեռը, վառարանի մեջ ուրախ-ուրախ այրվում կրակը, իսկ լամպը մանիշակագույն լուսամփոփի միջով տարածում էր մեղմ, հաճելի լույս: Այս բոլորը մեզ տրամադրում էր նույն երեկո սովորականից ավելի նստել հյուրասեր տանտիրոջ տաք, համեստ, բայց ճաշակով կահավորված դուրեկան սենյակում:

Բժիշկը ոգևորված խոսում էր անհատի և շրջանի փոխադարձ ազդեցության մասին, և մենք վիճաբանում էինք:

Միրաքյանը լուռ էր և կարծես չէր հետաքրքրվում մեր խոսակցությամբ: Նա անթարթ աչքերով նայում էր վառարանին մերթ ընդ մերթ շփելով յուր խիտ և կարճ միրուքը, որ արդեն սկսել էր ճերմակել:

— Կրակ էր, ինքն իրան կերավ, ոչնչացավ, — հանկարծ արտասանեց նա կամացուկ, շարունակ նայելով վառարանին:

Բժիշկը լռեց և մենք բոլորս զարմացած նայեցինք Միրաքյանին:

— Ներեցեք, պարոններ, — ասաց նա մի քիչ շփոթվելով, — ես մտածում էի, բայց չկարծեք թե ականջ չէի դնում ձեզ:

— Ինչի՞ մասին էիր մտածում, — հարցրեց բժիշկը:

— Զարմանալի է մարդու միտքը... գուցե գաղափարների ասոցիացիա էր. մտածում էի այս վառարանում այրվող այն կանաչագույն կեղևով փայտի մասին: Նա մի նորաբույս ծառի բուն է եղել: Այդ կրակը և ձեր խոսակցությունը ինձ հիշեցրեց մի դեպք, մի... մի... անբախտ մարդու կյանքը:

Նշանակում էր, որ Միրաքյանի անսպառ շտեմարանում կար դարձյալ մեզ անհայտ մի պատմություն: Մենք միշտ հաճույքով էինք լսում նրան, իսկ նա սիրում էր պատմել: Ինչ ասել կուզի, որ մենք հետաքրքրվեցինք ու խնդրեցինք պատմել այն, ինչ որ այդ րոպեին պատճառել էր նրան այնքան մտախոհություն: Մի-մի բաժակ թեյ ածելով մեզ համար, նա վառեց մի նոր ծխախոտ և նստեց դարձյալ վառարանի հանդեպ:

— Այն ժամանակ, պարոններ, ես դեռ ուսանող էի, — սկսեց նա անմիջապես, — և բնակվում էի Մոսկվայի ծուռ փողոցներից մեկում, մի պատվավոր ընտանիքում: Նա բաղկացած էր մի պառավ այրիից և երկու երիտասարդ աղջիկներից՝ մեկը քսանուերեք, մյուսը մոտ քսան տարեկան: Մայրը վարձով սենյակներ էր տալիս, մեծ աղջիկը երաժշտության դասատու էր, իսկ փոքրը նոր էր ավարտել գիմնազիոնը: Նրանց հայրը եղել էր երկար տարիներ գերմաներենի դասատու մի դպրոցում: Այրին նրա մահից հետո թոշակ էր ստանում: Բնակարանի յոթ սենյակներից երկուսում կենում էին տանտիրուհիները, իսկ հինգը տրված էին վարձով:

Մի օր սենյակներից մեկը դատարկվեց, պառավն ընկավ հոգսի մեջ: Նա մեզ խնդրեց, ինչպես և է, վարձող գտնել: Պառավի խնդիրը կարողացավ կատարել իմ դրկիցներից մեկը՝ ֆիզիկո-մաթեմատիկական ֆակուլտետի մի հայ ուսանող՝ Զարիֆյան անունով:

Որովհետև Զարիֆյանը դեր է խաղալու իմ պատմության մեջ, բարեհաճեցեք լսել նրա մասին մի քանի խոսք: Դա այն մարդկանցից էր, որոնց մասին, հենց առաջին անգամ նայելիս, կարելի է ասել՝ թե կյանքը երբեք նրանց համար տանջանքների բով չի դառնալ: Նրա կարմիր երեսը, կարմիր ականջները, տափակ ճակատը, բաց-կինամոնագույն քծնող աչքերը արտահայտում էին խաբուսիկ համեստության և ամբարտավանության մի անորոշ խառնուրդ: Նրա քայլվածքը դանդաղ էր, ձևերը մեղմ, խոսակցության եղանակը մի քիչ արհամարհական, մի քիչ ծանրաբարո: Դա նրա բնական հատկությունները չէին, այլ արվեստական, շինծու: Նա աշխատում էր երևալ ավելի խոհեմ և հասուն, քան կարող էր լինել քսանուչորս տարեկան մի երիտասարդ, որ շուտով պիտի ավարտեր ուսումը:

Ես զգում էի դեպի Զարիֆյանը ինչ-որ խուլ հակակրանք, թեև նա ինձ ոչ մի անախորժություն չէր պատճառել: Նա ինձ հետ վարվում էր շատ քաղաքավարի, նույնիսկ աշխատում էր հաճոյանալ: Նա աշխատասեր էր, հաշվագետ, խորամանկ և գիտեր գրավել պրոֆեսորների ուշադրությունը: Նրա աչքերի արտահայտությունը պարունակում էր ինչ-որ վատ բան, հոգու մի եսական և անհաճո ձգտում, բայց միայն այն ժամանակ, երբ լուռ էր: Դժբախտաբար կյանքում առհասարակ դիտող մարդիկ շատ քիչ են պատահում, ուստի Զարիֆյանը ընկերների շրջանում համարվում էր բարեսիրտ, համեստ, ի՞նչ եմ ասում, նույնիսկ յուր ազնվությամբ օրինակելի: Այնինչ, ես ոչ ոքից չէի լսում, թե երբևէ նրա կողմից իրականորեն արտահայտվել են այդ սիրուն հատկությունները:

Ահա այդ երիտասարդը մի օր հետը բերեց բնագիտական՝ ֆակուլտետի մի ուսանող, որը նույնպես հայ էր և կովկասցի, Առանց երկար խոսելու, նա վարձեց սենյակը ճաշով և նույն օրն ևեթ տեղափոխվեց: Երրորդ օրից սկս՛ած նա արդեն ճաշում էր մեզ հետ միասին: Ես նստած էի նրա դեմուդեմ և կամա-ակամա դիտում էի նրան: Նրա թուխ-թուխ դեմքը գունատ էր, աչքերը խոշոր, սևաթույր, ճակատը լայն և պայծառ: Նրա ուղղաձիգ քիթը նուրբ և մի փոքր կանացի շրթունքները, որ նոր-նոր ծածկվել էին կակուղ մազերով, նրա ամբողջ կերպարանքը արտահայտում էին հոգու անխառն մաքրություն:

Նրա նայվածքը խելացի էր և թախծալի: Կար մի ինչ-որ հեզնություն այդ նայվածքի մեջ, մի ներքին ծիծաղ, բայց բարի և ցավակցական ծիծաղ այն բոլորի վրա ինչ որ տեսնում էր. գոնե, այսպես թվաց ինձ հենց առաջին անգամից:

Ճաշի միջոցին, ինչպես և հետո, նա մի վայրկյան հանգիստ չէր մնում: Մասնակցելով մեր խոսակցությանը, նա մերթ սեղմում էր շրթունքները, դառն ժպտում և ճակատը տրորում, որպես թե գլուխը ցավելիս լիներ, մերթ անսպասելի ցնցումներ էր գործում, որպես թե մի անախորժ բան էր լսում: Եվ միշտ նրա կրակոտ աչքերը կայծեր էին ցայտեցնում: Նրա նիհար ձեռները մի քիչ դողում էին, ձայնը երերվում էր խոսակցության ժամանակ և երբեմն խեղդվում կոկորդում:

Հետևյալ օրը ես ճաշի ժամանակ դարձյալ նստեցի նրա դեմուդեմ: Նույնն արի և երրորդ, չորրորդ օրերը: Կարծես, նրա դեմքի, մանավանդ աչքերի մեջ կար մագնիսական զորություն, որ չէր թողնում իմ հայացքը հեռացնել իրանից: Մի բան ասելիս, նախ և առաջ նրան էի նայում: Ինձ հաճելի էր նրան նայել: Իսկ նա նայում էր ամենին և ոչ ոքի: Թվում էր, որ նրա միտքը երբեք չի կենտրոնանում սեղանակիցների վրա, որ խոսելով մեզ հետ, մտածում է ուրիշ բաների մասին:

Հինգ դրկիցներից մեկը լեհացի էր, ծառայում էր մի ինչ-որ բանկում, մյուսը՝ ռուս ուսանող, մենք՝ հայեր, տանտիրուհիները՝ գերմանացիներ, ամենքս էլ խոսում էինք, իհարկե, ռուսերեն: Այսպիսով մեր խումբը ներկայացնում էր մի միջազգային խառնուրդ: Զարիֆյանը սովորաբար նստում էր օրիորդների միջև: Աջ ու ձախ ծառայելով մեկին ու մյուսին, նա երկուսին էլ հաճոյախոսություններ էր անում: Մեծ քույրը՝ Մելիտան, նշանված էր մի գերմանացի երաժշտի վրա, շուտով պիտի ամուսնանար և այդ միջոցին զբաղված էր յուր հարսանիքի հագուստներով: Նա գեղեցիկ չէր, բայց խելոք էր և բարի: Բավական սիրուն էր փոքր քույրը՝ Աղելաիդեն: Նրա մազերը ոսկեգույն էին, դեմքը առողջ , աչքերը խոշոր և լի կենսուրախության հրով, վառվռուն, կազմվածքը կանոնավոր, միջահասակ: Մի ուրախ ու զվարթ աղջիկ էր, միշտ երգում էր, միշտ թռչկոտում, միշտ ծիծաղում: Եվ դա այնքան ներդաշնակում էր նրա պատանեկական հասակին, որքան ծիծեռնակի երգը՝ գարնան առավոտին: Մենք բոլորս սիրում էինք նրան ինչպես եղբայր, կատակներ էինք անում, բարկացնում, և նրա առողջ քրքիջների շնորհիվ մեր ճաշն անցնում էր զվարճալի:

Բայց այն օրից, երբ նոր դրկիցը դարձավ մեր ճաշընկերը, մեր խմբի միջազգային բնավորությունն սկսեց քիչ-քիչ փոխվել: Նա չէր մասնակցում մեր կատակներին և զվարճախոսություններին, չէր ծիծաղում և ոչ օրիորդներով զբաղվում: Կարելի էր կարծել, որ մի ծանր, անխուսափելի միտք անընդհատ տանջում էր նրան: Իսկ իմ հետաքրքրությունը օրեցօր ավելանում էր: Փափագում էի, որքան կարելի է, շուտ և մոտիկ ծանոթանալ այդ մարդուն: «Է՜հ, մտածում էի, գուցե մի վիշտ ունի, գուցե կարոտ է ընկերական սփոփանքների, և ես կարող եմ օգտակար լինել»: Ես նրան առաջ էլ տեսել էի մի քանի անգամ, բայց ծանոթ չէի: Նա սկզբում եղել էր Պետերբուրգի համալսարանում և հենց այն տարին էր տեղափոխվել Մոսկվա:

II

Մի անգամ մենք արդեն ճաշի էինք նստել գերմանական ճշտությամբ ուղիղ որոշյալ ժամին, իսկ մեր նոր սեղանակիցը դեռ չկար: Դրա համար մենք առաջվա պես ուրախ էինք, մանավանդ օրիորդները: Կար մի բարոյական զորություն այդ երիտասարդի մեջ, որ անբռնաբարելի կերպով ազդում էր մեզ վրա: Նայելով նրա մշտապես գունատ ու մելամաղձոտ դեմքին մենք կամա-ակամա զսպում էինք մեր ծիծաղը և նայում միմյանց երեսին:

Արդեն ճաշը ավարտվելու վրա էր, երբ հանկարծ ներս մտավ և առանց սովորական բարևն ասելու, նստեց տեղը, Այս անգամ նրա դեմքն ավելի էր գունատ, աչքերն այրվում էին՝ մռայլված և կնճռոտ ճակատի տակից կայծեր արձակելով: Այդ միջոցին ռուս ուսանողը լեհացու հետ վիճաբանում էր մարդասիրական և բարեգործական գաղափարների մասին: Դա ժամանակակից խոսակցության առարկաներից մեկն էր:

Ուսանողը պնդում էր, թե մարդասիրությունը այժմյան տնտեսական անկանոն կազմակերպության հետևանքներից մեկն է:

Լեհացին հերքում էր նրա ասածները:

Ռուս ուսանողը խոսում էր առանձին ոգևորությամբ, երևի խրախուսված Զարիֆյանի հավանողական ժպիտներից և Մելիտայի ուշադրությունից:

— Ո՛չ, — գոչեց հանկարծ մեր նոր սեղանակիցը, գլուխը բարձրացնելով և նայելով ուղղակի ռուսի աչքերին, — ոչ, դուք սխալվում եք: Ձեր ասածները ցնորք են և ցնորք էլ կմնան, քանի որ անհատի հոգին չի ենթարկվել արմատական հեղաշրջման, հասկանո՞ւմ եք արմատական...

— Ի՞նչ եք կամենում ասել, պարոն Սանթուրյան, — հարցրեց ռուսը արմացած:

Զարմացանք մենք բոլորս էլ և մի հարցական հայացք ձգեցինք Սանթուրյանի վրա:

— Այն, որ մեր հոգին է ապականված, մեր սիրտն է նեխված, և ոչ

մեր միտքը խավար, — պատասխանեց նա, մի ներվային շարժումով հեռացնելով իրանից ապուրի ամանը, որ աղախինը նոր էր դրել նրա առջև: Մարդկությունը երբեք չի հասնիլ ձեր երևակայած վիճակին, քանի որ գիտությունն ու կրթությունն անընդունակ են զցլել արմատից մեր կրծքի տակ թաքնված, քարացած ու ապականված մսի կտորը և նրա տեղը դնել իսկական մարդկային սիրտ: Լսեցեք, մարդկային սիրտ եմ ասում... Դուք պախարակում եք բուրժուաներին, որոնք գոնե իրանց սեղանի փշրանքը ձգում են չքավորներին: Բայց ի՞նչ կասեք այն կրթված ու կրթվող բարբարոսների մասին, որոնք խոսքով իսկ և իսկ ձեր պաշտպանած գաղափարներն են քարոզում, իսկ գործով ուտում են իրանց բարեկամի ոչ միայն միսը, էէ, դա քիչ է, այլև հոգին, հասկանո՞ւմ եք, հոգին: Այո, ուտում են, մարսում և էլի գաղափարական մարդիկ համարվում: Ախ, ներեցեք տանտիրուհիներ, ես այսօր ախորժակ չունիմ. ներեցեք պարոններ...

Այս ասելով, շտապով վեր կացավ և գնաց յուր սենյակը: Մենք նայեցինք միմյանց երեսին: Ջարիֆյանը քթի տակ ժպտաց, գլուխը շարժեց և ինչ-որ խոսք ասաց Աղելաիդային: Իսկ ես չկարողացա զսպել իմ հետաքրքրությունը, թողի սեղանը և գնացի Սանթուրյանի հետևից: Մոտենալով նրա դռներին, մի քանի վայրկյան տատանվեցի՝ մտնե՞լ, թե՞ ոչ: Մինչև այդ օրը նրա սենյակում չէի եղել և ոչ էլ նա էր ինձ այցելել: Բայց իմ ձեռը, գրեթե, ակամա երկու անգամ զարկվեց դռներին, և ներսից լսվեց նրա հուզված ձայնը — «մտեք»: Երբ ներս գնացի, նա անկողնակալի վրա թերթերի մեջ շտապով փաթաթում էր ամառային վերարկուն:

— Ներեցեք, ես անքաղաքավարի վարվեցի. ա՛խ, ներեցեք, — կրկնեց նա, յուր այլայլված դեմքը դարձնելով ինձ: Դուք, երևի ինձ խելագար եք համարում: Գուցե իրավունք ունիք: Բայց ես շատ ուրախ եմ ձեր այցելությանը, ցավում եմ միայն, որ պետք է գնամ... Գիտեք, գործը անհետաձգելի է, իսկ ես անսիրտ, դեռ ուզում էի ճաշել...

Նա գործը վերջացրեց, հագավ ձմեռային վերարկուն և դուրս գնաց, հետը տանելով կապոցը:

Ես հիմարի պես ապշած, նայում էի նրա հետևից:

Մի ժամ անցած, երբ հագուստով պառկած անկողնակալիս վրա մտածում էի դեռ այդ մարդու տարօրինակ վարմունքի մասին, լսեցի իմ դռների ձայնը: Ներս մտավ Սանթուրյանը, և ես լամպի լուսով նշմարեցի, որ այժմ նրա դեմքը հանգիստ է:

— Կրկին անգամ ներողություն. գնանք իմ սենյակը՝ միասին թեյ խմելու:

Նա բարեկամաբար բռնեց իմ թևից և տարավ ինձ յուր սենյակը:

— Ես չափից դուրս վրդովված էի, — ասաց նա, թեյ պատրաստելով, — այժմ ոչինչ, անցավ...

— Բայց ի՞նչ է պատահել:

— Դժբախտություն. ոչ, տմարդություն: Մի շատ սովորական, բայց սոսկալի տմարդություն. ընկերի տմարդություն՝ ընկերի վերաբերմամբ: Լսեցեք, եթե կամենում եք:

Նրա պատմածից երևաց, որ յուր ծանոթ ուսանողներից մեկը հիվանդ է: Նա համալսարանում լռում է այդ մասին. գնում է հիվանդին այցելելու: Տեսնում է, որ մարդը մենակ, անօգնական պառկած է: Ոչ բժիշկ է գալիս, ոչ դեղերի փող ունի, նույնիսկ թեյ-շաքարն էլ վերջացել է: Դա մի խեղճ մալարոս էր, ամենից ատված, արհամարհված: Արհամարհված այն՝ պատճառով, որ նրա մայրը վատ ճանապարհի էր եղել և հենց այն ժամանակ էլ էր: նա մի անհայտ դժբախտ զավակ էր, որ կրում էր անառակ մոր հանցանքի պատիժը:

— Երևի, ժառանգականության օրենքների հիման վրա, — գոչեց Սանթուրյանը հետզհետե նորից հուզվելով, — չէ որ մենք այժմ անգիր ենք անում Դարվինի թեորիան: Երևակայեցեք, նա ամաչում է անգամ ընկերների օգնությանը դիմելու այդ նեղ վիճակում: Դժբախտաբար ես գրպանումս միայն հիսուն կոպեկ ունեի: Ի՞նչ կարելի էր անել: Վազեցի մեկի, մյուսի, երրորդի մոտ, բոլորը մերժեցին ինձ հինգ ռուբլի տալու: Վերջապես, դիմում եմ չորրորդին: «Փող չունիմ» ասում է: Է՛հ, ի՞նչ արած, ստիպված դուրս եմ գալիս ձեռնունայն: Սանդուղքի վրա հանդիպում եմ նրա աղախնին: Կինը, մի ձեռին բռնած մի շիշ թանկագին խմիչք, մյուս ձեռի ափում սեղմած մի բուռն թղթադրամ, դիմում է նրա սենյակը: Մի չար միտք ինձ թելադրում է, որ մեր փող չունեցող պարոնը յուր ընկերներին այս երեկո շաքարօղիով հյուրասիրելու համար քսանհինգանոց է ուղարկել խմիչքների խանութը... Ահա ինչե՛ր են պատահում: Իսկ այդ ուսանողը միշտ բարձր բաների մասին է խոսում... Օօ՛ զզվում եմ միանգամայն այդ խոսքերից. ահա ինչու այսօր այնքան կոպիտ պատասխանեցի մեր սեղանակցին...

Նրա խոսքերի մեջ զգացվում էր մի անկեղծ հոգու բնական վրդովմունք:

— Ինչո՞ւ ինձ չդիմեցիք, ես փող ունեի, — ասացի ես:

— Առայժմ կարիք չկա. ես նրա համար փող գտա...

Հարկավոր չէր հարցնել իմանալու համար, թե Սանթուրյանը որտեղից է փող ճարել, նա անշուշտ գրավ էր դրել իր ամառային վերարկուն:

Այդ երեկո երկար ժամանակ մնացի նրա մոտ և բավական ծանոթացա նրա հայացքներին: Չնայելով տարիքին, նա անհամեմատ ավելի զարգացած էր, ավելի շատ կարդացած և կարդացածը լավ ըմբռնած, քան բոլոր իմ ծանոթ ուսանողները: Խոսում էր լուրջ բաների մասին: Երբեմն նրա միտքը այնպիսի թռիչքներ էր գործում, որ ես հազիվ կարողանում էի: երևակայությամբ հասնել նրան: Նրա ոչ մի դատողությունը սովորական չէր, ոչ մի դարձվածք անգամ չէր արտասանում այնպես, ինչպես ուրիշները:

Նա զգայուն էր և անչափ զգայուն: Նրան վրդովեցնում էր մարդկանց անտարբերությունը դեպի հալածվածները, չքավորները, խեղճերը: Եվ այդ մասին խոսելիս, ավելի էր հուզվում, գունատվում, նրա ձայնը ավելի էր դողում: Իսկ աչքերը՝ կրակի այդ անսպառ աղբյուրը, շարունակ կայծեր էին արձակում:

Ոչ, ես այդ տեսակ շարժուն դեմք կյանքումս էլ չեմ տեսել: Մարդը, կարծես, ամբողջովին բաղկացած էր ներվերից և այն էլ մերկ ներվերից:

Այնուհետև ես երբեմն գնում էի նրա սենյակը կամ ինքն էր գալիս ինձ մոտ: Նա խոսում էր ամեն բանի մասին, բացի մեկից՝ յուր անձնավորության և ընտանեկան վիճակի: Իսկ ես, հարկավ այդ մասին չէի հարցնում: Միայն ինձ թվում էր, որ նրա ազգանունը ինձ ծանոթ է, որ ես մի տեղ լսել եմ, թե կարդացել նրա մասին մի պատմություն:

Ես սիրեցի նրան: Սիրում էր արդյոք նա էլ ինձ, — չգիտեի: Զգում էի միայն, որ իմ այցելությունները նրան չեն ձանձրացնում: Մեր սենյակները միմյանցից բաժանված էին Զարիֆյանի սենյակով: Երբեմն Սանթուրյանի ձայնը լսում էի իմ հարևանի մոտից: Շուտով նկատեցի, որ Զարիֆյանը արդեն գրավել է նրա համակրությունը…

III

Մելիտան պսակվեց և ամուսնու հետ տեղափոխվեց Օդեսա: Մեր խմբի միակ զարդը մնաց Աղելաիդան: Զարիֆյանը սկսեց ավելի հետամուտ լինել նրան: Թե ինչ ուներ սրտումը՝ այդ դժվար էր իմանալ նրա նման մի գաղտնապահ և խորամանկ մարդուց: Միայն այդ երիտասարդի հարաբերությունը դեպի օրիորդը ինձ դուր չէր գալիս, ինչպես և նա ինքն առհասարակ: Երբեմն նկատում էի, որ օրիորդի հետ խոսելիս, նրա քծնող աչքերի մեջ փայլում էր վավաշոտություն: Ճշմարիտ է, Աղելաիդան չէր փախչում աչքի քաղցր և խորհրդավոր ժպիտներից, բայց նկատում էի, որ աչքի տակով դիտում է Սանթուրյանին և ավելի ուշադիր է դեպի նա: Մինչդեռ ամեն բանի վերաբերմամբ զգայուն երիտասարդը տակավին անտարբեր էր նայում սիրուն օրիորդին:

Իմ բարեկամությունը Սանթուրյանի հետ օրեցօր դառնում էր մտերմական, բայց նրա ընտանեկան կյանքը ինձ համար դեռևս անթափանցելի էր:

Այն ուսանողը, որին օգնելու համար նա գրավ էր դրել վերարկուն, թոքախտ ուներ, շուտով մեռավ: Նրա թաղման օրը Սանթուրյանը առավոտ կանուխ ինձ զարթեցրեց և խնդրեց տալ տասնհինգ ռուբլի պարտք: Բարեբախտաբար մոտս փող կար, տվի: Նա խելագարի պես դուրս թռավ և շտապով հայտնեց ինձ այն հիվանդանոցի տեղը, ուր խեղճ ուսանողին փոխադրել էին վերջին ամիսը:

Այդ օրը ինձ համար կմնա անմոռանալի: Ես գնում էի հանգուցյալի դագաղի հետևից՝ տասի չափ աղքատ ուսանողների հետ: Ներկա էր և Զարիֆյանը: Նա յուր դեմքին տվել էր հանդիսին վայել տխուր, միայն իմ կարծիքով կեղծ՝ արտահայտություն: Բայց, աստված իմ, այն ինչ վիճակի մեջ էր Սանթուրյանը: Երբեք մի հանգուցյալի դագաղի շուրջը ես չէի տեսել այդքան ճնշված, ընկճված, վշտալի կերպարանք: Թաղման հոգսերը նա յուր վրա էր առել: Եվ հեռավոր Կովկասից եկած մարդը մի օտարազգի ուսանողի դագաղին հետևում էր այն վիճակում, որի մեջ գուցե միայն հարազատ մայրը կարող էր լինել:

— Ի՞նչ կապ կար նրանց մեջ, — հարցրի ես մի ուսանողից:

— Ոչինչ, նրանք միևնույն ֆակուլտետի ուսանողներ էինք ահա բոլորը, — պատասխանեց նա:

Դիակառքը հասավ գերեզմանատուն: Միակ քահանան և միակ տիրացուն կատարեցին վերջին կարգը: Այն րոպեին, երբ չորս զույգ բիրտ ձեռներ ուզում էին դագաղը իջեցնել գերեզման, Սանթուրյանը բանվորներին ձեռով նշան տվեց սպասել:

Նա կանգնած էր գերեզմանից հանած թարմ հողի բարձրության վրա, դագաղի ոտքի կողմը: Նրա այտերը և ականջները ցրտից կապտել էին, շրթունքները դողում էին, ատամները զարկվում էին միմյանց, իսկ աչքերը դարձյալ կրակ էին արձակում:

Ձեռի մի ջղային շարժումով նա հետ ձգեց լայն ճակատի վրա սփռված գանգուր մազերը: Նա սկսեց խոսել: Սկզբում նրա ձայնը երերվում էր, շրթունքները ցրտից անզոր էին արտահայտել խոսքերը: Բայց այս տևեց միայն մի քանի վայրկյան: Նա հաղթեց ցրտին, զսպեց ներքին հուզմունքը, ձայնը բարձրացրեց:

Երբեք ես չէի լսել մարդկային խոսքը՝ բխած սրտի այդքան անհուն խորությունից: Դա դամբանական չէր այլ մի ամբողջ ողբերգություն: Նա մռայլ գույներով նկարագրում էր հանգուցյալի բարոյական վիճակը, պատկերացնում էր նրա դիրքը ընկերների շրջանում: Ամբողջ ժամանակը խեղճը ենթարկված է եղել մի խուլ և անլուր արհամարհանքի: Իբրև զգայուն և հիվանդ մարդ, նա չի կարողացել սառնարյուն տանել այդ արհամարհանքը և օր օրի վրա ընկճվել է նրա ծանրության ներքո: Եվ ի՞նչ է եղել նրա հանցանքը: Միայն յուր մոր մոլորությունը, որ բերանից բերան պատմվելով, հայտնի է եղել ամբողջ համալսարանին:

Դա էր Սանթուրյանի դամբանական միտքը: Եվ նա, այդ կենդանի փաստը հիմք վերցրած, արծարծում էր մի ամբողջ գաղափար անհատի և շրջանի մասին: Նա մի բարբարոսական զոհ էր համարում հանգուցյալին, զոհ մարդկային եսամոլության, գոռոզության, կեղծ պատվասիրության:

Նրա ձայնը ցրտից թանձրացած օդի մեջ այժմ արձակում էր երկաթի սուր հնչյուններ, այլևս չէր դողդողում, չէր խեղդվում կոկորդումը: Նա թվում էր ամբողջովին մի կենդանի և սոսկալի բողոք ընկերների անիրավության դեմ: Ա՜խ, որքան ցավում եմ, որ նկարիչ չեմ: Այդ պահին նա այնքան գեղեցիկ էր, գրավիչ և ազդու յուր կերպարանքով, որ կարող էր ոգևորություն ներշնչել մի հանճարեղ վրձինի:

Ամենքն զգացվեցին: Իմ հոգուն տիրել էր մի անսովոր ջերմություն: Ցուրտը ինձ համար անզգալի էր դարձել ես ամբողջովին հափշտակվել էի Սանթուրյանի վառվռուն խոսքերով և նրանց խոր իմաստով:

— Տեր աստված, որքան պերճախոս է, որքան կրակ կա այդ մարդու սրտում, և որքան ուժ նրա ձայնի մեջ, մտածում էի ես:

Ես արտասվեցի, նաև մի քանի ուրիշները, բայց ոչ Զարիֆյանը:

Հանդեսը վերջացավ և մենք, Սանթուրյանի խոսքերի խորին տպավորության տակ, վերադառնում էինք տուն:

— Դուք կարող եք պարծենալ ձեր հայրենակցով, նա տաղանդ է, — ասաց ինձ մի լեհացի ուսանող:

Այո , ես անկեղծ պարծենում էի իմ հայրենակցով: Եթե նա յուր դամբանականը գրեր, մի սքանչելի էպոպեա դուրս կգար, եթե արտասաներ մի մեծ հանդեսում՝ հազարավոր քարացած սրտեր կշարժեր: Նա տաղանդ էր, և անխառն, ինքնուրույն տաղանդ:

— Լավ խոսեց մեր հայրենակիցը, բայց խոսողը նա չպիտի լիներ, — դարձավ ինձ Զարիֆյանը:

— Ինչո՞ւ նա չպիտի լիներ:

— Այնտեղ գրեթե բոլորը գիտեն նրա հոր պատմությունը:

— Ի՞նչ պատմություն, ի՞նչ եք ասում, — գոչեցի ես հետաքրքրված:

— Էհ, ուրեմն ձեզ հայտնի չէ: Նրա հայրը բանտումն է. ո՞վ գիտե, գուցե շուտով աքսորվի…

— Ի՞նչ հանցանքի համար:

— Կարծես կովկասցի չեք և հայ: Միթե չե՞ք կարդացել Սարգիս Սանթուրյանի դատը՝ յուր ապահոված տունը կրակ զցելու մասին: Այդ դատը ահագին աղմուկ հանեց: Նրա մասին գրեցին նույնիսկ այնտեղի և Պետերբուրգի մեծ լրագրերը:

Ահա ինչ: Ես մտաբերեցի, թե ինչու Սանթուրյան ազգանունը ինձ ծանոթ էր թվում: Արդարև, այդ դատը աղմուկ էր հանել: Մի քանի հրապարակախոսներ Սարգիս Սանթուրյանին ցույց էին տվել իբրև ազգային ընդհանուր տիպար և այս հիման վրա հարձակողական հոդվածներ գրել ամբողջ հայ ազգի դեմ: Սանթուրյան ազգանունը դարձել էր նախատական մակդիր հայերի մեջ, մանավանդ «ազգասերների» շրջանում:

Զարիֆյանի խոսքերի մեջ ես զգացի մի տեսակ սատանայություն: Բայց եթե նա, մեր ընկերոջ ընտանեկան տխուր պատմությունն ինձ հիշեցնելով, ուզում էր իմ մեջ արհամարհանք զարթնեցնել՝ չարաչար սխալվում էր: Ես այնուհետև սկսեցի ավելի սիրել Սանթուրյանին:

Այժմ ես այցելում էի նրան գրեթե ամեն օր և միշտ զբաղված էի գտնում: Նա իսկույն գործը թողնում էր և սկսում ինձ հետ զրուցել:

Հազիվ էր պատահում, որ նա հոգով քիչ թե շատ անվրդով լիներ, միշտ հուզված, միշտ շփոթված: Ամեն մի անարդարություն, թե առհասարակ կյանքի մեջ և թե ընկերների շրջանում, պղտորում էր նրա սիրտը: Իսկ անարդարություններ շատ էր տեսնում և միշտ հանդիսանում էր պաշտպան հարստահարվածին, զրկվածին, թույլին և խեղճին. Մի անգամ ինձ մոտ կարդաց, թե ինչպես Խարկովում մի կին տանջել է յուր խորթ աղջկան և սպանել. և սկսեց երեխայի պես հեկեկալ:

Նա չէր խոսում միայն յուր հոր մասին, և այս հանգամանքը ինձ թվում էր միակ սև գիծը նրա անհերքելի ազնվության մեջ:

Շուտով ես իմացա, որ նրա հայրենակից ուսանողներից շատերը աշխատում են փախս տալ նրանից, անպատված ու ապականված համարելով Սանթուրյանի ազգանունը: Եվ ոմանք այդ համարում էին հայրենասիրություն: Թող, ասում էին, օտարները հասկանան, որ մենք էլ գիտենք պատժել մեր հասարակության մեջ երևացող ախտերը:

— Նա ինքը վատ տղա չէ, բայց շատ է պաշտպանում հորը, — ասում էր մեկը, — նա ազգային հպարտություն չունի:

— Եթե նա լավ մտածեր, վաղուց հրաժարված կլիներ հորից, — ասում էր մյուսը:

— Նա ինքը առաջինը պետք է ապտակեր նրան, — գոռում էին ավելի արմատականները: Ապտակել հարազատ հո՛րը: Օ՜օ, երիտասարդություն, երիտասարդություն: Բարոյականության այդ անողոք ասպետներից շատերը այժմ կյանքի մեջ են: Եվ ի՞նչ, դեռ երեկ նրանցից մեկին տեսա դատարանում է՝ փրփուրը բերանին մի բանկ կողոպտված պարոնի պաշտպանելիս:

Ես նկատում էի, որ ընկերների այդ խիստ վարմունքը ազդում է Սանթուրյանի վրա, և ազդում է շատ ծանր: Նա այնքան ինքնասիրություն ուներ, որ ինքն էր փախս տալիս ամենից, ոչ ոքի չէր այցելում, և ոչ ոքի էլ չէր ուզում ընդունել իր մոտ: Միայն Զարիֆյանը նրա հետ գեթ արտաքուստ բարեկամություն ուներ: Այդ մարդը քանի-քանի անգամ իմ ներկայությամբ օգտվեք էր Սանթուրյանի բարեկամությունից: Մինչդեռ ես մի անգամ չտեսա, որ նա գեթ ամենաթույլ կերպով պաշտպաներ Սանթուրյանին յուր ընկերների մոտ:

IV

Մի անգամ, իրիկնադեմին, մտնելով Սանթուրյանի սենյակը, տեսա, որ նա, գլուխը սեղանի վրա դրած, հեկեկում է: Ես շփոթվեցի, կամեցա ետ դառնալ: Բայց նա արդեն լսել էր իմ քայլերի ձայնը, հետ նայեց, և ես մնացի սենյակում: Նա շտապով սրբեց աչքերը և ոտքի կանգնեց:

— Ներեցեք տարաժամ այցելությանս համար, — ասացի ես:

— Օօ, ոչ, տարաժամ չէ, ուրախ եմ, որ եկաք: Նստեցեք, խնդրեմ, ոչի՛նչ, մի քիչ հուզված էի. ինձ հետ շատ է պատահում:

Այո, , շատ էր պատահում, բայց ինչ էր այս անգամ առիթը: Ես կամեցա անպատճառ իմանալ: Նա միայնակ էր, գրեթե բոլորովին միայնակ, օտար երկրում, օտար շրջանում, և ես անկեղծ կամենում էի նրան սփոփել:

— Ատում եմ կյանքը, — գոչեց նա, արագ-արագ անցուդարձ անելով սենյակում, — մարդիկ չար են, չափազանց չար: Ի՞նչ ենք արել, որ մեզ հալածում են.... Միթե մեղավո՞ր ենք, որ սիրում ենք մեր հորը... Միթե դատավորները ամենագետ են, անսխալ, և երբեք անարդար վճիռներ չե՞ն թաքչում նրանց արդարամիտ հայացքից… Ես ճանաչում էի իմ հոր սիրտը…

Նա ինձ սիրում էր… Նա պաշտում էր յուր ընտանիքը: եթե մի մեղք գործել է, գիտեմ, միայն և միայն յուր ընտանիքի բարօրության համար է գործել: Բայց ոչ, նա մեղավոր չէ, հավատացեք. Իմ սիրտը երբեք չի կարող հաշտվել այդ մտքի հետ... Էհ, բայց թող լիներ ամենավերջին հանցավորը, դարձյալ ես՝չէի կարող դուրս ձգել իմ սրտից որդիական սերը... Մեղադրեցեք բնությանը, որ այս խոր, անբացատրելի զգացումը դրել է իմ սրտի մեջ: Ոչ, ոչ հազար անգամ ոչ. իմ հայրը պետք է արդար լինի, որովհետև նա միշտ ազնիվ է եղել: Ինչո՞ւ է նա պատժվում, ինչո՞ւ են մեզ պատժում... Ահա, կարդացեք, ք, ձեզ կարելի է հավատալ...

Այս ասելով, նա ձգեց իմ առջև մի նամակ: Ես կարդացի: Նամակը գրում է Սանթուրյանի փոքր եղբայրը, որ գիմնազիստ էր: Այստեղ նկարագրված էր ընտանիքի վիճակը, հասարակության խուլ արհամարհանքը դեպի նա: Գիմնազիստը գանգատվում էր յուր ընկերների վրա, որոնք նրան ամեն քայլափոխում հիշեցնում էին հոր դատը, սրախոսում, ծաղրում... Ազգականներից շատերը երես էին դարձրել նրանցից:

Բայց կար մի հանգամանք, որ ամենից ավելի էր հուզել Սանթուրյանին: Նրա քույրը արդեն նշանված է եղել մի երիտասարդի հետ, երբ հոր դատը բացվել է: Փեսացուն սկզբում ուշադրություն չի դարձրել և մտադիր է եղել, դատը վերջանալուց հետոո, իսկույն ամուսնանալ: Դատը ձգձգվել է և, վերջապես, առաջին դատարանում վճռվել է տխուր: Փեսացուն սկսել է օրից-օր հարսանիքը հետաձգել: Այժմ նա, յուր ազգականների դրդմամբ, բոլորովին հրաժարվում է յուր հարսնացվից: — Գիտե՞ք այդ ինչ է նշանակում, — ասաց Սանթուրյանը, — նշանակում է, որ իմ խեղճ քույրը պիտի տանջվի վշտից և ով գիտե ինչ հետևանք կունենա նրա տանջանքը: Նա սիրում է յուր թուլամորթ փեսացվին:

Ինձ մնում էր գործ դնել իմ բոլոր պերճախոսությունը, նրան մխիթարելու համար:

— Գուցե դուք էլ եք ձեր սրտի խորքում ինձ մեղադրում, — շարունակեց նա, հետզհետե հանգստանալով, — որ այսքան կողմնապահ եմ իմ հոր վերաբերմամբ: Գուցե մտածում եք. «ահա մի մարդ, որ ամենափոքր անարդարության դեմ բողոքում է, յուր հորը վերաբերվում է ներողամտաբար»: Իրավունք ունիք այսպես մտածելու, այդ բնական է: Բայց նախ՝ ինձ համոզեցեք, որ իմ հայրը հանցավոր է, երկրորդ՝ ցույց տվեք ծնողին ատելու միջոցը: Ասացեք, ի՞նչպես սառնարյուն մնամ, երբ տեսնում եմ, որ ամենքը դատապարտում են նրան, գուցե նույնիսկ իսկական հանցավորները: Լսեցեք, ես ձեզ մի բան ասեմ. աստծուն է հայտնի, եթե դատապարտվածը լիներ բոլորովին օտար և անծանոթ մի մարդ, էլի ես նրան չէի մեղադրիլ. հենց միայն այն պատճառով, որ բոլորը նրան մեղադրում են: Գիտե՞ք ինչու: Որովհետև իմ մեջ կա մի բան, որ միշտ ինձ դրդում է ընդհանուրի դեմ գնալ, չենթարկվել ուրիշների կարծիքին: Ես ատում եմ ոչխարային բնազդները: Հասկացեք, ինչպես կամենաք...

Նա չէր կեղծում: Արդարև, շատ անգամ նա անում էր այն, ինչ որ հակառակ էր ընկերների կարծիքին: Նա սեղմում էր այնպիսիների ձեռը, որոնք այս կամ այն պատճառով արհամարհված էին: Եվ ես նկատում էի, որ այս հանգամանքը անհամեմատ ավելի էր գրգռում ուսանողներին, քան նրա ազգանվան արատը. Ինձ թվում էր, որ շատերն են իրանց սրտի խորքում հարգում նրան, թեև արտաքուստ ցույց են տալիս ատելություն, և թե նա ինքը շատերին արհամարհում է և այդպիսով գրգռում նրանց յուր դեմ: նա ոչ ոքից չէր թաքցնում յուր իսկական զգացմունքներն ու կարծիքները: Նա ամենքի երեսին ասում էր այն, ինչ որ մտածում էր: Եվ այդ ոչ ոքի դուր չէր գալիս:

— Նա ծաղրում է մեզ, չի ուզում ենթարկվել մեր ընկերական շրջանի սկզբունքներին, ասում էին շատ ուսանողներ:

Մի կիրակի առավոտ ես մտա Սանթուրյանի մոտ մի գիրք խնդրելու, նա կուրծքը սեղանին սեղմած, շտապով գրում էր: Ինձ տեսնելով, նա ձեռագիրը արհամարհանքով շպրտեց մի կողմ: Արդեն մենք այնքան մտերմացել էինք, որ խոսում էինք «դու»-ով:

— Ի՞նչ էիր գրում, — հարցրի ես:

— Հիմար բան:

Ես հեռվից նայեցի ձեռագրին, և իմ հետաքրքրությունը շարժվեց:

Դա ոտանավոր էր. մի բան, որ ես իսկի չէի սպասում Սանթուրյանից: Ես ձեռս մեկնեցի թուղթը վերցնելու, նա բռնեց իմ թևը ասելով.

— Սպասիր, եթե ուզում ես, կտամ ավարտվածները, կարդա և ծիծաղիր...

Նա սեղանի դարանից հանեց մի քառածալ տետր կարմիր փաթեթի մեջ: Տետրի ճակատին խոշոր տառերով գրված էր «Կրակ»: Դա նրա վերնագիրն էր: Ես կարդացի մի քանի տող բարձր ձայնով, բայց նա, ականջները փակելով, երեսը դարձրեց և խնդրեց, որ մտքումս կարդամ, Կարդացի մի ընդարձակ ոտանավոր, հետո մի ուրիշը, երրորդը, չորրորդը: Ասում են ճաշակները տարբեր են լինում, գուցե իմ ճաշակը ամենաանկիրթներից է կամ փչացած, բայց ես մինչև այսօր էլ հիշում եմ, որ այն օրը առաջին անգամ հուզվեցի մի հայերեն գրվածք կարդալով: Դա վշտացած հոգու մի բուռն և անզուսպ բողոք էր՝ հասարակության եսամոլության դեմ. դա մի թանձր և մահաբեր թույն էր, որ ժայթքում էր մի տառապող սրտից: Հուրը այրվում էր անհատի ներսում և անհատը, ինքն իրան ուտելով, ոչնչանում: Որքա՜ն զգացմունքի խորություն, հոգեբանական նրբություն, պատկերների կենդանություն, զայրույթ և կատաղություն կար այդ ոտանավորների մեջ:

Ես հուզվեցի և հիացած նայում էի նրա հեղինակին: «Ահա, ուրեմն, ինչումն է կայանում քո տաղանդը», մտածում էի ես, նայելով նրա մելամաղձոտ դեմքին:

— Ե՞րբ պիտի հրատարակես, — ասացի ես:

— Հրատարակե՞լ, — կրկնեց նա, — երբեք:

— Ինչո՞ւ:

— Միթե ամեն խզբզանք կարելի՞ է հրատարակել:

— Բայց դա խզբզանք չէ: Ոչ, Սանթուրյան, դու, իմ կարծիքով, տաղանդ ես և խոշոր տաղանդ:

— Հեշտ մի արտասանիլ այդ բառը, ասաց նա, գլուխը հեգնաբար շարժելով և քթի տակ ծիծաղելով: Տաղա՞նդ, չէ, , հանճար... Ես գրել եմ ինձ համար, ի՞նչ իրավունք ունիմ իմ սեփական զգացմունքները ուրիշի վզին փաթաթել: Երբեմն ճիգ եմ անում այդ խզբզանքներով զսպել իմ սրտի կրակը. ահա ինչու վերնագիրը այդքան խոշոր է: Տո ւր ինձ, բավական է...

Նա գրեթե ուժով խլեց ինձանից տետրը և կողպելով սեղանի արկղի մեջ ավելացրեց,

— Առաջին և վերջին անգամ հանեցի սեղանիս միջից. թող այնտեղ փտի

Ախ, որքա՛ն ցավում եմ, որ մի օր գաղտնի չմտա սենյակը և չգողացա նրա «Կրակ»-ը:

Գուցե սխալվում եմ, գուցե հափշտակված էի, բայց համոզված եմ, որ այդ կրակը գեթ մի փոքրիկ հրդեհ կգցեր մեր սառն և անարյուն գրականության մեջ, իսկ ես անհայտության խավարից կազատեի մի փայլուն անուն…

Երբեմն Սանթուրյանի մոտ հանդիպում էի Զարիֆյանին: Չնայելով իմ հակակրանքին, կարողանում էի նրա հետ խոսել, միայն այն պատճառով, որ շատ էի սիրում Սանթուրյանին: Նրանց հարաբերության մեջ ես զգում էի մի կողմից՝ անկեղծություն, պարզություն, մյուս կողմից՝ կեղծիք և շինծու քաղաքավարություն:

Զարիֆյանը զգում էր Սանթուրյանի մտավոր գերազանցությունը և նախանձում էր. միայն գիտեր թաքցնել յուր նախանձը: Իսկ Սանթուրյանը երբեք չէր աշխատում ճանաչել նրա ներքին աշխարհը և վերաբերվում էր իբրև մի անկեղծ բարեկամի, քննադատում էր նրա մոտ և շատ անգամ պախարակում կովկասցի ուսանողների մտավոր և բարոյական հայացքները: Իսկ ես համոզված էի, որ Զարիֆյանը նրա բոլոր ասածները հաղորդում էր ուսանողներին:

Ճաշի միջոցներին նկատում էի, որ Զարիֆյանը արդեն չափից դուրս է հետամուտ Աղելաիդային: Իմ մեջ վաղուց էր կասկած հղացել և գուշակում էի, որ մի բան է պատրաստվում և ոչ լավ բան: Մի օր ռուս ուսանողն ինձ ասաց, թե իմ հայրենակիցը սիրահարվել է գերմանուհու վրա: Ճիշտ էր այդ թե ոչ՝ չգիտեի, բայց ես Զարիֆյանի սիրտը անընդունակ էի համարում սիրո զգացմանը: Այն մարդը, որ յուր փողկապն էլ հաշվով է կապում, չի կարող սիրահարվել:

Իմ ճանապարհը Աղելաիդայի սենյակի առջևով էր: Երբեմն, տանից դուրս գալիս կամ տուն վերադառնալիս, ես այնտեղից լսում էի Զարիֆյանի սառն, միատեսակ հնչող ձայնը և չափավոր ծիծաղը: Եվ ես իմ մտքում վրդովվում էի Աղելաիդայի դեմ, որ թույլ էր տալիս այդ մարդուն՝ հետամուտ լինել իրան: Վերջապես դեպի Զարիֆյանը տածած խուլ հակակրանքի զգացումը իմ մեջ մի օր մի փոքր գոհացում ստացավ:

Դա Աղելաիդայի ծննդյան տարեդարձի օրն էր: Լրանում էր քսան տարին: Նախընթաց երեկոյին նա մեզ հրավիրել էր շոկոլադ խմելու: Մենք շնորհավորեցինք նրան մի-մի նվերով: Զարիֆյանը գնել էր մի շքեղ մետաքսյա հովանոց, մի բան՝ որ անսպասելի էր նրա նման ժլատից: Սանթուրյանը բերեց մի փղոսկրյա քնարիկ: Դա մի հասարակ, բայց ճաշակով շինված քորոց էր կրծքի համար:

Օրիորդը մեր նվերները դրել էր առանձին սեղանի վրա և պարծանքով ցույց էր տալիս ընկերուհիներին, որ եկել էին շնորհավորելու: Առանց քաշվելու նա մի առանձին հաճույքով ցույց էր տալիս Սանթուրյանի նվերը, որ գուցե բոլոր նվերներից էժանագինն էր:

— Ախ, ի՜նչ գեղեցիկ է, ի՜նչ գեղեցիկ է, — կրկնում էր նա անդադար, — երևում է, որ նվիրողը ճաշակով մարդ է…

Սանթուրյանը երբեմն նայում էր օրիորդին, երբեմն ինձ և ամաչելով

Օգլուխը թեքում կրծքին: Պետք է ասել, որ մի շաբաթ էր արդեն, նա ուշադիր էր դեպի օրիորդը: Պարզ էր, որ այդ կարճ միջոցում նա ավելի էր գրավել նրան, քան Զարիֆյանը՝ ամիսների ընթացքում: Երկու օր առաջ նա ինձ մոտ առաջին անգամ խոսեց Ադելաիդայի մասին: Նրա հուտուկտոր խոսքերից իմացա, որ հավանում է գերմանուհուն, մանավանդ նրա աշխույժ և ուրախ բնավորությունը:

Ադելաիդան անվերջ հրճվում էր Սանթուրյանի նվերով, ստեպ-ստեպ ժպտալով նրա երեսին: Պետք էր տեսնել Զարիֆյանին: Ներքին Հուզմունքից նա անդադար կրծոտում էր շրթունքները. բեղերը շարունակ ոլորում և մատներով ճզմում բաց-շագանակագույն միրուքը: Նա աչքերով գրավում էր Ադելաիդային և աշխատում էր անուշադիր լինել դեպի Սանթուրյանը: Ինձ համար պարզ էր, որ նա չարաչար նախանձում է:

Բայց առաջին և վերջին անգամն էր, որ ես նկատեցի այդ նախանձը... Այնուհետև Զարիֆյանի զգացումները անթափանցելի էին ինձ համար:

Հետևյալ օրը Սանթուրյանը ինձ բարեկամաբար խոստովանեց, որ անտարբեր չի դեպի Ադելաիդան: Այդ օրից սկրսած՝ նա երբեմն գնում էր օրիորդի սենյակը, Նրանք միասին կարդում էին գրքեր: Թե ինչ էին խոսում, հարկավ, չգիտեի: Բայց, ճանաչելով Սանթուրյանին, գուշակում էի, որ եթե մի անգամ սիրո զգացումը նրա սրտում գեթ մի թույլ արմատ է գցել, պետք է աճի, զարգանա այնքան արագ, որքան արագ հղանում էր և զարգանում նրա մեջ ամեն մի զգացում: Ես չէի ուզում նրան խանգարել, խլել նրա երջանիկ ժամերը, ուստի առաջվա պես հաճախ չէի այցելում նրան: Բայց նա ինձ հանդիմանում էր այդ մասին և, երբ ես չէի գնում նրա մոտ, ինքն էր գալիս իմ սենյակը:

Սիրո զգացումը տակավին չէր գրավել նրա ներքին կրակը: Նա նույն գրգռող, վրդովվող, անարդարությունների դեմ բողոքող Սանթուրյանն էր: Նա նույնչափ անողոք էր դեպի մարդկային սառնասրտությունը, եսամոլությունը, նույնչափ զգայուն դեպի խեղճը, աղքատը, սնանկը և հալածվածը: Նա ծախսում էր յուր վերջին կոպեկը, գրավ դնում ամեն ինչ, որ կարելի է գրավ դնել և նպաստում էր չքավոր ուսանողներին, միևնույն է ովքեր էլ լինեին և ինչ աչքով էլ նայեին նրան այդ մարդիկ: Մի անգամ Զարիֆյանը հաղորդեց, թե մի բժիշկ ուսանող չի կարողանում այդ տարվա ուսումնավարձը վճարել: Սանթուրյանը նոր էր տնից փող ստացել և այն օրը վճարել սենյակի ու ճաշի վարձը: Նա անմիջապես գրպանները դատարկեց սեղանի վրա: Գոյացավ տասնյոթ ռուբլի և մի քանի կոպեկ:

— Ահա իմ մասը, մնացյալն էլ ուրիշից առեք, — ասաց նա, մղելով փողերը Զարիֆյանի կողմը:

— Վաղը ինքներդ կտաք նրան, — ասաց Զարիֆյանը:

— Ոչ, նա ինձանից չի վերցնիլ: Մի անգամ նա մի պսակի համար փող էր ժողովում, ես կամեցա իմ բաժինը տալ, նա չընդունեց: Չի կարելի, ասաց, ձեր փողերը խառնել ուսանողական փողերի հետ: Տվեք իրան ձեր կողմից, ինձանից չի վերցնիլ, բայց չասեք, թե ես եմ տվել: Դա իմ մայրական փողերից է, հավատացե՜ք…

Եվ նա, յուր շրթունքները կրծոտելով, հազիվ կարողացավ զսպել արտասուքը:

Հիշում եմ այն օրը, երբ ուսանողները մի երեկույթով պետք է պատվեին Կովկասից եկած մի հայտնի մարդու: Մեծամասնությունը կամեցավ զանցառության տալ Սանթուրյանին: Ես և մի քանի ուրիշները բողոքեցինք և կարողացանք ստիպել նրանց՝ արդարացի լինել իրանց ընկերոջ վերաբերմամբ: Ուսանողները համաձայնեցին հրավիրել Սանթուրյանին, չնայելով շատերի ընդդիմության: Իսկապես այդ ընդդիմության պատճառը Սանթուրյանի ազգանվան արատը չէր, այլ նրա մտավոր առավելությունը, որ կարող էր նրանց նսեմացնել կովկասցի հյուրի մոտ: Ուսանողները զգում էին Սանթուրյանի գերազանցությունը. ահա նրանց հալածանքի գլխավոր հոգեբանական պատճառը, որ ես պարզ հասկանում էի և զգում: Զարիֆյանը, որ միշտ մի առանձին ախորժակով էր պատմում ամեն մի չար լուր շտապել էր Սանթուրյանին հաղորդել այն բոլոր վիճաբանությունները, որ տեղի էին ունեցել նրա առիթով: Ես այդ չգիտեի, եկա նրան հրավիրելու, և ի՞նչ դրության մեջ գտա: Զգայուն երիտասարդը պառկած էր անկողնում՝ հագուստով: Նրա աչքերն այրվում էին, կուրծքը ուժգին բաբախում) դժվարությամբ էր շունչ քաշում. այնքան ազդել էր այս անգամ նրա վրա ընկերների խստությունը:

— Հանգստացիր, Մարգար, հանգստացիր, — ասացի ես, իսկույն զգալով բանի էությունը, — հավատացիր, չարժե այդքան զգայուն լինել դեպի ամեն բան:

— Դեպի ամեն բան, — գոչեց նա, գլուխը բարձրացնելով և մի կրակոտ հայացք ձգելով ինձ վրա, — դեպի մի այդպիսի ապտա՞կ: Այո, չարժե, չարժե, որովհետև ես եմ մեղավորը, ես եմ առիթ տալիս ինձ հալածելու, ես, որ չեմ կարողանում հաշտվել ոչ ոքի հետ:

Եվ նա սկսեց խեղդված ձայնով հեկեկալ, գլուխը թաղելով բարձի մեջ: Ես չէի խղճում նրան, այլ ցավակցում էի: Խղճում են թույլերին, իսկ նա թույլ չէր, այլ զգայուն, պարզախոս, անկեղծ: Եվ հենց այդ պարզախոսությունն ու անկեղծությունն էին նրա անբախտության հիմքը:

Վերջին ժամանակ նրա դժբախտ հոր մասին Թիֆլիսի մի լրագրում երևացել էր մի կոպիտ ֆելիետոն: Ուսանողները կարդում էին և ծիծաղում: Կարդաց նա ինքն էլ, և կրակը սկսեց մի նոր ուժով լափել նրա ներսը: Ես ամեն կերպ աշխատում էի թեթևացնել նրա վիշտը: Բայց երբեք չէի ձգտում նրա մեջ թուլացնել որդիական սերը: Դա կլիներ ապարդյուն ջանք, այնինչ ես, փոխանակ մխիթարելու, կավելացնեի նրա դառնությունները:

Ես ուրախ էի, որ նա հետզհետե ավելի ու ավելի հափշտակվում էր Ադելաիդայով: Դա, անկասկած, կարող էր ցրել նրա թախիծը կամ գոնե թեթևացնել. դա միակ դեղն էր նրա բարոյական տառապանքի դեմ:

Մի օր նա մտավ իմ սենյակը ուրախ տրամադրությամբ: Առաջին անգամն էի տեսնում նրա մելամաղձոտ դեմքի վրա կենսուրախության ժպիտ: Առանց քաշվելու, առանց առաջաբանի, նա բացարձակ հայտնեց, թե արդեն յուր սերը հայտնել է Ադելաիդային և հավանություն է գտել նրա կողմից: Ադելաիդան հիանալի աղջիկ է, սիրում է, կարող է հասկանալ նրան: Եվ մի ամբողջ քառորդ ժամ նա գովում էր գերմանուհուն և հրճվում փոխադարձ սիրով: Ես չկարողացա ինձ զսպել. ինչպես սիրո զգացումը դեռ չճաշակած մի մարդ, շտապեցի գործին ավելի խոր նայել և հարցրի.

— Բայց ի՞նչ վերջ կունենա այդ սերը:

— Ես կամուսնանամ նրա հետ, ահա թե ինչ վերջ կունենա, — պատասխանեց նա դրականորեն:

Խոստովանում եմ, այդ մասին ես չէի մտածել: Ինձ թվում էր թե դա մի ժամանակավոր հափշտակություն է, շուտ սկսվել է, շուտով էլ կանցնի: Լսելով Սանթուրյանի վճռական պատասխանը, ես ինքս իմ հարցից ամաչեցի. ի՞նչպես էի հանդգնել ենթադրելու անգամ, որ այդպիսի ազնիվ մարդը կարող է թեթևամիտ խաղ խաղալ մի երիտասարդ և անարատ աղջկա հետ: Բայց միևնույն ժամանակ ես հոգով ընդդեմ էի նրա ամուսնանալուն: Չգիտեմ ինչու, հավատացած էի, որ Ադելաիդան երբեք չի կարող Սանթուրյանի համար կյանքի արժանավոր ընկեր լինել: Ճշմարիտ է, նա սիրուն էր, կրթված, աշխատասեր, և ինչպես գերմանուհի, գուցե կարող էր լավ տանտիկին լինել: Բայց ինձ խորթ էր թվում նրա ծայրահեղ ուրախ բնավորությունը, որքան էլ այդ բնական լիներ նրա հասակում: Արդեն նա չափից դուրս շատ էր ծիծաղում, թռչկոտում ու երգում: Եվ դա մի ապագա ամուսնու համար ես թեթևամտության նշան էի համարում: Բայց եթե ճիշտ է, որ կոնտրաստները հակում ունին դեպի միմյանց, Սանթուրյանը պետք է սիրեր Ադելաիդային, որովհետև այդ կողմից նրանք երկուսն էլ կատարյալ կոնտրաստներ էին:

Միայն մի բան ինձ չթողեց այդ օրը անկեղծ լինել: Սանթուրյանը մտադիր էր ամուսնանալ ոչ իսկույն, այլ ուսումն ավարտելուց հետո: էհ, մտածում էի, ով գիտե, այս մի տարվա ընթացքում ինչեր կպատահեն, ինչո՞ւ այժմյանից իմ կասկածներով թունավորեմ բարեկամիս երջանկությունը:

Այժմ, ճաշի միջոցին, Սանթուրյանը Ադելաիդայի կողքին էր նստում: Լեհացին ինձ զանազան նշաններ էր անում, թե ամեն բան հասկանում է, և ներքուստ ծիծաղում էր Զարիֆյանի վրա: Ռուս ուսանողը անտարբեր էր. նա մտքով զբաղված էր յուր սրտի ընտրածով: Պառավ տանտիկինը, կարծես, հասկացել էր բանի էությունը և չէր երևում, որ հակառակ լինի աղջկա կամքին: Սանթուրյանին նա հավանում էր և միշտ գովում մեր մոտ նրա լրջմտությունը: Իսկ Զարիֆյա՞նը... Նա դեռևս զսպում էր իրան և շարունակում Սանթուրյանի հետ յուր բարեկամությունը: Այդ մարդը ուներ կամքի ուժ: Բայց ինձ թվում էր, որ նա այլևս չի նախանձում ցավում է միայն յուր նվիրած թանկագին հովանոցի մասին: Դա սխալ էր, և ես հետո հասկացա, որ սխալվում եմ:

Ինչ ասել կուզի, որ այժմ Սանթուրյանը ավելի զբաղված էր յուր սիրո առարկայով, քան մի ուրիշ բանով: Նա տանում էր օրիորդին թատրոն, նվագահանդեսներ, զբոսանքի, և ես զգում էի, որ սերը նրա ուսանողական նիհար գրպանին էժան չի նստում: Մոտ երկու ամիս անցավ այդպես: Ձմեռը վերջանում էր, համալսարանական քննությունների ժամանակը մոտենում: Մի օր նկատեցի, որ Սանթուրյանը սեղանի մոտ նստել է Ադելաիդայից հեռու և չի խոսում նրա հետ: Իսկ օրիորդը, գլուխը կրծքին թեքած տխուր նայում է ափսեին, չի ուտում միայն ձևի համար է մեզ հետ նստել: Զարիֆյանը նստած էր նրա հանդեպ և յուր հայացքը չէր հեռացնում նրանից: Դժվար էր կարդալ այդ մարդու դեմքի վրա նրա հոգու շարժումները: Նա չգիտեր ոչ ամոթից կարմրել, որովհետև միշտ կարմիր էր, ոչ բարկությունից գունատվել և ոչ ուրախությունից ոգևորվել:

Հետևյալ և երկրորդ օրը Սանթուրյանը դարձյալ Ադելաիդայից հեռու էր նստել, դարձյալ օրիորդը տխուր էր և դարձյալ Զարիֆյանը դիտում էր նրան: Իսկ չորրորդ օրը Ադելաիդան ճաշի չեկավ: Իմ հետաքրքրությունը շարժվել էր. կամենում էի իմանալ այդ լուռ տեսարանների պատճառը: Զգում էի, որ անշուշտ մի անախորժ բան է պատահել:

Հենց այդ օրը երեկոյան Սանթուրյանը պղտորված մտավ իմ սենյակը:

— Էլի ի՞նչ է պատ՛ահել, — հարցրի ես:

— Դժբախտություն, օրիորդը ինձանից խուսափում է:

— Ինչո՞ւ:

— Հենց այդ «ինչուն» է ինձ հետաքրքրում: Դու պետք է ինձ օգնես պատասխանը գտնելու:

— Ե՞ս:

— Այո,: Դու պետք է նրանից բացատրություն պահանջես:

— Ինչո՞ւ ինքդ չես պահանջում:

— Նա ինձ ոչինչ չի ասում: Նա ինձ հետ չի ուզում խոսել:

— Ահա ինչ...

— Այո , նա ինձ տեսնելիս՝ երեսը շուռ է տալիս:

— Էհ, շատ լավ, դու էլ քո երեսը շուռ տուր:

— Հետո՞:
— Հետո դու քեզ համար, նա յուր համար:
Սանթուրյանը զարմացած նայեց աչքերիս:
— Դու կատա՞կ ես անում, — գոչեց նա:
— Իսկի էլ չէ: Ես չեմ հավանում քո սերը, եթե միայն պլատոնական չէ և այդպես էլ չպիտի մնա:
— Պատճա՞ռը:
— Աղելաիդան քո ընկերը չէ:
— Իհարկե, նա ինձանից շատ և շատ բարձր է: Այդ ես գիտեմ:
— Ոչ: Նա քեզ արժանի չէ:
— Մի ծաղրիլ ինձ, Միրաբյան:
— Ես չեմ ծաղրում: Ինձ թվում է, որ Աղելաիդան քեզ չի սիրում. գոնե այն սիրով,որին արժանի է մի լուրջ մարդ:
— Կնշանակե ես լուրջ մարդ չեմ:
— Ընդհակառակը...
— Ինչևէ, — ընդհատեց իմ խոսքը Սանթուրյանը, — դու պետք է նրանից բացատրություն խնդրես իմ կողմից:
Ես ընկա մտատանջության մեջ: Դա մի նուրբ միջամտություն կլիներ իմ կողմից և ես հազիվ թե ընդունակ լինեի կատարել ինձ առաջարկած դերը:
— Ներիր, Սանթուրյան, — ասացի ես, — ես չեմ կարող անել :
— Ինչո՞ւ:
— Նախ՝ իմ սկզբունքներին դեմ է երկու սիրահարների մեջ մտնելը, երկրորդ՝ ես անձամբ անկեղծ ցանկանում եմ, որ դու հեռանաս այդ օրիորդից:
— Ուրեմն մերժո՞ւմ ես: Շատ լավ. կդիմեմ Զարիֆյանի միջնորդությանը:
— Զարիֆյանի՞, — հարցրի ես, չկարողանալով թաքցնել իմ զարմանքը:
— Այո՛, ճարս ինչ: Դու գիտես որ ուրիշ ընկեր չունիմ...
— Նամակ գրիր...
— Նամա՞կ: Կան այնպիսի բաներ, որ նամակով չի կարելի բացատրել: Ես գիտեմ, որ դու Զարիֆյանին չես սիրում, բայց նա վատ տղա չէ. գլխավորը՝ նա մոտ է Աղելաիգային:
Այս անգամ մի քիչ վրդովվեցի և ասացի.
— Բայց մի՞թե դու չես նկատում, որ նա ինքը անտարբեր չէ դեպի Աղելաիդան:
— Գուցե առաջ այդպես էր, իսկ այժմ նա սիրում է օրիորդին ինչպես եղբայր: Նա մինչև անգամ խրախուսում է իմ սերը: Նա տակտով մարդ է:
— Տակտով լինելուն խոսք չունիմ, բայց...
— Ի՞նչ բայց...

— Սանթուրյան մի նեղանար ինձանից, եթե ասեմ՝ «հեռու կաց այդ օրիորդից էլ, այդ Զարիֆյանից էլ...»:

Ավելի ոչինչ չասացի: Նա մի փոքր մտածեց և հետո վճռական շարժում գործեց ու շտապով դուրս եկավ իմ սենյակից՝ դժգոհ դեմքով...

Այստեղ Միրաքյանը ընդհատեց յուր պատմությունը և սկսեց կրակը վառարանի մեջ խառնել: Ապա մեզ համար դարձյալ մի-մի բաժակ թեյ ածեց և ասաց.

— Կարծեմ, պարոններ, դուք հոգնեցիք լսելուց: Կկամենաք շարունակությունը հետաձգեմ վաղվան:

Դեռ երեկոյան ութ ժամն էր: Մենք միաձայն խնդրեցինք նրան շարունակել և ավարտել: Նորից մի ծխախոտ վառելով, նա այս անգամ նստեց վառարանից հեռու:

Հետևյալ օրը, — շարունակեց Միրաքյանը, — Զարիֆյանը նստել էր առաջվա տեղը և կատարում էր նախկին դերը. այսինքն՝ ծառայում էր օրիորդին, հաճոյախոսություններ էր անում, միայն չափազանց զգույշ: Երբեմն նա զաղտուկ մտիկ էր անում Սանթուրյանի երեսին և ուսերը վեր քաշում, կարծես, ասելով. «չեմ հասկանում, ի՞նչ է պատահել այս աղջկան»:

Մի կիրակի օր Սանթուրյանը ճաշի չեկավ: Կասկածը տիրեց ինձ: Այդ մարդը այնքան զգայուն էր, որ, ով գիտե, ինչ կարող էր անել րոպեի ազդեցությամբ. ոչ ուրիշին, այլ ինքն իրան, որովհետև նա ոչ ոքի թշնամի չէր կարող լինել և չէր էլ ուզում լինել, բացի ինքն իրան: Նրա բոլոր վրդովմունքը, ատելությունը, նրա սրտի ամբողջ թույնը, հոգու բուռն կրակը միայն և միայն իրան էին վնասում:

Մի քանի անգամ ես անցա նրա սենյակը, որ տեսնեմ՝ վերադարձել է արդյոք: Չկար: Օրը մթնեց, թեյի ժամանակն էլ անցավ: Դարձյալ չկար: Վերջապես, արդեն կեսգիշեր էր, երբ լսեցի նրա դռան ձայնը և շտապեցի նրա մոտ:

— Ահ, այդ դո՞ւ ես, մտիր, — ասաց նա, — մի ձեռքում պահած վառ լուցկին, մյուսում՝ լամպի ապակին:

Նա սենյակը լուսավորեց, վերարկուն շպրտեց մի կողմ և հոգնած՝ շնչասպառ նստեց անկողնակալի վրա:

— Առավոտից մինչև այժմ պտտում էի փողոցներում, — ասաց նա վերջապես, պատասխանելով իմ հարցին:

— Ինչո՞ւ:

— Որովհետև ես անբախտ մարդ եմ: Այսօր առավոտ Զարիֆյանը ինձ հաղորդեց, որ խոսել է Աղելաիդայի հետ…

— Հետևա՞նք...

— Աղելաիդան ամաչում է ինձ սիրել, որովհետև ես անհաշտ մարդ եմ, որովհետև ամենը ինձանից երես են դարձնում, որովհետև բոլորը ինձ արհամարհում են...

— Որտեղի՞ց գիտե նա այդ բանը:

— Էհ, այդ ինձ համար միևնույն է…

Ես ժպտացի:

— Տեսար ուրեմն, — ասացի, — որ դա սեր չէ, այլ թեթևամտություն: Մի՞թե սիրող կինը ուրիշների աչքով կնայի յուր սրտի ընտրածին:

— Ոչ, իհարկե, ոչ: Բայց Աղելաիդան անփորձ երեխա է: Նա դեռ չի կարող յուր խելքով դատել: Ես այլևս սիրո մասին չեմ մտածում: Ոչ, ինձ այժմ տանջում է մի ուրիշ բան: Երևակայիր Զարիֆյանը ասում է, թե Աղելաիդան իմ մասին վատ գաղափար ունի:

— Օրինա՞կ:

— Լեզուս չի գալիս ասելու...

— Դարձյալ:

— Իբրև թե ես կեղտոտ նպատակ եմ ունեցել... Հասկանո՞ւմ ես...

— Ահա ինչ: Բայց փաստ ունի՞ այդպես կարծելու…

— Փա՛ստ: Աստծուն է հայտնի, որ ես իմ մաքուր սերն անգամ ամոթով եմ նրան հայտնել:

— Եվ դու այդ բոլորից հետո չե՞ս ուզում անձամբ օրիորդից բացատրություն պահանջել:

— Զարիֆյանը պնդում է, թե Աղելաիդան այդ մասին լսել անգամ չի ուզում:

Զարիֆյանը ասում է, թե օրիորդը վատ գաղափար ունի Սանթուրյանի մասին: Զարիֆյանը պնդում է, թե օրիորդը չի ուզում տեսնվել Սանթուրյանի հետ. բոլորը Զարիֆյանը... Ոչ, մտածում էի ես, այստեղ մի գաղտնիք կա:

— Սանթուրյան կրկնեցի ես, — մոռացիր այդ աղջկան, ձեռք քաշիր այդ Զարիֆյանից:

— Այժմ ես կաշխատեմ կատարել այդ խորհուրդը: Մոռանալ Աղելաիդային, իհարկե չեմ կարող, բայց կհեռանամ նրանից: Չի կարելի ուժով սեր գրավել: Նա իրավունք ունի արհամարհելու, որովհետև բոլորը արհամարհում են: Ոչինչ թող արհամարհի, ես այլևս նրան չեմ ձանձրացնիլ…

Մի քանի օր անցած՝ պառավը եկավ իմ սենյակը և վշտացած հայտնեց, թե Սանթուրյանը տեղափոխվում է:

Ես շտապեցի նրա սենյակը: Նա շրթունքները կրծոտելով, անցուդարձ էր անում: Արդեն ժողովել և կապոտել էր իրեղենները և սպասում էր կառքի:

— Ո՞ւր ես գնում:

— Ես իսկույն ուզում էի գալ քեզ մոտ: Տեղափոխվում եմ ուրիշ սենյակ:

— Միթե արդեն բանն այդ տե՞ղն է հասել:

Նա ասաց, թե չի կարող այդքան մոտիկ ապրել և այդքան հեռու

լինել Աղելաիդայից. թե զգում է, որ յուր ներկայությունը ծանձրացնում է օրիորդին և թե, վերջապես, հպարտության զգացումը չի թույլ տալիս այժմ նույնիսկ որևէ բացատրություն խնդրել նրանից:

Անցավ մոտ մի շաբաթ: Ես Սանթուրյանին ոչ մի տեղ չէի հանդիպում: Նա համալսարանումն էլ չէր երևում: Դժբախտաբար ես մոռացել էի հարցնել նրա նոր սենյակի տեղը: Վերջապես մի առավոտ հանդիպեցի նրան Տվերսկայա փողոցում: Նա շտապով մոտեցավ ինձ և ամուր սեղմեց իմ ձեռը: Ես կիսահեգնաբար հարցրի. արդյոք առողջանում է նրա սրտի վերքը: Նա դառնությամբ ժպտաց և խնդրեց որ կատակ չանեմ:

— Իմ վերքն ավելի խոր է, քան նույնիսկ ինքս էի կարծում:

Երկու օր առաջ նա տեսել էր Աղելաիդային Զարիֆյանի հետ ձիաքարշով անցնելիս: Առաջին անգամ նա զգացել էր, թե ինչ ասել է խանդ:

— Թեև, — ավելացրեց նա, — իրավունք չունիմ Զարիֆյանի վերաբերմամբ խանդոտ լինելու:

Ես չկարողացա զսպել իմ վրդովմունքը Զարիֆյանի դեմ: Պատմեցի Սանթուրյանին ամենը, ինչ որ դիտել էի նրա բացակայությանը: Աղելաիդայի նորից ուրախ և զվարթ դառնալը, Զարիֆյանի հաղթական ժպիտները, նրանց գաղտնի շշնջյունները, օրիորդի այցելությունները Զարիֆյանին, այս բոլորը մի շաբաթ էր արդեն՝ լուսաբանում էին ինձ համար նրանց հարաբերությունները:

Սանթուրյանը լսում էր թղթի պես գունատված: Նրա կուրծքը ուժգին բաբախում էր աչքերը կարծես ձգտում էին դուրս գալ իրանց խորշերից: Նա երկյուղալի էր այդ րոպեին: Ես զղջացի իմ տված անսպասելի հարվածի համար: Բայց արդեն ուշ էր: Գնացի նրա հետ յուր նոր սենյակը և այդ գիշերը անցկացրի այնտեղ: Երկար, երկար ժամանակ աշխատում էի նրան հանգստացնել:

Այո, իմ բարեկամը սիրում էր և տանջվում: Այժմ նրա ներքին կրակին ավելացել էր և խանդի զգացումը, մի բան, որ ամենից ավելի էր վտանգավոր նրա նման մի զգայուն երիտասարդի համար: Նա օրեցօր ավելի մռայլ էր դառնում, բայց և օրեցօր թանձրանում էր նրա սրտի հուրը, ուտելով և մաշելով նրան: Նա հետզհետե դառնում էր լռակյաց, հոռետես, բաց ոչ կասկածամիտ կամ վատախոս: Երբեք նրանից չէի լսում մի գանգատ Զարիֆյանի դեմ, նույնիսկ որևէ դժգոհություն: Նա միայն բողոքում էր յուր ճակատագրի դեմ և ամեն բանում իրան էր մեղավոր համարում: Նա չէր մեղադրում նաև Աղելաիդային:

— Նրա բարի կամքն է սիրել, ում հավանում է, — ասում էր նա, — և ես ոչինչ վատ բան չեմ տեսնում նրա արածի մեջ: Ես չեմ մեղադրում անգամ, որ նա իմ մասին վատ գաղափար ունի: Սխալվում են շատ անգամ հասուն մարդիկ, իսկ նա դեռ երեխա է, մի օր խելքի կգա և կհասկանա, որ սխալված է:

VI

Մեր քննությունները վերջացան: Ես ուղևորվեցի Կովկաս, նախապես խոսք վերցնելով Սանթուրյանից, որ ինքն էլ արձակուրդներին հեռանա Մոսկվայից: Ես հույս ունեի, որ տեղափոխությունը կարող է թեթևացնել նրա վիշտը: Եթե իմ ծնողներից շտապողական նամակ ստացած չլինեի, կսպասեի, նա էլ յուր քննությունները վերջացնի, որ միասին վերադառնանք հայրենիք:

Երեք շաբաթ իմ ծննդավայրում մնալուց հետո, եկա Թիֆլիս: Առաջին իմ ցանկությունն էր տեսնվել Սանթուրյանի հետ: Հենց իմ գալու օրը գտա նրա բնակարանը: Նա տանն էր: Դուրս վազելով, դիմավորեց ինձ պատշգամբի վրա:

Երբ բարեկամդ ամեն օր աչքիդ առաջ է չես նկատում նրա օր-օրի վրա արտաքուստ փոխվելը: Բայց բավական է, որ նա հեռանա մի քանի շաբաթով և դու, նորից տեսնելով, կգտնես նրան փոխված: Հայելին շնորհակալության արժանի մի պարագա է: Նա պահպանում է մեր իլյուզիան և աննկատելի կերպով օր-օրի վրա մեզ հաշտեցնում ծերության հետ:

Ընդամենը մի ամիս էր ես չէի տեսել Սանթուրյանին, և որքան փոփոխություն այդ կարճ միջոցում, նրա այտերը ներս էին ընկել, ծնոտը երկարացել էր ճակատի ոսկորները ավելի էին ցցվել: Քսանչորս տարեկան երիտասարդի գանգուր մազերի մեջ ես նկատեցի ճերմակներ: Մի բան, որ արտաքինում անփոփոխ էր՝ դա նրա սևաթույր աչքերի կրակոտ փայլն էր: Նա ինձ ծանոթացրեց յուր ընտանիքի հետ: Մայրը մի նիհար կին էր, արտաքուստ նման յուր որդուն: Քույրը, հակառակ իմ սպասածին, շիկահեր էր, փոքր եղբայրը նույնպես:

Նրա հոր գործը անցել էր պալատ: Շատ էին աշխատել նրան երաշխավորությամբ հանել բանտից մինչև գործի երկրորդ քննությունը: Չէր հաջողվել: Փաստաբանը հույս էր տալիս, որ պալատը ուիիշ կերպ կնայի դատին, քան դատարանը: Ընտանիքը ապրում էր այս հույսով:

Ազգականները մեծ մասամբ երես էին դարձրել նրանցից: Օրիորդը ամոթից և վշտից չէր ուզում հասարակության մեջ երևալ: Մայրն ամեն օր արտասուք էր թափում: Գիմնազիստը տարվա կիսին, չդիմանալով ընկերների ծաղրին, դադարել էր գիմնազիոն գնալուց և պետք է մի տարի կորցներ:

Այս բոլորը պատմեց ինձ Սանթուրյանը, երբ մենք առանձնացանք նրա սենյակում:

— Չգիտեմ որ մեկին մխիթարել, որ մեկի համար մտածել, — ասում էր նա վշտացած:

Ես ամեն օր այցելում էի նրան: Միասին գնում էինք զբոսնելու քաղաքից դուրս:

Երբեք չեմ մոռանալ այդ զբոսանքները և իմ բարեկամի տաղանդավոր զրույցները: Ա՜խ, սիրում էի նրա հանդուգն դատողությունները, նրա ազատ և աներկյուղ գաղափարները, նրա պարադոքսները, մտքի անկանոն բայց հսկայական թռիչքները: Երբեմն մի անսպասելի դարձվածքով, անփույթ ձևով արտասանված խոսքով որոշում էր այս կամ այն երևույթի ներքին իմաստը: Ոչինչ չէր խուսափում նրա սուր աչքերից, ոչինչ, որ միայն վերաբերում էր հասարակական կյանքին:

Նա քստմնում էր այն բոլորից, ինչ որ, նրա կարծիքով, չէր բխում մարդու իսկական զգացումներից: «Պատժվիր, բայց մի կեղծիր», ահա նրա նշանաբանը, և այդ նշանաբանին հավատարիմ մնաց մինչև վերջը…

Մի անգամ ես նրան ուժով տարել էի, չեմ հիշում, ինչ ընկերության ընդհանուր ժողով: Այնտեղ կային հայեր, ռուսներ, վրացիներ, նույնիսկ մի քանի թուրքեր: Բոլորն էլ գրեթե բարձր կրթության տեր մարդիկ էին: Քննվում էր մեր երկրի տնտեսական վիճակին վերաբերյալ մի խնդիր: Սանթուրյանը ինձ հետ հեռվից դիտում էր ժողովը և ուշադրությամբ ականջ դնում խոսողներին: Նրա երեսից չէր հեռանում հեգնական ժպիտը:

— Նայիր, — ասաց նա, իմ ուսին խփելով, — այստեղ բոլորը կեղծում են, Նայիր այն պարոնին, որ այս րոպեին գյուղացիների շահերի անունով էր խոսում: Տես ինչպես է յուր բեղերը ծածուկ սրում և ինչպես է յուր թանկագին փողկապն ուղղում: Նա կեղծում է: Համոզված եղիր, որ փողկապը նրա աչքում ավելի գին ունի, քան ժողովրդի շահերը: Նայիր այն մյուսին, հայ է, ազատամիտ է համարվում, բայց տես ինչպիսի քծնող դեմքով է նայում յուր մոտ նստած իշխանավորին... Պաշտոնի է սպասում... Վաղը նա կդառնա ժողովրդի թշնամին... Նայիր այն կարմիր այտերով պարոնին: Նա էլ է գրում իմ հոր դեմ... Բայց մի անգամ նրան հարցրին մի հասարակական գումարի մասին: Զաքարիայի պես պապանձվեց: Սրանք են մեր երկրի աղը: Ոչ, Միրաբյան, գլուխս պտտում է… գնանք այստեղից:

Եվ նա իմ թևից քաշելով, դուրս բերեց ինձ այդ ժողովից:

— Իսկ իմ հայրը, — ասաց նա փողոցում, — այդ կիսակիրթ մարդը գոնե ուրիշներին ազնվության դասեր չէր տալիս: Կարելի է ես այսքան չցավեի նրա մասին, եթե նրան դատապարտող հասարակության բարոյական հայելին մաքուր լիներ...

Եվ բոլոր նրա խոսակցությունների մեջ իբրև մի մռայլ գիծ անցնում էր հոր անունը:

Երբեմն նրան տանում էի հասարակական այգիներ և այնտեղ մենք հանդիպում էինք ծանոթ ուսանողների: Նա այժմ ինքն էր ամենից երես դարձնում, նա ոչ մի տեղ չէր ուզում երկար մնալ: Միշտ հուզված, միշտ մտազբաղ, նա րոպե անգամ հանգստություն չուներ ներքին կրակից:

Առաջ ես կարծում էի, որ յուր հոր դժբախտությունն է նրան այդպես դարձրել: Բայց երբ մտերմացա նրա հետ, երբ ծանոթացա նրա անցյալին, իմացա, որ միշտ այդպես է եղել:

Նա ամեն օր հիշում էր Ադելաիդային: Նա ցանկանում էր մոռացության տալ յուր կարճատև երջանկությունը: Բայց իզուր: Ես չեմ պատմիլ ձեզ նրա կրած տառապանքները: Դա ինձ, շատ հեռու կտաներ: Կհրավիրեմ ձեզ վերադառնալ Մոսկվա դեպի ուր ձգտում էր Սանթուրյանը:

Օգոստոսի վերջին նա Ռուսաստան ուղևորվեց, իսկ ես՝ իմ ծննդավայրը: Այս անգամ մորս տեսա անկողնի մեջ ծանր հիվանդ: Յոթ շաբաթ նա տատանվում էր մահի և կյանքի մեջ: Ես չէի կարող նրանից հեռանալ, թեև վաղուց պետք է լինեի համալսարանում: Վերջապես նա սկսեց առողջանալ, և արդեն հոկտեմբերի վերջն էր, երբ հասա Մոսկվա: Վճռել էի իմ ուսանողության այդ վերջին տարին էլ անցկացնել գերմանացի պառավի բնակարանում: Մտածելով, գուցե իմ սենյակը արդեն վարձված է կամ տանտիրուհին տեղափոխվել է ուրիշ տուն, ես մի օրով իջևանեցի հյուրանոցում և նույն օրը գնացի պառավին տեսնելու:

Հույս ունեի Ադելաիդային հանդիպել մոր մոտ: Թե ինչ հետևանք էին ունեցել նրա հարաբերությունները Զարիֆյանի հետ, չգիտեի: Միայն մտածում էի, որ Զարիֆյանը չպիտի լինի Մոսկվայում: Նա արդեն ավարտել էր ուսումը և պետք է վերադարձած լիներ հայրենիք:

Մտա ծանոթ տան բակը և դիմեցի ուղղակի դեպի պառավի բնակարանը: Դռնապանը նախկինն էր: Մոտեցավ ինձ և բարևելով, հարցրեց.

— Երևի գերմանուհուն եք ուզում տեսնել:

— Այո:

— Չկա գերմանուհին:

— Տեղափոխվե՞լ է:

— Այո:

— Ո՞ւր:

— Այնտեղ, ուր բնակարանի համար վարձ չեն տալիս, — պատասխանեց դռնապանը ռուս մուժիկին հատուկ սառը հեգնությամբ, դեպի մահը:

Խե՜ղճ պառավ, նա մեռել էր: Առավոտյան հիվանդացել էր, երեկոյան հոգին ավանդել: Դժբախտությունը պատահել էր ամառվա կիսին: Ադելաիդան մոր մահից հետո վաճառել էր կահ-կարասին և տեղափոխվել ուրիշ տեղ: Մեր բնակարանը այժմ կարուձևի արհեստանոց էր դարձել...

Այլևս ոչինչ չհարցրի և դուրս եկա փողոց մի ծանր թախիծ սրտումս: Կարծես ինձ զրկեցին մի ընտանիքի օթևանից, այնքան ընտելացել էի այդ բնակարանին և իմ տանտիրուհիներին: Անբախտ պառավ, գոնե տեսա՞ր քո երկրորդ աղջկա բախտավորությունը, մտածում էի ես:

Հետևյալ օրը սենյակ վարձեցի մի ռուս ընտանիքի մոտ և իսկույն տեղափոխվեցի: Համալսարանում իմ աչքերը որոնում էին Սանթուրյանին, բայց անցավ մի ամբողջ շաբաթ, չէի տեսնում: Ոչ ոք չգիտեր նրա բնակարանը: Ասում էին, թե շատ քիչ է դասախոսություններին գալիս: Նրա ամենախիստ դատավորներից մեկը ծաղրաբար նկատեց.

— Ժամանակ չունի, զբաղված է բուլվարում թռչուններ որսալով…

— Այդ նրա զբաղմունքը չէ, — ասացի ես զայրացած:

Դատապարտողը թարս նայեց ինձ և երեսը շուռ տվեց: Ես զգացի, որ Սանթուրյանին պաշտպանելն այժմ աններելի է համարվում: «Թռչունների որսը» մի նոր բամբասանք էր, որ առաջ չկար: Մի ուրիշ անգամ նույն դատավորը համդգնեց կոպտաբար նկատել.

— Զարմանալի չի լինի, եթե այժմ ձեր ոչ ոքի չհավանող, անհաշտ բարեկամը սրիկաներին թողնի և դառնա «թռչունների» հովանավոր և փաստաբան…

Ես կորցրի իմ սառնասրտությունը և ապտակեցի սանձարձակ պարոնին: Դա առաջին և վերջին անգամն էր, որ ես ձեռք էի բարձրացնում մարդու վրա: Մեզ իսկույն շրջապատեցին ուսանողները և բաժանեցին: Նույն օրը սպասում էի, որ վիրավորված պարոնը ինձանից հաշիվ կպահանջե: Իմ հույսերը չարդարացան. նա ապտակս կուլ տվեց:

VII

Վերջապես մի օր գնացի հասցեների գրասենյակը և իմացա Սանթուրյանի հասցեն: Նոյեմբերի սկիզբն էր: Երկինքն ամպամած էր, երկիրը սառած, ձյուն չէր գալիս, բայց չոր և կտրող ցուրտ էր: Կառքերի անիվները խուլ դղրդյուն էին արձակում սառած սալահատակների վրա: Բարակ վերարկվիս մեջ փաթաթված, սարսռելով անցա Եկատերինյան բուլվարը, ծռվեցի դեպի աջ և մտա Մալայա Բասմաննայա փողոցը: Այնտեղ էր կենում իմ բարեկամը: Հիշում եմ, երբ մոտեցա երկհարկանի տան դռներին, սիրտս սկսեց բաբախել: Սիրում էի Սանթուրյանին և հենց այդ օրը ուսանողների ժողովը արտաքո կարգի նիստում վճռել էր ինձ հանդիմանություն անել՝ նրա պատճառով սանձարձակ ուսանողին ապտակելուս համար: Չար կասկածները պաշարեցին ինձ. արդյոք կենդանի՞ է, առո՞ղջ է, արդյոք մի նոր դժբախտություն չի՞ պատահել, և այլն, և այլն...

Սեղմեցի էլեկտրական զանգակի կոճակը: Դուռը բաց արավ մի պատանի աղջիկ: Նա ինձ առաջնորդեց տան վերին հարկը: Պատշգամբի վրա կանգնած էր մի նիհար, ոսկրոտ պառավ և կեղտոտ գոգնոցով սրբում էր յուղոտ ձեռները: Սանթուրյանի տանտիրուհին էր:

— Տանն է, — պատասխանեց նա իմ հարցին, և տանելով ինձ մի բավական մութ նախասենյակ, ցույց տվեց իմ բարեկամի սենյակը:

Երբ առանց դռներին զարկելու մտա սենյակ, իմ աչքերը ոչինչ չնշմարեցին: Միայն զգացի, որ երկու նիհար թևեր առան ինձ իրանց գրկի մեջ:

— Վերջապես եկա՞ր, վերջապես եկա՞ր, — կրկնում էր Սանթուրյանը շտապով կապելով բաճկոնակի կոճակները:

Դա այն մոմենտներից մեկն է, որոնք ինձ վրա խոր տպավորություն են թողել և հավիտյան չպիտի ջնջվեն իմ հիշողությունից: Կաշի և ոսկոր՝ ահա ինչ է մնացել այլևս իմ բարեկամից: Նրա ճակատի կապույտ երակները ավելի որոշ էին գծավորվել, պարանոցի ոսկորները դուրս էին ընկեր: Ինձ թվաց, որ նա դժվարությամբ է շունչ քաշում, և մի չար կասկած հղացավ իմ մեջ:

— Դու Հիվա՞նդ ես, — գոչեցի ես ակամա:

— Է՛հ, միշտ միևնույնն եմ: Նստիր, ինչո՞ւ ուշացար, եթե իմանայիր, ինչ անհամբերությամբ էի քեզ սպասում: Օ՜օ, չգիտես ինչե՛ր են պատահել: Դու մարգարե ես, դու ճանաչում ես մարդկանց…

Ես սկսեցի հարցուփորձ անել, ոչինչ որոշ պատասխան չստացա, թե ինչ է պատահել: Պառավի մահը գիտեի: Աղելաիդայի մասին սկսեցի հարցնել, նա ատամները կրճտելով, գլուխը դառնությամբ շարժեց: Իմ հետաքրքրությունը չափ չուներ: Նրա դեմքից, աչքերի առանձին արտահայտությունից պարզ երևում էր, պատահել է մի արտաքո կարգի բան:

— Ինչո՞ւ դասախոսություններին չես գնում:

— Դասախոսությունները կյանքումն եմ լսում: Ինձ համալսարանում այժմ անբարոյական են համարում: Խոսելով չեմ կարող պատմել: Գնանք իսկույն, ես քեզ փաստը ցույց կտամ և դու կիմանաս, թե որն է իսկական անբարոյականությունը: Գնանք, դու պետք է իսկույն, հենց այս րոպեիս տեսնես նրան…

Այս ասելով, նա շտապով հագավ վերարկուն: Ես լուռ հետևեցի նրան: Դուրս եկանք փողոց:

— Ահա մոտիկ է, շուտով կհասնենք…

Հազիվ անցանք հարյուր քայլ, նա կանգ առավ մի երեք հարկանի նեղ տան դռան առջև: Ներքին հարկը կիսով չափ գետնի մեջ էր: Նա մոտեցավ գետնից հազիվ մի կանգուն բարձր՝ մի փոքրիկ քառակուսի լուսամուտի, երկու անգամ կամացուկ զարկեց ապակիին: Մի ձեռ ներսի կողմից սպիտակ վարագույրները բաժանեց միմյանցից: Ես նշմարեցի մի կնոջ դեմք, որ իսկույն չքացավ: Սանթուրյանը շտապով բաց արավ փողոցի դռները: Մենք մտանք, երկու աստիճան փողոցից ցած իջանք, անցանք մի նեղ կորիդոր և մոտեցանք մի մոխրագույն դռան: Սանթուրյանը բաց արավ դուռը և նայելով դեպի ներս, ասաց,

— Հետս հյուր կա:

— Խնդրեմ, — լսվեց ներսից մի կանացի ձայն, որը ինձ շատ տկար թվաց:

Մենք մտանք մի փոքրիկ սենյակ՝ համեստ կահավորված: Բայց ո՞վ էր այնտեղ բնակվում, ինչո՞ւ Սանթուրյանը ինձ չէր ասում: Այս բոլորը մի առանձին խորհրդավորություն էին տալիս մեր տարօրինակ այցին: Հետաքրքրությունից իմ սիրտը բաբախում էր: Սենյակի մեջտեղում կանգնած էր մի երիտասարդ կին, համեստ տնային հագուստով: Ինձ տեսնելով, նա ժպտաց, շփոթվեց կարմրեց և, ձեռը մեկնելով, արտասանեց ճնշված ձայնով.

— Ա՜ա, այդ դո՞ւք եք, պարոն Միրաքյան:

Խորհրդավորության քողն ընկավ իմ աչքերից, և ես ճանաչեցի Ադելաիդային: Բայց ուր էր այն զվարթ, թռչկոտող, առողջ դեմքով, ծիծաղկոտ և մշտաշարժ օրիորդը: Իմ դեմ կանգնած էր մի գունատ, նիհար և ամաչկոտ կին գլուխը կրծքին թեքած: Նրա սիրուն կազմվածքը այլևս չուներ յուր առաջվա գեղեցկությունը, նրա ուսերը ինձ թվացին ցած իջած, կուրծքը նիհարած: Նրա գլխին ձգած էր մի մեծ դեղնագույն շալ: Ես նկատեցի, որ, ինձ տեսնելով, շտապեց շալով ծածկվել:

Ես ոչինչ չկարողացա խոսել, ապշած նայում էի Ադելաիդայի պարանոցին, որ գծավորվել էր կապույտ երակներով: Ինձ թվում էր, որ այնտեղ խեղդվում է նրա հեկեկանքը, և նա հազիվ կարողանում էր իրեն զսպել: Ես ակնարկեցի նրա մոր մահը և մի քանի մխիթարական խոսքեր ասացի:

— Այո, մեռավ, ինձ թողեց մենակ, — ասաց նա և սկսեց հեկեկալ: — Խե՜ղճ մայր, խե՜ղճ մայր, — կրկնում էր նա արտասվախառն ձայնով, — նա միայն տասներկու ժամ հիվանդ մնաց: Առավոտը զարթնեց թե չէ, ասաց՝ գլուխս ցավում է: Պառկեց, ուշաթափ եղավ: Բժիշկ կանչեցինք, օգնել չկարողացավ... Ամբողջ օրը տանջվեց անխոս... միայն նայում էր երեսիս… Երեկոյան տասը ժամին հոգին ավանդեց... Օ՜օ, խեղճ մայր, բարի մայր, աշխատասեր մայր…

Բայց այլևս չէի խղճում պառավին: Լավ էր, որ մեռավ և աղջկանը չտեսավ այդ խայտառակ դրության մեջ:

Առանց բացատրությունների, ես ամեն բան հասկացա: Իմ առջև կանգնած էր մի քաղաքակիրթ մարդու զոհ: Ես միայն չէի կարողանում ինքս ինձ հաշիվ տալ, թե ինչպես նա գրավեց այդ աղջկան մինչև այդ աստիճան…

Դժվար էր երկար ժամանակ դիմանալ քստմնելի տեսարանին: Իմ սիրտը մորմոքվում էր, երբ նայում էի Ադելաիդային: Նա ամաչում էր, չէր վստահանում ուղղակի նայել իմ աչքերին: Ամաչում էր նաև Սանթուրյանը… ուրիշի արարքից: Բայց որպիսի գուրգուրանքով, երախտագիտությամբ և ակնածությամբ էին նայում Ադելաիդայի թախծալի աչքերը իմ բարեկամին:

Ես շտապում էի իմանալ այդ նողկալի դեպքի պատմությունը, այն, ինչ որ պատահել էր ինձանից հետո: Հարկավ, անկարելի էր այդ մասին խոսել Ադելաիդայի մոտ: Մենք միմյանց հարցուփորձ էինք անում կողմնակի բաների մասին, մինչդեռ երեքիս էլ ճնշում էր անախորժ միտքը, երեքս էլ զգում էինք մեր դրության կեղծիքը: Ես շտապեցի Ադելաիդային ազատել անախորժ դրությունից և հրաժեշտ տվի: Գիտեի, որ Սանթուրյանը պիտի հետևի ինձ:

Մենք դուրս եկանք փողոց, և ես սկսեցի մի փոքր ազատ շնչել: Իմ բարեկամը լուռ էր ամբողջ ժամանակ, մինչ անցնում էինք փողոցով: Ես միայն լսում էի նրա կրծքում խեղդվող հառաչանքների խուլ արտահայտությունը: Երբ հասանք նրա սենյակը, նա թուլացած, ընկճված նստեց բազկաթոռի վրա արտասանելով.

— Դու տեսար նրան, այժմ պատրաստ եմ լսել քո հանդիմանությունը:

— Ո՞ւմ պիտի հանդիմանեմ:

— Ինձ:

— Ինչո՞ւ:

— Որ ես չլսեցի քեզ, որ չուզեցի ճանաչել այդ մարդուն,որ կուրացա և նրա բարեկամական դիմակի տակ չտեսա տզեղ կերպարանքը: Ադելաիդա՞ն: Նա ոչինչ մեղք չունի: Մեղավորը ես եմ: Ես, որ թույլ գտնվեցի, չկարողացա հաղթել իմ մեջ հիմար հպարտության զգացումը և ուժով, այո, նույնիսկ ուժով մի օր մտնել Ադելաիդայի սենյակը, խնդրել, աղաչել, որ ինչ ուներ, ինքն անձամբ ասեր իմ երեսին:

Եվ նա սկսեց հետզհետե ավելի ու ավելի գրգռվել: Նա պատմեց բոլորը, և այստեղ երևան եկավ, թե կիրքը երբեմն ինչ սոսկալի միջոցների է ընդունակ դիմելու: Զարիֆյանը յուր միջամտության ժամանակ բոլորը աղավաղել էր՝ Ադելաիդայի ասածները Սանթուրյանի և Սանթույանի ասածները Ադելաիդայի մոտ:

Այդ դեռ վերջերը: Իսկ առաջ, երբ Ադելաիդան հաշտ է եղել Սանթուրյանի հետ, Զարիֆյանը ամեն կերպ աշխատել է զգել յուր հայրենակցի վարկը նրա աչքում: Նա գործել է այնքան զգույշ, այնքան խորամանկ, որ օրիորդը ինքն էլ չի զգացել, թե ինչպես յուր սրտում հետզհետե նոր ծագած սիրուն փոխարինում է ատելության զգացումը: Նա Սանթուրյանին Ադելաիդայի մոտ ներկայացրել է մի սրիկա և ավազակ հոր զավակ, որ ամենից արհամարհված է, ամենից հալածված: Նա օրիորդի մոտ կարդացել է յուր հայրենակցի մասին լրագրերում, նույնիսկ հայ լրագրերում տպված բոլոր հոդվածները: Սանթուրյանը հոգեպես հիվանդ է, դժբախտ է, չի կարող սիրել, ահա ինչ է ասել Զարիֆյանը: Եվ ասել է այն ձևով, որ օրիորդը համոզված էեղել, թե ասում է ընկերական սիրուց, բարեկամական կարեկցությունից դրդված: Այսպիսով, նա օր օրի վրա, կաթիլ-կաթիլ կասկածանքի թույնը թափել է Ադելաիդայի փափուկ սրտի մեջ:

— Գիտեմ, — շարունակեց Սանթուրյանը, — դու կարող ես ասել, թե ինչու Ադելաիդան գեթ մի անգամ ինձ հետ չխոսեց այս մասին: Բայց այդ կարելի էր պահանջել մի հասուն և փորձված կնոջից, իսկ Ադելաիդան, իբրև երեխա, ամաչել է մի ակնարկ անգամ անել ինձ...

Այնուհետև, երբ Ադելաիդան սկսել է երես դարձնել, երբ Սանթուրյանը խնդրել է Զարիֆյանին միջնորդ լինել. «առերես» բարեկամի համար բացվել է նորանոր մեքենայությունների ասպարեզ: Նա բոլորը կեղծել է, բոլորը աղավաղել, երկու կողմերին ևս հակառակը պատմելով: Երբեք Ադելաիդան չի ասել թե «արհամարհում է Սանթուրյանին», երբեք չի ասել, թե «լսել անգամ չի ուզում Սանթուրյանին անձամբ բացատրություն տալու մասին», երբեք մանավանդ չի ասել, թե Սանթուրյանը յուր վերաբերմամբ «ստոր նպատակ է ունեցել»: Ընդհակառակը, Զարիֆյանը ինքն է ասել օրիորդին, թե իբր «Սանթուրյանը ծաղրել է յուր մոտ Ադելաիդային…»:

— Եվ այս բոլոր մեքենայություններին դիմել է մեզ միմյանցից բաժանելու համար, — շարունակեց Սանթուրյանը: — Նա ինքը երդվել է Ադելաիդայի մոտ, թե սիրում է նրան, տանջվում է նրա համար: Գիտեմ, դու կասես, «դարձյալ մեղքը քո Ադելաիդայինն է, ինչո՞ւ այդքան թույլ է գտնվել և խաբվել է այդպես շուտ ու հեշտ»: Ճիշտ է, բնական է այդ մեղադրանքը: Բայց, բարեկամս, մի մոռանալ մի բան. Ադելաիդայի սերը դեպի ինձ այնքան ամուր չի եղել, որ ուժ տար նրան դիմանալու մի այդպիսի ճարպիկ մարդու խարդավանքներին: Կարո՞ղ է մի նոր տնկած և հազիվհազ արմատ ձգած ծառ դիմանալ թեկուզ մի թույլ փոթորիկի...

Որքան ևս Սանթուրյանը արդարացներ Ադելաիդային, այնուամենայնիվ օրիորդը իմ աչքում գեթ մի աստիճանի մեղավոր էր յուր անբախտության համար: Բայց այլևս ուշ էր այդ մասին վիճելը և ավելորդ: Ես միայն հարցրի.

— Այժմ ի՞նչ ես մտադիր անել:

— Իհարկե վրեժ առնել Զարիֆյանից: Միանգամայն համոզված էի, որ Սանթուրյանը ընդունակ է մի արատավորված օրիորդի համար ազնիվ և ասպետական վրիժառու լինել, անգամ եթե այդ օրիորդը Ադելաիդան չլիներ: Նույնիսկ ես ինքս պատրաստ էի Ադելաիդայի պատիվը պաշտպանել, ուր մնաց նա, որ սիրում էր այդ օրիորդին:

— Բայց ի՞նչ պիտի լինի քո վրեժը, — հարցրի ես հետաքրքրված:

— Բարոյական վրեժ:

— Չեմ հասկանում:

— Շատ պարզ է. ես կամուսնանամ Ադելաիդայի հետ: Վաղուց եմ վճռել, միայն քեզ էի սպասում:

Ես զարմացած նայեցի նրա երեսին: Խոստովանում եմ, ամեն տեսակ վրիժառություն ինձ համար հասկանալի էր, բացի այդ մեկից…

— Դու զարմանո՞ւմ ես, Միրաբյան, — սկսեց բացատրել

Սանթուրյանը, — բայց դա միակ վրիժառությունն է, որին պետք է դիմե ազնիվ մարդը: Լսիր, Զարիֆյանը թողել է Ադելաիդային այդ դրության մեջ և հեռացել: Նա մտադիր չէ ամուսնանալ յուր զոհի հետ: Դժբախտաբար, մի շարք ուսանողների շրջանում այդ տեսակ զոհեր սովորական են դարձել: Ստիպել Զարիֆյանին, որ յուր մեղքը քավե, ամուսնանա, — անկարելի է: Եթե նա համաձայնվի էլ, Ադելաիդան երբեք չի կամենալ: Նա այժմ զզվանքով է հիշում Զարիֆյանին: Այս մեկ: Ի՞նչ պիտի անե, ուրեմն Ադելաիդան: Մնա այդ դրության մե՞ջ: Նա մի անպաշտպան երեխա է: Նա շուտով կնկնի վատ ճանապարհ. աշխարհը լի է փորձություններով, կնկնի և կգլորվի անբարոյականության անդունդը: Համաձա՞յն ես, որ նա այդպես կորչի: Ոչ, դու ազնիվ մարդ ես, չես կարող համաձայնվել: Այս երկու: Բայց կա և երրորդ պատճառ: Դա ամենից զորավորն է. ես սիրում եմ Ադելաիդային, սիրում եմ այժմ էլ, այդ դրության մեջ էլ, և ավելի, քան առաջ: Ահա այն պատճառները, որ ինձ դրդեցին իմ վճիռը կայացնել:

— Բայց քո ուսո՞ւմը, քո ծնողնե՞րը, քո՞ւյրը, եղբա՞յրը, հասարակությո՞ւնը…

— Մտածել եմ այդ մասին էլ: Ուսումս ավարտում եմ այս տարի: Ծնողներս և քույրերս դեմ չեն լինիլ, որովհետև ամուսնանում եմ մի խաբված, բայց բարոյական կնոջ հետ: Գալով հասարակությանը, ոչ ոքի պարտավոր չեմ հաշիվ տալու, իմ քայլը միայն ինձ է վերաբերում:

Ես այլևս ոչինչ չասացի, այնքան վճռական էր նրա պատասխանը: Հրաժեշտ տալիս, նա ինձ խնդրեց, որ յուր պատմածները առայժմ ոչ ոքի չհաղորդեմ…

VIII

Մի շաբաթ անցած Սանթուրյանը եկավ ինձ մոտ և խնդրեց նրա խաչեղբայրը լինել:

— Այժմ ամեն ինչ պատրաստ է: Ադելաիդան տատանվում էր: Նա ինձ սիրում է: Բայց իմ զոհաբերությունը շատ մեծ էր համարում և չէր ուզում իմ կինը դառնալ: Ես նրան համոզեցի, վաղը նեթ պետք է ամուսնանամ:

— Բայց այդքան շու՞տ:

— Դու գիտես, որ հետաձգելը անհարմար է… Բայց ես այս անգամ չկամեցա ոչ մի կասկած թաքցնել իմ բարեկամից և բոլորը հայտնեցի: Անշուշտ նրա վճիռը կրում էր բարձրազնվության, և վեհանձնության դրոշմ, անշուշտ նրա արածը մի հերոսական քայլ էր: Բայց ո՞րտեղ կարող էր հասցնել նրան այդ քայլը: Լինել ամուրի և ամուսնացած՝ դրանք երկու միմյանցից շատ տարբեր դրություններ են: Այն, ինչ որ թեթև կարող է անցնել ամուրիի համար, մեծ անախորժություններ կարող է պատճառել մի ընտանիքի հորը: Նա չի կարող դիմանալ հասարակական կարծիքի ծանրությանը: Իսկ եթե դիմանա էլ. մի՞թե նույնը կարող է երաշխավորել և Ադելաիդայի համար, որին պիտի տանի մի օտար և անծանոթ շրջան:

Սրանք էին իմ ընդդիմության պատճառները: Սակայն Սանթուրյանը ինձանից ավելի բուրջ էր մտածել այդ բոլորի մասին: Նա հերքեց իմ բոլոր առարկությունները: Վճիռը անխախտելի էր: Ես չկամեցա նրա հետ երկար վիճել: Այն չար կասկածը, որ ծագել էր իմ սրտում նրա առողջության մասին, այժմ ավելի ամրացել էր: Այդ օրը նա այնքան թույլ էր և դյուրագրգիռ, որ ես ավելի նրա կյանքի, քան ամուսնության մասին էի մտածում:

Պսակը կայացավ հայոց եկեղեցական օրենքներով. Ադելաիդան բողոքական էր: Ինչպես ազնիվ որդի, Սանթուրյանը յուր մորը այդ մասին հաղորդել էր դեռ երկու շաբաթ առաջ, ուղարկելով նամակի հետ Ադելաիդայի լուսանկարը: Հարսանիքից երկու օր առաջ նա ստացել էր պատասխան: Մայրը ընդդիմադրություն չէր ցույց տալիս, բայց աղաչում էր զգույշ լինել ընտրության մեջ: Երևի, որդին առայժմ ճշմարտությունը թաքցրել էր նրանից... Եվ լավ էր արել:

— Գիտեմ, այժմ ինձ ատողների և արհամարհողների թիվը պետք է ավելանա, — ասում էր նա պսակի երկրորդ օրը, — բայց ես արդար եմ իմ խղճի առջև, և դա ինձ բավական է: Ոչ մի հալածանք չի կարող ինձ ստիպել զղջալ իմ արածի մասին: Ա՛խ, Միրաքյան, հավատացիր, ես քեզ սիրում եմ ոչ միայն նրա համար, որ դու իմ միակ բարեկամն ես: Ոչ, դա դեռ քիչ է, ես քո մեջ տեսնում եմ մտքի անկախություն, դու ուրիշի խելքով չես ապրում, օրենք դարձած նախապաշարմունքները քեզ շատ չեն կաշկանդում... Բայց և այնպես էլի կաշկանդում են: Գիտեմ, ուսանողները քեզ էլ սկսել են խորթ աչքով նայել իմ պատճառով: Բայց անկեղծ պատասխանիր, զգո՞ւմ ես, որ վատ բան ես արել ինձ նման մի անհաշտ մարդու հետ ընկերանալով:

— Երբեք, — գոչեցի ես զգացված, — ընդհակառակը, ես շատ գոհ եմ իմ արածից:

— Տուր ինձ ձեռքդ, — ասաց նա ոգևորված, — մենք հավիտյան կմնանք բարեկամներ:

Եվ մնացինք:

IX

Ադելաիզան ծնեց մի արու զավակ: Այդ ժամանակները թե ես և թե Սանթուրյանը այնքան զբաղված էինք վերջին քննություններով, որ հազիվ շաբաթը մի անգամ տեսնվում էինք: Բայց իմ աչքից չէր խուսափում այն տխուր հանգամանքը, որ նա օրեցօր թառամում էր և դալկանում: Նա չէր հազում, և դա միակ բանն էր, որ հույս էր տալիս ինձ, թե հիվանդությունը թոքախտ չէ: Եվ որքան նա մարմնապես թուլանում էր, այնքան հոգեկան կրակը սաստկանում էր, այնքան աչքերի փայլը զորեղանում: Թվում էր ինձ, որ հենց այդ կրակն է նրան արագ-արագ լափում, և եթե մի ցավ ունի, հենց դա է:

Ես ամեն օր լսում էի այն բոլորը, ինչ որ ուսանողների շրջանում խոսվում էր Սանթուրյանի համարձակ քայլի մասին: Ամենքը դատապարտում էին այդ քայլը, ամենքը համարում էին նրան անբարոյական: Իսկ ես, որ միակ մարդն էի իսկական իրողությանը տեղյակ, չգիտեի, որ մեկին ապացուցանեմ իմ բարեկամի վարմունքի ազնվությունը: Ոչ ոք չէր ուզում հավատալ, թե Ադելաիդան այն թշվառ էակներից չէ, ինչ որ կարծում էին:

— Դրոշմը ճակատին էր, երբ ամուսնացավ. միթե կարելի՞ է հերքել արևի լույսը, — ասում էին շատերը:

Ինձ վրդովեցնում էր մանավանդ մի հանգամանք, ոչ ոքի հայտնի չէր, թե ով է այդ դրոշմի հեղինակը: Ես մի վերին աստիճանի անախորժ դրության մեջ էի: Մի կողմից ուզում էի ամենի առջև պատռել Զարիֆյանի դիմակը, մյուս կողմից՝ անհարմար էի համարում: Ճշմարիտ է, Սանթուրյանը ինքը, հարկավոր եղած ժամանակ, կպարզեր իրողությունը, այնքան նա համարձակ էր յուր արածների վերաբերմամբ, բայց համոզված էի, որ դա կարող էր Ադելաիդային մի առանձին վիշա պատճառել:

Կային մարդիկ, որ ասում էին՝ «Սանթուրյանը սեփական մեղքն է քավում»: Դա համեմատաբար մի նպաստավոր կարծիք էր: Եվ ես միայն դրա դեմ էի լռում, հասկացնել տալով ուսանողներին, թե իբր հենց այդ է զուտ ճշմարտությունը:

Մի անգամ համալսարանի դահլիճներից մեկում կովկասցի ուսանողները հավաքված խորհրդակցում էին մի ինչ-որ «կովկասյան քեֆի» մասին: Ես չէի հետաքրքրվում, բայց լսում էի նրանց խոսածները: Սկսեցին անունները գրել: Մեկը ծաղրաբար հիշեց Սանթուրյանի անունը: Դա նորանոր բամբասանքների և սրախոսությունների առիթ տվեց մի խումբ ուսանողների: Արդեն ես սկսել էի արհամարհել նրանց կարծիքները, և դա ավելի էր կատաղեցնում նրանց, թեև իմ ապտակը դեռ չէին մոռացել:

— Տեսեք, — ասաց մի սրախոս, — մենք միայն մի դիպլոմով կվերադառնանք հայրենիք, իսկ նա երկուսը կտանի:

— Ինչո՞ւ ոչ երեքը, — նկատեց մի ուրիշը:

— Երրորդը կեղծ է, — պատասխանեց սրախոսը:

Դարձյալ արյունը խփեց գլխիս, դարձյալ կամենում էի պատժել այդ

չարախոսներից մեկին: Բայց այդ րոպեին մեկը հանկարծ բռնեց իմ թևից և հետ քաշեց ինձ: Նայեցի և տեսնեմ ինքը Սանթուրյանն է: Նա հեռվից հասկացել էր բանի էությունը: Ուսանողները նրան տեսնելով, հետ քաշվեցին, որ ցրվեն:

— Ապասեցեք պարոններ, — գոչեց նա:

Բոլորը կանգ առան իրանց տեղերում:

— Պարոններ, — խոսեց իմ բարեկամը վրդովված ձայնով, — գիտեմ, վեճը ինձ էր վերաբերում և իմ ընկերը ուզում էր ինձ պաշտպանել: Դուք շատ արի եք իմ վերաբերմամբ: Խնդիրը ձեր քեֆին մասնակցելու մասին չէ: Իհարկե, ոչ դուք կիրավիրեք, ոչ ես կկամենամ իմ ներկայությամբ ապականել ձեր վերջին ուսանողական ժողովը: Բայց լսեցեք միայն մի խոսք: Դուք դատապարտում եք իմ վերջին քայլը, դուք համարում եք նրան անբարոյական: Իսկ ես... ես համարում եմ ավելի, քան բարոյական: Դուք ասում եք, թե ես ամուսնացել եմ մի թշվառ էակի հետ: Եթե խնդիրը միայն ինձ վերաբերեր, իհարկե, կլռեի, ինչպես միշտ լռել եմ ձեր բոլոր, ներեցեք, զրպարտությունների դեմ... Բայց այժմ... դուր անխնա արատավորում եք մի անուն, որ ինձ համար թանկ է, քան ես և իմ անունը: Դուք անարդար եք վարվում: Ես չեմ վիճիլ ձեզ հետ այդ մասին: Բայց ընդունենք մի րոպե որ, ձեր ասածը ճիշտ է. որ ես, իրավ, մի թշվառ էակի հետ եմ կապել իմ կյանքը: Նախ՝ դա ինձ և միայն ինձ է վերաբերում, երկրորդ՝ եթե քաջ եք, եթե գոնե մի կաթիլ անկեղծություն ունիք, եթե ձեր հոգին բոլորովին ստրկացած չէ, բարեհաճեցեք պատասխանել այս հարցին, «ո՞րն է լավը, կնոջը ցեխի մեջ գլորե՞լը, թե՞ ցեխից հանելը…»: Ես սպասում եմ պատասխանի...

Նա կանգնած էր դահլիճի մեջտեղում և նայում էր յուր շուրջը: Նա ինքը հուզմունքից դողում էր, բայց ճիգ էր անում զսպել իրան և հաջող: Նրա նիհար, գունատ, հիվանդոտ դեմքը խորին տրտմության հետ արտահայտում էր նաև հոգու անսահման անվեհություն: Նա գեղեցիկ էր, գրավիչ և ազդու այդ րոպեին: Բոլոր ուսանողները այդ վայրկյանին ինձ թվում էին ոչնչություն: Ես հիացած նայում էի նրան, մտքումս ծափահարելով նրա ամեն մի բառը: Պատրաստ էի պաշտպանել նրան մինչև իմ արյան վերջին կաթիլը և սպասում էի, թե ով կհանդգնի ձեռք բարձրացնել կամ մի կոպիտ խոսք ասել նրան:

Բայց ամենքը լուռ էին և ապշած նայում էին նրան: Դերերը փոխվել էին: Նա, որ միշտ մեղադրվում էր և միշտ դատապարտվում, այժմ կարծես դարձել էր դատավոր և յուր անողոք հարցը դրած, սպասում էր պատասխանի: Իսկ պատասխան չէր լսվում: Ուսանողները նայում էին միմյանց երեսին: Սրախոս պարոնը աշխատում էր ժպտալ, բայց շփոթված էր: Ինձ համար այդ հասկանալի էր, նրա խիղճը մաքուր չէր, որովհետև նա մեկին արդեն «գլորել էր ցեխի մեջ»:

— Չե՞ք պատասխանում, — արտասանեց Սանթուրյանը, ձայնը

բարձրացնելով, — լռո՞ւմ եք... Հասկանում եմ. որովհետև ձեզանից շատերի համար գուցե անհնարին է պատասխանել... Օ՜օ, ոչ ոքի չեմ ուզում դատապարտել, թեև դատապարտելու փաստեր ունիմ... Բայց, պարոններ, բավական է: Դուք հալածում եք ինձ, ես տանում եմ ձեր բոլոր վիրավորանքները: Բայց հավատացեք, դա ինձ համար այնքան վրշտալի չէ որքան ձեր սխալ հասկացողությունը պատվի և պատվասիրության մասին: Ուրիշ ոչինչ ասելիք չունիմ... Դա իմ վերջին հրաժեշտն է... Միրաքյան, կամենո՞ւմ ես ինձ հետ գալ…

Այս ասելով, նա քայլերը ուղղեց դեպի դուրս: Ուսանողները ճանապարհ տվին նրան:

— Հիվանդ է, — շշնջաց մեկը:

— Չարժե խոսել նրա հետ, — ասաց մյուսը:

— Տեսեք, նոր է խելքի եկել և ուզում է հաշիվ պահանջել մեզանից, — ասաց երրորդը:

Ես ոչ ոքի վրա ուշադրություն չդարձրի: Ինձ թվում էր, որ Սանթուրյանը յուր վրեժն առավ և վերջացրեց: Ես հաստատ քայլերով հետևեցի նրան, և այն օրից կտրեցի իմ կապը ուսանողների հետ…

X

Մոտեցել էր գարունը: Մոսկվա գետի սառույցը վաղուց արդեն կոտրվել էր: Արեգակի ջերմությունը զգալի էր դարձել: Զատկական տոներից հետո սկսվեցին մեր քննությունները և վերջացան մայիսի կեսին:

Մի սիրուն, պայծառ, թեև բավական ցուրտ արեգակնային օր էր, երբ վերջին հրաժեշտս տալով համալսարանին, իրավաբանի դիպլոմը ձեռքիս, վերադառնում էի իմ սենյակը ուրախ, երջանիկ, լի ապագայի քաղցր հույսերով: Մտադիր էի շտապով ճաշել և անմիջապես գնալ Սանթուրյանի մոտ իմ ուրախությանը նրան էլ մասնակից անելու: Նրա քննությունները դեռ չէին վերջացել: Հյուրասիրելու առաջին հերթն իմն էր: Մտածում էի իրիկնադեմին նրան ու Աղելաիդային հրավիրել մի հյուրանոց ընթրիքի: Ես զուրկ էի ուրիշ բարեկամներից:

Սակայն այդ հանդիսավոր օրվա իմ ուրախությանը վիճակված չէր երկար շարունակվելու: Երբ երգելով, ուրախ-ուրախ մտա իմ սենյակը, սեղանիս վրա գտա մի տոմսակ հետևյալ բովանդակությամբ. «Շտապեցեք գալ մեզ մոտ, Մարգարը ցանկանում է ձեզ հետ տեսնվել»: Այդ օրերը պետք է, վերջապես, Թիֆլիսի պալատում քննվեր Սանթուրյանի հոր գործը, որ այնքան ձգձգվել էր: Կարծեցի, իմ բարեկամը այդ մասին տխուր հեռագիր է ստացել, երևի կամենում է յուր վիշտը հայտնել ինձ: Բայց նամակը Աղելաիդան էր գրում, և այս հանգամանքը ինձ շփոթեցրեց... Մի շաբաթ էր, ես նրանց չէի տեսել: Չգիտեմ ինչպես ճաշեցի և կառք նստելով, շտապեցի իմ բարեկամի մոտ: Նրա այժմյան բնակարանը բաղկացած էր երկու փոքրիկ սենյակներից: Մեկը ծառայում էր իբրև ընդունարան, սեղանատուն, պարապելու սենյակ, մյուսը ննջարան էր: Ադելաիդան ինձ դիմավորեց դռների մոտ և շվարած հաղորդեց, թե յուր ամուսինը հիվանդ է: Ես կարծես ավելի վատ լուրի էի սպասում, սառնությունս չկորցրի մտա ննջարան, ուր պառկած էր նա: Ես մոտեցա նրա անկողնին: Նա սաստիկ տաքության մեջ էր, ճակատն այրվում էր, կուրծքը շնչառությունից ուժգին բարձրանում էր և ցածանում:

— Ոչինչ, — ասաց նա շշնջալով, ինձ հանգստացնելու համար, — մի քիչ տկար եմ, կանցնի...

Ես նստեցի նրա գլխի մոտ, Ադելաիդան շշնջալով պատմեց իրողությունը: Չորս օր առաջ Սանթուրյանը մինչև ուշ երեկո պարապում է և հետո, թեթև գլխացավ զգալով, պառկում է անկողին: Այդ օրը երեխան հիվանդ է լինում, չի քնում, ծիծ չի ուտում, շարունակ լալիս է: Սանթուրյանը ստիպված է լինում մինչև լույս նրան ման ածել սենյակից սենյակ, յուր կրծքի վրա սեղմած: Նա չի թողնում որ մայրը անհանգստանա: Ոտաբոբիկ, կուրծքը մերկ, նա ժամերով անցուդարձ է անում բաց և սառը հատակի վրա: Առավոտյան կանուխ նա հոգնած, անքուն, Ադելաիդայից թաքցնելով յուր դողոցը վազում է բժշկի հետևից, — և նույն բժիշկը, երբ երեկոյան գալիս է կրկին անգամ երեխային տեսնելու գտնում է իմ բարեկամին անկողնում պառկած:

Այն կրակը, որ տարիների ընթացքում մխալով ուտում էր նրա հոգին, քայքայել էր նրա ամբողջ կազմվածքը: Նրա համար դժվար էր դիմանալ մի ամենաթեթև հիվանդության անգամ: Ահա ինչու էի ես վախենում: Երբ բժիշկը եկավ նրան նորից զննելու, ես թաքուն խնդրեցի հայտնել ինձ, իբրև հիվանդի բարեկամին, ճշմարտությունը:

— Եթե հիվանդի կազմվածքը ամուր լիներ, — ասաց բժիշկը: — կրելի էր երաշխավորել որ կառողջանա: Բայց նրա թոքերը վաղուց են վնասված…

Ահա հենց այդ բանն էր ինձ վախեցնում: Ես մի կերպ զսպեցի իմ արտասուքս և շրթունքներս կրծոտելով անցա ննջարան նստեցի հիվանդի մոտ:

Այդ գիշեր մինչև լույս նա անցկացրեց շատ անհանգիստ: Ադելաիդան ստիպված էր ամբողջ ժամանակ զբաղվել երեխայի հետ: Ոչ ծծմայր ուներ, ոչ աղախին:

Հիվանդը ցնորքների մեջ էր, խոսում էր անկապ և թլվատ լեզվով: Ես ստեպ-ստեպ փոխում էի նրա ճակատի սառը կոմպրեսը և ժամը մի անգամ դեղի գդալը մոտեցնում բերանին:

Հետևյալ առավոտ նա մի քանի ժամով ուշքի եկավ և սկսեց ինձ հետ

զրուցել: Նա խոսում էր յուր հոր գործի, մոր, եղբոր, քրոջ, Ադելաիդայի և նրա երեխայի մասին: Որքան սեր և գուրգուրանք էին զգացվում նրա խոսքերի մեջ: Իսկ Ադելաիդան յուր երախտագիտությամբ և անկեղծությամբ լի հայացքը չէր հեռացնում նրա երեսից: Իմ բարեկամը հիվանդացել էր երեխայի պատճառով և այդ կրկնապատկում էր գերմանուհու սերը և վիշտը:

Իսկ հիվանդը հավատացած էր, որ շուտով, շուտով տաքությունը բոլորովին կանցնի, երեկոյան կամ վաղը ինքը ոտքի կկանգնի: Նա սկսեց խոսել ուսանողների, համալսարանի, պրոֆեսորների և վերջին քննությունների մասին: Նա շտապում էր շուտով ավարտել քննությունները և վերադառնալ հայրենիք Ադելաիդայի հետ:

— Ես համոզված եմ, — ասաց նա Ադելաիդային, — որ մայրս և քույրս քեզ պիտի շատ սիրեն…

Երբ Ադելաիդան անցավ մյուս սենյակ երեխային ծիծ տալու, նա խոսեց վերջին տեսարանի մասին համալսարանում: Նա չէր մեղադրում յուր հակառակորդներին, միայն ասում էր, թե սահմանափակ խելքի և զարգացման տեր են, մտքի անկախություն և համոզմունքների քաջություն չունեն, ուրիշներից լսածները և կարդացածներն են թութակի պես կրկնում: Ներս մտավ դարձյալ Ադելաիդան: Հիվանդը խոսքը փոխեց և սկսեց յուր կնոջ հետ կատակներ անել, ծիծաղել: Պահանջեց երեխային, նայեց երեսին և յուր բարակ, դեղնած մատների ծայրով քնքշաբար շոյեց նրա թավշամորթ այտերը: Ադելաիդան այդ ժամանակ աշխատում էր ինձ չնայել…

Ճաշից հետո եկավ բժիշկը, նայեց և գլուխը երկմտությամբ շարժեց, մի խորհրդավոր հայացք ձգելով ինձ վրա: Այս անգամ նա ասաց.

— Այս գիշեր, ամեն ինչ կպարզվի...

Ուշ երեկո էր: Ես նստած էի իմ բարեկամի գլխի կողմում, իսկ Ադելաիդան նրա ոտքի մոտ, որպեսզի կարողանա շարունակ նայել նրա աչքերին:

Դառն և թշվառ ժամեր, հավիտյան պիտի կենդանի մնաք իմ հիշողության մեջ... Ես նստել էի մահամերձ մորս անկողնու մոտ, զգացել էի մահի մոտավորությունն իմ սրտին թանկ մի անձի: Բայց այլ էր այս անգամ: Ինձ տիրել էր բոլորովին մի անսովոր վիշտ: Օտար երկրում, օտար շրջանում, հեռու ծնողներից վտանգավոր դրության մեջ պառկած էր մի ազնիվ, բարի վեհանձն և տաղանդավոր երիտասարդ: Ով գիտե, ինչ հույսեր և ձգտումներ կային նրա կրծքի տակ: Այն մարդը, որ բոլոր յուր ընկերներից արժանավորն էր, հալածված էր, ատված և արհամարհված: Ինչո՞ւ: Որովհետև բնությունը նրա խելքին տվել էր ուրիշ ուղղություն և սրտին մեջ մտցրել էր տարբեր զգացումներ:

Ես էի, որ հասկանում էի նրան: Բայց հասկանո՞ւմ էի արդյոք բոլորը, ինչ որ կար նրա մեջ. Ընդունա՞կ էի արդյոք գնահատելու նրա բոլոր արժանավորությունները: — Հազիվ թե. որովհետև նրան ամբողջովին հասկանալու համար պետք էր նրա չափ խելոք լինեի, չեմ ասում նրա սրտի չափ լայն սիրտ ունենայի, որ, իհարկե, չունեի: Հասկանո՞ւմ էր գոնե Աղելաիդան նրան: — Չէի կարծում: Ահա ինչու ինձ թվում էր, որ նա դարձյալ իրան մենակ է համարում: Մի անբացատրելի խորհրդավոր ժպիտ էի նշմարում նրա դեմքի վրա, երբ մյուս սենյակից լսվում էր երեխայի լացի ձայնը... Գուցե նա, այդ փոքրիկը միայն ապագայում, ինչպես հարկն էր, հասկանար և գնահատեր Սանթուրյանին, նրա անսահման վեհանձնությունը: Բայց ե՞րբ…

Այնինչ մահը քայլ առ քայլ մոտենում էր, որպեսզի յուր սև ճանկերի մեջ առնե իմ բարեկամին: Նրա մռայլ շուքն արդեն տարածվել էր հիվանդի մահճակալի վրա:

Աղելաիդան և ես նայում էինք միմյանց և ճիգն անում զսպել մեր արտասուքը: Հիվանդը պառկած էր երեսը դեպի պատը, նրա գանգուր և սև մազերը, սպիտակ բարձի վրա սփռված, լամպի աղոտ լուսի ներքո մի չարագուշակ երևույթ էին ներկայացնում:

Նա նոր էր դադարել խոսելուց: Նա շարունակ զառանցում էր յուր հոր դատի մասին: Նա կրկնում էր, թե յուր հայրը անմեղ է: Հավատում էր աստծու արդարադատությանը և ասում. «Նա կօգնի իմ հորը, չի թողնիլ նրան անպաշտպան»:

Այո, պարոններ, այդ մարդը միշտ հավատում էր աստծո գոյությանը: Եվ այդ այն ժամանակ, երբ մեր ընկերների շրջանում ուրիշ հայացքներ էին տիրում:

Այժմ նա լուռ էր: Անցան մի քանի ծանր, երկարատև ժամեր: Հանկարծ վերմակը շարժվեց, Սանթուրյանը դժվարությամբ երեսը դարձրեց դեպի ինձ, փնտրելով իմ ձեռը: Նա յուր թույլ և տակավին ջերմ ձեռով սեղմեց իմ աջը և արտասանեց.

— Չէ, վատ եմ… կուրծքս այրվում է…

Ես կարծեցի նա ջուր է ուզում: Բաժակը մոտեցրի բերանին: Նա հետ մղեց: Նա նայեց դեպի սենյակի անկյունը, այնտեղ, ուր վառարանն էր:

— Կրակ չկա՞, թող վառեն, — ասաց նա, — ցուրտ է: Աղելաիդան իսկույն կատարեց նրա ուզածը և հինգ րոպե չանցած՝ կրակը սկսեց չթչթալով այրվել վառարանի մեջ:

— Հեռագիր չկա՞, — հարցրեց հանկարծ հիվանդը, — պիտի լինի…

— Նա յուր հոր գործի մասին հեռագրի էր սպասում…

— Անպատճառ կլինի, — ավելացրեց նա, — ուրախ հեռագիր…

Նա ձեռով նշան արավ, որ օգնենք նրան բարձրանալու: Մենք նրան նստեցրինք անկողնի մեջ, մեջքին դարսելով բարձեր: Նա չէր կարողանում գլուխը ուղիղ պահել, բայց անպատճառ ուզում էր նստած մնար

Վառարանի մեջ կրակը այժմ այրվում էր, թանձր բոցեր արձակելով: Նա յուր հայացքը դարձրեց դեպի այն կողմը և մի քանի վայրկյան նայում էր:

Ա՜խ, որքա՜ն խորհրդավոր էր այդ պահին նրա դեմքը:

— Կրա՜կը, կրա՜կը, — արտասանեց նա թույլ ձայնով, — այրում է իմ ներսը, վերջանում է…

Հետո նա գլուխը թեքեց կրծքին, կրկին բարձրացրեց և նայելով ուղիղ իմ աչքերին ասաց.

— Չէ, մոտենում է… տուր ինձ ձեռդ…

Ես ձեռս տվեցի նրան: Դարձյալ նայեց աչքերիս և ասաց.

— Խոստացիր, որ Ադելաիդային կուղարկես յուր քրոջ մոտ, Օդեսա…

Ես խոստացա արտասուքս խեղդելով կոկորդումս: Այդ միջոցին Ադելաիդան մյուս սենյակումն էր: Խեղճ կին. նա չգիտեր ինչ անի: Անհուն վշտից խելքը կորցրած՝ նա շտապում էր մի սենյակից մյուս սենյակ, մերթ երեխայի, մերթ հիվանդի մոտ: Նրան վրդովեցնում էր երեխայի լացը…

Սանթուրյանը նշան արավ, որ պառկեցնեմ իրան: Նա գլուխը բարձին դրած՝ շարունակ նայում էր վառարանին: Այդ ժամանակ մխում էին փայտի վերջին կտորները: Հանկարծ հիվանդի աչքերն առանձին փայլ ստացան, դեմքը պայծառացավ, ճակատը պարզվեց, և նա բավական հաստատ ձայնով գոչեց.

— Մի թողնեք կրակը մարի, մի թողնեք, ես կմեռնեմ…

Մենք նկատեցինք, որ նա աչքերով ինչ-որ փնտրում է: Նայում է դեպի մյուս սենյակ: Ես կարծեցի, որ նա երեխային է փնտրում: Հարցրի, գլխով բացասական նշան արավ և շշնջաց.

— Կրակը, իմ կրակը, տվեք…

Ադելաիդան առաջինը հասկացավ նրա միտքը. նա շտապեց մյուս սենյակ և այնտեղից բերեց ինձ ծանոթ կարմիր տետրը, որի ճակատին խոշոր, սև տառերով գրված էր «Կրակ»: Նա նայեց տետրին և ասաց.

— Գցիր այնտեղ, ես այրվեցի, թող նա էլ այրվի…

Խեղճ կինը չգիտեր՝ կատարե՞ հիվանդի պահանջը, թե՞ չէ. նայեց ինձ: Բայց հիվանդը յուր խոշոր աչքերով այնպես էր աղերսում, որ մենք չդիմացանք: Ադելաիդան տետրը ձգեց վառարանի մեջ:

Այդ ժամանակ լսվեց դռան զանգակի ձայնը: Ադելաիդան շտապեց դուրս: Հիվանդը ոչինչ չլսեց: Նա շարունակ նայում էր վառարանին: Այնտեղ սկզբում բարձրացավ թանձր ծուխ, ապա տետրը բոցավառվեց:

Ներս մտավ Ադելաիդան և ինձ գաղտնի ցույց տվեց մի հեռագիր: Ես կարդացի: Պալատը Սանթուրյանի հորը արդարացրել էր…

Մի քանի վայրկյան Ադելաիդան և ես շփոթված էինք՝ հայտնե՞լ հիվանդին, թե՞ ոչ: Չափազանց ուրախ լուրը կարող էր նրա վրա սպանիչ ազդեցություն գործեր: Բայց միթե առանց այդ էլ նա չէ՞ր մեռնում: Թող ուրեմն, հանգիստ մեռնի: Այս էր մեր երկուսի լուռ միտքը:

Ես թեքվեցի դեպի հիվանդը, որ շարունակ նայում էր կրակին և շնչացի.

— Մարզար, կարո՞ղ եմ քեզ մի ուրախ լուր հաղորդել... Նրա աչքերը լայն բացվեցին, ձեռը դուրս եկավ վերմակի տակից: Ես հեռագիրը բռնեցի նրա աչքերի առջև և ասացի.

— Պալատը հորդ արդարացրել է…

Նա հասկացավ իմ ասածը: Յուր թույլ ձեռներով վերցրեց հեռագիրը և սեղմեց կրծքին:

— Տեսար, — շշնջացին նրա շրթունքները:

Մոտեցավ Աղելաիդան: Ես հեռացա: Նա չոքեց մահճակալի առջև և գրկեց հիվանդին: Եվ ես պիտի կրեի այդ սրտաշարժ տեսարանի ամբողջ ծանրությունը:

Վառարանի մեջ արդեն այրվել վերջացել էր «Կրակը»: Մխում էր միայն տետրի կազմից մի բարակ կարմիր-դեղնագույն շերտ… Գիշերվա ուղիղ երկու ժամն էր, երբ այն էլ այրվեց, մոխիր դարձավ:

Ես փակեցի իմ բարեկամի աչքերը… Նա մինչև վերջին շունչը հերոսաբար դիմացավ յուր տանջանքներին…

Միրաքյանը լռեց, մի ծանր հոգոց արձակելով կրծքից: Մենք սպասում էինք, որ նա յուր վերջին խոսքը կնվիրե Զարիֆյանին: Բայց նա ոչինչ չէր ասում, և ես առաջինը հարցրի.

— Իսկ Զարիֆյա՞նը, մի՞թե անպատիժ մնաց…

— Կան մարդիկ, որոնց ճակատագիրը հովանավորում է կյանքի մեջ պատժից ազատում… Գուցե միայն ես կարող էի Զարիֆյանին պատժել, եթե հայտնեի ձեզ նրա իսկական անունը: Բայց ինչո՞ւ, մի՞թե դա կվերադարձներ ինձ իմ բարեկամին: Թող ուրեմն իմ պատմության մեջ նրա անունը մնա Զարիֆյան, իսկ ինքը յուր իսկական անունով վայելե միջավայրի հարգանքը…

Այլևս Միրաքյանը ոչինչ չասաց և փակեց հանգած վառարանի դռնակը...

Ո՞ՐՆ Է ՄԱՅՐԸ

I

Կինը վշտանում էր առանց զավակների: Դա նրա կյանքում մի խոշոր բաց էր, հավասար ամայության:

Վեց-յոթ տարի հուսալուց հետո արդեն կորցրել էր հավատը: Ոչ մի բժշկություն, ոչ մի միջոց և ոչ մի աղոթք չօգնեց նրան:

Այնինչ երջանիկ լինելու համար միայն զավակն էր պակասում: Այսպես էր մտածում Լիդիան: Եվ Գուրգենը հավատացնում էր, թե ինքն էլ այդպես է կարծում:

Սիրում էին իրարու յուրովի, բայց հավատում էին միմյանց հավասար:

— Նա ինձ դեռ չի դավաճանել, — ասում էր Լիդիան յուր բարեկամուհիներին, — իսկ եթե մի օր դավաճանե, ի՛նչ արտաքո կարգի հանցանք կլինի գործած: Այժմ բոլոր տղամարդիկ դավաճանում են իրենց կանանց...

— Նա երբեք չի համարձակել ինձ դավաճանել, — ասում էր Գուրգենը մտերիմների շրջանում: — իսկ եթե մի օր դավաճանե — կխեղդեմ:

Երբեմն կրքերը բռնկվում էին այնպես, որ նրանք գրկախառնվում էին նույն անզուսպ ավյունով, որով գրկախառնվեցին յոթ տարի առաջ այն նշանակալից գիշերը, երբ Գուրգենը Լիդիային ուղեկցեց կառքով տուն:

Պատահում էր նաև, որ հագուրդ ստացած սերը նիրհում էր: Այդ ժամանակ նրանք օրերով չէին ժպտում միմյանց:

Բայց երբեք իրանց ընտանեկան խռովությունները ուրիշներին չէին հայտնում: Ընդհակառակը, գիտեին իրարու հարգել շատերի նախանձը գրգռելու չափ:

Լիդիան մտածում էր.

— Ինձ համար նա արհամարհեց շատ հարուստ օրիորդների և ամուսնացավ մի աղքատ աղջկա հետ: Չէ՞ որ իմ հայրը, բացի իշխանական տիտղոսից, ոչինչ չէր թողել, և ես ստիպված էի չնչին վարձով երաժշտության դասեր տալով գլուխս պահել:

Գուրգենը մտածում էր.

— Ինձ համար նա մերժեց տասնյակ փայլուն երիտասարդների առաջարկը և ամուսնացավ մի մարդու հետ, որ խայտառակ վաշխառվի որդի է և չի կարող պարծենալ ոչ յուր գեղեցկությամբ, ոչ խելքով և ոչ բարոյականությամբ:

Կար մի ուրիշ բան, եթե ոչ ավելի զորավոր, գոնե ավելի հիմնավոր, քան սերը:

Լիդիան գեղեցիկ էր, Գուրգենը հարուստ:

Երբ Լիդիան առաջնակարգ խանութները մտնելիս տերերն ու գործակատարները վազում էին ընդառաջ նրա նուրբ ճաշակին գոհացում տալու հոզացողությամբ, հրճվում էր: Հրճվում էր այն գիտակցությունից, որ բոլոր յուր նախանձոտ ընկերուհիների մեջ իրան վիճակվեց տիրել հայտնի կալվածատիրոջ որդու հարստությանը:

Երբ Լիդիան հասարակական վայրերում կամ փողոցներում Գուրգենի հետ թևանցուկ զբոսնում էր, ընդհանուր ուշադրություն էր գրավում յուր բարձր հասակով, նուրբ կազմվածքով, դեմքի զարմանալի կանոնավոր գծերով և մանավանդ երկնագույն աչքերով: Եվ նրա սնափառ ամուսինը զգում էր անսահման ուրախություն ու հպարտանում էր մտքում, որ իրեն վիճակվեց տիրել աննման գեղեցկուհուն:

Մի օր նա ասաց.

— Լիդիա, ես ուզում եմ կտակս գրել տալ:

Լիդիան սև ունքերի տակից կապտագույն աչքերը զարմացմամբ հառեց ամուսնու երեսին: Եվ, տեսնելով Գուրգենի դեմքի լրջությունը, հանկարծ բարձրաձայն ծիծաղեց: Նրա առողջ ձայնի արծաթե հնչյունները լցրին սենյակը, որ տոգորված էր գարնանային արեգակի շողերով:

— Մի՛ ծիծաղիր, Լիդիա, ես կատակ չեմ անում:

— Ահ, ահ, — շարունակեց Լիդիան, — մարդը կատակ չի անում և ուզում է, որ ես չծիծաղեմ էլ...

— Բայց ինչո՞ւ: Չէ՞ որ արդեն ժամանակ է այս մասին մտածելու:

— Ո՞ր հասակում:

— Օգոստոսին կլրանա քառասունս...

— Հետո՞...

— Մահը միայն ծերերի հյուրը չէ, Լիդիա: Նրա առջև բաց են բոլոր դռները ժամանակ անժամանակ: Իսկ հարուստներին նա այցելում է հաճախ առանց զեկուցման:

— Բայց ի՞նչը քեզ ստիպեց մտածել կտակի մասին, այս է հետաքրքրականը, — հարցրեց Լիդիան և, նայելով իրան պահարանի հայելու մեջ ոտքից մինչև գլուխ, նստեց ամուսնու գրասեղանի քով:

— Քո վիճակը, Լիդիա, միայն քո վիճակը: Եթե ես վաղը մյուս օրը հանկարծամահ լինիմ, դու պիտի ստանաս իմ կարողության միայն յոթերորդ մասը: Մնացյալը կանցնե իմ քրոջը, Ելենային, այսինքն՝ նրա զավակներին: Իսկ դու գիտես, որ ես ատելով ատում եմ նրանց, ինչպես ատում էի և՛ նրանց հանգուցյալ հորը: Նրանք մի տարում քամուն կտան հանգուցյալ հորս քառասուն տարվա արյուն քրտինքի արդյունքը... Համաձայնվիր, որ դա շատ էլ ցանկալի հեռանկար չէ քեզ համար:

— Ուրեմն, դու ուզում ես, որ միայն ես լինեմ քո ժառանգը, — հարցրեց Լիդիան ոչ առանց ներքին անհանգստության:

— Դա իմ անկեղծ ցանկությունն է:

— Շնորհակալ եմ. այդ ցույց է տալիս, որ ես դեռ իմ հրապույրը չեմ կորցրել քո աչքում: Բայց մի օր կկորցնեմ, և այն ժամանակ կտակդ գրել կտաս սառույցի վրա: Երեխա՛, երեխա՛, ի՛նչ ժամանակ է մահվան մասին մտածել: Կյանքը չի կրկնվում, մտածիր ապրելու և վայելելու մասին:

— Բայց ի՛նչ գեղեցիկ ես այսօր, Լիդիա. նայում եմ և սքանչանում: Քո թանձր մազերը, քո խոշոր նշաձև կապուտակ աչքերն երկար թերթերունքներով, քո բարակ սևաթույր ունքերը — նորից կարող են ինձ խելքից հանել: Լիդիա, այդպիսի գեղեցկություն ունեցող մի կին չպիտի հրաժարվի ճաշակել երիտասարդ և հարուստ այրիի զգացումները: Օօ, դա երանելի վիճակ է, երազը բոլոր սնափառ կանանց: Լինել քսանյոթ տարեկան, գեղեցիկ, ոսկեզօծ և ազատ, միանգամայն ազատ, ամենքին հաճելի, ամենքի երևակայության առարկա: Լինել շրջապատված տափակ սրախոսներով և առաքինի անառակներով, լսել նրանց սուտ երդումները, կեղծ հառաչանքները, հույս ներշնչել յուրաքանչյուրին և ոչ ոքի հույսը չարդարացնել: Տեսնել տխմար մրցակիցների խուլ պայքարը, արտաքին հետաքրքրությամբ և ներքին արհամարհանքով լսել նրանց քողարկված զրպարտությունները միմյանց դեմ և տանջել, տանջել նրանց անվերջ, անողոք պարծենալ, ու հպարտանալ ու ծիծաղել ու սքանչանալ ինքդ քեզնով: Լիդիա, Լիդիա, որքա՛ն կսազի սև զգեստը երազուն դեմքիդ, մելամաղձոտ հայացքիդ: Լուսինն այնքան խորհրդավոր չի լինիլ ամառային նոսր ամպերի տակից, որքան քո դեմքը սև երեսքողի տակից...

— Բավական է: Չգիտեմ քեզ ի՛նչ է պատահել այսօր, որ բանաստեղծ ես դարձել: Ես քեզ խնդրում եմ կատակ չանել լուրջ բաների հետ: Քո մի ակնարկն անգամ մահվան մասին ինձ վշտացնում է: Երդվում եմ:

— Ախ, հավատում եմ, հավատում, — գոչեց Գուրգենը և վեր կացավ տեղից, գրկեց Լիդիայի գլուխը, որ այնպես հրաշալի պսակվել էր թանձր մազերով և ջերմագին համբուրեց:

Եվ նորից նստեց յուր տեղը:

— Այո, այո, — ասաց այս անգամ լրջորեն, — այնուամենայնիվ ես պետք է կազմեմ կտակս վաղօրոք, որպեսզի մի անգամ առմիշտ փակեմ քաղցած աղվեսների ախորժակը: Ահ, Լիդիա, չկա ինձ համար ավելի զազրելի բան, քան այն, երբ հարուստի դագաղը շրջապատում են նրա մերձավորները երեսների վրա շինծու վշտի կեղծիքը և սրտերի մեջ անկեղծ ուրախությունը: Երբ նրանք, սևեր հագած, գլուխները կրծքերին թեքած, հետևում են հանգուցյալի դագաղին, ես ոչ միայն նրանց դեմքերի, այլև մեջքերի վրա, քայլվածքի ու շարժումների մեջ կարդում եմ. «Թողե՞լ է, արդյոք, մեզ համար մի բան այս շունը, որին տանում ենք հողին հանձնելու և, որքա՞ն»: Այսպես են մտածելու և իմ քրոջ զավակները դագաղիս հետևելիս...

— Չգիտեմ, գուցե դու ունիս իրավունք այդ ենթադրությունն անելու, — ասաց Լիդիան, — Բայց չեմ կարող թաքցնել, որ ես էլ չեմ սիրում նրանց: Ինձ թվում է, որ նրանք ապականված են ավելի, քան թույլ է տրված նույնիսկ մեր ժամանակում: Նրանցից մեկը մինչև անգամ այն աչքով չի նայում ինձ, որպես պարտավոր է նայել մի օրինավոր երիտասարդ յուր քեռակնոջ վրա:

— Այդ ես գիտեմ, Լիդիա, գիտեմ, և այդ է պատճառը, որ դու ազատվել ես նրա դեմքից:

— Ինչպե՞ս, դու նրան արգելե՞լ ես այցելել մեզ:
— Այո, նրան էլ, մյուս եղբորն էլ:
— Հուսով եմ, որ պատճառը չես ասել:
— Մի՞թե իմ ինքնասիրությունը թույլ կտար ասելու:
— Ուրեմն վճռել ես նրանց զրկե՞լ բոլորովին:
— Ոչ բոլորովին: Ես նրանց համար կթողնեմ այնքան, որքան ես եմ ուզում և ոչ այնքան, որքան իրանք են սպասում:
— Ահ, ինչո՞ւ մենք չունինք մի զավակ, Գուրգեն, — գոչեց Լիդիան խորին թախիծով, — ինչո՞ւ մենք ծերության հասակում չպիտի ունենանք մեր ապավենը: Այդ անտանելի է, Գուրգեն, անտանելի...
Եվ, արմունկները հենելով սեղանին, գլուխը բռնեց ձեռքերով և սկսեց հեկեկալ:
— Երեխա մի՛ լինիլ, Լիդիա, բավական է ինչքան մտածել ես այդ մասին և արտասվել: Չէ՞ որ մենք անզոր ենք բնության արգելքների դեմ: Դե, դե, խելքի եկ: Ես տանել չեմ կարող քո լացը:
— Ոչինչ, ոչինչ, — զսպեց իրան Լիդիան, աչքերը սրբելով ասեղնագործ բատիստյա թաշկինակով, — կանցնի: Գրկիր ինձ, Գուրգեն, համբուրիր և չդավաճանես, լսո՞ւմ ես, չդավաճանես:
Վերջին խոսքը ցնցեց Գուրգենին: Նա չհամարձակվեց համբուրել Լիդիային...

II

Անցել էին ամիսներ այդ օրից:
Առավոտ էր: Նրանք սեղանատանն էին:
Գուրգենը լրագիր էր կարդում, Լիդիան, սամովարի մոտ կանգնած, թեյ էր պատրաստում սպիտակ պենուարը հագին:
Նրա դեմքն արտահայտում էր անսովոր մտահոգություն: Մերթ ընդ մերթ նայում էր Գուրգենի սնահեր գլխին, որ թեքվել էր դեպի լրագիրը: Պարզ էր, որ մի բան ուներ ասելու, բայց չէր վստահանում խանգարելու ամուսնու ընթերցանությունը:
— Զարմանալի է, — ասաց Գուրգենը, — վերջապես, մի կողմ դնելով լրագիրը և թեյի բաժակը մոտեցնելով իրան, — այդ մեծապատիվ խմբագիրները կարծում են, թե լրագիրը նրա համար է միայն, որ մարդկանց առավոտը թունավորե: Այս ամբողջ թերթի մեջ և ոչ մի ուրախալի լուր: Կարծես ինձ համար շատ հետաքրքրական է, թե մեկը մի աղախնի զրկել է կուսությունից և աղախինը նրա վրա կարբոլյան թթվաջուր է ածել, և դրա պես շատ ու շատ հիմարություններ...
— Ցավում եմ, — խոսեց Լիդիան, նստելով ամուսնու դեմ, — որ ես էլ պիտի մի անախորժ լուր հաղորդեմ քեզ:

— Ի՞նչ է պատահել:

— Մի անսպասելի բան: Մեր երիտասարդ սպասուհին տկար է...

— Տկա՞ր է, — կրկնեց Գուրգենը, — դա ի՞նչ մի մեծ դժբախտություն է:

— Այո, բայց ուրիշ տկարություն է...

— Չեմ հասկանում:

— Եթե ուշադրություն դարձրած լինեիր նրա իրանի վրա, կհասկանայիր: Ահա երկու ամիս է, որ առանց շալի չի երևում մեր աչքին: Իսկ այսօր խոստովանեց: Մի խոսքով, վաղը-մյուս օրը մենք կունենանք մի անկոչ հյուր:

Գուրգենը չցնցվեց և ոչ էլ նրա դեմքի մկանունքները շարժվեցին: Նա միայն արտասանեց.

— Ահա թե ինչ, ի՛սկ որ այդ մի սյուրպրիզ է: Բայց չէ՞ որ Զինան...

— Օրիորդ է, ուզում ես ասել, — լրացրեց Լիդիան հեգնաբար, — մեկը մյուսին չի խանգարում: Մի՛ մոռանար, որ մենք ապրում ենք N քաղաքում, իսկ Զինան քսան տարեկան անփորձ աղջիկ է ու մի քիչ էլ հիմար:

— Ճիշտ է, բայց հետաքրքրական է ո՞վ է այցելում նրան, — արտասանեց Գուրգենն այնքան անտարբեր, որ Լիդիան նրա ձայնի մեջ չնկատեց և ոչ մի կեղծ նոտա:

— Չգիտեմ: Գոնե ես ոչ ոքի չեմ հանդիպել նրա մոտ:

Գուրգենը կամեցավ ասել՝ «գուցե իմ քրոջ որդին», բայց զսպեց իրան և հարցրեց.

— Դու բացատրություն պահանջե՞լ ես իրանից...

— Այո, պահանջեցի:

— Ե՞վ...

— Չխոստովանեց:

Գուրգենը զգաց որոշ թեթևություն: Եվ որպեսզի չմատնի իրան, վեր կացավ և սկսեց անցուդարձ անել:

— Ես ավելորդ համարեցի պնդել, — շարունակեց Լիդիան: — Ի՞նչ կարիք կա կեղտը քրքրելու և խեղճին տանջելու: Առանց այդ էլ նա ամոթից տառապում է: Նա լաց եղավ և ինձանից ներում խնդրեց — չգիտեմ ինչու: Հարկավոր է մտածել նրա դրության մասին: Ամոթը մասամբ մեր տանն է վերաբերում:

— Այո, իհարկե, պետք է մտածել: Արդյոք ի՞նչ ես մտադիր անելու:

— Կկամենայի նախ քո կարծիքն իմանալ:

Գուրգենը նեղն ընկավ:

— Իմ կարծի՞քը: Բայց ես ի՞նչ կարող եմ ասել: Այդպիսի գործերում տղամարդը անզոր է յուր խորհուրդներով: Գուցե հարկավոր է արձակել նրան, իհարկե, մի քիչ ապահովելով:

— Արձակե՞լ, այդ դրության մե՞ջ, — գոչեց Լիդիան զթառատ

կանանց հատուկ կարեկցությամբ, — ոչ, ես այդպես անխիղճ լինել չեմ կարող: Մարդիկ հատուկ ընկերություններ են հիմնում ընկածներին բարձրացնելու և կորստյան անդնդից ազատելու համար: Մի՞թե մենք չենք կարող պաշտպանել մեկին, որ հինգ տարի ծառայել է մեզ հավատարմությամբ:

— Իհարկե, կարող ենք, բայց չգիտեմ ինչպես: Եթե խնդիրը ծախքերն են, ես ոչինչ չեմ խնայիլ: Միայն չգիտեմ հարմա՞ր է, արդյոք, նրան մեր տանը պահել:

— Հարմար չէ, իհարկե, բայց ես ուզում եմ նրան ուղարկել մերձակա գյուղերից մեկը: Այնտեղ նա կազատվի յուր հիմարության հետևանքից, հետո կմտածենք ինչ անել:

— Հիանալի է, ավելի հարմար վճիռ չէր կարելի երևակայել: Եվ որքան շուտ ուղարկես, այնքան լավ:

Ասաց Գուրգենը և, վախենալով գուցե ինքն իրան մատնել, շտապեց դուրս: Նրա համար անսահման ծանր էր մնալ Լիդիայի մաքուր մթնոլորտում: Նրան անհանգստացնողը ոչ այնքան սպասուհու վիճակն էր — ավա՛ղ, այս նրան հայտնի էր վաղուց — որքան Լիդիայի անգիտությունը...

— Զինա, Զինա, — լսեց նա նախասենյակում անգիտակ կնոջ արծաթահնչյուն ձայնը, որի մեջ չէր զգացվում վրդովման կամ կասկածի շեշտ, — Զինա, եկ այստեղ:

Նա վազեց փողոց ամոթը ճակատին, խղճի զարհուրելի խայթը կրծքի տակ: Այնտեղ, այդ խուռն ամբոխին խառնվելով, նա զգաց մի տեսակ թեթևություն, մտածելով, որ ինքը բացառություն չէ...

Հետևյալ օրը Զինան, Լիդիայի հրամանով, ուղևորվեց մերձակա գյուղերից մեկը և այնտեղ գտավ ժամանակավոր ապաստան յուր խայտառակության համար:

Երեկոյան Լիդիան ասաց.

— Որքան լավ է թշվառին օգնելը: Թվում է ինձ, որ ես երբեք այսպես երջանիկ չեմ եղել, որպես այսօր: Խեղճ աղջիկը ուրախությունից արտասվեց, որ նրան չշպրտեցին փողոց ինչպես մի թքած պատառ:

— Այո, առանց քո բարության նա կարող էր կորչել, — ասաց Գուրգենը, խույս տալով Լիդիայի հայացքից:

Զինան վերադարձավ մոտ երկու ամիս անցած նիհարած, գունատ, բայց ավելի հանգիստ հոգով:

— Երեխա՞ն: — հարցրեց Լիդիան:

— Թողի գյուղում:

— Ո՞ւմ մոտ:

— Մի գեղջկուհու: Նրա երեխան նոր մեռավ, կաթը մնում է, ինքը խնդրեց: Ես չեմ կարող կերակրել, կխանգարե:

— Աղջի՞կ է:

— Տղա ։
— Սիրո՞ւն է:
— Աստված գիտե:
Պատասխանելով տիրուհու հարցերին, Ջինան ամոթից և խղճի տանջանքից չէր կարողանում նայել նրա երեսին:
— Շատ բարի, — ասաց Լիդիան, — թող մնա այնտեղ, հետո կմտածենք: Լավ, մի՛ ամաչեք: Առաջ պիտի մտածեիք, այժմ ուշ է: Միայն զգույշ, եթե կրկնվի, չեմ ներիլ... Խեղճ աղջիկ, խեղճ աղջիկ, և ո՞վ է եղել այն անգութը, որ...
Նրա խոսքն ընդհատվեց Ջինայի բարձրաձայն, դառը հեկեկանքով: Մի վայրկյան ևս, և սպասուհին ընկավ նրա ոտքերին...
— Տիրուհի, ներեցեք, աղաչում եմ, տիրուհի ներեցեք: Դուք այնքան բարի եք, այնքան վեհանձն, որ չեմ կարող, չեմ կարող...
Եվ, բռնելով Լիդիայի հագստի փեշերը, ծածկեց նրանց համբույրներով ու արցունքով:
— Ի՞նչ պատահեց ձեզ, Ջինա, — գոչեց Լիդիան զարմացած, — ինչո՞ւ այդպես հանկարծ: Ես ձեզ չեմ նախատում: Ամեն ոք ինքն է պատասխանատու յուր մեղքերի համար...
— Բայց ես մի անպիտան աղջիկ եմ, տիրուհի, երախտամոռ, զարշելի, նախատեցեք ինձ...
Դռների մեջ երևաց Գուրգենը, նա ձգեց Ջինայի վրա մի զաղտնի սպառնողական հայացք:
Զսպելով իրան, սպասուհին արագ ոտքի կանգնեց, արտասանելով.
— Ներեցեք, տիրուհի, ես... ոչինչ... կանցնի...
Տասը ամիս անցած՝ նա երեխային՝ գյուղից քաղաք բերեց:

III

Դա մի սնաչյա մանուկ էր, առողջ, կայտառ, ժպտուն, ինչպես գարնանային առավոտյան առաջին շողը:
Նախանձի նման մի վատ զգացում վայրկենաբար պղտորեց Լիդիայի անդորրացած և թախծալի հոգին: Զգաց մի տեսակ անզոր ատելություն դեպի սպասուհին, նրա արգանդի առողջությունը: Ատելություն ամուլ կնոջ, որ շատ էր տառապել մի այդպիսի գանձ ունենալու տենչանքից:
Եվ նույն վայրկյանին կայծակի արագությամբ միտք հղացավ տիրել օտար արգանդի բերքին: Նա զգաց, որ այդ միտքը հանցավոր է, դատապարտեց անմիջապես: Բայց և չկարողացավ հաղթել նրան:
— Սիրո՞ւմ եք, — հարցրեց նա սպասուհուն, որ յուր զավակին

այնպես էր պահում ձեռքերի վրա, ինչպես մի փխրուն ապակի և ոչ ինչպես յուր հոգու հատոր:

— Խղճում եմ, անմեղ է, — պատասխանեց Զինան և յուր մտքում ավելացրեց, — երանի ազատեիք ինձ այս բեռից:

— Չեք սիրում, այդ երևում է:

— Ահ, տիրուհի, աղքատների համար երեխաները միայն տանջանք են: Ողորմած եղեք...

— Ողորմա՛ծ... բայց ինչո՞ւ նրա հայրը չի ուզում ողորմած լինել...

— Հայրը, — կրկնեց սպասուհին և գլուխը թեքեց կրծքին:

— Լավ, լավ, մի՛ ասեք, ես չեմ ուզում նրա ով լինելը իմանալ: Թող նա անհայտ մնա, դա ձեր գաղտնիքն է...

Եվ Լիդիան նայեց սիրալիր հայացքով փոքրիկին, որ մոր գրկից մտիկ էր անում հավատով, ակնկալությամբ: Կարծես այդ անլեզու էակն զգում էր, որ յուր ճակատագիրն այլևս կախված է այդ շքեղ հագնված, բարձրահասակ, գեղեցիկ, փարթամ կնոջ բարի կամքից...

Զինան շարունակ խույս էր տալիս տիրուհու հայացքներից, որ մերթ դառնում էին դեպի զավակը, մերթ դեպի մայրը: Պարզ էր, որ մի միտք տանջում էր նրան: Մի միտք, որից կկամենար ազատվել և չէր կարողանում:

— Թողեք երեխան այստեղ մնա, — ասաց Լիդիան քիչ խորհելուց հետո: — Ուզո՞ւմ եք:

Զինայի աչքերն ուրախությունից փայլեցին: Եթե նրան ապտակեին և դուրս ձգեին երեխայի հետ, կհամարեր յուր արժանի վարձը:

— Չպիտի ունենայիք, — շարունակեց Լիդիան, — բայցոր ունիք, պետք է պահպանել:

— Տիրուհի, շնորհակալ եմ, ա՛հ, չեք իմանում, որքան շնորհակալ եմ, — գոչեց Զինան և արտասվեց:

— Առանց շնորհակալության: Մարդիկ երբեք չեն անում այն, ինչ որ իրենց համար հաճելի չէ:

— Բայց չէ՞ որ դուք ինձ ազատեցիք մահու վտանգից: Ես վճռել էի սրան ոչնչացնել իմ արգանդում: Իսկ այդ, գիտեք, շատ վտանգավոր է: Իմ քույրը դրանից մեռավ այն անիծյալ պառավի ձեռքում: Մեռավ, անիծելով յուր ճակատագիրը: Ես էլ կարող էի մեռնել: Դուք ինձ ազատեցիք, հավիտյան չպիտի մոռանամ:

— Ողորմա՛ծ աստված, ի՛նչ անզգայություն, — վրդովվեց Լիդիան մինչև հոգու խորքը, — դուք վախենում էիք ձեր մահի՞ց: Իսկ այդ անմե՞ղը: Մի՞թե չգիտեք, որ դա կլիներ որդեսպանություն:

— Ի՛նչ արած, տիրուհի, ճակատագիրս է: Ոչ, ոչ, տիրուհի, մի՛ նեղանաք, աղաչում եմ: Սխալմամբ ասացի: Ներեցեք, տգետներ ենք, չգիտենք մեր խոսածը:

— Բավական է: Տվեք ինձ այդ երեխային: Ես նրանով կզբաղվեմ, իսկ դուք ձեր գործին կացեք:

Ջինան երեխային լուռ տվեց տիրուհուն և զգաց, որ յուր կրծքից ընկավ մի ծանր քար:

Նույն օրը ներ Լիդիան անձամբ գնեց նուրբ կտավից պատրաստի ճերմակեղեն ու բոլոր պարագաները երեխայի համար: Իրիկնադեմին նա օգնեց Ջինային նրան լողացնելու և զուգեց ու տարավ յուր սենյակը:

Գուրգենը ոչինչ չասաց: Նա մինչև անգամ կարողացավ ձևանալ միանգամայն անտարբեր դեպի երեխայի վիճակը:

Երբ առաջին անգամ Լիդիան համբուրեց փոքրիկին — իսկ համբուրեց մի շաբաթ անցած — զգռվեց նրա հոգու տարիների թախիծը որդեսիրության: Եվ զգաց իրան անբախտ ավելի, քան երբևէ զգացել էր: Միևնույն ժամանակ, մի անծանոթ հաճելի ջերմություն պաշարեց նրա հոգին:

Այդ վայրկյանից թվաց նրան, թե մի նոր տարր մտավ նրա գոյության մեջ և բռնեց այնտեղ ամուր, հաստատուն մի անկյուն: Մայրական զգացման անծանոթ բնազդով ճաշակեց այդ զգացումը և անձնատուր եղավ կարոտյալ հոգու ամբողջ թափով: Սիրեց օտար արգանդի բերքը այնպես, ինչպես կարող էր սիրել միայն հարազատ մայրը: Իսկ երբ փոքրիկը սկսեց թոթովել, նա փափագեց, որ ինքը կոչվի «մամա»: Դա նրա նվիրական երազների մարմնացումն էր, և Ջինան ոչ միայն չբողոքեց նրա դեմ, այլև կրկնակի ուրախացավ:

Օրը մինչև երեկո Լիդիան զբաղված էր նրանով և միայն նրանով: Եվ այդ զբաղմունքը այնքան կլանեց նրան, որ մոռացավ Գուրգենին ու նրա տարօրինակ տխրությունն ու անսովոր հեգությունը: Նա չհետաքրքրվեց իմանալ, թե ինչու ամուսինը ամեն անգամ իրան հանդիպելիս մի տեսակ աղերսական հայացքով է նայում նրան, ինչպես մի մարդ, որ րոպե առ րոպե սպասում է անողոք դատավորի դատավճիռը: Նա միայն մտածում էր մի բանի մասին. այն՝ է մի օր կարող են նրանից խլել երեխային: Հետզհետե այս միտքը զարգացավ և դարձավ նրա համար մի տեսակ մղձավանջ:

Նրա կարեկցությունը դեպի Ջինան փոխվեց ատելության, ատելությունը՝ անհաղթելի թշնամության, և նա վճռեց ազատվել թշնամուց: Նա զգում էր, որ այդ միտքը դաժան է, հանցավոր և դատապարտելի ոչ միայն աստվածային, այլև մարդկային օրենքներով: Նա չարաչար նախատում էր իրեն, այդ բանի համար, միևնույն ժամանակ զգում էր իրեն անզոր՝ կռվելու նրա դեմ:

Մի անգամ նա մի վատ երազ տեսավ: Ինչ-որ մարդիկ ոստիկանների համազգեստով հանկարծ ներս խուժեցին, խլեցին երեխային նրա կրծքից և գնացին: Նա սարսափից արձակեց մի ճիչ, զարթնեց և խավարի մեջ ոտաբոբիկ վազեց դեպի դանթելներով զարդարված թանկագին կողովը, որ ստուգե՝ այնտե՞ղ է արդյոք երեխան: Նա գրկեց փոքրիկին, համբուրեց և տարավ պառկեցրեց յուր կողքին:

Գուրգենը քնած չէր: Նա լսեց Լիդիայի ճիչը. խավարի մեջ տեսավ բոլորը, ինչ որ նա արավ և չհամարձակվեց ձայն բարձրացնել:

Լիդիան թույլ չէր տալիս Ջինային երեխային համբուրելու, առարկելով, թե մեծերի համբույրն առհասարակ վտանգավոր է փոքրերի համար: Իրոք հոգու խորքում երկյուղ ուներ, միգուցե սպասուհին համբուրելով յուր զավակին, հետզհետե ձուլվի նրա հետ հոգով ու մտքով և այն ժամանակ ինչպե՞ս կռվել հարազատ մոր զգացումների հետ: Ջինան չէր վշտանում յուր մայրական շրթունքների վրա դրված արգելքից: Ընդհակառակը, նա գոհ էր, նույնիսկ երջանիկ, որ տիրուհին փոխարինում է իրեն իբրև մայր:

Մերթ ընդ մերթ Լիդիան ուշադիր դիտում էր երեխայի դեմքը, բռնելով նրան յուր սենյակի լուսամուտի առջև: Նրան հետաքրքրում էր. արդյոք, գեղեցի՞կ է նա, թե ոչ: Եվ թվում էր նրան, որ օրը օրի վրա նա գեղեցկանում է:

Իսկ երեխան մտիկ էր անում նրա երեսին միշտ ժպտուն դեմքով, միշտ ակնկալ հայացքով: Երբեմն յուր թաթիկները բարձրացնում էր և խաղում նրա ոսկեգույն գանգուր մազերի հետ. մի բան, որ առանձին հաճույք էր պատճառում Լիդիային: Թվում էր նրան, որ այլևս այդ փոքրիկ, փափլիկ, վարդագույն ձեռնիկների մեջ է ոչ միայն յուր բախտը, այլև կյանքը:

Մի անգամ, երբ համբուրում էր նրա ձեռիկները, Լիդիան նայեց նրա սևորակ աչքերին և ցնցվեց: Կար մի ինչ-որ ծանոթ, նույնիսկ մտերիմ շեշտ մանկան այդ օրվա հայացքի մեջ: Արդյոք, մի ժամանակ, տարիներ առաջ նույն ակնկալությամբ չե՞ն նայել նրա երեսին մի զույգ ճիշտ այդպիսի աչքեր, աղերսելով նրա սերը, ինչպես երկնային մանանա:

Այո, այո, ճիշտ է: Օձից խայթվածի պես նա զգաց մի սուր ցավ և, սարսափած, երեխային դրեց, ո՛չ, ուղղակի ձգեց կողովի մեջ և հեռացավ նրանից: Մանուկը չճչաց անգամ — այնքան հեզ էր նա, այնքան լռիկ:

Չար կասկածը, մի անգամ զարթնելով, արագ-արագ զարգացավ Լիդիայի մեջ: Նա շուտով փոխվեց համոզմունքի: Ողորմա՛ծ աստված, որքա՛ն կույր է եղել նա, որքա՛ն միամիտ: Եվ կայծակի արագությամբ նրա մտքով անցավ բոլորը, ինչ որ կարող էր նրա համոզմունքն ավելի ու ավելի ամրացնել. և Գուրգենի տարօրինակ լռությունն ու տխրությունը վերջին ժամանակ, և՛ Ջինայի հանկարծակի նրա առաջ չոքելը, լալը, ներում խնդրելը գյուղից գալու օրը, և ուրիշ շատ հանգամանքներ, որոնց վրա մինչև այն օրը ուշադրություն չէր դարձրել:

Նա ճիգն արավ իշխել իրեն, չկարողացավ: Արյունը զարկեց գլխին, և թվաց նրան, որ մի աներևույթ ձեռ խեղդում է իրեն: Եվ, ինչպես բնից հանկարծակի կտրված շուշան, նրա քնքուշ մարմինը սպիտակ պենուարի մեջ ընկավ գահավորակի վրա:

Նա հեկեկաց: Այո, նա կույր է եղել և հիմար, որ մինչև այսօր չի տեսել ու մտածել: Չէ որ դա պարզ է, աներկբայելի:

Նա աշխատեց խեղդել հեծկլտանքը, և միայն կանացի հպարտության զգացումը ուժ տվեց նրան: Ինչո՞ւ ստորանալ մինչև արցունք, ո՞ր ինքնասեր կինը կարող է լվանալ արտասուքով մի այդպիսի անպատվություն:

Նա ոտքի կանգնեց, արագ-արագ սրբեց արտասուքը, կարգի բերեց մազերը, նայեց երեխայի երեսին և նստեց լուսամուտի առջև յուր անելիքի մասին մտածելու...

IV

Մի ամբողջ շաբաթ նա լուռ էր:

Գուրգենը չէր համարձակվում նրան խոսեցնել: Զգում էր, որ այլևս հասել է հատուցման ժամը և պետք է, վերջապես, կանգնե դատավորներից ամենաանողոքի առջև իբրև մի հանցավոր, որ չունե արդարացման ոչ մի միջոց: Ծանր էր նրա համար ոչ այնքան պատիժը, որքան դատավարությունը, այն հարցուփորձը, որին սպասում էր Լիդիայի կողմից:

Բայց Լիդիան վճռեց արհամարհել ամեն մի բացատրություն: Նա չկամեցավ կեղտոտ ֆարսը դրամա դարձնել և ամեն մի արդարացում Գուրգենի կողմից համարեց վիրավորական յուր իսկ պատվասիրության համար:

Եվ ահա մի օր, նա խեղդելով յուր մեջ զզվանքի, ատելության, վիրավորված ինքնասիրության խառն զգացումները, ամենայն սառնությամբ հարցրեց.

— Ի՞նչ ես մտադիր անելու քո երեխային:

Գուրգենը պատասխանեց առանց տատանվելու...

— Ինչ որ կամենաս: Միայն քո կամքիցէ կախված նրա վիճակը:

— Դու պարտավոր ես քո ազգանունը տալ նրան:

Գուրգենը ապշեց: Այդ արդեն նա չէր սպասում:

— Լիդիա, — արտասանեց նա, — նախ և առաջ ես կկամենայի...

— Առանց բացատրության, — գոչեց Լիդիան արհամարհանքով, — մենք տասնևութ տարեկան պատանիներ չենք, որ մելոդրամ խաղանք: Ես ուրախությամբ կթողնեի այս տունը և կհեռանայի, բայց, դժբախտաբար չեմ կարող: Չեմ կարող տանել հասարակական բամբասանքը և իմ ընկերուհիների ու ազգականների ծաղրն ու արհամարհանքը: Բացի այդ, ես սիրել եմ այդ երեխային և, հակառակ իմ կամքի, այսօր էլ սիրում եմ...

— Շնորհակալ եմ, Լիդիա, — գոչեց Գուրգենը դողդոջուն ձայնով, — շնորհակալ եմ, որ խնայում ես ինձ: Հավատա, ես շատ եմ տանջվել բոպեական այդ մոլորության համար: Բայց... լռում եմ... լռում եմ... Դու չես ուզում որ ես բացատրեմ, ներում խնդրեմ: Ունիս իրավունք: Քո հպարտությունը թույլ չի տալիս: Միայն մի բան չեմ կարող չասել, միայն մի բան...

— Որ դու ինձ սիրում ես և վախենում ես զրկվիլ ինձանից, — ընդհատեց Լիդիան կծու հեգնությամբ, — այնպես չէ՞: Լավ, լավ, գիտեմ այդ տեսակ զղջումների արժեքը: Շատ եմ լսել և կարդացել: Թողնենք... Զարմանալի ոչինչ չկա քո արարքի մեջ... Ի՛նչ արած, դա մեր խաչն է, պետք է տանենք... Ես չեմ կարոտ քո զղջմանը, այլ նա, այն փոքրիկ անմեղը: Դու ես նրան աշխարհ զցել, դու էլ պարտավոր ես հոգալ նրա վիճակը: Ահա միակ բանը, որ ես սպասում եմ քեզնից:

— Հրամայիր, Լիդիա և ես պատրաստ եմ կատարել քո բոլոր պահանջները, — ասաց Գուրգենը դատապարտյալը հեզությամբ:

— Վաղը կանչիր մեր քահանային և երեխային մկրտել տուր: Ինչ վերաբերվում է նրա մորը, թողնում եմ քո կամքին...

— Ես չգիտեմ ինչ անել, իմ ուղեղը հոգնել է այդ մասին մտածելուց և ոչ մի որոշման գալ չեմ կարողանում: Եթե թույլ տայիր հարցնել քո կամքը...

— Ես այսօր խոսեցի նրա հետ: Նա ուրախ է ազատվել յուր մեղքի պտուղից և հրճվում է, որ երեխան ինձ է «մամա» կանչում:

— Ուրե՞մն:

— Ես ոչինչ չեմ կարող ասել այդ կնոջ մասին: Կասեմ միայն, որ երեխան չի կարող երկու մայրերի պատկանել: Կասեմ նաև, մի կին, որ յուր հարազատ զավակին չի սիրում, չունի իրավունք նրա մայրը կոչվելու...

Ասաց Լիդիան և հպարտ քայլերով դուրս եկավ սեղանատնից: Վերջին ժամանակները այդ սենյակն էր նրանց հանդիպման միակ վայրը:

Հետևյալ օրը երեխային կնքեցին:

Սկզբում Գուրգենը կամեցավ մի զեղծում գործել — ասել քահանային, թե երեխան Լիդիայից է: Բայց Լիդիան չհամաձայնվեց, բարվոք համարելով անկեղծորեն պատմել եղելությունը քահանային, որքան ևս այդ ծանր լիներ նրա պատվասիրության համար:

Անունը երեխայի ընտրեց ինքը Լիդիան՝ Սերժ: Մի անուն, որ տարիների ընթացքում փայփայել էր յուր երևակայության մեջ: Մի անուշ անուն նրա համար, որ ընտանիքներում ու փողոցներում մայրերի բերանից լսելիս չէր կարողացել զսպել նախանձի զգիռը:

Նույն օրը Լիդիան խոսեց սպասուհու հետ:

— Ոչ, տիրուհի, — ասաց Ջինան, — անհարմար է իմ այստեղ մնալը: Տվեք ինձ մի փոքրիկ ապահովություն, ես կհեռանամ:

Որոշվեց նրան տալ մի գումար, և Գուրգենն իսկույն այդ գումարը հանձնեց Լիդիային:

Առավոտը Զինան երգելով և թռչկոտելով կապկապեց յուր լաթերը և եկավ տիրուհուն հրաժեշտ տալու:

Լիդիան նրան սպասում էր յուր սենյակում անհամբեր:

Նա ուրախ էր: Զինան այնպիսի դյուրությամբ համաձայնվել էր հրաժարվել յուր երեխայից:

— Տիրուհի, փո՛ղը, — ասաց սպասուհին ոսկու փայլին ծարավ չքավորի այն անհամբերությամբ, որ որքան զզվելի, նույնքան և անհասկանալի է հարուստների համար:

— Պատրաստ է:

Լիդիան դրեց նրա առջև հարյուրանոցների մի կապոց:

Զինան ագահությամբ վերցրեց և սկսեց ռամիկներին հատուկ զգուշությամբ ու թերահավատությամբ համրել փողերը, յուրաքանչյուր թղթադրամ դնելով սեղանի վրա առանձին: Նրա ձեռքերը դողում էին հոգեկան խորին հաճույքից, իսկ դեմքն արտահայտում էր սրբազան լրջություն:

Լիդիան դիտում էր սպասուհուն և աշխատում իմանալ՝ ի՞նչն է հրապուրել Գուրգենին նրա մեջ: Դա մի առողջ, բավական գիրուկ էակ էր: Նա դեռ չէր կորցրել կայտառ գեղջկուհու թարմությունը: Գեղեցիկ էին նրա աչքերը, փղոսկրյա ատամները, վարդագույն շրթունքները, բայց մի թե այդքանը բավական է մի տղամարդու մոլորեցնելու համար, թեկուզ բռպեաբար: Լիդիան զզվանքով երեսը շուռ տվեց ու բնազդաբար նայեց իրեն դիմացի հայելու մեջ: Եվ նախանձեց Զինայի դեմքի գույնին:

Զինան թղթադրամները համրեց երեք անգամ, խնամքով կապեց թաշկինակի մեջ և բաց անելով յուր կոֆտայի վերին կոճակները, դրեց կրծքի վրա:

— Ուղի՞ղ է, — հարցրեց Լիդիան արհամարհանքով:

— Ուղիղ է, տիրուհի, — պատասխանեց Զինան ժպտալով: Այդ ժպիտը շատ անտեղի և զզվելու չափ տխմար թվաց Լիդիային: «Աստված իմ, մտածեց նա, որքա՛ն անզգա են այդ խեղճերը...»:

— Երեխային չե՞ք ուզում տեսնել, — հարցրեց նա վերջին անգամ սպասուհուն փորձելու համար:

— Ինչո՛ւ չէ, կարելի է և տեսնել, — ասաց Զինան, դարձյալ ժպտալով:

Լիդիան անցավ մյուս սենյակը, վերցրեց դայակից փոքրիկին և բերեց:

— Բայց այդ վերջին անգամն է, լավ իմացեք, — ասաց նա ավելի խիստ եղանակով, քան հարկավոր էր և անմիջապես զղջաց:

— Դե, իհարկե, վերջին անգամն է, — համաձայնվեց Զինան և, նայելով երեխային, մատներով թեթևակի շփեց նրա երեսը, — ի՛նչ, կատարյալ տղա է: Դե, իհարկե, այդպես էլ պետք է լինի: Կարելի՞ է, — կամեցավ նա համբուրել նրան:

— Դուք գիտեք, որ չի կարելի:

— Հա, մոռացա: Ես էլ կարդացել եմ մի գրքում, որ երեխաները շատ անգամ հիվանդանում են համբույրներից: Դե, իհարկե, հիվանդ մարդիկ շատ կան: Բայց ասում են ձեռիկը կարելի է համբուրել: Սերժը լավ անուն է, բայց Պոլիկարպն էլ լավ է: Ես շատ եմ սիրում Պոլիկարպ...

— Պահեցեք այդ անունը ձեր երկրորդ երեխայի համար, — ասաց Լիդիան ոչ առանց դառնության:

— Օօ, աստված մի՛ արասցե, տիրուհի, դուք ինձ անիծում եք: Դրանից էլ ձեր ողորմությամբ ազատվեցի. դե, բավական է, մնացեք բարով: Չար մի՛ մտածեք իմ մասին: Աստված վկա, ես չէի ուզում, բայց... էհ սատանան խաբեց: Շատ եմ զղջում, ամեն օր աղոթք եմ անում, որ աստված ներե: Լավ, լավ, գնում եմ: Թող երեխան ձերը լինի, դուք նրան ավելի լավ կպահեք: Դե, իհարկե, ես ի՛նչ եմ... Օրոր ասել էլ չգիտեմ: Իսկ դուք այնպես լավ երգում եք, այնպես լավ, որ ես այսօր լաց եղա: Մնացեք բարով: Դուք բարի եք, շատ բարի: Երբեք չեմ մոռանալ: Թույլ տվեք ձեր ձեռիկը համբուրել: Չե՛ք ուզում: Մեղա: Դե, ես գնացի, մնացեք բարով...

Եվ նա դուրս գնաց հանգիստ, ուրախ, ինչպե՛ս հաջող առուտուր կատարած մեկը: Նա մտածում էր միայն՝ չլինի թե տիրուհին հանկարծ զղջա և տված գումարը ետ վերցնի...

V

Այն պահից, երբ մանուկը սկսեց թոթովել, Լիդիան օրը հարյուր անգամ հարցնում էր.

— Սիրո՞ւմ ես ինձ, Սերժ:

— Սիյում եմ, մամա, սիյում եմ:

Երջանիկ էր այլևս: Գուրգենի ապականված սիրո փոխարեն նա վայելում էր մի մաքուր, անշահ սեր, որի համար պատրաստ էր խեղդել յուր մեջ ամենալավ, ինչպես և ամենավատ զգացումները: Ահա ինչու նա վճռեց մոռանալ Գուրգենի կոպիտ դավաճանությունը: Ահ, դա մի չարիք էր, որից առաջացավ բարիք: Ինչո՞ւ հանուն հետևանքի չներել պատճառը: Բայց նա զգում էր, որ վերականգնել այն, ինչ որ եղել է, անհնարին է: Մի կեղտոտ հոսանք եկավ անցավ և նրա կյանքը բաժանեց երկու մասի: Չպիտի անձնատուր լինել անջնջելի վիրավորանքի դառն հիշողություններին: Ապրել նրանով, ինչ որ տալիս է ճակատագիրը — այս է պահանջում թե առողջ բանականությունը և թե անձնասիրությունը:

Նույնն է պահանջում և՛ այդ փոքրիկը, որ ամեն անգամ նրան տեսնելիս յուր թույլ ոտներով վազում, ընկնում է նրա գիրկն ու կրկնում.

— Մամա, սիյում եմ քեզ...

Մի անգամ Լիդիան հարցրեց.

— Սերժ, պապայի՞ն էլ ես սիրում:

— Նրան էլ եմ սիրում, քեզ ավելի եմ սիրում, շատ եմ սիրում, այ, այսքան:

Նա ձեռքերը տարածեց աջ ու ձախ, որքան կարող էր լայն:

Անթափանցելի է մանկան հոգեկան աշխարհը: Ո՞վ կարող էր ասել, որ այդ պատասխանի մեջ չկա ավելի գիտակցություն, քան բնազդ: Գուցե այդ փոքրիկ գլուխը հասկանում էր, որ ինքը բյուր անգամ ավելի է սիրված անհարազատ մորից, քան հարազատ հորից: Մի մարդուց, որ նրան յուր մոր արգանդում փողոց շպրտելու դաժան միտումն էր ունեցել մի ժամանակ:

Ահ, այդ միտումը: Ոչ միայն մանուկը, այլև Լիդիան չէր զգում, թե որքան հոգեկան տանջանք է նա պատճառում Գուրգենին այժմ, երբ հիշում է:

— Շնորհակալ եմ քեզնից, Լիդիա, — ասաց նա մի անգամ, չկարողանալով այլևս թաքցնել յուր զղջման զգացումը, — դու ինձ ազատեցիր խղճիս հավիտենական տանջանքից: Չլիներ քո խելքը, քո տակտը, քո բարությունը, չլիներ քո վեհանձնությունը, այդ անմեղ էակը պիտի փողոցին զոհ դառնար և այսօր իմ խղճի խայթոցը պիտի լիներ ավելի սոսկալի:

— Ահ, թողնենք անցյալը, — գոչեց Լիդիան, չկամենալով դառնացնել յուր սիրտը նորանոր հիշողություններով: — Ես նրան թաղել եմ և վրեն դրել մի մեծ քար: Եթե քո զղջումը անկեղծ է, հոգա մեր երեխայի մասին:

— Ես արդեն կարգադրել եմ նրա վիճակը, — պատասխանեց Գուրգենը: — Երեկ կտակս փոխել տվեցի: Այժմ իմ միակ ժառանգը Սերժն է և դու նրա միակ խնամակալը: Հուսով եմ, դեմ չես:

— Դու արել ես այն, ինչ որ պարտավոր էիր անել, — ասաց Լիդիան, — բայց կա մի բան, որ ինձ հանգստություն չի տալիս:

— Գիտեմ, դու մտածում ես նրա մասին: Նա անհայտացել է, Լիդիա, զուր ես անհանգստանում:

— Այո, անհայտացել է, գոնե այն օրից ես նրա երեսը չեմ տեսել: Բայց չէ՞ որ մի օր կարող է հանկարծ երևալ և խափանել փոքրիկի անդորրությունը:

— Չեմ կարծում: Անկասկած, նա վաղուց է մոռացել և՛ մեզ, և՛ երեխային:

— Լսիր, ես չեմ ուզում չարախոսել, բայց ինձ հաղորդել են, որ քո քույրը ինտրիգներ է սարքում մեր դեմ: Ասում են, նա շարունակ այդ աղջկա հետ հարաբերության մեջ է և աշխատում է նրան լարել մեր, կամ ճիշտն ասած, իմ դեմ:

— Ես դրանից չեմ վախենում: Ելենայի միակ ցավը իմ հարստությունն է, իսկ ես, ինչպես ասացի, արդեն ապահովել եմ իմ ժառանգությունը:

— Ահ, դու քո հարստության մասին ես հոգում, իսկ ինձ տանջողը ուրիշ բան է: Թող ես զրկվեմ քո հարստությունից, թող մնամ մի կտոր հացի կարոտ, միայն թե ինձանից չխլեն երեխային: Առանց նրա ես ապրել չեմ կարող: Պահպանել քո հարստությունը դու կարող ես, բայց երեխան միայն քոնը չէ: Նրա ճակատագիրը ենթարկված է մի կնոջ քմահաճույքին, որի վրա կարող է ազդել ամեն մի անցորդ, մանավանդ քո քրոջ նման մի խորամանկ կին: Ոչ, ոչ, ես նախազգում եմ, որ Սերժին պիտի խլեն ինձանից, իսկ ի՞նչ կլինի իմ կյանքը առանց նրա — չգիտեմ:

Արտասանելով այս խոսքերը, Լիդիան արմունկները հենեց ամուսնու գրասեղանին, որի քով նստած էր, և գլուխը ձեռներով բռնելով, արտասվեց մեղմիկ:

Գուրգենը ոտքի կանգնեց, մոտեցավ և կամացուկ, անվստահ ձեռքերով գրկեց նրա գլուխը: Այն օրից հետո, երբ հայտնվեց նրա դավաճանությունը, առաջին անգամը համարձակվեց մերձենալ Լիդիային: Նա չգիտեր՝ թույլ կտա, արդյոք, Լիդիան իրան, վերջապես, համբուրելու: Ուստի բավականացավ միայն շոյելով նրա թանձր մազերը, որոնց մեջ առաջին անգամ նկատեց մի քանի սպիտակ թելեր:

— Մի՛ տանջիր քեզ, Լիդիա, չար մտքերով և ենթադրություններով, — ասաց նա, — ես չեմ թողնիլ, որ դու զրկվես երեխայից: Նա ինչպես իմն է, նույնպես և քոնն է: Ես ատամներովս կպահպանեմ նրան քեզ համար: Ես տեսնում եմ, նա միակ կապն է քո և իմ մեջ, միակը, դժբախտաբար, քանի որ այլևս դու չես ուզում վերադարձնել ինձ քո սերը...

— Եղենան չար կին է, Եղենան ամեն ինչ կարող է անել, — արտասուքի մեջ արտասանեց Լիդիան, գլուխը հանդարտ ազատելով Գուրգենի կրծքից:

— Թող լինի չար որքան ուզում է, բայց ես էլ չեմ խնայիլ նրան, թեկուզ յոթ անգամ յոթ իմ հարազատ քույրը լինի:

— Ահ, այդ կինը: Որքա՛ն է հալածել ինձ, որքա՛ն տանջել միայն նրա համար, որ ես հանդգնել եմ զիջանել նրա եղբոր աղերսանքին և նրա կինը դառնալ: Ահ, նա չի խնայի ոչ միայն ինձ, այլև իմ ծնողներին, իմ տոհմը, իմ պատիվը: Նա չի խնայիլ քո պատիվն անգամ, զրպարտելով իմ մաքրությունը:

— Գիտեմ, գիտեմ, Լիդիա: Նա ամեն կերպ աշխատել է արատավորել և ստորացնել քեզ իմ աչքում, որպեսզի մեզ բաժանե: Բայց մի՞թե հաջողվեց: Դու տեսնում ես, որ ոչ դու, այլ ես եմ ստորացածը քո աչքում: Ես, որի միակ փափագը, նույնիսկ միակ նպատակն է կյանքի՝ նորից գրավել քո հավատը և նորից տիրել քո սրտին: Լիդիա, ես կերդվեմ ինչով կամենաս, որ չեմ կեղծում: Տես, ես դարձյալ չոքում եմ քո առջև ինչպես մի զազրելի հանցավոր և աղաչում... ների՛ր... ների՛ր և մոռացի՛ր...

Լիդիան աչքերն արագությամբ սրբեց և ոտքի կանգնեց:

— Թող, բավական է, ես դրա համար չսկսեցի:

— Ուրեմն, ես երբե՛ք չպիտի հուսամ, երբե՛ք...

— Ժամանակն ինքը կթելադրի մեր անելիքը: Իսկ առայժմ իմ միտքն ու զգացումները կլանված են երեխայով, միմիայն նրանով...

Նա դուրս գնաց հանդարտ քայլերով...

VI

Ելենան բնակվում էր քաղաքի հեռավոր արվարձաններից մեկում, երեք փոքրիկ սենյակներից բաղկացած մի բնակարանում, որ այնքան էր նեղ թվում նրան, որքան շատ էր մտածում յուր եղբոր սեփական ահագին տան և այն ընդարձակ բնակարանի մասին, ուր կենում էր Լիդիան:

Դա մի եռանդուն կին էր քառասունհինգ տարեկան: Բարձրահասակ էր, ամուր կազմվածքով, դեմքի խոշոր գծերով: Մեկն այն էակներից, որոնց կին ծնվելը բնության քմահաճույքն է:

Յուր հանգուցյալ ամուսնուց նա ժառանգել էր երկու որդի, որոնցից մեկն այժմ քսանուհինգ տարեկան էր, անգործ, անընդունակ, շռայլ, մյուսը քսան տարեկան ուսանող էր, որ նոր էր ավարտել գիմնազիան և գնացել համալսարան:

Նա անիծում էր յուր ամուսնու գերեզմանը իբրև մի մարդու, որ ամբողջ կյանքն անց էր կացրել հաճույքների և թղթախաղի մեջ և մի օր հանկարծամահ եղել, թողնելով ընտանիքին մի քանի կիսախարխուլ խանութների վարձը:

— Է՛հ, — ասել էր նա երեք օր առաջ յուր մահից, — ես չեմ հոգում ոչ քո և ոչ մեր որդիների մասին: Դու ունիս մի հարուստ եղբայր: Նա երբեք ձեզ քաղցած չի թողնի և պարտավոր է չթողնել:

Այո, այդ հուսով էր ապրում Ելենան և չէր վարանում նրանով էլ կերակրել յուր զավակներին, և հանկարծ խորտակեցին նրա հույսը: Ո՞րտեղից ասպարեզ ընկավ այդ Լիդիան և ի՛նչպես յուր թակարդի մեջ զցեց Գուրգենին: Անկասկած, նա և միմիայն նա է պատճառը, որ Ելենան և յուր որդիները այնքան ատված են Գուրգենից:

Եվ ամեն անգամ, երբ Ելենան խոսում էր յուր ավագ որդու, Միսակի հետ, կատաղությունը խեղդում էր նրա կոկորդը և նրա առնական շրթունքները, որոնցից վերինը ծածկված էր նոսր մազերով, արտասանում էին ամենազազրելի ածականները «այդ ավազակի աղջկա», «այդ լրբի», այդ... այդ..-ի հասցեին: Դա էր նրա թույլ երակը, դա էր այն բևեռը, որ ցցվել էր նրա ուղեղի ու սրտի մեջ և տանջում էր նրան անհուն, անդադար...

Այն օրն Ելենան վճռական էր ավելի, քան երբևէ: Ինչո՞ւ նա ձեռները ծալած նստած է անգործ: Մինչև ե՞րբ պիտի լռե:

Սերժն արդեն վեց տարեկան է: Ջինան յուր զավակին Լիդիայից խլելու և ոչ մի կամք ցույց չի տալիս: Լիդիան տիրել է երեխային բարոյապես և օրինապես ու մինչև անգամ մոռացել է նրա հարազատ մոր գոյությունը: Եվ Գուրգենն այժմ ավելի, քան երբևէ, նրա «կոշիկների տակն է»:

Պե՞տք է, արդյոք, այլևս հրաժարվել ժառանգության հույսից: Ճշմարիտ է, Գուրգենը դեռ այնքան էլ ծեր չէ, բայց չէ, որ կարող է մի օր հանկարծ մեռնել: Եվ ի՞նչ պիտի այդ քո՞ծը լափե նրա կարողությունը ուրիշի զավակի հետ: Ոչ, ոչ, այդ անկարելի է: Ելենան այդ չպիտի թույլ տա:

Բայց ինչպե՞ս, ի՞նչ միջոցով:

Նա մի կատաղի հայացք ձգեց յուր ավագ որդու վրա, որ լուսամուտի առջև նստած կարդում էր Շեռլոք Խոլմսի արկածները:

— Քսանուհինգ տարեկան տղամարդ է, — ասաց նա, — մինչև օրս մի կոպեկ չի բերել տուն. Գոնե այս բանում օգնե յուր մորը:

Միսակը չլսեց նրա խոսքերը, այնքան խորասուզված էր ընթերցանության մեջ:

— Քե՛զ եմ ասում, է՛յ, ծույլ անգործ: Ի՞նչ ես թաղվիլ այդ գրքի մեջ: Եթե դու կարդացող լինեիր, գիմնազիայից քեզ չէին վռնդիլ:

Միսակը գլուխը բարձրացրեց և նայեց մորը: Նրա կլորիկ երեսը, փոքրիկ, սևորակ, պսպղուն աչքերը, հաստլիկ, ջրալի, շրթունքները, փոքրիկ, սրածայր, վավաշոտ ծնոտն արտահայտում էին կյանքի բոլոր հաճույքները վայելելու հագուրդ չստացած բուռն փափագ:

— Ի՞նչ ես ասում, մամա, — ասաց նա, գրքույկը դժկամությամբ ծալելով ու մի կողմ դնելով և ոտքի կանգնելով:

— Ասում եմ, որ մի քոսոտ իշխանի աղջիկ ավելի ճարպիկ է, քան դու, ես ու ամենքս: Վաղը մյուս օրը այդ օձը ձեռք կգցե մորդ եղբոր ահագին հարստությունը և կսկսե մեզ ծաղրել: Իսկ դու կշարունակես փողոցները չափչփել ձեռներդ դատարկ գրպաններիդ մեջ դրած:

— Ի՞նչ արած, մեղավորը դու կլինես, ոչ ես, — ասաց Միսակը, անցուդարձ անելով: — Ես վաղուց եմ կրկնում, որ այդ կնոջ ատամները հանելու միջոց չկա: Պետք է իմ ասածը:

— Աա, դու էլ հենց մի գլուխ ավազակության մասին ես մտածում: Երևի ուզում ես հորեղբորդ պես բանտերում մաշել կյանքդ:

— Դա ավազակություն չէ, այլ տղամարդի քաջություն, — ոգևորվեց Միսակը: — Ես գործն այնպես գլուխ բերեմ, որ ինքը Շեռլոկ Խոլմսն էլ չկարողանա գաղտնիքը բաց անել ու ինձ ձերբակալել: Ես ունիմ հավատարիմ ընկերներ: Բավական է մատս բարձրացնեմ ու նրանք պատրաստ են՝ կրակի մեջ ընկնելու: Բացի դրանից, չէ՞ որ նրանք էլ իրենց վարձը կստանան: Մամա, թող իմ պլանը իրագործեմ...

— Ոչ, ոչ, դա երեխայություն է, անկարելի է:

— Քաջության համար անկարելի ոչինչ չկա: Լսիր, ասեմ ինչպես կանենք: Ամեն օր դայակն այդ երեխային դուրս է բերում զբոսեցնելու: Մի օթոմոբիլ, որի շոֆերը կլինի մեր դավակիցը, երկու ուրիշ ընկերներ և ես բեղերս սափրած և աչքերիս կապույտ ակնոցներ: Մի ոստում օթոմոբիլից, հափ, երեխան գրկումս է և քսան րոպե չանցած քաղաքից դուրս ենք եկել: Թող այնուհետև ամբողջ ոստիկանությունը ոտքի կանգնի յուր շներով, եթե գտնեն, կասեմ «աֆարիմ»:

— Հետո ի՞նչ կանեք երեխային:

— Ինչ կանե՞նք, հայտնի է ինչ...

— Գիժ, խելքդ գլուխդ հավաքիր: Ես կխեղդվեմ, և այդ թույլ չեմ տալ:

— Որ այդպես է, էլ ինչո՞ւ ինձ խանգարեցիր կարդալու: Կյանքումս այս տեսակ հետաքրքրական գիրք չեմ տեսել:

Նա նստեց և շարունակեց ընթերցանությունը: Ելենան այլևս ոչինչ չասաց: Խոսելով յուր որդու հետ, մտքով նա զբաղված էր յուր ծրագրով, որ վաղուց նա կազմել էր և մշակել:

Նա մի քանի րոպե լուռ մտածեց, անցուդարձ անելով, հետո վերցրեց գլխարկը պահարանի վրայից և դուրս գնաց: Նա գիտեր՝ որտեղ և ում մոտ է ծառայում Զինան: Նստեց տրամվայ և քսան րոպե չանցած արդեն նրա մոտ էր:

— Վերջապես, շնորհ բերիք, — գոչեց Զինան, անկեղծ ուրախանալով, երբ տեսավ յուր նախկին տիրոջ քրոջը, որին ինքը հաճախ այցելում էր, — դուք վաղուց էիք խոստացել ինձ այցի գալ: Շնորհակալ եմ:

Դա այլևս առաջվա Զինան չէր: Նրբացել էր, սիրունացել: Գիտեր հագնվել ինչպես «կրթված»: Փոխվել էին նաև նրա խոսելու ոճը, շարժումներն ու ձևերը:

Նա հրավիրեց հյուրին յուր առանձին սենյակը, որի կահկարասուն նախանձեց Ելենան: Նրա պաշտոնը նույնն էր, ինչ որ նախկին տերերի մոտ, բայց կատարում էր ավելի մաքուր և ավելի նուրբ գործեր, ուստի նրա ձեռքերը տաշվել էին և հղկվել, ինչպես մի քնքուշ տիրուհու ձեռքեր:

— Ինչպե՞ս են իմ նախկին տերերը, — հարցրեց նա մի տեսակ զգալի հեգնությամբ ընդգծելով վերջին բառը: — Ես նրանց ոչ մի տեղ չեմ հանդիպում: Ուզում եմ ասել՝ թատրոններում: Գիտեք, ես հիմա շաբաթը մի անգամ թատրոն եմ գնում, երկու անգամ էլ սինեմատոգրաֆ: Իմ տիրուհին, իշխանուհի Օրբելյանին, ինձ հետ վարվում է ինչպես յուր հավասարի հետ: Նա շատ ազնիվ կին է: Ես էլ նրան սիրում եմ քրոջս պես:

Ելենան պատասխանեց.

— Ձեր նախկին տերերն այժմ ապրում են ավելի բախտավոր, քան առաջ:

— Այո՞, — հարցրեց Զինան նույն կիսահեգնական և կիսաբարեկամական տոնով: — Ուրախ եմ, շատ ուրախ եմ:

— Այո, շատ բախտավոր են, այն էլ ձեր շնորհով:

— Իմ շնորհո՞վ, ասացե՛ք խնդրեմ:

— Իհարկե: Չէ՞ որ դուք տվիք նրանց մի բան, որ չունեին և սաստիկ ցանկանում էին ունենալ:

— Հասկացա, դուք երեխայի մասին եք խոսում, — արտասանեց Զինան այնպիսի անտարբերությամբ, որ, կարծես, խոսքը մի չնչին առարկայի էր վերաբերում: — Էհ, ի՞նչ են խոսում իմ մասին:

— Ձեր մասին նրանք ոչ միայն չեն խոսում, իսկի չեն էլ մտածում, — շտապեց օգտվել Ելենան, լավ ճանաչելով փարթամ ընտանիքների աղախինների շինծու գոռոզությունը:

Զինան վիրավորվեց:

— Բա՛հ, — գոչեց նա արհամարհանքով, — չեն մտածում: Թող չմտածեն, շատ հարկավորս է:

Ելենան ավելացրեց.

— Դե, իհարկե, դուք նրանց հավասար չեք. աղախին և տիրուհի:

— Ներեցեք, ես այժմ աղախին չեմ, այլ տնտեսուհի, եթե կամենաք, իսկի տնտեսուհի էլ չեմ, այլ իշխանուհի Օրբելյանի համար օգնական: Չե՛ն մտածում: Հարցրեք, ես նրանց մասին մտածո՞ւմ եմ: Իսկի էլ չէ: Ակն ընդական...

— Բայց երեխան ձերն է, ոչ թե այդ ավազակի աղջկանը, — աշխատեց Ելենան Զինայի արհամարհանքը փոխել ատելության:

— Ես երեխա չունիմ, — պատասխանեց Զինան, որին սարսափեցնում էր այն միտքը, թե մի օր այդ երեխային կարող են կապել յուր վզին:

Ելենան չհուսահատվեց:

— Այո, — ասաց նա սատանայական հեգնությամբ, — այդ էլ ճշմարիտ է: Նրանք ձեր երեխային գնել են փողով և այժմ նա նրանց սեփականությունն է. այնպես, ինչպես այս կոշիկներն ինձ համար, կամ, այ, այն գլխարկը ձեզ համար:

Այս անգամ նետը դիպավ նշանին, բայց ոչ այն կողմին, դեպի ուր ուղղված էր:

— Գնել են, գնել են, — գոչեց Զինան, գրգռվելով, — բայց ո՞ւր են նրանց տված փողերը:

— Իհարկե, դրել եք բանկ և տոկոս եք ստանում:

— Դուք ծաղրում եք ինձ, Ելենա Գավրիլովնա, ես բանկում մի կոպեկ չունիմ: Հասկանո՞ւմ եք, մի կոպեկ էլ: Եթե կամենաք, ես մինչև օրս իսկի ոչ մի բանկի երես չեմ էլ տեսել:

— Հապա ի՞նչ արիք այն հազար ռուբլին:

— Պոլիկարպը փչացրեց, — պատասխանեց Զինան և հառաչեց տխուր:

— Պոլիկարպն ո՞վ է:

— Իմ նշանածը: Ես ձեզ չե՞մ պատմել:

— Հապա՞, հապա՞, — հետաքրքրվեց Ելենան, նախազգալով, որ այդ Պոլիկարպից կարելի է օգտվել:

VII

Զինան պատմեց յուր ռոմանը: Հայտնվեց, որ Պոլիկարպը մի յունկեր է և նրա նշանածը «աստծու ու մարդկանց առաջ»:

— Բայց անգութը խաբեց ինձ: Ասաց՝ հետո պիտի պսակվի, փողերս առավ, փչացրեց: Անիծվի՛ նա: Ինչպե՛ս սիրում էի նրան: Այժմ էլ սիրում եմ: Ինչքա՛ն եմ տանջվել, աստված իմ, ինչքա՛ն. թե՛ հոգով, թե՛ մարմնով: Քանի-քանի անգամ ուզեցել եմ մկնդեղ ընդունել: Գիտեք, ես նրա պատճառով երկու երեխա եմ փչացրել արգանդումս՝ մեկը չորս, մյուսը վեց ամսական:

Եվ Զինան արտասվեց:

Ելենան ուրախացավ մտքում: Այդ նորությունը նրա համար մի անսպասելի զենք էր, որ ինքը Զինան գցեց նրա առաջ: Նա շտապեց վերցնել այդ զենքը և անմիջապես ուղղել պարզամիտ կնոջ կրծքին:

Նա ասաց.

— Այդպես, ուրեմն, դուք այժմ ոչինչ չունեք, աղքատ եք: Ցավալի է, շատ ցավալի:

Եվ, մի կեղծ հառաչանք արձակելով կրծքից, ավելացրեց.

— Դե, եկեք ու աշխարհիս բաները հասկացեք: Մայրն աղքատ և ուրիշների մոտ ծառա — դե, ինչ էլ լինի ծառայեք, — իսկ զավակն ապրում է ինչպես մի փոքրիկ իշխան և այսօր-վաղը պիտի ժառանգն ահագին հարստություն: Աստվա՛ծ իմ, ի՛նչ անարդարություն:

Եվ շարունակեց նույն ուղղությամբ, չթողնելով Զինայի հուզմունքն անցնե: Ոչ, ոչ, աղքատները շատ էլ անտեր ու անպաշտպան չեն: Գոհություն աստծու, օրենքներ կան և դատարանների դռները բաց են ամենքի համար հավասար: Ահա հենց նորերս պատահեց համանման մի բան: Մի հարուստ մարդ, վաճառական թե կալվածատեր, Ելենան մոռացել է, այո, մի հարուստ մարդ բռնաբարում է յուր սպասուհուն, հղիացնում և դուրս անում յուր տնից, գրպանը դնելով մի քանի կոպեկ: Խեղճ կինը մնում է փողոցներում: Գնում է հասարակաց ծննդարան ազատվում: Ի՛նչ անե երեխային: Դեսուդեն է ընկնում:

— Բարեբախտաբար, — շարունակեց Ելենան, ուրախությամբ տեսնելով, որ յուր հնարած պատմությունը հետաքրքրում է Զինային, — աշխարհում դեռ բարի մարդիկ բոլորովին չեն անհետացել: Մի ազնիվ փաստաբան նրան խորհուրդ է տալիս դիմել դատարանին և հանձն է առնում պաշտպանել նրան:

— Փողո՞վ, — ընդհատեց Զինան:

— Նեցեք: Այդպիսի բարի փաստաբաններ միշտ կարելի է գտնել: Դիմում է: Դատավարների ներկայությամբ նա երեխային դնում է հարստի առաջ ու ասում. «քոնն է, վերցրու, պահիր»: Դատավորները կատաղում են հարստի դեմ ու վճռում, որ նա կամ պսակվի յուր սպասուհու հետ կամ երեխային ապահովե ու մորն էլ նշանակե խոշոր ամսական:

— Նշանակո՞ւմ է, — հարցրեց Զինան:

— Այո, իհարկե, ինչպե՞ս կարող էր դատարանի վճիռը չկատարել: Նշանակում է ամսական երեք հարյուր ռուբլի:

— Երե՛ք հարյուր ռուբլի ամսական, — գոչեց Զինան հափշտակվելով մի այդպիսի հեռանկարով, — աստված իմ, մի՞թե այդ կարելի է:

— Ինչո՞ւ չի կարելի: Ամեն մարդ պարտավոր է տալ յուր ունեցածի չափ: Հարստի համար հարյուրները նույնն են, ինչ որ մեզ համար կոպեկները:

— Ուրեմն եթե դատարանին դիմեմ, ձեր եղբորն է՞լ կստիպեն ինձ ամսական նշանակել:

— Իհարկե, կստիպեն: Բայց ես չէի կամենալ, որ եղբորս դատարան քաշեք: Գիտեք, ես հարազատ քույր եմ, եթե նրան տեսնեմ մեղադրյալների նստարանի վրա, շատ կտանջվեմ, շա՛տ...

— Որ այդպես է, էլ ինչո՞ւ համար այդ ասացիք, — հիասթափվեց Զինան:

— Օրինակ էր, բերեցի էլի: Բայց դուք կարող եք դատարան կանչել նրա կնոջը: Մեղավորն իսկապես նա է: Յուր արգանդը աստված չորացրել է, ուրիշի բերքը խլեց: Օօ՛, չգիտեք ինձ օձ է:

— Սխալվում եք, Ելենա Գավրիիլովնա, տիկին Լիդիան լավ կին է: Ես այս ամեն տեղ կասեմ, ամեն տեղ...

Ելենան ցնցվեց այդ պաշտպանությունից, նա հակառակն էր սպասում լսելու: Բայց չշփոթվեց:

— Զարմանում եմ, — ասաց նա արհամարհանքով, — ինչպե՞ս կարելի է լավ անվանել մի կնոջ, որ ձեզ զրկել է ձեր հարազատ զավակից:

— Նա չի զրկել, ես ինքս եմ հրաժարվել իմ երեխայից: Ի՞նչ բան է երեխան: Աղքատի համար գլխացավանք: երբ ուզենամ կարող եմ երեխա ունենալ, դա դժվար բան չէ:

— Ախ, — կեղծեց Ելենան, անզետ ձևանալով, — ես չգիտեի, որ դուք ինքներդ եք հրաժարվել: Էհ, որ այդպես է, մնում է ձեզ լռել ու նստել ձեր տեղը: Դուք մի կոպեկ էլ չեք ստանա ձեր զավակի ապագա ժառանգությունից:

Բայց արդեն հեռանկարն այնքան գրավել էր Զինային, որ այլևս լռել չէր կարող:

— Եթե կարելի լիներ առանց դատարանի մի գումար ստանալ, — ասաց նա, հառաչելով, — ինչո՛ւ չէ, ես չէի հրաժարվի

— Առանց դատարանի ոչինչ չեք կարող ստանալ: Ուզում եք — փորձեցեք: Շատ կարելի է եղբայրս ուզենա մի բան տալ, բայց կնիկը չի թույլ տալ: Նա մինչև անգամ կստիպե եղբորս ձեր վզակոթին տալ ու դուրս անել:

Վերջին դարձվածը ասվեց որոշ նպատակով:

— Ի՞նչ, — գոչեց Զինան, — մի՞թե կհամարձակվի: Ես ձեր եղբորը ամբողջ աշխարհի առաջ կխայտառակեմ: Ո՞վ է նա: Այ, դուք ինքներդ ասացիք, որ դատարանը այն, հարստին ստիպում էր պսակվել յուր սպասուհու հետ: Ի՛նչ: Դուք կարծում եք, եթե ձեր եղբայրը կամենա, ես էլ կկամենա՞մ նրա հետ պսակվել: Թքել եմ: Նա իմ Պոլիկարպի մի եղունգին չարժե: Եթե ես համաձայնվեցի, կարծում եք սիրելո՞ւց էր: Ինչպե՛ս չէ. թքել եմ: Այնպես էլի, մի բոպե խելքս կորցրի: Մեկ էլ, որ ինձ փող էր հարկավոր ծնողներիս ուղարկելու ու ասացի. «Լավ, վերցրու ինձ, բայց փող տուր»: Նա տվեց, ես էլ... Ահա թե ինչ: Մյուս օրը ես նրանից զզվում էի և էլ չթողեցի: ԵՍ այժմ ատելով ատում եմ այդ սևամորթ ասիացիներին, կարծես ծնվելիս նրանց մանկաբարձուհիների ձեռքերը մրոտ են եղել: Առաջ էլի հավանում էի, շատ էի լսել, ասացի փորձեմ... Իսկ այժմ... թյո՛ւ, ահա թե ինչ...

Եվ սկսեց վրդովված անցուդարձ անել:

Ելենան ձևացավ, թե պատրաստվում է հրաժեշտ տալու և ասաց.

— Էհ, որ այդպես է, դուք գիտեք, ես իմն ասացի:

— Սպասեցեք, ո՞ւր եք շտապում, մտածենք, տեսնենք ինչ կարելի է անել:

— Ոչ, ոչ, պետք է գնամ, առանց այն էլ ավելորդ բաներ շատ խոսեցի: Աշխարհումս ճշմարտությունը պաշտպանելը ձեռնտու չէ: Ո՛վ գիտե, մեկ էլ տեսար մի օր գնացիք այդ իշխանի աղջկա մոտ ու ասացիք. «Ինձ ձեր մարդու քույրն է ուղարկել, ես եկել եմ ձեզ դատի կանչելու»:

Հայտնի նպատակով արված ենթադրությունը ունեցավ ցանկալի ազդեցություն: Զինան դարձյալ վրդովվեց:

— Ի՞նչ եք ասում: Ելենա Գավրիլովնա, դուք ինձ վիրավորում եք: Մի՞թե ես այդքան հիմար եմ կամ անազնիվ: Ի՞նչպես կարելի է ազգականների մեջ թշնամություն գցել: Ներեցեք, ես էլ քիչ թե շատ հասկացող եմ...

— Ի՛նչ գիտեմ, կյանքումս արած լավություններիս փոխարեն այնքան սև երախտամոռություն եմ տեսել, որ այլևս ոչ ոքի չեմ հավատում: Դեհ, ես գնացի:

Ասաց Ելենան, երերվեց աջ ու ձախ, բայց չվերկացավ:

— Ուրեմն, ի՞նչ եք ասում, դատարանին դիմել է՞լի, — հարցրեց Զինան:

— Այ, տեսնո՞ւմ եք, — կեղծ վրդովվեց Ելենան, — ես ձեզ խորհուրդ տվեցի՞: Չէ՞ որ ես միայն իմ կարծիքը հայտնեցի: Աստված իմ, աստված, արի ու բարեկամական զգացումներդ հասկացրու այդ մարդկանց...

— Լավ, լավ, Ելենա Գավրիլովնա, ես ձեզ վշտացնելու համար չասացի, այլ այնպես: Բայց ես կդիմեմ դատարանին, անպայման կդիմեմ:

Այս խոսքերի հետ Զինան աշխատեց յուր մեջ գրգռել թշնամական զգացում դեպի Լիդիան:

— Ահ, ի՜նչ հիմարն եմ ես, որ մինչև հիմա լռել եմ: Ո՞վ է այդ կինը, ի՞նչ իրավունքով է պահում իմ երեխային յուր մոտ: Այո, ես հենց այդպես էլ կասեմ դատարանին: Թող ես խայտառակվեմ, բայց նա էլ կխայտառակվի:

— Այ, այդպես խոսեցեք, որ ես էլ գովեմ, — խրախուսեց նրան Ելենան, — թե չէ թշնամիներդ կարող են ասել, որ դուք պատվի զգացում չունեք: Եվ ես ինքս ինձանից կամաչեմ, տեսնելով, որ իմ ծանոթը, որին սիրում եմ հարազատ քրոջ պես, պատվի զգացում չունե:

— Ե՞ս չունեմ պատվի զգացում, — ավելի գրգռվեց Զինան, — այդ դեռ կտեսնենք: Ես իմ երեխային կխլեմ այդ խրտվիլակի ձեռքից և տասը հազարով էլ ետ չեմ տալ: Նրանք կուզե՛ն, կուզե՛ն, բայց ես չեմ տալ, պրծավ գնաց: Ի՜շ, չեն մտածում իմ մասին, կեղտոտ ասիացիներ:

— Դե լավ, Զինա, դուք ինձ էլ եք վիրավորում: Չէ՞ որ ես էլ ասիացի եմ:

— Դուք քաղաքավարություն գիտեք, այ, եկել եք այցելության, դուք ասիացի չեք:

Ելենան վերջապես ոտքի կանգնեց:

— Ցտեսություն, — ասաց նա, — շատ նստեցի: Էհ, ինչ որ էլ ուզենաք անել, առանց փաստաբանի չանեք, կարող եք խաբվել: Բայց չլինի թե ջհուդ փաստաբանի դիմեք: Ջհուդները կաշառվող են:

— Դուք հանգիստ կացեք, ինձ խաբելն՝ այնքան էլ հեշտ չէ: Միայն Պոլիկարպն ինձ խաբեց: Բայց նա էլ վերջն էլի կգա, ոտքերս կընկնի: Առայժմ այն անառակ Կատյայի ետևիցն է ընկած: Մի հատ խաղարկու տոմսակ ունե, այն էլ կփչացնի, կգա յուր Զինայի մոտ: Գնաք բարով: Այս օրերս ես կմտնեմ ձեզ մոտ և կասեմ, ինչ արի:

Ելենան գնաց:

VIII

Երբ նրանք դատարանի կոչնագիրը ստացան, կարդացին, առաջին պահի չհավատացին իրենց աչքերին:

Մոռացե՞լ էին նրանք Զինային, թե՞ միանգամայն հանգիստ էին, թե երբեք նա նրանց չի անհանգստացնիլ: Ոչ այս, ոչ այն. նախկին սպասուհու ուրվականը շարունակ կանգնած էր նրանց առջև: Շատ բան էր սպասում Լիդիան Զինայից, բայց ոչ դատարան:

Ի՛նչ, նրան մեղադրում են «ուրիշի երեխան սեփականացնելու մեջ»: Եվ ո՞վ է մեղադրողը: Նա, որ ամենայն հանգստությամբ կամեցել էր շպրտել այդ երեխային փողոց և որ այնքան ուրախացավ, երբ մի բարի ձեռ հանձն առավ նրան ազատելու այդ ծանր բեռից: Եվ այժմ այդպիսի մի կին ետ է պահանջում այն, ինչից ազատվելու համար Լիդիայի փեշերն էր լզել: Եվ այժմ Լիդիան պիտի զրկվի՞ Սերժից: Եվ այժմ ուզում են դաշույնի ծայրով դուրս գցել նրա սիրտն ու դեն ձգել...

Լիդիան գունատվեց թղթի պես: Նրա թևերն անզոր ընկան կողերին, ծնկները ծալվեցին: Մեջքը կռթնելով պատին, նա ճիգն արավ խոսելու և միայն կարողացավ արտասանել խեղդված ձայնով.

— Ես կործանվեցի...

Մի քանի րոպե Գուրգենը ոչինչ չկարողացավ ասել: Ամոթի զգացումը, սերը դեպի Լիդիան, սերը դեպի Սերժը, երկյուղը հասարակական՝ դատից — մի վայրկյանում միացան իրարու և կաշկանդեցին նրա լեզուն:

Նա նստեց աթոռի վրա ընկճված, ոչնչացված, ձեռները հենած նրա կռնակին, և հայացքը բևեռեց հատակի մի կետին:

Այդպես, ուրեմն, նրան քաշում են դատարան: Եվ ոչ մենակ նրան, այլև Լիդիային: Նա պետք է հրապարակորեն հաշիվ տա յուր հանցանքի համար: Այո, իհարկե, պետք է տա, այլապես անկարելի է գործը պարզել: Հակառակորդի փաստաբանը, դատավորները, դատախազը, բոլորը, բոլորը պիտի հետաքրքրվեն այդ գործով ինչպես մի զբաղեցուցիչ ռոմանով: Պետք է բաց անեն նրա ինտիմ կյանքի գիրքը և կարդան ծայրեիծայր, առանց մի տող բաց թողնելու, առանց նրան խնայելու:

Բայց այդ բոլորը դեռ ոչինչ: Ի՞նչպես պետք է կրե այդ խայտառակությունը Լիդիան:

Նա՛, որ այնպիսի վեհանձնությամբ ծածկեց ընտանեկան ամոթը օտարներից:

Առաջինը Լիդիան ժողովեց ուշքը:

— Շտապիր գնալ այդ կնոջ մոտ և ազատել երեխային:

— Բայց ես չգիտեմ նրա հասցեն:

— Գնա հասցեների բյուրոն և հարցրու:

— Արդյոք, հարմա՞ր է, — տատանվեց Գուրգենը: — Ես իմ մասին չեմ հոգում, այլ...

Լիդիան հասկացավ նրա միտքը...

— Այո, — ասաց նա, դիմելով յուր սովորական առողջամտության օգնությանը, — դու ունիս իրավունք: Դա կարող է գործը փչացնել: Ի՞նչ անենք, ուրեմն:

— Իմ կարծիքով՝ նախ և առաջ անհրաժեշտ է խորհրդակցել մի

հմուտ փաստաբանի հետ: Ես իսկույն կերթամ Սինոփյանի մոտ: Նա ինձ ցույց կտա գործելու եղանակը: Այո, այո, նա խելոք մարդ է և հմուտ փաստաբան:

— Արա, ինչ որ ուզում ես, միայն երեխայիս ազատիր: Նա իմն է, և ոչ մի մարմնավոր մայր չի կարող նրան սիրել այնպես, ինչպես ես եմ սիրում:

— Լիդիա, — գոչեց Գուրգենը, — ես նորից թողություն խնդրելու պահանջ եմ զգում: Դու...

— Ազատիր երեխային, — ընդհատեց նրա խոսքը Լիդիան, — և ես ոչինչ չեմ ուղում, ոչինչ: Նրա մեջ է ամփոփված իմ կյանքը:

Գուրգենը լուռ անցավ յուր սենյակը, հագուստը փոխեց և շտապեց դուրս:

Քանի մի րոպեում կառքը նրան հասցրեց փաստաբանի բնակարանը:

Բարեբախտաբար Սինոփյանը տանն էր: Նա անմիջապես ընդունեց Գուրգենին:

— Հուսով եմ, ձեր այցելությունը կապ չունի իմ արհեստի հետ, — ասաց նա՝ ոտքի կանգնելով և սեղմելով Գուրգենի ձեռը:

— Ունի:

— Այդ ինձ չի ուրախացնում: Նստեցեք, խնդրեմ: Պատրաստ եմ ծառայելու:

Դա մոտ հիսուն տարեկան մի մարդ էր՝ միջահասակ, նուրբ կազմվածքով, կիրթ և մեղմ ձևերով: Իբրև փաստաբան նա համարվում էր մեկն առաջիններից: Իբրև մարդ հարգված էր հասարակությունից և յուր արհեստակիցներից: Նրա խոսքը ոչ այնքան զորեղ էր, որքան նուրբ, երբեմն նույնիսկ սրամիտ: Խոսում էր նա դատարաններում, ինչպես և կյանքում, միշտ հանդարտ, անվրդով: Երբեք չէր դիպչում հակառակորդի անձնավորությանը, չէր գրգռում դատավորներին, որոնք միշտ նրան լսում էին հաճույքով: Շատ քիչ էր պատահում, որ նախագահը ընդհատեր նրա խոսքը կամ որևէ նկատողություն աներ: Կար ինչ-որ համակրելի գիծ նրա դեմքի վրա, որ մարդկանց տրամադրում էր դեպի նա բարեկամաբար: Գուցե դա նրա մի քիչ դուրս ցցված շրթունքների մանկական ժպիտն էր, որ ցույց էր տալիս նրա առողջ, գեղեցիկ, կանոնավոր ատամները:

Գուրգենը պատմեց բոլորը, առանց մի կետ թաքցնելու, առանց իրան խնայելու:

— Է՛է, բարեկամ, — ասաց Սինոփյանը լուրջ և ուշադիր լսելուց հետո, — զուր եք ոմբակոծում ձեզ: Դուք ոչ առաջինն եք և ոչ վերջինը: Չէ՞ որ մենք ամենքս վավաշոտ ասիացիներ ենք... Միայն մի հարց. որքան ինձ հայտնի է, դուք սիրում եք ձեր ամուսնուն:

— Այո, սիրում եմ, — առանձին շեշտով արտասանեց Գուրգենը:

— Ի՞նչպես, ուրեմն...

— Մի՛ հարցնեք, — ընդհատեց Գուրգենը, ամոթից ճնշվելով, — ես ինքս էլ չգիտեմ, ինչպես պատահեց: Խենթություն, անասնական կրքերի բորբոքում, ատավիզմ, անվանեցեք ինչ կամենաք, միայն աղատեցեք ինձ այս փորձանքից, ես ոչինչ չեմ խնայիլ...

— Ո՞վ է ձեր հակառակորդի պաշտպանը:

— Չգիտեմ:

— Կարդացե՞լ եք նրա խնդրագիրը:

— Ոչ, կոչնագիրը կես ժամ առաջ ստացանք: Ոչինչ չգիտեմ:

— Մտադի՞ր եք գնալ դատարան, թե՞ կամենում եք գործը հաշտությամբ վերջացնել:

— Գերադասելի է, իհարկե, հաշտությունը, թեև ինձ համար ծանր է այդ կնոջ հետ բանակցության մեջ մտնելը: Ես հոգում եմ ոչ այնքան իմ, որքան ամուսնուս մասին: Նա չի կարող նստել մեղադրյալների նստարանի վրա...

— Երևի, ուզում եք ասել, որ տիկինը չի կարող լսել ուրիշների ներկայությամբ ձեր դավաճանության մանրամասները, որոնք անշուշտ թաքցրել եք նրանից:

— Ներեցեք, իմ կինը գիտե բոլոր մանրամասները, և պատմել եմ ես ինքս...

— Իհարկե, իհարկե, — ընդհատեց Սինոփյանը, ժպտալով, — իբրև ազնիվ մարդ, դուք, մի անգամ զղջալով, պարտք եք համարել խոստովանել բոլորը: Բայց այլ է տանը դեմառդեմ, առանց վկաների, այլ է դատարանում, օտարների ներկայությամբ: Այնուհետև, չէ՞ որ աչքի առջև պիտի ունենալ և՛ մամուլը ու նրա ընթերցողներին: Եթե դուք լինեիք մի աղքատ զույգ, ո՞վ կհետաքրքրվեր ձեր ընտանեկան դրամայով կամ կոմեդիայով: Բայց դուք հարուստ եք և քաղաքում հայտնի, ուստի պետք է սպասեք, որ լրագիրները կթմբկահարեն հանուն իրենց հինգ կոպեկների:

Սինոփյանը կանգ առավ, մի փոքր մտածեց և ավելացրեց.

— Շատ բարի, ես կօգնեմ ձեզ ուժերիս չափ, առայժմ ոչ իբրև փաստաբան, այլ իբրև խորհրդատու բարեկամ:

— Աղաչում եմ:

— Տվեք ինձ մի օր ժամանակ: Այսօր ես կմտնեմ դատարան, կկարդամ այդ կնոջ խնդրագիրը: Պետք է իմանալ ինչ է պահանջում ձեզնից: Հետո անհրաժեշտ է իմանալ՝ ով է հանձն առել նրա դատի պաշտպանությունը: Կա որոշ էտիկա փաստաբաններիս համար, որին պարտավոր ենք հպատակվել:

— Շնորհակալ եմ: Ուրեմն, վա՞ղը:

— Վաղը ճիշտ այս ժամին՝ ես ձեզ կսպասեմ: Բարևեցեք ձեր ամուսնուն և իմ կողմից ասացեք, որ չհուսահատվի: Չկա տխուր դրություն, որ ելք չունենա։ Դատարանն այնքան էլ սարսափելի չէ, որքան կարծում եք։

Գուրգենը հրաժեշտ տվեց և շտապեց տուն։

Երբ նա կառքով մտազբաղ անցնում էր փողոցներով, զբոսնող ամբոխի միջից մի կին բարևեց նրան։

Ելենան էր։ Գուրգենը բնազդաբար զգաց մի ատելություն դեպի հարազատ քույրը և չպատասխանեց նրա բարևին։

Լիդիային նա հանդիպեց սեղանատանը Սերժի հետ նախաճաշ անելիս։

— Պապա, — ասաց վեց տարեկան մանուկը, — ասա մամային, որ չտխրի։ Դու որ տանը չէիր, ննջարանում լաց էր լինում։ Ինձ տեսավ, աչքերը սրբեց։ Էյ, մամա, կարծում ես, ես հիմար եմ, ոչինչ չե՞մ հասկանում։ Չէ, հիմա ես էլ երեխա չեմ։ Դայակն այսօր ինձ ասաց. «Սերգեյ Գուրգենովիչ»։ Պապա, շուտով ես էլ քեզ պես բեղեր կունենամ։

Մանկան շաղակրատանքը մի հույզ զգեց Գուրգենի սիրտը։ Նա կշտամբանքով նայեց Լիդիային և փոխարենը ստացավ նրա հարցական հայացքը։

— Համբերեիր մինչև վաղը, — պատասխանեց Գուրգենը։ Եվ, գրկելով մանկանը արտասովոր ջերմությամբ և համբուրելով նրան, նստեց նախաճաշ անելու։

IX

Հետևյալ օրը որոշյալ ժամին Գուրգենը մտավ փաստաբանի մոտ։

— Բարեկամ, ձեր գործն այնքան էլ հասարակ չէ, որքան կարելի էր կարծել առաջին պահի, — ասաց Սինոփյանը, ուղղելով իր պենսնեն, որ շարունակ սահում էր ցած։

— Ես կարդացի այդ կնոջ խնդրագիրը։ Նա այնքան մեղադրանքներ է բարդում ձեզ վրա, որ արդարանալու համար քիչ ջանքեր չեն հարկավոր ձեր կողմից։

— Օրինա՞կ, — հարցրեց Գուրգենը անհանգիստ։

— Ե՛վ դուք նրան հարբեցրել եք, և սպառնացել եք սպանելու, եթե չհամաձայնվի, և՛ ֆիզիկական ուժ եք գործ դրել։ Այնուհետև խլել եք ուժով նրա զավակին ու իրան դուրս շպրտել։ Հետո հակառակ նրա կամքի, մկրտել եք երեխային լուսավորչական։

— Այդ բոլորը սուտ է, — գոչեց Գուրգենը, — սուտ է։

— Կարո՞ղ եք ապացուցանել, որ սուտ է։

— Ապացուցանելու կարիք չկա։ Նա ինքը կխոստովանի, երբ դատարանում ճակատ— ճակատի կկանգնենք։

— Լսեցեք, բարեկամ. այդ բոլորը, իհարկե, սուտ է և գուցե այդ կինը խոստովանի էլ դատարանում, եթե թույլ տան նրան: Բայց բանն այն է, որ նրան թույլ չեն տալ այդ անելու: Նա յուր դատը հանձնել է այնպիսի մեկին, որի հետ այնքան էլ դյուրին չէ գործ ունենալ: Դա հայտնի Լազմանովն է:

Եվ Սինոփյանը նկարագրեց Զինայի փաստաբանին: Լազմանովը կամ Լազմանյանն այն քաղցած գայլերից է, որոնք իրենց պիռելի ստամոքսը առժամանակ կերակրում են դատարանների կեղտոտ փշրանքներով, սպասելով մի չաղ որսի, որպեսզի իրանց սուր ճանկերով հոշոտեն նրա մարմինը: Նրանք հանձն են առնում ամեն տեսակի գործեր՝ լինեն այդ գործերն արդար թե անարդար, մաքուր թե՛ անմաքուր: Միևնույն ժամանակ իրենց օրորում են դիպվածների քաղցր հուսով: Հանկարծ կույր բախտն յուր անիվը շուռ է տալիս նրանց կողմը և հագուրդ է տալիս նրանց ախորժակին:

— Ես ճանաչում եմ մի քանիսին, — շարունակեց Սինոփյանը, — որոնք երկար տարիներ ապրել են կես-կուշտ, կես-քաղցած և մի օր հանկարծ գտել են մի միամիտ զոհ և, կողոպտելով նրան, ապահովել են իրենց զազրելի գոյությունը: Այդ տեսակ մի զոհ կարող եք դառնալ դուք ներկա դեպքում: Հետևաբար ձեր գրպանին սպառնում է մեծ արշավանք...

— Ուրեմն այդ Լազմանովին կարելի՞ է կաշառել:

— Բաա, իհարկե: Կարելի է: Բայց այդ երբեք չպիտի անել:

— Ինչո՞ւ:

— Առաջինը, որ նա կպահանջե մի գումար, որին չարժե գործը: Երկրորդ, դիմել կաշառքի օգնության, կնշանակե կամավոր ընդունել բոլոր մեղադրանքների ճշմարտությունը: Այնինչ դուք սուտ համարեցիք ձեր հակառակորդի մեղադրանքները: Այսպես թե այնպես, կաշառքի միջոցը ամենաանհարմարն է և, միևնույն ժամանակ, ոչ անվտանգ:

— Ես վտանգներից չեմ վախենում: Ես մտածում եմ միայն իմ կնոջ մասին: Պատրաստ եմ ամեն բան անել, միայն թե նա ինձ հետ չնստե մեղադրյալների նստարանի վրա և չլսե այն, ինչ որ անխուսափելիորեն պիտի ասվի դատարանում:

— Ես հասկանում եմ ձեր տրամադրությունը, բայց լսեցեք: Դուք, իհարկե, կարող եք տալ, որքան պահանջեն: Ունիք, զոհություն աստծու: Բայց դա կդառնա ձեր հակառակորդների ձեռքում մի սուր նշտար ձեր առատ արյունը շարունակ հոսեցնելու և, ո՞վ գիտե, միանգամայն ցամաքեցնելու համար:

— Ուզում եք ասել շանտա՞ժ:

— Իսկ և իսկ: Վճարելով մի անգամ, դուք ստիպված կլինեք վճարել երկրորդ, երրորդ, չորրորդ անգամ և այսպես անվերջ: Կարո՞ղ եք համբերությամբ տանել մի այդպիսի դրություն:

— Ոչ:

— Հիանալի: Երկրորդ դրություն, կարո՞ղ եք երեխային վերադարձնել այդ կնոջը շանտաժից ազատվելու համար:

— Այդ բոլորովին չեմ կարող:

— Զգում եմ: Ահա հենց այդ է պատճառը, որ ես ձեր գործը համարում եմ բարդ:

— Ուրեմն ի՞նչ անեմ: Ի՞նչ խորհուրդ եք տալիս:

— Համբերեցեք, — պատասխանեց Սինոփյանը հանգիստ, — կմտածենք, կորոշենք: Շտապելու կարիք չկա: Այդպիսի դեպքերում սառնությունը մարդու առաջին օգնականն է:

Եվ, վերցնելով սեղանի վրայից մի արկղիկ, առաջարկեց Գուրգենին:

— Ծխեցեք, հազվագյուտ սիգարներ են: Իմ կլիենտներից մեկն է բերել ինձ համար արտասահմանից:

— Շնորհակալ եմ, ես սիգար չեմ ծխում, — ասաց Գուրգենը, մի ուրիշ արկղից վերցնելով մի ծխախոտ և վառելով: — Ազատեցեք ինձ այս նեղ դրությունից, և ես այդ արկղիկը կլցնեմ ոսկիներով:

Սինոփյանը ժպտաց հեգնորեն— ներողամտաբար: Նրա խելացի դեմքն ընդունեց այնպիսի արտահայտություն, որ Գուրգենն զգաց յուր անտակտությունը:

— Էէ, բարեկամ, դուք հարուստներդ ձևված և կարված եք միևնույն չափով: Դուք կարծում եք, թե ամեն ինչ կարելի է գնել փողով, նույնիսկ ոգևորությունը: Ես հարուստ չեմ, ճշմարիտ է, բայց ագահ էլ չեմ: Ես մտածում եմ, միայն՝ ո՛ր աստիճանի հետաքրքրական է ձեր գործն իբրև գործ: Իսկական փաստաբանը նույնն է, ինչ որ արտիստը: Նա միայն այն գործն է լավ պաշտպանում, որ նրան տալիս է հոգեկան հաճույք, նրան տրամադրում է, ոգևորում, հափշտակում:

— Բայց իմ դատի մեջ չկա ոգևորության նյութ:

— Կարծո՞ւմ եք: Իսկ ինձ թվում է, որ կա և մեծ նյութ ոգևորության: Ինձ հետաքրքրում է գործի ոչ այնքան իրավաբանական, որքան հոգեբանական կողմը և կարծում եմ, որ ես կարող եմ ձեզ, մանավանդ ձեր ամուսնուն պաշտպանել ոչ ինչպես արհեստավոր, այլ իբրև արվեստագետ:

— Ձեր խոսքերն ինձ ուրախացնում են: Կնշանակե, դուք հավատում եք, որ արդարությունը շատ էլ հակառակորդի կողմը չէ: Իսկ ես հավատում եմ ձեր տաղանդին և հմտությանը: Պատրաստ եմ վարվել այնպես, ինչպես թելադրեք:

— Դա ամենալավ ճանապարհն է: Այժմ բարի եղեք լսելու իմ կարծիքը: Նախ և առաջ անհրաժեշտ է, որ դուք և ձեր ամուսինը պահեք ձեզ սառը, անտարբեր: Թող ձեր հակառակորդները չզգան, թե դուք վախեցած եք դատից կամ հուզված: Զգուշացնում եմ, մենք կարող ենք գործը տանուլ տալ:

— Այսինքն ինչպե՞ս, — ցնցվեց Գուրգենը:

— Դատարանը կարող է երեխային խլել ձեզնից և տալ այդ կնոջը: Դա ավելի քան հավանական է:

— Դուք ինձ հուսահատեցնում եք, պարոն Սինոփյան:

— Լսեցեք մինչև վերջը և չեք հուսահատվի...

Եվ Սինոփյանը, սիգարի ծուխը քուլա— քուլա բաց թողնելով գլխից վեր, սկսեց բացատրել յուր միտքը:

Եթե Գուրգենն ու Լիդիան մինչև դատը հաշտություն առաջարկեն իրենց հակառակորդին, կտուժեն ոչ միայն նյութապես, այլև բարոյապես: Նրանց գլխին հավիտյան կանգնած կլինի երեխայից զրկվելու վտանգը ինչպես Դամոկլյան սուր: Նկարագրից երևում է, որ Զինան բոլորովին չի սիրում յուր զավակին: Նրա հոգսը երեխան չէ, այլ յուր գրպանը: Չպիտի մոռանալ և նրա փաստաբանին, որին երեխայի այս կամ այն կողմին պատկանելն այնքան է հետաքրքրում, որքան Գուրգենին յուր ծխախոտի ծխի ուղղությունը:

— Թող դատն սկսվի ու վերջանա, — շարունակեց Սինոփյանը, ավելի ու ավելի ոգևորվելով, — թող երեխան անցնե այդ կնոջ ձեռքը: Ի՞նչ նյութական շահ պիտի ունենա նա: — Շատ-շատ ամսական քսանուհինգ կամ հիսուն ռուբլի, որ դատարանը կպարտավորեցնի ձեզ վճարել երեխայի ապահովության համար: Մի հասույթ, որով այդ կինը չի կարող գոհացնել յուր փաստաբանի ախորժակը...

— Հետևա՞նքը, — հարցրեց Գուրգենն անհամբեր:

— Հետևանքը կլինի տեսարանի կատարյալ հեղաշրջումը: Այն կինը և այն փաստաբանը, որ մինչև դատը գայլեր էին, կդառնան գառներ դատից հետո: Եվ մի գեղեցիկ օր մայրը, երեխայի ձեռքից բռնած, կգա ու կկանգնի ձեր դռների առջև ու կասե. «եռ վերցրեք սրան և տվեք ինձ մի շոշափելի վարձ, ես բոլորովին կիրաժարվեմ իմ զավակից»: Դուք կձևանաք, իհարկե, դարձյալ անտարբեր, իբր թե այլևս չեք հետաքրքրվում երեխայով: Երբ վաճառողն է գալիս գնողի մոտ, ապրանքի գինն ընկնում է: Եվ դուք այն ժամանակ կվճարեք այնքան, որքան ձեր քեֆն է...

— Պարոն Սինոփյան, երեխան ապրանք չէ:

— Ապրանք է, բարեկամ, ապրանք այդ կնոջ համար: Այլապես նա մինչև այժմ լուռ չէր մնալ: Հավատացեք, նա ձեր տված գումարը ծախսել է, վերջացրել է և այժմ փողի կարիք ունե ու դիմում է այդ միջոցին: Իսկ փաստաբանը նրան ամեն օր տալիս է դյուրին հարստանալու հրապուրիչ հեռանկարն ու ավելի ու ավելի լարում ձեր դեմ: Բարեկամ, իբրև հայր, դուք կարող եք ենթարկվել ձեր զգացումներին, բայց մենք՝ փաստաբաններս, իբրև վերլուծում ենք սառը բանականությամբ:

— Ահ, իմ զգացումները բևեռված են միայն մի կետի վրա, — գոչեց Գուրգենը, — դա իմ կնոջ վիճակն է: Չեք կարող երևակայել, պարոն Սինոփյան, թե նա ո՛րքան է տանջվում: Երեխայից զրկվելու միտքը նրան խելակորույս է արել: Ողբում է ինչպես մի մայր, որի զավակին կախաղան պիտի տանեն: Երեկ գիշեր երեք անգամ գոռալով զարթնեց և գրկեց ու անվերջ, անվերջ համբուրեց երեխային:

Եվ, աշխատելով զսպել յուր հուզմունքը, որպեսզի չարտասվի, շարունակեց,

— Կարո՞ղ եք երևակայել, որ մի կին օտար արզանդի բերքը սիրե այդպիսի կրակոտ սիրով: Այնինչ՝ այդ մանուկը մի անբուժելի վերք է նրա կանացի անձնասիրության վրա... Չեմ հասկանում, չեմ հասկանում:

— Էէ, բարեկամ, — արտասանեց փաստաբանը, գլուխը շարժելով, — բարդ է, շատ բարդ կին էակի հոգեբանությունը: Եվ միամիտ է նա, որ կհավատացնի ձեզ, թե գեթ կիսով չափ ուսումնասիրված է այդ անհատակ օվկիանոսը:

Նրանք մի քանի վայրկյան լռեցին: Գուրգենը մտածեց և, մի վճռական շարժում անելով, ասաց.

— Ինչ լինելու է, թող լինի, ես հետևում եմ ձեր խորհրդին:

— Դատարա՞ն:

— Դատարան:

— Ես հանձն եմ առնում պաշտպանել ձեզ և ձեր գործը... մինչև վերջը:

— Շնորհակալ եմ:

Գուրգենը վերկացավ, սեղմեց փաստաբանի ձեռը:

Դռների մոտ Սինոփյանը ձեռը դնելով նրա ուսի վրա, ասաց ժպտալով.

— Բարևեցեք ձեր ամուսնուն իմ կողմից և ասացեք, որ երեխան կպատկանի իրան...

— Այսինքն:

— Դատը տանուլ տալով միայն:

— Եվ այնուհե՞տև:

— Ո՛չ ոք չի անհանգստացնի ձեզ:

X

Դատարան :

Գործը քննվում է դռնփակ: Այսպես կամեցան երկու կողմերն էլ: Ներկա են միայն մի քանի երիտասարդ փաստաբաններ, որոնք եկել են Սինոփյանին լսելու:

Մեղադրողների բաժնում նստած է Զինան: Յուր փաստաբանի խորհրդով նա հագել է սգավորի սև հագուստ և ձեռքում բռնած է մի սպիտակ թաշկինակ. Պահում է նա իրան ոչ այնքան տխուր, որքան գոռոզ, գլուխը բարձր, քիթը ցցած օդի մեջ ինչպես կռվի պատրաստ թխսկան հավ:

Նա ձևանում է, թե իբր ուշադրություն չի դարձնում յուր նախկին տերերի վրա, բայց չի կարողանում և հաճախ նայում է այն կողմ: Եվ նայում է թե չէ, իսկույն երեսը շուռ է տալիս, ուսերը վեր քաշելով, գեղեցիկ դեմքը ծռմռելով և աթոռի վրա պտույտ-պտույտ անելով, այնպես, որ, կարծես, պրուժինների վրա է նստած: Նա ուզում է, որ բոլոր այդ ձևերն արտահայտեն՝ «թքել եմ»:

Նրա մոտ կանգնած է փաստաբան Լազմանյանը: Մոտ քառասունույոթ— ութ տարեկան մի բարձրահասակ, սևահեր, թուխ կաշիով, լայն ուսերով, երկարավուն, ներս ընկած երեսով տղամարդ է, այտերը սափրած, ծնոտի վրա փոքրիկ իսպանյոլ:

Նրա ծուռումուռ կազմվածքը, թիերի չափ ոտքերը, ոսկրոտ խոշոր ձեռքերը բիրտ լեռնականի տպավորություն են գործում, իսկ քայլելիս հիշեցնում է այն բիբլիական կենդանուն, որ կոչվում է անապատի նավ: Սովորաբար ընդունված է կարծել, թե քնությունը և մեծ խորամանկությունը փոքրիկ մարմինների մեջ են թաքնվում: Յուր արտաքինով Լազմանովը հակառակն էր ցույց տալիս: Չլինելով ոչ խելոք, ոչ տաղանդավոր, նա խորամանկ էր և դրա արտահայտությունը նշմարելի էր թանձր ունքերի տակից նայող փոքրիկ, սաթի պես սև աչքերի մեջ, որոնց սևությունը մի տեսակ կապտություն էր տալիս նրանց շրջանակներին:

Ուսանողության առաջին տարուց սկսած այդ մարդը տասն անգամ փոխել էր յուր հավատամքը: Այժմ նա իրեն համարում էր սոցիալ-դեմոկրատ, բայց բոլոր նրան ճանաչողները գիտեին, որ դա նոր ժամանակին հարմարեցված մի դիմակ է և որ նա հոգով անփոփոխ է:

Իր ծննդավայրից նա բերել էր քաղաք միայն մի բան — կոպտություն, որ և պահպանում էր անխախտ, չնայելով յուր համալսարանական կրթությունը և եվրոպական ճամփորդությանը: Ուներ թե չուներ ուրիշ սրբություններ, բայց մեկը հայտնի էր — ոսկին: Եվ այդ մեկի համար հաճախ նա վաճառքի էր դուրս բերում յուր հանգուցյալ մոր հիշատակն անգամ, տեղի անտեղի երդվելով նրանով, երբ հարկավոր էր մեկից մի բան կորզել: Այն մոր, որ յուր կոշտ բանվորական ձեռքերի անդուլ աշխատանքով էր նրան սնել, մեծացրել և բարձր ուսումի արժանացրել:

Հագած էր Լազմանյանը ֆրակ, օձիքը յուղոտ, փեշերը ճխլտված: Մի լայն ոսկե շղթա նրա ներս ընկած փորը կիսում էր անցնելով ժիլետի մի գրպանից մյուսը: Նրա շապկի կուրծքն ու օձիքը կեղտոտ էին, իսկ սև փողկապը փայլում էր սափրիչի սրոցի պես:

Այդ անփութությունը հագուստի վերաբերմամբ գիտակցական էր: Դրանով էր նա միամիտներին շնչում հավատ դեպի իր «դեմոկրատիզմը», լինելով ներքուստ հոգով ու մտքով բուրժուա, բառիս վատագույն իմաստով:

Մերթ ընդ մերթ մոտենում էր Զինային և, ձեռքերը պանթալոնի գրպանները դնելով, ինչ-որ խորհուրդներ էր տալիս: Երբեմն նրա խոշոր սապատավոր քիթը բարձրանում էր օդի մեջ, կարծես, կամենալով կանխավ ճաշակել ոսկու հոտը:

— Այո, այո, իհարկե, — ասում էր Զինան ամեն անգամ լսելի ձայնով, թեև շատ բան փաստաբանի ասածներից չէր հասկանում:

Եվ ամեն անգամ նա ծուռ, թշնամական հայացքներ էր ձգում Լիդիայի ու Գուրգենի վրա, կարծես, կամենալով պարծենալ, «Տեսե՛ք, ես էլ փաստաբան եմ վարձել»:

Տալով յուր խորհուրդները, Լազմանյանը հեռանում էր մի քանի քայլ և հպարտ դիրք ընդունում: Երբեմն նա բարևում էր այս ու այն ծանոթ փաստաբանին և նրա երկարավուն դեմքի վրա խաղում էր ինքնագոհության ժպիտը: Բանն այն է, որ քիչ անգամ չէր պաշտպանել նա համանման գործեր, բայց այսօր առաջին անգամ էր դուրս գալիս հարուստ և հայտնի հակառակորդների դեմ: Նա հպարտանում էր մանավանդ, որ պիտի ճակատ ճակատի կանգներ այնպիսի մի առաջնակարգ փաստաբանի հետ, որպիսին հռչակված էր Սինոփյանը: Արդեն մի ամբողջ ամիս էր, նա դրանով պարծենում էր ամենուրեք, միշտ կրկնելով.

— Դա մի հետաքրքրական մենամարտություն է լինելու:

Գուրգենը և Լիդիան աշխատում են հետևել Սինոփյանի խորհրդին — չվախենալ, չհուզվել, չտխրել: Բայց չի հաջողվում: Արդեն շատ տագնապալի են զգում իրենց վիճակը հենց միայն այն պատճառով, որ գտնվում են դատարանում իբրև մեղադրյալներ:

Լիդիան գունատ է և շարունակ ներվային մատներով խաղում է լոռնետի ոսկե նուրբ շղթայի հետ: Մի ամսվա անքուն գիշերները, անհանգիստ ցերեկները խոր հետքեր են դրել նրա վրա: Նիհարել է, ընկճվել է, կարծես տասը տարով ծերացել: Նրա գեղեցիկ աչքերի տակ երևում են կապույտ խորշեր: Նրա նուրբ շրթունքները գունատ են, արյունաքամ և դողում են, երբ շշնջյունով խոսում է Գուրգենի հետ:

Ահ, ամեն ինչ խորթ է նրա համար և ամեն ինչ և ամեն ոք երկյուղ են ներշնչում նրան — և մեղադրյալների նստարանը, և այդ բարձր փայտյա վանդակապատը, և այդ հաստավիզ ու հաստափոր պրիստավն յուր սպիտակ շղթաչով, և դատավորների երկայն սեղանը կանաչ մահուդով ծածկված, և մանավանդ եռանկյունի զերցալն յուր երկգլխանի արծիվով: Ումի՞ն է հարկավոր այդ բոլորը, ինչո՞ւ: Չէ՞ որ նա սիրում է յուր Սերժին, պաշտում, փայփայում այնպես, որ ոչ մի հարազատ մայր երբեք չի սիրել յուր հարազատ զավակին: Ուրիշ այլևս ինչ է հարկավոր երեխային, եթե ոչ սեր, միմիայն սեր:

Մերթ ընդ մերթ նա գլուխը բարձրացնում է և մռայլ հայացքը ձգում կայսեր ահագին պատկերի վրա, որ կախված է դատավորների սեղանի գլխին: Թվում էր, որ նա մտքում գութ է հայցում նրանից:

Երբեմն նա չի կարողանում իրեն զսպել և նայում է դեպի հակառակորդների կողմը: Նա զղջում է, որ սև հագուստ է հագել, տեսնելով Զինայի սև հագուստում: Նախկին սպասուհին, որ մի ժամանակ նրա ոտների տակ սողում էր ու փեշերը համբուրում, այժմ նրա աչքում ամեհի գազան էր, որ եկել էր նրա սիրտը հոշոտելու: Եվ ինչո՛ւ, ի՛նչ մեղքերի համար: Որ նա սիրե՞լ է այդ կնոջ ամոթալի բերքը և ազատել նրան կորստից: Չէ՞ որ այդ կինը յուր արգանդում իսկ նրան սպանելու հանցավոր մտադրությունն է ունեցել: Ի՛նչ անարդարություն: Խլել նրանից և տալ այդ կնո՛ջը: Ոչ, ոչ, անկարելի է: Դատավորները պետք է հասկանան և զգան, որ նա չէ մայր, որ ծնում է, այլ նա, որ սիրում է ու փայփայում:

Եվ որքա՛ն զարշելի է այդ բարձրահասակ փաստաբանը յուր այլանդակ կերպարանքով և գիշակեր թռչնի աչքերով: Եվ որքա՛ն հանդուգն է նայում նա: Ինչե՛ր պիտի ասե նա, արդյոք ի՞նչ գաղտնիքներ պիտի բաց անե Գուրգենի կյանքից և նորից քրքրե Լիդիայի վերքը:

Իսկ այդ փաստաբաններն իրենց անճոռնի ռեդինգոտներով ու ֆրակներով: Բոլորն էլ երիտասարդներ են և ըստ երևույթին կնամոլներ: Նրանք հաճախ նայում են Լիդիային և աշխատում նրա ուշադրությունը գրավել, զանազան դիրքեր և ձևեր ընդունելով: Առանձնապես լպիրշ է այդ սափրած երեսով, բեղերով երիտասարդը, որի լերկ գլուխը յուր սուր գագաթով ու ցից ականջներով հիշեցնում է խոզի ճուտ, զատիկյան սեղանի համար պատրաստած: Իսկ այն մյուսը յուր ուռած դեմքով, այն երկրորդը յուր երկայն մազերով, նեղ ճակատով: Ահ, բոլորը ատելի են, բոլորը հակակրելի: Եվ ինչո՞ւ են հավաքվել: Ի՞նչ են սպասում: — Մի պիկանտ պատմություն. որ լսեն և գնան երեկոյան պատմեն կլուբներում: Դո՛ւրս, անհամեստներ, դո՛ւրս, ի՛նչ իրավունքով եք հետաքրքրվում ուրիշների ընտանեկան գաղտնիքներով:

Ա՛հ, ոչ, նրանք չեն գնալ: Նստած են ինչպես թատերական հանդիսականներ և անհամբեր սպասում են վարագույրի բարձրանալուն: Լավ, շատ լավ, թող բարձրանա, թող տեսարանները գան ու անցնեն միմյանց հետևից և անխնա հարվածեն Լիդիայի քայքայված ներվերը: Թող ինչ ուզում են ասեն քննադատները, ինչ ուզում են վճռեն դատավորները: Բոլորը կտանի Լիդիան, բոլորը և՛ ծաղր, և՛ արհամարհանք, և՛ կարեկցություն դեպի դավաճանվածը, որ վիրավորանքներից մեծագույնն է, և՛ զզվանք դեպի դավաճանողը:

Միայն մի բան չի կարող տանել — Սերժից զրկվելը:

— Գուրգեն, Գուրգեն, — շշնջաց նա, ամուր սեղմելով ամուսնու ձեռը, մի՛ թույլ տա, որ իմ սիրտը գզլեն և ձգեն այդ կնոջ ոտքերի տակ:

— Հանգիստ կաց, սիրելիս, զսպիր քեզ, նայում են, մի՛ ցույց տա հուզմունքդ:

— Ո՞ւր է փաստաբանը, ինչո՞ւ չի գալիս:

— Նա դրսումն է, իսկույն կգա, նա գիտե յուր ժամանակը: Ահա նա:

Ներս մտավ Սինոփյանը ֆրակով՝ պորտֆելը կռնատակին և արագ քայլերով մոտեցավ Գուրգենին ու Լիդիային: Երիտասարդ փաստաբանները հարգանքով բարևեցին նրան: Նա անհոգ, զվարթ, ժպտալով, մի քանի խոսքերով խրախուսեց յուր կլիենտներին: Նրա զվարթությունը Լիդիային ներշնչեց ուժ ու հավատ: Նա կազդուրվեց հոգեպես:

Երբեք «ռոպեական մոլորությունը» Գուրգենին չէր ճնշել այնքան, որքան այսօր: Նա իրեն զգում էր մեղավոր ոչ միայն Լիդիայի, Զինայի և Սերժի, այլև ամենքի, ամենքի առջև: Նրան թվում էր, թե գործել է ոչ մասնավոր, այլ հասարակական մի ոճիր, որի համար արժանի է հրապարակային անողոք պատժի:

Նա չէր վախենում յուր ամոթալի վարմունքի մերկացումից: Թող ինչ ուղում է բացվի այսօր: Նա պատրաստ է ընդհանուր ծաղրի և արհամարհանքի տակ տառապել ու կեղեքվել — փույթ չէ, դա նրա արժանի հատուցումն է: Միայն մի բան չի կարող տանել — Լիդիայի զարշանքն այն բոլորից հետո, ինչ-որ պիտի ասվի այսօրվա դատի միջոցին:

Ահ, սիրում է նա Լիդիային այսօր ավելի, քան երբևէ, ավելի, քան այն երջանիկ օրը, երբ առաջին անգամ իրավունք ստացավ նրան համբուրելու: Այլևս կիրքը չէ այդ սիրո ղեկավարը, այլ ուրիշ, ավելի զորավոր մի զգացում — հանցանքի գիտակցությունը և Լիդիայի հոգեկան դրությունը սեփական ոչնչության դեմ: Սիրում է հիվանդոտ սիրով և, միևնույն ժամանակ, զգում, որ միայն մի կապ կա յուր և Լիդիայի մեջ — Սերժը: Մի կապ, սակայն, որ այսօր ավելի ամուր է, քան Լիդիայի նախկին սերը: Եթե քակտի այդ պողպատյա օղակը, կխորտակվի և նրանց կյանքը: Այն ժամանակ Լիդիան այլևս նրանը չէ, և ինքը կորած է:

Նրան թվում էր, որ այս րոպեին, մյուս րոպեին Լիդիան ոտքի պիտի կանգնե և գոռա. «Այս մարդը պղծել է իմ անկողինը, նա ատելի է, զարշելի: Նա իմ անձնվիրությունը հրապարակ է դուրս բերել և ենթարկում է ձեր ծաղրին, ձեր արհամարհանքին: Ես զզվում եմ նրանից, բաժանեցեք մեզ, ես չեմ կարող նրա հետ դատվել միևնույն գործով»: Թվում էր և համոզված էր, որ Լիդիան կարող է այդ անել, եթե Սերժից զրկվի:

Ահա այս պատճառով էր նրա համար թանկ Սերժը: Հայրական զգացումը երկրորդ տեղ էր բռնում նրա սրտում:

— Դատավորները գալիս են, — հնչեց պրիստավի ձայնը:

Ամենքը ոտքի կանգնեցին:

Լիդիան ցնցվեց և միայն Գուրգենի օգնությամբ կարողացավ ոտքի ելնել:

XI

Ասացին բոլորը, ինչ որ օրենքը պահանջում էր ասել և շատ բաներ, որ բոլորովին կարիք չկար ասելու:

Տվեցին հարցեր՝ «ուրիշի երեխան սեփականացնողների» բարոյական պատկերը լուսաբանելու համար, և հարցեր, որ ամենևին կապ չունեին դատի հետ:

Օրենքի բանալիով բաց արին փակ դռները, խուժեցին նրանց ներքին աշխարհը, քրքրեցին, տակն ու վրա արին, ինչպես հաղթված թշնամու ապրանք:

Դուրս բերեցին նրանց սրտերից զգացումներ, որ եղել էին, և զգացումներ, որ երբեք չէին եղել և որ կարծվում էր, թե պետք է լինեին: Կորզեցին գաղտնիքներ, որ նվիրական էին նրանց համար և խոստովանություններ, որ աստծուն էին միայն նվիրված:

Ամենից անողոքը դատախազն էր, ամենից չարը հակառակորդի փաստաբանը: Բայց երկուսն էլ հավասար էին Լիդիայի և Գուրգենի աչքում իրենց չարությամբ:

Հարցերը տեղում էին աջ ու ձախից նետերի պես և խոցոտում մերթ մեկի, մերթ մյուսի ամոթի զգացումը:

Նախագահը երբեմն նկատողություն էր անում դատախազին և Լազմանովին: Բայց այդ էլ չէր օգնում: Կարծես նրանք խոսքը մի էին արել զանակոծել Գուրգենի վարկը անասելի սառնությամբ, ինչպես դահիճներ:

Այսպես էր մտածում Լիդիան և զարմանում ու զայրանում, թե ինչո՞ւ մարդ էակը այդքան դաժան է մարդ էակի վերաբերմամբ:

Մի քանի անգամ նա կամեցավ բողոքել դատախազի և հակառակորդ փաստաբանի անհամեստ հարցերի դեմ: Նախագահի զանգակը ընդհատեց նրա խոսքը: Հայտնվեց, որ հարցերն ամենևին անհամեստ չեն և ոչ էլ ավելորդ: Թող համբերի, կգա յուր հերթը, նա էլ կխոսե: Օրենքը ոչ ոքի բարեկամը չէ և ոչ թշնամին: Ճշմարտություն, ճշմարտություն և ճշմարտություն — ահա արդարադատության նպատակը,..

Առաջին մասը քննության նվիրված էր Գուրգենի և Ջինայի հարաբերություններին:

— Դա անհրաժեշտ է գործի համար, — ասաց դատախազը:

— Շատ անհրաժեշտ է, — կրկնեց Լազմանովը:

Մինչև այն պահ, երբ «նրան զրկել են կուսությունից», ունեցե՞լ է, արդյոք, սիրական:

— Ոչ:

— Դուք, իհարկե, մի անմեղ աղջիկ էիք, կյանքի աղտեղություններին անծանոթ:

— Այո:

— Հավատո՞ւմ էիք ձեր տիրոջ ազնվությանը:

— Այո:

— Գիտեի՞ք, որ կինը սիրում է նրան:

— Այո:

— Դուք, իհարկե, դիմադրել եք երկար ժամանակ:

— Այո:

— Դուք զզվել եք նրա առաջարկությունից:

— Այո:

— Հիշեցրել եք նրա պարտականությունը դեպի յուր օրինական կինը:

— Այո:

— Նա ձեզ մեծ-մեծ խոստումներ է արել:

— Այո, այո, շատ փող է խոստացել, — օգտվեց Զինան իսկույն դատախազի հարցից:

— Չե՞ք ընդունել:

— Չեմ ընդունել:

— Թախանձե՞լ է:

— Այո:

— Ընկե՞լ է ձեր ոտները:

— Այո:

— Զզվանքով մերժե՞լ եք:

— Այո:

— Սպառնացե՞լ է:

— Այո:

— Ասել է՝ կվռնդի յուր տնից:

— Այո:

— Կսպանի՞ մինչև անգամ:

Այստեղ Զինան տատանվեց, գլուխը թեքեց կրծքին և ոչինչ չպատասխանեց:

Զգաց, որ առանց այդ էլ յուր խղճի դեմ շատ մեղանչեց:

Սինոփյանն անմիջապես բողոքեց, որ դատախազը հարցեր տալով, միևնույն ժամանակ, թելադրում է մեղադրողին և նրանց պատասխանները: Օրենքն այդ թույլ չի տալիս: Մեղադրողն իբրև տգետ կին չի զգում յուր խոսքերի պատասխանատվությունը:

— Օրենքը ոչ ոքի վրա ճնշում գործ չի դնում, — ասաց դատախազը շինծու սառնությամբ: — Ես մեղադրողին պատասխաններ չթելադրեցի:

— Թելադրեցիք, պարոն դատախազ, — պնդեց Սինոփյանը, — ապացույց, որ նույնիսկ այդ կինը ամաչեց կրկնել ձեր կամեցածը: Պարոն նախագահ, խնդրում եմ իմ բողոքը մտցնել արձանագրության մեջ:

— Ձեր խնդիրը կկատարվի: Շարունակեցեք:

Միակ վկան Գուրգենի ու Զինայի հարաբերությունների Լիդիան էր: Երբ հերթը հասավ նրան, զգաց բուռն ատելություն դեպի դատախազը և անսահման կարեկցություն դեպի Գուրգենը, որին աշխատում էին այնքան ստորացնել: Նրա մեջ վառվեց, միևնույն ժամանակ, կանացի հպարտության կրակը: Չէ՞ որ, որքան էլ վիրավորած լինի իրան Գուրգենը, նրա կինն է: Պետք է պաշտպանել նրան այդ մարդկանց առջև:

Պաշտպանել նույնիսկ հակառակ համոզմունքի:

— Ասացեք, մեղադրյալ, ի՞նչ գիտեք ձեր ամուսնու և Զինաիդա Պրոխորովայի հարաբերությունների մասին,— դարձավ նախագահը Լիդիային: — Ասացեք զուտ ճշմարտությունը, որովհետև նրանից է կախված ձեր մոտ գտնվող երեխայի վիճակը:

Գուրգենն ամոթից գլուխը թեքեց կրծքին:

Զինան, ուշադրությունը լարելով, նայեց Լիդիայի կողմը, այս անգամ ոչ-շինծու արհամարհական հայացքով:

— Ինձ ոչինչ հայտնի չէ նրանց հարաբերությունների մասին, — պատասխանեց Լիդիան:

— Չի՞ գանգատվել, արդյոք, ձեր նախկին սպասուհին, որ յուր տերը նրան բռնաբարել է, — հարցրել Լազմանովը յուր կոշտ, փայտյա ձայնով:

Լիդիան նրան պատասխանի չարժանացրեց: Լազմանովը շրթունքները կրծոտեց վիրավորանքից և վճռեց հարմար դեպքում խայթել նրա կանացի գոռոզությունը:

— Ուրեմն չի գանգատվել, — հարցրեց նախագահը:

— Իմ աղախինը չէր կարող գանգատվել մի բանի դեմ, որ երբեք չի եղել: Եվ եթե գանգատվեր էլ, ես նրան չէի հավատալ: Իմ ամուսինը նրան չի բռնաբարել:

— Հետևաբար, դուք համոզված եք, որ մեղքը գործվել է երկու կողմերի համաձայնությամբ, այնպես չէ՞, — հարցրեց նախագահը, որ զգում էր Լիդիայի հպարտությունը և հարգում:

— Ավելի քան համոզված եմ: Իմ ամուսինը այդ աղջկան չի բռնաբարել:

— Դուք ներկա՞ եք եղել,— մեջ մտավ Լազմանովը մի հրող ժպիտ երեսին:

Լիդիան ամոթից և կատաղությունից կարմրեց, ապա գունատվեց: Ավելի կոպիտ վիրավորանք նրա ինքնասիրությանը չէր կարելի հասցնել:

— Պարոն պաշտպան, — նկատեց նախագահը, որին նույնպես վիրավորեց անպատկառ հարցը, — ձեր հարցն անտեղի է և գործին չի վերաբերում:

Նկատողությունը զգալի հարված էր Լազմանովի համար: Նա այն երկչոտ փաստաբաններից էր, որոնք նախագահին և դատավորներին իրենց դեմ տրամադրելուց վախենում են, ինչպես կրակից:

— Սիրո՞ւմ էր ձեզ ձեր ամուսինը, — հարցրեց դատախազը:

— Մի՞թե այդ անհրաժեշտ է իմանալ, — հարցրեց Լիդիան:

— Անհրաժեշտ է:

— Այո, սիրում էր և այժմ էլ սիրում է:

— Բայց ինչո՞վ եք բացատրում նրա դավաճանությունը: Որքան հայտնի է, սիրող ամուսինները հավատարիմ են միմյանց:

— Ինձ թվում է, պարոն նախագահ, — միջամտեց Սինոփյանը, — որ պարոն դատախազի հարցը գործին չի վերաբերում: Ես կխնդրեի իմ պաշտպանյալի համեստության զգացմանը չդիպչել այն չափով, որ թույլ է տալիս գործի լուսաբանությունը: Ներկա դեպքում պարոն դատախազին ավելի զբաղեցնում է ռոմանը, քան գործը:

— Արդարադատության իրավունքն է ամեն տեսակի հարցեր տալու, — ասաց դատախազը, — Իսկ մեղադրյալի իրավունքն է պատասխանել կամ չպատասխանել այդ հարցերին:

— Պարոն նախագահ, — խոսեց Լիդիան, մի վճռական շարժում անելով, — ներեցեք ինձ, ես օրենքներին անտեղյակ եմ: Այդ բոլոր հարցերին ես կարող եմ միայն մի պատասխան տալ: Իմ ամուսինն ինձ դավաճանել է, այո, բայց զղջում է, և ես ներել եմ նրան ամբողջ հոգով: Ի՞նչ եք կամենում, որ ատեի նրան, արհամարհեի՞, զզվեի և փախչեի՞ նրանից: Ներեցեք համարձակությանս, եթե դրանով խնդիրը լուծվեր, այն ժամանակ, ոչ մի կին չպիտի մնար յուր մարդու հարկի տակ: Ահա բոլորը, ինչ որ կարող եմ ասել,..

Այս խոսքերն այնքան ներգործեցին Գուրգենի վրա, որ նա չկարողացավ զսպել հուզմունքը, արտասվեց: Ահ, եթե իմանար, որ ծաղրելի չի դառնալ դատավորների աչքում, կչոքեր Լիդիայի առջև և, նրա ոտները համբուրելով, մի անգամ ևս թողություն կաղերսեր:

Դատավորները նայեցին միմյանց երեսին: Երևում էր, որ նրանք չէին սպասում մի անպատված կնոջից այդպիսի խոսքեր:

Դատախազը ժպտաց այն պաշտոնական սառը ժպիտով, որ ուզում էր ասել. «արդարադատությունը չի կարող ենթարկվել զգացումների ղեկմանը»:

Հանդիսատես փաստաբանները շարունակ նայում էին Լիդիային: Այդ վայրկյանին Լիդիան նրանց թվաց կրկնակի գեղեցիկ:

Հարցուփորձի ենթարկվեց Գուրգենը: Հաղթահարված Լիդիայի վեհանձնությունից, նա ոչինչ չթաքցրեց, խոստովանեց յուր մեղքը, նկարագրելով եղելությունն այնպես, ինչպես տեղի էր ունեցել, ուշադրություն չդարձնելով ոչ հակառակորդ փաստաբանի հրճվանքի, ոչ դատավորների հեգնական ժպիտների և ոչ հանդիսականների ծաղր ու արհամարհանք արտահայտող դեմքերի վրա: Նրան թվում էր, որ դատարանի հա՛մար չի խոսում, այլ Լիդիայի և զգում էր հոգեկան անհաղթելի պահանջ նորից իրեն դատապարտելու, նորից զղջալու և նորից թողություն խնդրելու:

Երբ նա ավարտեց յուր անկեղծ պատմությունը, դատախազն ասաց.

— Պարոնայք դատավորներ, ես իմ կողմից զոհ եմ մեղադրյալի ցուցմունքից:

XII

Դարձան երեխայի սեփականացման խնդրին:

Դատախազը հարցրեց Լիդիային.

— Ասացեք, մեղադրյալ, ընդունու՞մ եք, որ դուք երեխային սեփականել եք հակառակ յուր հարազատ մոր կամքի:

— Ոչ, չեմ ընդունում:

— Մեղադրողն յուր խնդրագրի մեջ ասում է, որ դուք և ձեր ամուսինը սպառնացել եք զրկել նրան յուր պաշտոնից և վարձից, նույնիսկ սպանել, եթե երեխային չթողնե ձեզ մոտ:

— Աստված իմ, ինչե՛ր է հնարում, այդպիսի բան չի եղել պարոն դատախազ, չի եղել:

— Հապա ինչո՞ւ եք վերցրել երեխային և ահա ամբողջ վեց տարի է, պահում եք ձեզ մոտ:

— Պարոն դատախազ, ես երեխային ուժով չեմ խլել մորից: Նա ինքն է ինձ տվել յուր հոժար կամքով: Հարցրեք, ինքը կխոստովանի...

Վերջապես, Զինան գտավ, որ այստեղ է հարմար արտասանել այն, ինչ որ պատրաստվել էր արտասանելու:

— Սուտ է, սուտ է, — գոչեց նա, ձեռքերն իրարու կցելով և օդի մեջ բարձրացնելով, — նա խլել է և ինձ զրկել իմ զավակից: Պարոնայք դատավորներ, ձեր առջև կանգնած է մի անբախտ մայր, մի խեղճ կին, պաշտպանեցեք նրան, աղաչում եմ, վերադարձրեք յուր հարազատ զավակին: Ահա վեց տարի է ես տանջվում եմ:

Նախագահը, իբրև փորձառու մարդ, զգաց Զինայի խոսքերի կեղծիքը: Նա ասաց.

— Խնդրում եմ չընդհատեք քննությունը: Սուտը կամ ճշմարտությունը կհաստատի դատարանը:

— Կկամենայի իմանալ, — խոսեց Սինոփյանը, դառնալով Զինային, — եթե վեց տարի տանջվել եք, ինչո՞ւ այդ վեց տարվա ընթացքում ետ չեք պահանջել երեխային:

— Դա՞ ով է, ի՞նչ է ուզում ինձանից, — շփոթվեց Զինան, դառնալով յուր փաստաբանին:

— Հարցը կարևոր է, մեղադրող, իրավ, ինչո՞ւ ամբողջ վեց տարի ետ չեք պահանջել ձեր երեխային, — ասաց նախագահը:

— Հա՞, ինչո՞ւ, — կրկնեց Զինան, ավելի շփոթվելով, — ասեմ... որովհետև, որովհետև, — և չկարողանալով մի բան գտնել, բարկացավ և դարձավ յուր փաստաբանին. — պատասխանեցեք էլի, էլ ինչո՞ւ համար եմ ձեզ վարձել:

Դատավորները ժպտացին: Դատախազն աշխատեց յուր դեմքին ավելի լրջություն տալ, քան պահանջում էր օրենքը: Հանդիսականները ծիծաղեցին:

Լազմանովը փորձեց դուրս բերել յուր պաշտպանյալին նեղ վիճակից:

— Պարոն նախագահ, — ասաց նա, կանխապես սաստելով Զինային լռել, — որքան ինձ հայտնի է, օրենքը թույլ չի տալիս, որ պաշտպանները դատավարության ժամանակ օգտվեն իրենց հակառակորդի տգիտությունից:

— Խնդրում եմ հիշել օրենքի այն հոդվածը, ուր ասված է այդ մասին, — միջամտեց Սինոփյանը մի արհամարհական ժպիտ երեսին, դառնալով յուր հակառակորդին:

— Օրենքը իրավունք է տալիս կողմերին, — ասաց նախագահը, — առաջարկել ամեն տեսակ հարցեր, որոնք կարող են լուսաբանել գործը: Միայն չպիտի դուրս գալ վայելչության սահմաններից, — ավելացրեց նա կծու հեգնությամբ, — համենայն դեպս, ձեր նկատողությունն անտեղի էր: Օրենքների պաշտպանության հոգսը դատարանին է վերապահված:

Եվ, դառնալով Գուրգենին ու Լիդիային, ասաց.

— Մեղադրյալներ, պատմեցեք երեխայի սեփականացման հանգամանքները: Որքան անկեղծ լինեք, այնքան կհեշտացնեք արդարադատության գործը...

— Ես կպատմեմ, — ասաց Լիդիան, որ արդեն ընտելացել էր յուր վիճակին և զգում էր անկեղծ լինելու անհաղթելի պահանջ:

Եվ պատմեց բոլորը, առանց մի կետ թաքցնելու, առանց իրեն հաշիվ տալու, որ այս կամ այն դարձվածը կարող է ազդել դատավճռի վրա: Մերթ ընդ մերթ նրան ընդհատում էին դատախազն ու Զինայի պաշտպանը զանազան հարցերով:

Երբ նա ավարտեց, նախագահը դիմեց դատախազին.

— Գո՞հ եք մեղադրյալի խոստովանությունից:

— Այո՛:

Նախագահը շշնջյունով խորհրդակցեց աջ ու ձախ նստած դատավորների հետ, որոնցից մեկը մի հաստափոր, սպիտակ դեմքով տղամարդ էր, մյուսը մի հիվանդոտ երիտասարդ: Երկուսն էլ իրանց գլուխը շարժեցին դրականորեն:

— Քննությունը վերջացած է, խոսքը պատկանում է կողմերի

պաշտպաններին և ապա դատախազին, — ասաց նախագահը և թիկն տվեց բազկաթոռի մեջքին, մատիտը ձեռում խաղացնելով:

Եվ երկար ու կանխավ գրած ու անգիր արած ճառով Լազմանովը աշխատեց ապացուցանել այն, ինչ որ կարիք չկար ապացուցանելու — Զինայի հարազատ մայր լինելը: Բայց նրա գլխավոր նպատակն էր տալ մեղադրյալների բարոյական նկարագրին այնպիսի գույներ, որ հակակրանք ներշնչեին դատավորներին ու հանդիսականներին: — Պարոնայք դատավորներ, ներկա գործը նշանավոր է ոչ յուր արտաքինով, այլ ներքինով, ոչ այնքան իրավաբանական, որքան հոգեբանական, հասարակական և բարոյագիտական տեսակետներից: Պարոնայք դատավորներ, խոր մտածողի համար դա մի ամբողջ ողբերգություն է, արժանի Շեքսպիրի գրչին: Ձեր աչքերի առջև կատարվեց այս սոսկալի ողբերգության վերարտադրությունը, դուք զգացվեցիք: Դժվար չէ երևակայել, թե ինչե՛ր է կրել ու զգացել նա, որ դրամայի գլխավոր հերոսուհին է:

Գյուղից գալիս է տասնուինը տարեկան մի անմեղ աղջիկ, մաքուր, ինչպես այն լայնատարած դաշտերի ձյունը, ուր նա ծնվել է ու սնվել: Գալիս է հեռավոր երկրից մի կիսավայրենի վայր և ընկնում է մի անկուլտուրական շրջան: Նա յուր հետ բերում է անարատ կուսության հետ և մի խորին, անմեղ հավատ դեպի մարդկանց ազնվությունը, վեհանձնությունը, բարությունը: Նաև վարդագույն հույսեր յուր ապագայի մասին: Նա քաղցած է, նա ուտել է ուզում, նա հեռավոր հայրենիքում թողել է օրվա պարենին կարոտ ծնողներ, որոնք սպասում են օգնության նրա կողմից և որոնց նա սիրում էր յուր անապական հոգու ամբողջ թափով:

Ո՞ր գնա: Կուլտուրական երկրներում, ուր այնքան լայն ծավալ են ստացել արդյունաբերությունն ու արդյունագործությունը, այդ հարցն իրեն չի տալիս գյուղացին, երբ հողից բաժանվում է: Նրա համար բաց են գործարանների ու հանքերի դռները: Կապիտալը սպասում է նրան յուր աhռելի ախորժակով և իսկույն յուր ճանկերի մեջ առնում: Ու սկսում է ծծել նրա արյունը, ծծել որքան կարող է և ապա շպրտել նրան դուրս անպետք, արյունաքամ դիակի պես:

— Պարոն պաշտպան, դուք գործից հեռանում եք, — նկատեց նախագահը, որ վաղուց գիտեր Լազմանովի ճառերի սերտած բովանդակությունը... Ի՞նչ գործ ունի այստեղ արդյունաբերությունը, կապիտալը, էլ չգիտեմ:

— Ներեցեք, պարոն նախագահ, — շփոթվեց Լազմանովը, — քննվող գործի, ինչպես և կյանքի բոլոր դրամաների հիմքը տնտեսականն է, միմիայն տնտեսականը: Այս, պարոնայք դատավորներ, այսպես է կուլտուրական երկրներում:

Այնտեղ ոչ միայն տղամարդիկ են գերի կապիտալի ձեռքում, այլև

կանայք, այլև երեխաները... Այդպես չէ մեզնում: Մենք ապրում ենք մի երկրում, ուր արդյունաբերությունն ու արդյունագործությունը իրենց զարգացման առաջին ֆազիսի մեջ են: Նրանք հազիվհազ գոհացում են տալիս տղամարդկանց աշխատանքին: Ո՞ւր գնան կանայք: Նրանք չեն կարող գիտակից պրոլետարիատի շարքերը զորեղացնել և փութացնել այն սոցիալական հեղաշրջումը, որին այսօր անհամբեր սպասում է մարդկության լավագույն մասը...

— Պարոն պաշտպան, դուք բոլորովին հեռացաք գործից, — նկատեց նախագահը դարձյալ, այս անգամ վրդովված ձայնով:

Լազմանովը շփոթվեց, կորցրեց յուր սերտած ճառի թելը, մի քանի վայրկյան կմկմաց, ապա անմիջապես դարձավ յուր պաշտպանյալին:

Նա մտնում է աղախին մի հարուստ ընտանիք, որ վայելում է կյանքի բոլոր բարիքները:

Նա երջանիկ է, որ յուր աշխատանքն ընդունվեց: Նա իրեն համարում է բարերարված, սիրում է յուր տերերին և նրանց վշտերն ու ուրախությունները համարում է սեփական: Եվ հարուստ զույգը հարստահարում է նրա թարմ ուժերը: Հարստահարում է ամենայն անբարեխղճությամբ, որովհետև նա էլ կապիտալի ներկայացուցիչ է, թեև բանկերում և անշարժ կալվածների ու տոկոսաբեր թղթերի մեջ նիրհող կապիտալի... Բայց զույգը դրանով չի բավականանում: Այրը, հրապուրելով միամիտ գեղջկուհուն յուր ոսկով, սուտ խոստումներով ու երդումներով, խաբում է նրան, խեյքից դուրս բերում և... լլկում նրա կուսությունը:

Լլկելուց հետո անամոթություն է ունենում յուր զոհին փողոց շպրտելու ինչպես մի լաթի կտոր: Բայց ասպարեզ է գալիս փարիսեցիությունը բարեգործության դիմակով: Բարեգործություն, որ կապիտալի զենքերից մեկն է յուր հանցավոր խղճի բողոքը խեղդելու համար: Բռնաբարող ամուսնուն օգնում է դավաճանված և խայտառակված կինը: Նա ասում է յուր հրեշ մարդու զոհին. «Մի՛ հուսահատվիր, աշխարհում ինձ նման բարի հոգիներ կան, ես ձեզ կազատեմ կորստից: Բայց փոխարենը ինձ պիտի տաք ձեր զավակին»:

Ի՞նչ կարող էր անել բռնաբարվածը, եթե ոչ իբրև երախտագետ հոգի չոքել բարերարողի առջև և համբուրել նրա փեշերը, կարծելով, որ երեխային վերցնում է այդ փարթամ բուրժուան նրան խնամելու, միմիայն խնամելու համար; Սակայն քողն երկար ժամանակ չի մնում փարիսեցիության երեսին: Նա ընկնում է, և շուտով կեղծիքը մերկանում է: Դուրս է գալիս, որ դա բարերարություն չէ, այլ մի նոր տեսակի շահագործում, մի այլանդակ ավազակություն:

— Պարոն պաշտպան, մի՛ շտապեք եզրակացություններ անելու, — դարձյալ նկատեց նախագահը, — եղելության անունը կորոշի դատարանը:

— Ավազակություն, — կրկնեց Լազմանովը, օգտվելով նախագահի մեղմ տոնից, — ուզում եմ ասել գողություն երեխայի: Եվ մայրը զրկվում է յուր հարազատից: Ահ, պարոնայք դատավորներ, կարիք կա՞ բացատրելու, թե ինչ ասել է կնոջ համար զավակը: Դա այն է, ինչ որ արդարադատությունը ձեզ համար: Ի՞՞նչ կմնա օրենքներից, եթե չլինի նրա խստությունը: Եվ ահա անպատիվ եղած, ըլկված, ստորացած կինն ու մայրը շպրտվում է սալահատակի վրա գրպանում մի քանի կոպեկներ, սրտում անհուն տանջանք, ճակատին ամոթի ու խայտառակության կնիքը: Պարոնայք դատավորներ, դուք գիտեք այդ տեսակ կանանց վիճակը այնուհետև: Մի անգամ սայթաքելով, նրանք ընկնում են, ընկնում են և արագ-արագ թավալվում դեպի անդունդ:

Բայց ներկա դեպքում պատահում է հակառակը: Զինաիդա Պրոխորովան սթափվում է, ոտքի է կանգնում և վտանգավոր ճանապարհից ետ դառնում, մնում է ազնիվ, մաքուր:

Պատկերը սոսկալի է, պարոնայք դատավորներ, հարուստը ոսկու զորությամբ կողոպտում է չքավորի թարմ մարմինն ու պղծում: Կին հափշտակում է նրա զավակը: Կրկնակի հանցանք:

— Բայց կա մի երրորդը, — շարունակեց Լազմանովը, — որի վրա ձեր առաջին ուշադրությունը կկամենայի դարձնել, պարոնայք դատավորներ: Դա երեխայի հոգու գողությունն է: Իշխանական մի ցեղի զավակը, որ հարստությամբ հափշտակվելով, ամուսնացել է մի վաշխառվի որդու հետ, հափշտակում է մի անլեզու, անպաշտպան էակի խիղճը և, հակառակ տիրող օրենքների, մկրտում նրան հայ եկեղեցում: Պարոնայք դատավորներ, ձեզնից է կախված այս վարմունքն էլ համարել կամ չհամարել հանցանք, բայց ես անհրաժեշտ համարեցի ձեր բարեհաճ ուշադրությունը դարձնել նրա վրա: Ինչ վերաբերում է դատի նյութական կողմին, ես մեղադրյալներից պահանջում եմ, — երեխային մորը վերադարձնելով՝ ապահովել երկուսի ապրուստը:

— Որքա՞ն եք պահանջում, — հարցրեց նախագահը, թեթևության մի հոգոց հանելով, երբ փաստաբանն ավարտեց:

— Հարյուր հիսուն հազար ռուբլի միանվագ, կամ տարեկան տասնուհինգ հազար ռուբլի:

Նախագահը չկարողացավ զսպել հեգնական ժպիտը: Ծերունի դատավորը յուր թմրած աչքերը խոշորացրեց: Երիտասարդը մատիտի ծայրը կոտրեց առջևը դրած թղթի վրա: Հանդիսական փաստաբաններից ոմանք արագ շուռ տվեցին իրենց երեսները և զարմացած նայեցին Լազմանովին:

Գուրգենն ու Լիդիան հանգիստ նայեցին Սինոփյանին, որի դեմքից սկզբից մինչև վերջը չհեռացավ անդորր հեգնական ժպիտը:

XIII

— Խուքը պատկանում է մեղադրյալների պաշտպանին, — ասաց նախագահը:

Սինոփյանն ուղղեց պենսնեն ու մի քանի քայլ առաջ եկավ:

Նրա ճառը տևեց ընդամենը կես ժամ: Իբրև հոգեբան, գիտեր, որ երկարաբանությունը, որքան նս պերճ լինի, առհասարակ ձանձրալի է:

Իսկ ինչ որ ձանձրալի է, չի կարող ազդել դատավորների վրա:

Երբ մեղադրյալները ասացին ամբողջ ճշմարտությունը, նա ավելի ևս համոզվեց, որ դատը փաստորեն տարված է. — երեխան պետք է անցնե Զինայի ձեռքը: Մնում էր մի բան — մաքրել Լիդիայի և Գուրգենի բարոյական նկարագիրն այն արատներից, որ ձգեց նրանց վրա Լազմանովը:

Ահա այստեղ նա ոգևորվեց և գրավեց դատավորների ուշադրությունը, նույնիսկ թմրած ծերունու հետաքրքրությունը շարժելով այնքան, որ նա մի քանի րոպե գլուխը բարձրացրեց, ունքերը վեր քաշեց և ականջ դրեց:

Երբ երկու դատավորներից մեկը հարուստ է, մյուսը աղքատ, մեծ մասամբ հարուստն է տուժում բարոյապես: Թույլերն ունին մի զորեղ զենք — ամբոխի կարեկցությունը, որի դեմ շատ անգամ աշխարհի զորավորները տկար են, Մարդկային կանխակալ կարծիքը յուր համակրանքը աղքատին տալով, հակակրանքով ճնշում է հարստին: Օրենքների խորին իմաստն է՝ կեղևն իրենից դեն ձգել և նրանց էության մեջ որոնել ճշմարտությունը: Եթե մեղադրյալները հարուստ են — չի նշանակում, թե անմաքուր են: Եթե մեղադրողը աղքատ գեղջկուհի է — չի նշանակում, թե բարոյականության տիպար է:

Մեղադրողի պաշտպանն ասաց, թե յուր պաշտպանյալը շահագործվել է, և այս մասնավոր փաստը հաստատելու համար դիմեց քաղաքատնտեսական գիտությունների օգնությանը: Մի թեթևսոլիկ թռչնի պաշտպանության համար հրապարակ դուրս բերեց շատ գործածվելուց տաշված ու մաշված թնդանոթներ և սկսեց նրանցից ռմբակոծել կապիտալի պողպատյա պատվանդանը: Եվ նրա բարձրացրած խլացուցիչ որոտներից մնաց դարձյալ այն, ինչից պետք է սկսեր նա յուր պաշտպանողականը — մի նախկին աղախին և յուր նախկին տերերը: Մեկը վաճառել է յուր աշխատանքը, մյուսները գնել են: Մի առօրյա հասարակ առևտուր, որից գոհ են եղել թե գնողը և թե մանավանդ վաճառողը: Ապացույց, որ առևտուրը տևել է ամբողջ երեք տարի: Ո՞վ էր խլել վաճառողի կամքը՝ հեռանալ գնողներից ամեն վայրկյան, երբ տեսել է, որ իրեն հարստահարում են: Ո՛չ ոք: Ուրեմն խոսել շահագործման մասին այս դեպքում — կնշանակե քամի ծեծել տնտեսական փիլիսոփայության մտրակով, մի բան, որ չի կարող հետաքրքրական լինել դատարանի համար...

Հետևաբար պետք է դառնալ մյուս մեղադրանքներին:

Բռնաբարո՛ւմ: Դյուրին է բարդել մարդու վրա մի այդպիսի ծանր մեղք, բայց ապացուցանել դժվար է և անհնարին: Յուրաքանչյուր բռնաբարման առաջին և անմիջական հետևանքն է բողոքը: Ո՞ւր է ներկա դեպքում բռնաբարվողի բողոքը բռնաբարողի դեմ: Չկա: Պարզ է, որ մոլորությունը փոխադարձ է: Նա թե մեկինն է, թե մյուսինը: Արդ, եթե այդ մոլորությունը հանցանք է մեկի համար, ինչո՞ւ չպիտի լինի հանցանք և մյուսի համար: Եթե քավում է մեկը, ինչո՞ւ չպիտի քավի և մյուսը:

Բայց քավելու կարիք չկա, որովհետև չկա և՛ հանցանք:

Մանո՛ւկը: Ահա այն առանցքը, որի շուրջը պտտում է ներկա դատը: Վերցրեք նրան ասպարեզից, և դատն ինքնըստինքյան կչքանա:

Ո՞վ է ավելի հարազատ մայր նրա համար. նա՞, որ աշխարհ է բերել նրան, թե նա, որ ընդունե՞լ է. նա՞, որ բերելու օրը ձգել է ճակատագրի հաճույքին, թե՞ նա, որ շպրտվածը վերցրել է փողոցային ցեխի միջից, լվացել, մաքրել, զուգել-զարդարել ու տեղավորել յուր կարոտ սրտի լավագույն անկյունում — մայրության սրբազան վայրում: Նա՞, որ կամեցել է սպանել նրան յուր արգանդում, թե՞ նա, որ միայն այդ մտքից սարսափել է: Նա՞, որ վաճառել է փողով, թե նա, որ գնել է ազնվագույն զգացումների արժեքով: Վերջապես, նա՞, որ վեց տարվա ընթացքում և ոչ մի անգամ հետաքրքրվել է մանկան վիճակով, թե նա, որի համար այդ վիճակն եղել է քնքուշ հոգացողության և անսահման սիրո առարկա:

Պնդել, որ աղքատությունն է ստիպել մեղադրողին հրաժարվել յուր զավակից, կնշանակե մաքրելու փոխարեն ավելի արատավորել նրա բարոյական պատկերը: Աղքատությունը կարող է ճնշել մայրական զգացումը, բայց երբեք խեղդել և սպանել: Շատ դեպքերում նա սրում է և հիվանդության աստիճանի նրբացնում այդ զգացումը: Չե՞ն եղել մայրեր, որ իրենց ցամաքած արյունի վերջին կաթիլներով են սնել և մեծացրել իրենց զավակներին: Ահ, աշխարհի գանձերը չեն կարող մայրերի ոսկրոտ կրծքերից կորզել հարազատներին, եթե միայն այդ կրծքերի տակ կա ծնողական զգացում:

Նայեցեք, մի՞թե այդ կինը մոր տպավորություն է գործում, մանավանդ այնպիսի մոր, որ վեց տարի զուրկ է եղել զավակի տեսությունից: Այդ գեղեցիկ, բայց արտահայտիչ դեմքը, այդ շինծու ատելությամբ լի հայացքը, այդ անընդհատ հոգացողությունը՝ երևալ տխուր և կարեկցության արժանի, ինքնըստինքյան ապացուցանելու համար են՝ թե ներկա դատի մեջ կա կեղծիք: Ու՞ր է մայրական կարոտի դրոշմը նրա ճակատի վրա: Ո՞ւր է տառապած հոգու մռայլը նրա աչքերի մեջ: Ոչ, ոչ, Զինաիդա Պրոխորովային այստեղ բերողը մանկան կարոտը չէ, այլ ուրիշ բան:

— Ի՞նչ է այդ բանը:

— Ուշադիր լսելով մեղադրողի պաշտպանի ճառը, դժվար չէ գտնել այն մագնիսը, որ թե՛ պաշտպանյալին, թե պաշտպանողին ձգել, բերել է այստեղ: Ահ, զուր չէին կրկնվում այդ ճառի մեջ աղքատություն, հարստություն բառերը: Մարգարե չպիտի լինել գուշակելու համար, որ եթե իմ պաշտպանյալները լինեին ոչ հարուստ, երբեք, երբեք նրանց չէին քաշիլ դատարան և նստեցնիլ մեղադրյալների նստարանի վրա: Ոչ, պարոնայք դատավորներ, Զինաիդա Պրոխորովային այստեղ բերողը մայրական սերը չէ, այլ շահը, շահը և շահը: Բայց ես չեմ ողղում ներկա անարդար դատի ամբողջ պատասխանատվությունը գցել նրա վրա: Քա՛վ լիցի: Ես գիտեմ, որ չնայելով դատի խորամանկ նպատակին, նա ինքը մի պարզամիտ կին է: Նա գործում է ուրիշների թելադրությամբ: Թելադրողներից մեկը ձեր առջև է, պարոնայք դատավորներ, իսկ մյուսը թաքնված է կուլիսների ետևում: Դժբախտաբար, ես չեմ կարող ասպարեզ հանել ներկա բանսարկության այդ գլխավոր հերոսուհու անունը: Դա ընտանեկան գաղտնիք է: Բայց առանց այն էլ, պարոնայք դատավորներ, ձեզ համար միանգամայն պարզ է, որ այսօրվա դատը չունե բարոյական և ոչ մի մեղադրանք, ուստի ես խնդրում եմ ազատել իմ պաշտպանյալներին այդ պատասխանատվությունից և գործին նայել միայն նյութական տեսակետից...

Ավարտելով յուր ճառը, Սինոփյանը խնդրեց դատավորներին մերժել Զինայի պահանջը և երեխային թողնել Լիդիայի և Գուրգենի մոտ:

Ոտքի կանգնեց դատախազը: Խոսեց նա մի ամբողջ ժամ: Խոսեց չոր ու ցամաք ոճով: Կրկնեց շատ բաներ Լազմանովի ասածներից, ավելացրեց մի քանի դիտողություններ: Խնայելով Լիդիային, չխնայեց Գուրգենին և նրա բարոյական պատկերը ներկայացրեց մռայլ գույներով:

Մեծ ուրախություն պատճառեց Սինոփյանին այն հանգամանքը, որ դատախազը չխոսեց Սերժին լուսավորչական մկրտելու մասին: Նա ինքն էլ չխոսեց այս մասին և չխոսեց դիտմամբ:

Երբ դատախազը ավարտեց յուր խոսքը, նախագահը դարձավ Լիդիային և Գուրգենին.

— Մեղադրյալնե՛ր, արդյոք, կկամենա՞ք ձեր վերջին խոսքն ասել:

— Ո՛չ, — ասաց Գուրգենը:

— Ո՛չ, — կրկնեց Լիդիան:

Նախագահը ոտքի կանգնեց:

— Դատը ընդհատվում է տասը րոպեով:

Եվ հեռացավ: Նրան հետևեցին մյուս երկու դատավորները:

Անցան Լիդիայի և Գուրգենի համար հավիտենականության չափ տասը րոպեները, նիստը նորից բացվեց: Նախագահն ասաց.

— Դատարանը որոշեց, որ երեխան բերվի այստեղ:

— Ախ ոչ, ախ ոչ, — լսվեց Լիդիայի ձայնը, և նա թուլացած՝ ընկավ Գուրգենի ձեռների վրա:

Սինոփյանը շտապեց ջուր մատուցանել, և երկու հանդիսական փաստաբանների օգնությամբ, Լիդիային տարավ հարևան սենյակներից մինը:

XIV

— Պապա, ո՞ւր ես տանում ինձ, — հարցրեց Սերժը մի քանի անգամ, երբ կառքը նրանց սլացնում էր դատարան:

— Թատրոն ենք գնում, սիրելիս, թատրոն, — գտավ վերջապես Գուրգենը:

— Մամա՞ն էլ այնտեղ է:

— Այնտեղ է:

Եվ մեծ ճիգ գործ դրեց Գուրգենը, որպեսզի չհեկեկա փողոցում, սեղմելով կրծքին յուր զավակին:

— Ահ, ի՜նչ մեծ թատրոն է, — հրճվեց Սերժը, երբ հոր ձեռը բռնած, բարձրանում էր դատարանի ընդարձակ սանդուղքով:

— Մաման օթյակո՞ւմն է:

— Այո:

Սանդուղքի ծայրում կանգնած էր Սինոփյանը հանգիստ դեմքով: Նա սպասում էր Գուրգենին:

— Ինչպե՞ս է, — հարցրեց Գուրգենը...

— Բոլորովին հանգիստ: Ի սեր աստծո, մի հուզվեք, կլինի այնպես, ինչպես ասել եմ:

— Ես ինձ կզսպեմ, սիրտ տվեք նրան...

Երբ մտան դահլիճ, Լիդիան նստած էր յուր տեղում, գլուխը կրծքին թեքած, ձեռքերը դրած ծնկների վրա:

— Ո՞ւր է մաման, — հարցրեց Սերժը, այս ու այն կողմ նայելով:

— Ահա նա, — ասաց Գուրգենը մոտեցնելով նրան Լիդիային:

— Մամա, մամա, ես էլ եկա, — գոչեց Սերժը և, հոր ձեռը բաց թողնելով, վազեց փաթաթվեց Լիդիայի պարանոցին, առանց քաշվելու ներկա եղողներից:

Ըստ երևույթին, Լիդիան պատրաստված էր այդ տեսարանին: Նա իշխել էր իրան և դատապարտում էր յուր բոպեական թուլությունը: Սինոփյանի հուսադրիչ խոսքերը նորից կազդուրել էին նրան, նորից հույս ներշնչել:

Նա գրկեց Սերժին լռորեն, սեղմեց կրծքին ջերմագին: Ա՜հ, ո՞վ կարող է բաժանել նրանց, ո՞ր անողոք օրենքը կամ կոպիտ ուժը: Սերժը նրանն է, դատավորները կզգան այդ և չեն խլի նրանից յուր կյանքը...

Լազմանովն արդեն հրճվում էր յուր հաղթանակով: Նա դատը տարած էր համարում:

Երեխային անպատճառ կվերադարձնեն Զինային — այս ամեն մի կասկածից դուրս է: Բայց ո՛րքան գումարի կդատապարտեն մեղադրյալներին հօգուտ մեղադրողի — ահա գլխավորը: Նա գիտեր, որ յուր պահանջը մեծ է, բայց դիտմամբ էր այդ մեծ գումարը նետել մեջտեղ, որպեսզի դատավորները գեթ մասամբ հարմարեցնեն իրենց դատավճիռը պահանջի քանակությանը: Չեն որոշել ամբողջ գումարը, թող որոշեն նրա կեսը, քառորդը...

Միևնույն միտքն էր զբաղեցնում և՛ Զինային դատավարության սկզբից: Նրա սիրտն սկսեց ուժգին բաբախել այն վայրկյանին, երբ Լազմանյանն արտասանեց «կամ միանվագ հարյուր հիսուն հազար ռուբլի, կամ տարեկան տասնուհինգ հազար»: Այդքանը նա ոչ միայն չէր պահանջիլ, եթե մնար յուր կամքին, այլև չէր երազիլ անգամ պահանջելու: Նրան հարկավոր էր այնքան, որքան կարող էր Պոլիկարպին նորից յուր գիրկը գցելու, — դարձյալ մի հազար ռուբլի: Նա ուրախությամբ կհրաժարվեր և՛ երեխայից, և՛ փողերից, եթե իմանար, որ վաղ թե ուշ Պոլիկարպը նորից կսիրե իրան, միայն այս անգամ առանց ակնկալության:

Բայց կար նրա հոգու խորքում մի անկյուն, որ տակավին անապական էր մնացել: Դա երախտագիտության զգացումն էր, այն խոր, անկեղծ համակրանքը դեպի Լիդիան, որ երբեք չէր չքացել նրա մեջ: Նույնիսկ այժմ, երբ կանգնած էր նրա դեմ ճակատ առ ճակատ որպես թշնամի, չէր ատում նրան, և շարունակ կրկնում էր յուր մտքում.

«Նա ինձ ազատել է խայտառակությունից, փող է տվել, ծանր բեռս վերցրել է յուր վրա»:

Նա զգում էր, որ եթե առանց դատի էլ դիմեր յուր նախկին տերերի օգնությանը, մերժում չէր ստանալ: Համենայն դեպս Լիդիան նրան դատարկ ձեռքով բաց չէր թողնիլ: Բայց չդիմեց, որովհետև չթողեցին դիմելու՝ նախ Ելենան յուր խորհուրդներով, ապա Լազմանովն ահագին գումար կորզելու վարդագույն հույսերով:

Դատավարությունը նրա համար սկզբից նեթ ձանձրալի էր: Չգիտեր, թե ինչու են հարկավոր այդ բոլորը — դատավորների հանդիսավոր մուտքը, նրանց անվերջ հարցուփորձը, փաստաբանների երկար ճառերը, վերջապես այդ լղար, բարձրահասակ երիտասարդ դատախազն յուր կոմիկական լրջությամբ: Նա պատրաստ էր հեռանալու դատարանից, ամեն ինչ թողնվելով փաստաբանին, բայց վախենում էր, որ այդ կարող է դատավորներին բարկացնել:

Այն վայրկյանին, երբ երեխայի դատարան բերվելը պահանջելիս Լիդիան ճչաց և նվաղեց, Զինայի մեջ կատարվեց վայրկենապես մի տարօրինակ բան: Լիդիան նրան թվաց այնքա՛ն խղճալի, այնքան արժանի կարեկցության, որ ինքն էլ պահանջ զգաց նրա նման ճչալու և նվաղելու: Նա զսպեց իրեն, որպեսզի չարտասանե որևէ հիմար խոսք:

Այլևս նրա դեմքից չքացել էր շինծու–արհամարական ժպիտը և նրա շարժումներն ու ձևերը կորցրել էին իրենց արվեստական զոռոզությունը: Նրա գեղեցիկ դեմքն ստացավ անսովոր լրջություն, որ խառն էր տխրության հետ: Նրա աչքերի մեջ երևաց իմաստալի արտահայտություն, որի նմանը երբեք չէր ունեցել:

Երեխային տեսնելիս՝ նա զգաց կարեկցություն և դեպի նա, բայց ոչ իբրև մայր, այլ իբրև սոսկ կին: Այդ սիրուն հագնված, առողջ, կայտառ մանկան «մամա, մամա» գոչելով Լիդիայի պարանոցին փաթաթվելն այնքան բնական, այնքան սրտառուչ թվաց նրան, որ նա հուզվեց ոչ իբրև մայր այլ իբրև սոսկ կին:

Լազմանովը մոտեցավ նրան և ասաց.

— Երեխային ձե՛զ կտան, այս գիտեմ. բայց թե որքան կորոշեն նրա պահպանության համար — չգիտեմ: Թույլ տվեք բողոքել, եթե քիչ որոշեն...

Զինան ուշադրություն չդարձրեց յուր պաշտպանի վրա: Կարծես, չլսեց անգամ նրա խոսքերը:

— Ես կբողոքեմ, անպատճառ կբողոքեմ, — ասաց Լազմանովը, զարմացած դիտելով Զինային, որ շարունակ զբաղված էր յուր մտքերով:

Նա չզգաց, և չէր էլ կարող զգալ, թե այդ պահին ի՛նչ է կատարվում յուր պաշտպանյալի մեջ:

— Դատավորները գալի՛ս են, — կրկին լսվեց պրիստավի ձայնը ընդհանուր խոսակցության ու շշուկների մեջ:

Լիդիան ցնցվելով ոտքի կանգնեց, ավելի ամուր սեղմելով Սերժի ձեռը, որ բաց չէր թողել երեխայի գալու վայրկյանից:

Նիստն ազդարարվեց բացված: Ամենքը բռնեցին իրենց տեղերը:

— Մամա, — շշնջաց Սերժը:

— Լռի՛ր, սիրելիս, լռի՛ր, — սաստեց նրան Լիդիան:

— Մամա, սա թատրոն չէ, ես վախենում եմ, — կրկնեց մանուկը սեղմվելով մորը:

Գուրգենը գրկեց նրան մի ձեռով, շարունակ նայելով Լիդիային, որի արտաքին հանգստությունը նրան ավելի էր վախեցնում, քան նվաղիլը: Այժմ յուր մասին նա բնավ չէր մտածում: Զգալով, որ ինքն է այդ բոլորի սկզբնապատճառը, զգում էր իրեն կրկնակի հանցավոր Լիդիայի առջև: Ա՛հ, որպիսի՜ գոհունակությամբ նա ինքը մեն-մենակ կկրեր խայտառակ դատի ամբողջ ծանրությունը:

— Դա՞ է ձեր մանուկը, — հարցրեց նախագահը:

— Այո՛:

Տիրեց խորին լռություն:

Լիդիան զսպեց յուր շունչը, ավելի ու ավելի ամուր սեղմելով Սերժի ձեռը:

Նախագահը հանդարտորեն դուրս բերեց ժիլետի գրպանից

պեննսնեն, դրեց քթին, վերցրեց սեղանի վրայից ձեռի տակ գտնված թուղթը և կարդաց դատավճիռը:

Երբ նա սովորական բանաձևն անցնելով, արտասանեց՝ «դատարանը որոշեց», Լիդիան անգիտակցաբար այնպես ամուր սեղմեց Սերժի ձեռը, որ մանուկը ճչաց ցավից:

— Որոշեց՝ վերցնել երեխային խորթ մորից և հանձնել հարազատ մորը, Զինաիդա Պրոխորովային, — հնչեց նախագահի սառը, անհողդողդ ձայնը:

Այլևս Լիդիան հետևյալ խոսքերը չլսեց: Նրա աչքերը մթնեցին, ձեռքերը թուլացան, բաց թողեց Սերժին: Նրան թվաց, թե առաստաղը խորտակվում է յուր գլխին և, մի սուր ճիչ արձակելով, ընկավ Սինոփյանի գիրկը, որ տեսարանը նախագուշակելով, կանխավ մոտեցել էր նրան:

— Մամա, մամա, — գոչեց Սերժը և դառնագին հեկեկաց:

Թուղթն ընկավ նախագահի ձեռքից:

Զինան կանգնած էր անշարժ և դիտում էր հեռվից: Ոչ ոք չգիտեր, թե ի՛նչ է կատարվում նրա մեջ:

— Պարոնայք դատավորներ, — լսվեց ընդհանուր շփոթության մեջ Սինոփյանի ձայնը, — դուք տեսնում եք այս երկու կանանցից ո՛րն է հարազատ մայրն այս մանկան:

Տեսարանը նախագահի վրա ազդել էր: Արտասուքի երկու խոշոր կաթիլներ ընկան պեննսնեի տակից նրա ալեխառն մորուքի վրա:

— Նիստը փակում եմ, — արտասանեց նա դողդոջուն ձայնով, — դատավճիռը վերջնական ձևով կազդարարվի մի շաբաթ հետո...

Դատավորները վերկացան տեղներից, ամենքը հուզված:

— Ոչ, ոչ, չեմ ուզում, — լսվեց հանկարծ Զինայի ձայնը, — երեխան իմը չէ: Ես հրաժարվում եմ նրանից էլ, փողից էլ. չեմ ուզում:

Նա վազեց դեպի Լիդիան:

— Տիրո՛ւհի, տիրո՛ւհի, ներեցեք ինձ, ես մեղավոր եմ ձեր առջև: Ես չէի ուզում, նա՛ սովորեցրեց ինձ, Ելենա Գավրիլովնան: Պահեցեք երեխային, նա ձերն է: Ես ոչինչ չեմ ուզում:

Լազմանովը ապշած, զայրացած կրծոտում էր յուր շրթունքները:

Գուրգենը, Սինոփյանի օգնությամբ, դուրս տարավ Լիդիային և Սերժի հետ կառք նստեցրեց:

Շաբաթն անցավ: Ազդարարվեց միևնույն դատավճիռը:

Չնայելով Լազմանովի ջանքերին, Զինան մնաց անդրդվելի: Նա շարունակ կրկնում էր.

— Երեխան իմը չէ, իմը չէ: Ես չեմ ուզում նրան, ոչ էլ փող:

Ամբողջ շաբաթ Լիդիան հիվանդ պառկած էր և Սերժին չէր թողնում հեռանալ յուր անկողնակալի մոտից:

Երբ նրան պատմեցին բոլորը, խնդրեց Զինային կանչել յուր մոտ:

Նա փաթաթվեց յուր նախկին սպասուհու պարանոցին և համբուրելով նրան, մի քանի անգամ կրկնեց.

— Շնորհակալ եմ, շնորհակալ եմ, լինենք քույրեր:

Բայց Սինոփյանը չտարվեց այդ տեսարանով: Նա ասաց Զինային.

— Դուք դատարանի միջոցով կիրաժարվեք երեխայից, տալով ձեր ստորագրությունը, իսկ ես կապահովեմ ձեր կյանքը ցմահ:

Այդպես էլ արին:

ՑԱՆԿ

ՉԱՐ ՈԳԻՆ 1
ԱՐՏԻՍՏԸ 70
ՄԵԼԱՆԻԱ 113
ԽՆԱՄԱՏԱՐ 156
ԿՐԱԿ 204
Ո՞ՐՆ Է ՄԱՅՐԸ 243

www.ingramcontent.com/pod-product-compliance
Lightning Source LLC
Chambersburg PA
CBHW020541020726
47494CB00006B/1866
* 9 7 8 1 6 0 4 4 4 8 3 0 6 *